夜航小書

夜航小書

語石

（清）葉昌熾　撰

姚文昌　點校

浙江大學出版社
ZHEJIANG UNIVERSITY PRESS

《夜航小書》小識

張岱説：天下學問，惟夜航船中最難對付。夜航船中坐的，或有士子、僧人，或有"百工賤業"；夜航船中討論的，天文、地理、人物、考古……包羅萬象，不一而足。夜航船最接近中國傳統學問的原初狀態。宋元以降的中國傳統學問以經學爲主體，雖圍繞着格物致知、正心誠意而展開，但又如章實齋云"六經皆史"，"古人未嘗離事而言理，六經皆先王之政典"，故所謂通經者，識其文、知其事。中國的傳統文人，在經世致用、研經讀史的同時，始終抱持對清雅格調的追求和對博聞强記的傾慕。許多真學問，不自著述中來，而自閒談中來。

編輯室同仁近來商議做一個小讀本。蒐采海内外文史名家茶餘飯後雜談小文，擇取有知識、有見解、有温度的文章，勒爲一編，顔之曰"夜航船"。試想在平静的水面上，有一艘略顯逼仄的小舟，若干人擠在一起，閒談學問，論説古今天下，其境也可期。

新中國成立以來的古籍整理事業，成果蔚爲大觀。我國歷史上的主幹典籍，幾乎都有了不同形式的整理本。尤其正經正史，常常一書有多種整理本行世。並且有大批學人仍在焚膏繼晷、夜以繼日地推動着這項事業的發展。當然，還是有一些零散

1

的、偏門的、未受到應有重視的古籍，迄今不見有人整理，抑或雖有整理本而整理者百密一疏、難稱至善。其中就有一些涉及掌故叢談、街坊巷志、草木魚蟲之類的小書，亦有某些古典學問入門性的小書，都需要一個相對清爽、便於閱讀的點校本。於是我們循着"夜航船"的思路，策劃了這套"夜航小書"。"夜航小書"將采取既開放又審慎的態度：我社凡有符合上述宗旨的選題，都將納入其中；選目則寧缺不濫，須見真學問、真功夫、真性情方可選入。

　　"夜航船"有兩層含義：我們既希望藉此開發一個交流知識與思想的平台，又以之寄寓日夜兼程。"廊廟之材，盖非一木之枝；粹白之裘，盖非一狐之皮。"我們建設一個平台，匯聚衆人的力量去實現我們共同的主張。所謂"駑馬十駕，功在不舍"，我們正視與同行之間的差距，這也成爲一種動力，鞭策我們前行。更懇請讀者諸君指正，以玉成夜航船上的星輝斑斕。

　　　　　　　　　　　　　　　　　　浙江大學出版社編輯部

整理説明

　　葉昌熾，字鞠裳，號緣督廬主人。祖籍浙江紹興，其高祖時舉家遷入江蘇長洲。葉氏生於道光二十九年（1849）。同治四年（1865），就讀正誼書院。九年（1870），應馮桂芬之邀入《蘇州府志》編纂局，分纂公署、學校、壇廟、寺觀、釋道五門。光緒十五年（1889），進士及第，選庶吉士，授翰林院編修，累至侍講。二十八年（1902），任甘肅學政。三十二年（1906），清廷廢科舉，裁學政，葉氏遂乞歸故里，讀書自遣。民國六年（1917），卒於家。著有《藏書紀事詩》、《語石》、《寒山寺志》、《邠州石室録》、《緣督廬日記》等。

　　在葉氏衆多的傳世著作中，以《藏書紀事詩》、《語石》最爲後世所稱道。其中《語石》一書，既是古代石刻學的集大成者，也是近代石刻學的開山之作。該書結構嚴謹，佈局精巧，從內容詳略到卷次篇幅都經過了作者的細緻安排。全書分十卷，四百八十四則，近二十萬字。卷一以朝代爲序，概述歷代石刻；卷二以地域爲別，分述各省石刻，兼及域外；卷三至卷五分論石刻的形制與類型；卷六介紹石刻的義例；卷七至卷八列述石刻的書人與書體；卷九條析碑文的範式；卷十討論石刻的傳播與鑒藏。

　　作爲我國石刻研究領域的第一部通論性著作,時至今日,《語石》確定的研究範疇和構建的理論體系仍爲石刻學者所沿用。業師杜澤遜教授在《文獻學概要》一書中評價《語石》"之於石刻學猶葉德輝《書林清話》之於古書版本學,而精謹或過之",實非溢美之詞。

　　《語石》的撰寫始於光緒庚子年(1900),次年完成初稿,其後不斷進行修改,直至最終定版印行。此後,《語石》的各種重印本、翻刻本、點校本、影印本相繼出現。

　　《語石》的存世版本主要有:一、上海圖書館藏《語石初稿》。二、上海圖書館藏《語石》修改稿本。三、嘉德拍賣公司 2007 年秋拍《語石》"手稿本"。四、上海圖書館藏葉昌熾、張炳翔批校《語石》紅印本。五、上海圖書館藏葉昌熾批校《語石》紅印本。六、宣統元年(1909)蘇州文學山房刊行一函四册《語石》原刻本(《石刻史料新編》第二輯第 16 册、《續修四庫全書》第 905 册影印)。七、1917 年至 1918 年間振新書社發行《語石》翻刻本(1986 年上海書店影印)。八、1936 年商務印書館出版《語石》斷句本(收入《萬有文庫》和《國學基本叢書》)。九、1991 年江蘇廣陵古籍刻印社出版一函六册《語石》原刻木版重印本。十、1994 年中華書局出版陳公柔、張明善點校本《語石　語石異同評》。十一、1995 年今日中國出版社出版韓銳《語石校注》。十二、1998 年遼寧教育出版社出版王其褘點校本《語石》(收入《新世紀萬有文庫》)。

　　上海圖書館所藏《語石初稿》並非完本,祇有定本卷八的部分內容,寫作時間是光緒二十七年(1901)。《語石》修改稿本首先由抄手謄寫爲清稿本,而後葉氏進行批校,其上並有張炳翔校語,從內容上看,修改稿本的面貌已與最終形成的《語石》定本十分接近。2007年嘉德秋拍《語石》,全本無法得見,從拍賣圖録所展示的幾頁書影來看,當非"手稿本",該本的前後筆跡存在差異,對比上海圖書館所藏修改稿本的內容,該本很可能是《語石》的另一個修改稿本,且前後兩部分謄寫的時間跨度較大。上海圖書館所藏兩個批校紅印本的基本狀況,可參見郭立暄《中國古籍原刻翻刻與初印後印研究》一書。《語石》原刻本及之後所出現各本的關係,可參見拙文《〈語石〉版本考辨》(載於《圖書館雜誌》2017年第10期)。

2012年,我考入山東大學,攻讀古典文獻學碩士學位。業師劉心明教授潛心研究石刻文獻數十年,創獲頗多。開學不久,即賜下遼寧教育出版社出版《語石》一部,命讀一過。隨後,我相繼閱讀了《語石校注》、《語石 語石異同評》。作爲《語石》僅有的三個點校本,《語石 語石異同評》斷句多有可商榷之處,遼寧教育出版社出版《語石》標點、排版時有訛謬,《語石校注》底本選擇不精且誤字滿紙,這不能不說是一種遺憾。也正是在此閱讀期間,我注意到《語石校注》所用的底本不同於其他兩家,進而揭示了《語石》原刻、翻刻及其衍生諸本的關係。

2015年,我開始在山東大學攻讀博士學位。爲畢業計,業師杜澤遜教授命我將此前收集的關於《語石》版本的材料整理成文,並前前後後爲我修改數遍,最終形成了《〈語石〉版本考辨》一文。

本書責編王君榮鑫是我攻讀碩士學位期間的室友,畢業後供職浙江大學出版社。王君耽於國故,欲策劃出版若干入門之書以惠學林,知我曾用力《語石》,遂以點校事相囑。於是,我開始全面梳理《語石》存世的版本以及現有的點校成果,在此基礎之上,以原刻本爲底本,對《語石》進行點校。

需要重點説明的是，相對其學術價值而言，前面提到的三個點校本的瑕疵是微不足道的。此外，《語石》現存的校勘成果還有國家圖書館藏章鈺批校本《語石》校語、歐陽輔《語石校勘記》（附《集古求真補正》卷四之末）等。此次點校工作，對前輩學者成果的吸收借鑒毋庸諱言。

隨著古籍數字化平臺的不斷建設完善，文獻的定向檢索變得異常便捷。在此次點校過程中，對《語石》一書内的引文都盡可能核查原始文獻和石刻拓片，使得標點和校勘進一步精確，這是前輩學者點校時客觀條件所不允許的。

"芸香濃處多吾輩，廣覓同心敘古歡"，希望能爲學界提供一個相對可靠的《語石》讀本，水平有限，錯訛在所難免，懇請讀者批評指正。

姚文昌

二〇一八年九月于山東大學

凡　例

一、本次整理采用規範的新式標點符號，繁體橫排，雙行小注改爲單行小字。

二、原刻本的避諱字儘量回改，不出校。如"宏"改爲"弘"、"元"改爲"玄"等。原刻本的異體字暫不作統一。

三、原刻本訛誤之處隨文改正，並出頁下注；闕文之處僅將相關校補資料置於頁下注中，正文不作改動。

四、校記吸收了章鈺批校本《語石》校語、歐陽輔《語石校勘記》、王其禕《語石·校勘記》、韓銳《語石校注》等成果，詳見《附録》。

五、原刻本每則之前無編號，書中編號爲整理時所加，以便查檢。

六、原書即有《語石敘目》，今在原書目録各條後加頁碼，作爲索引。

語石敘目

　　余幼長窮衡，恧聞荒陋，見世之號能書者，其臨池棐几，惟有晉、唐法帖及《醴泉》、《皇甫》、《聖教》諸碑而已。嘗聞亡友姚鳳生明經之言曰："碑版至唐中葉後，可等諸自檜。"其詔學僮，未嘗以石刻，但以自書大、小字貽之，爲書舥之法程。比稍長，與王農部蒿隱、管明經操養從事碑版之學，又習聞繆筱珊、魏稼孫兩公之緒言，每得模翩之拓本，輒齗齗辨其跟肘，雖學徒亦腹誹而揶揄之。洎通籍居京師，與陸蔚庭、王廉生兩前輩、梁杭叔同年、沈

子培比部游，上下其議論，益浩然有望羊之歎。訪求逾二十年，
藏碑至八千餘通，朝夕摩挲，不自知其耄。及亡兒在日，每得石
本，助予討論。後進來學，亦間有樂予之樂，而苦於入門之無自，
因輯爲此編，以餉同志。上溯古初，下迄宋、元，玄覽中區，旁徵
島索。制作之名義，標題之發凡，書學之升降，藏弆之源流，以逮
摹拓、裝池，軼聞、瑣事，分門別類，不相雜厠。自首至尾，可析可
并。既非歐、趙之目，亦非潘、王之例。非考釋，非輯録，但示津
塗，聊資談囿。藏身人海，借瑣耗奇，若言籑述，則吾豈敢？自庚
子三月刱稿，中更國變，麻鞋出走，未攜行篋。迨昌平避地歸，室
如懸磬，殘縑朽炱，狼藉滿地，此稿從牆角檢得之。鑾輿未返，豺
虎塞途，鍵户無聊，卮言日出，至今年十月下旬始卒業，都四百八
十六通，分爲十卷，粗可寫定。余不善書而好論書，逞撞蠡測，舉
古今書家進退而甲乙之，衹見其不知量耳。雖然，知者未必能，
能者未必好，余故知之而好之者也。譬之良庖，日調五味，五侯
之鯖，咄嗟可辨，此能者之事也。而余則食前方丈，但知屬饜而
已。又譬之工師，涼臺燠館，棟宇靚深，神斤鬼斧，鉤心鬬角，此
能者之事也。而余則載寢載興，但如君子之攸芋而已。是書出，
懼世之耳食者將以余爲集矢之質的，而縑素剥膚也。習見余之
惡札者，又將訝其言之不類也。故書此以解嘲云爾。光緒二十
七年歲在辛丑十一月長洲葉昌熾自序。

　　此書脱稿後，越二月，即奉視學甘肅之命度隴，見聞略有增
益。丙午歸里，養疴潰川，再加釐訂，去其複重，距辛丑寫定又八
年矣。海內故交，宦轍所至，已有今昔之殊。伏處山野，書問疏
曠，其所不知，或未追改。老而健忘，紀述舛譌，亦所不免。仲午
比部慫恩付梓，並力任校訂之役，郵筒商榷，積書盈篋，自去年長
夏至今始輟業。古誼通懷，感何能已。此外，訂疑勘誤、相助爲
理者，上海秦介侯大令、青浦張亦箴中翰及同里張叔鵬孝廉也。
宣統元年歲在己酉三月昌熾又記。

語石卷一

1.1　三代鼎彝，名山大川，往往間出，刻石之文，傳世蓋尠。《祝融峰銘》，實道家之秘文；《比干墓字》，豈宣聖之遺跡。至於鬼方紀功之刻，僻在蠻荒；箕子就封之文，出於羅麗。半由附會，於古無徵。惟陳倉十碣，雖韋左司以下聚訟紛如，繹其文詞，猶有《車攻》、《吉日》之遺，鐵索金繩，龍騰鼎躍，亦非李斯以下所能作，自是成周古刻。海內石刻，當奉此爲鼻祖。右三代古刻一則

1.2　秦始皇帝東巡，刻石凡六，始於《鄒嶧》，次《泰山》，次《琅邪》，次《之罘》，由《碣石》而《會稽》，遂有沙丘之變。今惟《琅邪臺》一刻，尚存諸城海神祠內，通行拓本皆十行，惟段松苓所拓精本前後得十三行，翁、阮、孫三家著錄者皆是也。《泰山》二十九字，先在嶽頂玉女池上，後移置碧霞元君廟，乾隆五年燬於火，今殘石僅存十字耳。《之罘》、《碣石》、《會稽》三刻久亡。《嶧山》，唐時焚於野火，當時即有摹本，杜詩所謂“棗木傳刻肥失真”者是也。《楊東里集》：“論《嶧山》翻本次第，長安第一，紹興第二，浦江鄭氏第三，應天府學第四，青社第五，蜀中第六，鄒縣第七。”所謂“長安本”者，宋鄭文寶得徐鉉摹本重刊，今尚在西安府

學，以《泰山》、《琅邪》真秦篆相較，不僅優孟衣冠之誚。東里所推爲第一本者已如此，其餘六本，自鄶可知。《泰山碑》，宋莒公所得本僅四十七字，刻於東平郡，江鄰幾守奉符，又刻於縣廨。汶陽劉跂嘗親至泰山絶頂，刮摩垢蝕，所拓之本最爲完善，可讀者凡百四十有六字，作《秦篆譜》。元申屠駉①《重摹會稽碑跋》云：“行臺侍御史李處巽獲劉跂本，刻于建業郡庠。”即指此《譜》。《嶧山》應天本，亦即處巽所刊。咸豐癸丑以前，吳山夫嘗登尊經閣訪之，僅《嶧山碑》存耳。劉跂《譜》，宋盧山陳氏嘗刻入《甲秀堂帖》，近漢陽葉東卿有摹本。《之罘殘石》十四字，在《汝帖》第三卷，即歐陽《集古録》所謂“秦篆遺文”者。歐公云“二十一②字”，《汝帖》又損其七耳。《琅邪臺碑》，宋熙寧中盧江文勛别刻於超然臺，今亦不存。右秦一則

　　1.3　歐陽公《集古録》，石刻無西漢文字。公於《宋文帝神道碑》跋云：“余家集古所録，三代以來鐘鼎彝盤銘刻備有，至後漢以後始有碑文，欲求前漢時碑碣，卒不可得，是則冢墓碑自後漢以來始有也。”趙明誠僅收建元二年《鄭三益闕》一種，可知其尠矣。然劉聰、苻堅皆以“建元”紀年，未必爲漢石也。《魯孝王五鳳石刻》，金明昌二年得於太子釣魚池側，今尚存曲阜孔廟。此外，趙廿二年《群臣上壽刻石》出永年，河平三年《麃孝禹刻石》出肥城，元鳳中《廣陵王中殿題字》出甘泉，皆歐、趙所未見也。至居攝墳壇二刻及《萊子侯刻石》，已在新室篡漢後矣。右前漢一則

---

　　①　“申屠駉”，原誤作“申徒駉”，據都穆《金薤琳琅》卷二“秦會稽刻石”條及阮元《兩浙金石志》卷一“秦會稽刻石”條改。
　　②　“二十一”，原誤作“二十七”，據歐陽修《集古録跋尾》卷一“之罘山秦篆遺文”條改。

1.4　東漢以後，門生故吏爲其府主伐石頌德，徧於郡邑。然以歐、趙諸家校酈道元《水經注》所引，十僅存四五而已。以蘭泉、淵如諸家校歐、趙著録及洪文惠《隸釋》、《隸續》，十僅存二三而已。古刻淪胥，良可慨惜。然荒崖峭壁，游屐摩挲，梵刹幽宮，耕犁發掘，往往爲前賢所未見。諸城尹祝年廣文輯《漢石存》，時地瞭然，便於搜討，好古者其按圖以索焉。右後漢一則

1.5-1　三國魏碑，有《受禪表》、《上尊號》、《孔羨》、《范式》、《王基》、《曹真》及《李苞閣道》而七。《孔羨碑》，黃初元年立，張稚圭据《圖經》以爲梁鵠書。《受禪》、《奏進》二碑，亦相傳爲鵠書，或云鍾元常筆。按勸進諸臣中有“臣繇”名，則以爲太傅書者近之。吳《天發神讖碑》已亡，《葛祚》僅存碑額。《禹陵窆石》，樂史云赤烏中刻，然無年月。惟《禪國山碑》及《九真太守谷朗碑》尚完好可信耳。蜀無片石，《侍中楊公闕》，錢竹汀宮詹定爲褚千峰僞作，近出之《章武石琴題字》更依託不足信。吳《簫二將祠堂記》亦僞。

1.5-2　蜀石不獨今無一刻，即歐、趙、洪三家亦未聞著録。《輿地碑目》有《涪陵太守麗肱闕》。肱，士元之子也。其石藏左綿任賢良家，則在宋時已爲有力者負之而趨。忠州有《嚴顏碑》，南平軍有《姜維碑》，不著年月，未詳其爲蜀刻否。劉燕庭輯《三巴香古志》，梯巖架壑，捜訪極博，章武以後，炎興以前，亦竟無韓陵片石。蜀之君臣，倉皇戎馬，不遑文事，於此可見。是亦考古者之憾已。右三國魏蜀吳二則

1.6-1　《宋書·禮志》：“建安十年，魏武帝以天下雕敝，禁

立碑。高貴鄉公甘露二年，大將軍參軍王倫卒，倫兄俊述其遺美云：'祇畏王典，不得爲銘。'此則碑禁尚嚴也。晉武帝咸寧四年，又詔曰：'碑表私美，興長虛僞，莫大於此，一禁斷之。'義熙中，尚書祠部郎中裴松之又議禁斷。"觀此，則魏、晉兩朝屢申立碑之禁。然大臣長吏，人皆私立。《晉書·孫綽傳》："於時文士，綽爲其冠。溫、王、郄、庾諸公之薨，必須綽爲碑文，然後刊石。"可見當時法網雖嚴，未嘗禁絕。是以趙德甫所收晉碑，自《鄭烈》、《彭祈》以下逾二十通，但皆漸滅。今廑有存者，惟《任城太守夫人孫氏碑》、《明威將軍郛休碑》、《太公呂望表》、《建寧太守爨寶子碑》。余藏永和乙卯《侯君殘碑》，爲諸家所未見。典午貞珉，已歎觀止。此外，惟石室題名及墓門之闕、隧道之碣而已。

1.6-2　世傳墓誌始於顏延年，晉以前無有也。《廣博物志》援《吳志》："張承爲淩統作銘誄。又漢西都時，南宮寢殿内有《醇儒王史威長銘》。"以爲椎輪之始。不知《王史威長銘》見《博物志》，僅八句三十二字，則亦如《趙岐刻石》，僅志姓名而已。張承作誄，猶杜篤之於吳漢，潘岳之於楊荆州、馬汧督，未必刻之石也。余見晉刻，如《侍中賈君闕》、《韓府君神道》、《巴郡察孝騎都尉枳楊君神道》、《安丘長王君神道》，皆施之墓門者。《劉韜》、《房宣》兩誌，僅書歷官、諱字、年月、世系，非如唐人之鋪敘功伐，文詞詳贍。雖謂晉無墓誌可也。《楊君神道》，歸安姚彥侍方伯所藏，《王君神道》及《房宣墓誌》，福山王廉生祭酒所藏，皆新出。

右晉二則

1.7　阮文達謂南書長於簡札，北書長於碑榜，是已。然南朝非無碑版文字。《昭明文選》即有王仲寶、王簡栖、沈休文碑文三首。庾、徐兩集，鉅製如林，蘭成猶入周後作，若孝穆所撰諸碑，皆在江左。嚴子進《待訪錄》采擷金陵佚刻，得於張敦頤《六朝事迹》及《輿地碑目》、《寶刻類編》者，尚裒然成帙，但閱歲綿遠，銷沈烏有。今存蕭梁諸闕及貝義淵書《蕭憺碑》，精嚴遒勁，與北碑筆勢正同，何嘗如王侍書之阮體邪？曩館潘文勤師澇喜齋，見《永陽郡王蕭敷》及《敬太妃》兩誌，與《刁遵》、《高湛》如驂之靳，亦不類《黃庭》、《樂毅》諸小楷也。梁碑尚有流傳，宋惟有《爨龍顏碑》遠在滇南。新出之《劉懷民墓誌》，端午橋制府藏石，或以爲魯之岑鼎，未爲定論。齊、陳更稀如星鳳，歐陽公所收齊《宗愨母》、陳《張慧湛》兩誌，皆不可得見。《新羅真興王定界碑》在朝鮮咸興道中嶺鎮廨，題“戊子秋八月”，當陳光大二年。中土則竟無孑遺。錢竹汀先生云：“相傳明祖營治都城，盡輦碑石爲街道。爲所毀無疑。”嗚呼！此亦斯文之浩劫已！右南朝一則

1.8-1　南朝碑禁甚嚴，尚多私立。況崔、盧世族，雅善屬文；衛、索遺風，兼精分隸。蕭雲上表，不以晉令爲嫌；阮略樹碑，無待齊民之請。宜其照耀四裔已。阮文達云：“宋《潭》、《絳》、《閣帖》刻石盛行，而中原碑碣，任其霾蝕。”余謂惟世所弗尚，故椎拓者少，縣官亦無供億之苦，不至曳倒而椎碎之，此所以西北諸省魏、齊、周之碑往往至今存也。釋迦氏之教，雖東漢即入震旦，精藍象設，六朝始盛。寇謙之《嵩高靈廟碑》爲道流立碑之始，《嵩顯寺》、《嵩陽寺》諸碑爲梵刹立碑之始。他如造象、刻經，浮圖由三級而七級而九級，幢柱由四面而六面而八面，踵事增華，莫不始於是時。惟太和以前著錄絕少。《秦從冊人造象》，青陽吳式訓以爲道武帝天賜三年造，未爲定論。

1.8-2　《孟縣志》：《司馬景和妻墓誌銘》首稱“魏代”，或以“代”爲“朝代”之“代”，非也。按《集古錄》太武大延五年《大代修

華嶽廟碑》跋云："魏自道武天興元年議定國號，群臣願稱'代'，而道武不許，乃仍稱'魏'。自是之後，無改國稱'代'之事。而魏碑數數有之，碑石當時所刻，不應妄，但史失其事耳。"《金石錄》云："余按《崔浩傳》云：'方士祁纖①奏改代爲萬年，浩曰：太祖道武皇帝應期受命，開拓洪業，諸所制置，無不循古。以始封代土，後稱爲魏，故代、魏兼用，猶彼殷、商。'蓋當時國號雖稱爲'魏'，然猶不廢始封，故兼稱'代'爾。"今按此所云"魏代"，正是"代、魏兼用"之義。又按後魏太安二年《中嶽廟碑》，內有"大代應期"之語，亦可明此所謂"代"，非"朝代"之"代"也。

1.8-3　《授堂金石跋》曰：《道武帝紀》天興元年言："國家萬世相承，啟基雲代，應以爲號。帝下詔：'宜承先號以爲魏。'"則當時改號稱"代"，帝實不從。而魏《修中嶽廟碑》于"大代"字凡②兩見，太和二年《始平公造象記》亦云"暨于大代"，太和七年《孫秋生造象記》首題"大代"。以例《誌》文，兼號"魏代"，此必史氏之疏也。昌熾案：大荔《暉福寺碑》額題"大代宕昌公暉福寺碑"，亦可證。

1.8-4　北魏碑版，流俗率相承作"魏"。余見《劉懿墓誌》從"山"作"巍"，頗合六書之法，然"山"字在下。元象元年《壽聖寺造象》在山西和順縣。作"魏"，尤與篆文合。《西門豹碑》陰，凡"魏郡"亦俱作"魏"。右北朝四則

---

①　"祁纖"，原誤作"初纖"，據《魏書》卷三十五《崔浩傳》改。《魏書》卷一百一十四《釋老志》亦載："河東祁纖，好相人。世祖賢之，拜纖上大夫。"趙明誠《金石錄》卷二十一"大代華嶽碑"條引《崔浩傳》時誤作"初纖"。(乾隆)《孟縣志》卷七"魏代楊州長史南梁郡太守宜陽子司馬景和妻墓誌銘"條沿誤。

②　"字凡"，原誤作"太和"，據武億《金石一跋》卷三"後魏司馬景和妻墓志銘"條改。葉氏此則轉引自王昶《金石萃編》卷二十八"司馬景和妻墓誌銘"條。《金石萃編》"字凡"作"太和"，當係涉下而誤。

1.9 　晉懷、愍以後，海宇分崩，置君如弈棋，建國如傳舍，至宋元嘉、魏太平真君之際，南北始各統於一。其間一百四十餘年，僭號碑文，余所見者，有秦《廣武將軍碑》、《鄧太尉祠碑》，皆苻堅建元中立，《白石神君碑》，陰有燕慕容儁元璽三年主簿程疵家題字，此外未聞。趙明誠《金石録》收劉聰嘉平五年《司徒公劉雄碑》、劉曜光初五年《佛圖澄造象碑》，又有《橫山神李君碑》、《西門豹祠殿基記》，皆石虎建武六年立，今並佚。右燕秦諸國一則

1.10-1 　隋碑上承六代，下啟三唐，由小篆、八分趨於隸楷，至是而巧力兼至，神明變化而不離於規矩。蓋承險怪之後漸入坦夷，而在整齊之中仍饒渾古，古法未亡，精華已泄。唐歐、虞、褚、薛、徐、李、顏、柳諸家精詣，無不有之。歐、虞皆仕隋，其書至唐始烜赫。此誠古今書學一大關鍵也。尤可異者，前人謂北書方嚴遒勁，南書疏放妍妙，囿於風氣，未可強合，至隋則渾一區宇，天下同文，並無南北之限。乃審其字體，上而廟堂之制作，下而閭巷之鐫題，其石具在，未有如世所傳法帖者，豈平陳之後，江左書派亦與國步俱遷乎？以此愈可知宋時《閣帖》，轉展響搨，鍾、王、郗、謝，半由虛造。余嘗欲輯《隋石記》以明書法流別，覺阮文達南、北兩派之説猶不免調停之見，覃谿論唐初歐、褚諸家，一歸之於山陰法乳，更爲町畦未化已。

1.10-2 　龍門佛象一千餘龕，而隋刻寥寥無幾。開皇《裴悲明》，大業《李子贇》、《梁□仁》，僅三刻。畿輔、秦、晉之郊，亦無蓮臺百億涌現於層崖峭壁間。惟歷城之千佛山，益都之雲門、玉函兩山

巖洞，纍纍皆隋刻也。其次則沂州琅邪書院，亦多隋人造象碑。蓋開皇、大業之間，惟齊魯濱海此風爲盛行耳。

　　1.10-3　隋《杜乾緒等造象》首云：“大隨開皇十二年歲在壬□①。”王氏《萃編》曰：“考隨本春秋時國，即今隨州。隋文帝初受封於隨，及有天下，以‘隨②’從‘辵’，周、齊奔走不寧，故去‘辵’作③‘隋’。然見之碑刻，往往通用。以逮唐初諸碑，書‘隨’爲‘隋’者，不可枚舉。此碑仍作‘大隨’，蓋未嘗有定制也。”

　　1.10-4　吳玉搢《金石存》曰：“羅泌《路史》：隋文帝惡‘隨’從‘辵’，改爲‘隋’，不知‘隋’自音‘妥’。隋者，尸祭鬼神之物，亦云釁殺裂落肉之名，卒以隋裂終。王伯厚曰：‘隨，安步也，吉莫大焉。隋，裂肉也，不祥莫大焉。堅妄改之，不學之過也。’予按‘隋’雖音‘妥’，本亦有‘隨’音。《衡方碑》借‘禕隋’作‘委蛇’，與《唐扶碑》以‘逶隋’作‘委蛇’、《劉熊碑》以‘委隨’作‘委蛇’同，則‘隋’、‘隨’同音可知。又當時雖改‘隨’爲‘隋’，而此《安喜公李君碑》額仍作‘大隨’，唐《紀泰山銘》‘爰革隨政’亦然，是二字本可通用，一時從省，故多書作‘隋’，非必真有所惡而禁不得書作‘隨’也。”吳又云：“唐碑皆‘隨’、‘隋’互用。《褚亮碑》‘隨開皇九載’、《乙速孤行儼碑》‘隨益州’、《盧公清德文》‘隨金州刺史’、《贈孔子泰師碑》‘有隨交喪’，皆書‘隋’作‘隨’。《葉慧明碑》‘情隋地深’、《牛夫人造象碑》‘隋所圖擬④’，則書‘隨’爲‘隋’。是二字通用之明驗也。特自唐以後始分別用之耳。不獨隸書‘隨’、‘隋’同用，即真書亦然。《廟堂碑》、《醴泉銘》、朱子奢《昭仁寺

---

　　①　據方詩銘《中國歷史紀年表》，隋文帝開皇十二年爲壬子年。
　　②　“隨”，原誤作“隋”，據王昶《金石萃編》卷三十八“杜乾緒等造象銘”條改。
　　③　“作”，原誤作“從”，據王昶《金石萃編》卷三十八“杜乾緒等造象銘”條改。
　　④　“擬”，原誤作“儗”，據吳玉搢《金石存》卷十一“隋安喜公李使君碑”條改。

碑》、王知敬《李衛公碑》、高宗《李英公碑》、武后《順陵碑》、王玄宗《華陽觀王先生碑》、裴漼《少林寺碑》，皆書‘隋’作‘隨’。"右隋四則

1.11-1　隋以前碑無行書，以行書寫碑，自唐太宗《晉祠銘》始。高宗之《萬年宮銘》、《紀功頌》、《英國公李勣碑》皆行書也，可謂能紹其家學矣。開元以後，李北海、蘇靈芝皆以此體擅場。蘇書俗媚，不爲世重。北海碑版照四裔，而世所傳正書惟有《端州石室記》。此外即《任令則》、《盧正道》兩碑，亦兼帶行體。龍跳天門，虎臥鳳闕，筆勢縱橫，殆由天授。然自是而漢、魏以來古法蕩然。繼之者，蕭誠、范的皆稱後勁，張從申尤卓絕。然綜論有唐一代，工行書者，緇流爲盛。上溯智永，下訖无可，二百餘年，衣鉢相傳不絕。世豔稱《懷仁聖教序》，不知《隆闡大師碑》彈丸舞劍、瀏灕頓挫之妙不在其下。其次則《靈運》、沙門勤行書。《景賢》沙門溫古書。兩塔，亦皆傳鐵門限家法。大曆、貞元以後，經生一派即從此出，胡季良、奚虛己，其最著也。

1.11-2　唐太宗喜右軍書，至以《禊帖》殉昭陵。上之所好，遂移風尚。《懷仁聖教序》出，舉世奉爲圭臬。《東觀餘論》引《書苑》云："近世翰林侍書多學此碑，學弗能至，了無高韻，因自目其書爲‘院體’。由唐吳通微昆弟已有斯目。"《竹雲題跋》云："《懷仁聖教》，自唐以來，士林甚重此碑。匪直《興福寺》、《隆闡法師碑》爲顯效其體，即李北海、張司直、蘇武功亦皆從此奪胎。自有‘院體’之目，光燄遂殺。"

1.11-3　長安語云："城中好高髻，四方高一尺。"書雖六藝之一，亦隨風氣爲轉移。唐玄宗好八分，自書《石臺孝經》、《泰》《華》兩銘、《郇國》《涼國》兩公主碑，於是天下翕然從之。開、天

之際，豐碑大碣，八分書居泰半。杜子美詩云："開元以來數^①八分，尚書韓擇木，騎曹蔡有鄰。"今考韓書有《告華嶽文》、《歙州刺史葉慧明碑》，蔡書有《麗履溫碑》、《尉遲迥廟碑》、《章仇玄素碑》。其餘若梁昇卿、史惟則、盧藏用、田義晊，並稱能品。至建中以後，此風稍稍衰矣。然唐碑中隸書最精者，余尤服膺崔逸《鬱林觀東巖壁記》、《王襲綱鐵幢》，重規疊矩，真氣鬱蟠，可以上掅東京，其筆法實在梁、史諸公之上。篆書皆推李陽冰，同時有袁滋、瞿令問鼎足而三，但其碑不常見，世罕有知者耳。

　　1.11-4　龍門奉先寺《大盧舍邨象龕記》，"始于咸享三年四月"，"享"字作"享"。錢竹汀云："漢碑凡'元亨'字皆作'享'，至'子孫享之'之類，又皆作'亨'。考之《九經字樣》，凡'元亨'之'亨'、'享獻'之'享'、'烹飪'之'烹'，《説文》作'亯'，亦作'亨'，只是一字。經典相承，隸省作'享'者，音'響'，作'亨'者，音'赫平'，又音'魄平'，後人復別出'烹'字，其實皆可通用也。余初見《張阿難碑》書'咸亨'爲'咸享'，疑其下筆之誤，今此碑亦作'享'，蓋唐時雖用楷書，猶存篆、隸遺法，'咸享'即'咸亨'，正是從古。"

　　1.11-5　金輪以一女子暗移唐祚，威福自恣，舉朝屏息，牝雞司晨，亘古未有。其所造十九字，見《宣和書譜》。云"天"爲"而"，"地"爲"坖"，"日"爲"⊙"，"月"爲"卍"，"星"爲"○"，"君"爲"𢎜"，"年"爲"𡕀"，"正"爲"𠙶"，"臣"爲"忠"，"照"爲"曌"，"戴"爲"𢧵"，"載"爲"𢧚"，"國"爲"圀"，"初"爲"𡆕"，"聖"爲"𡪷"，"授"爲"𥝋"，"人"爲"𤯔"，"證"爲"𤪹"，"生"爲"𡉊"。當時群臣章奏及

─────────

　　①　"數"，原誤作"潮"。《杜工部集》卷七《李潮八分小篆歌》云："尚書韓擇木，騎曹蔡有鄰。開元已來數八分，潮也奄有二子成三人。"

天下書契咸用其字。以石刻證之，自武后稱制，光宅、垂拱、永昌尚未改字，至載初以後，則無不用新製字矣。惟“載”字石刻皆作“𡕀”，不作“𢦏”，與《宣和書譜》不合。碑字作於當時，且非一石，必無舛誤，自較《書譜》爲得實。余所見武周碑不下數百通，窮鄉僻壤，緇黄工匠，無不奉行維謹。尤可異者，巴里坤有《萬歲通天造象》，今歸端午橋制府。敦煌有《柱國李公舊龕碑》，在莫高窟，《廖州刺史韋敬辯智城碑》在廣西龍州關外，《河東州刺史王仁求碑》在雲南昆陽縣，《龍龕道場銘》在廣東羅定州，皆唐時邊遠之地，文教隔絶，迺紀元年月亦皆用新製字，點畫不差累黍。雖秦、漢之强，聲靈遠訖，何以加焉。惟聖曆三年《于大猷碑》不用新製字。《重脩唐安寺記》題“大周癸巳之歲無射月”，“癸巳”爲長壽二年，既不用新製字，亦不題年號，在武后時爲僅見。書者尚不忍忘唐，然不能不稱“大周”也。張柬之撰父玄弼墓誌，稱“永昌三年”，實天授二年，“年”、“月”、“日”亦寫作“𠡦”、“卍”、“乙”[1]。魏稼孫云：“永昌改載初，載初改天授，柬之不當絶無聞見。意永昌時后雖稱制，尚未竊帝位，易國號，所以存唐正朔，與淵明署‘義熙’同意。”然《張景之誌》亦柬之撰，即稱“天稐三𠡦”，是其説仍未確也。夫以柬之恢復唐祚，與狄梁公同稱賢相，當其未反正時，尚不敢批其逆鱗，則滛昏之餤，天下重足，何待言哉。諸家著録，於“鐅壂”、“壂曆”、“𡕀𠙺”三號往往淆亂，則以其字不經見，石泐模黏，不免誤釋耳。

1.11-6　《舊唐書・玄宗紀》：“天寶三載正月丙辰朔，改‘年’爲‘載’。”至肅宗嗣位之三年二月丁未，始改“至德二載”爲“乾元元年”，此後遂復稱“年”矣。自天寶三載迄至德二載，寰區

[1] “‘卍’、‘乙’”原倒作“‘乙’、‘卍’”，據本則前文及《張玄弼墓誌》拓片乙正。

石刻，一律皆書"載"字，無作"年"者，以此見唐之聲靈赫矣。雖
經安史之亂，而民心未嘗去也。故靈武踐祚，不旋踵而中興。近
出之《劉智墓誌》有兩石，一無書人，一題"天寶十五年蘇靈芝書"
者，世相傳爲贗鼎，頗滋聚訟，不知即一"年"字，而作僞之跡已灼
然矣。蘇靈芝雖臣安、史，既奉唐號，即不當書"年"字。考《憫忠
寺寶塔頌》亦靈芝書，碑末"至德二載"四字有重鑿痕，映日視之，
蓋原刻爲"聖武二年"，安禄山僭號也。時兩京雖復，河朔尚淪化
外，故不奉唐正朔，後始追改耳。然稱"聖武"即稱"年"，稱"至
德"即稱"載"，金石刻畫，明白如此，而謂"天寶"下肯稱"年"乎？
孫氏《訪碑錄》，天寶一朝，惟《張尊師探玄遺烈碑》書"三年"，《香
積寺施燈功德幢》書"十三年"，當是原文如此，此外無書"年"者
矣。《張尊師碑》，蔡瑋製文。瑋所撰尚有《玉真公主臨壇祥應
碑》，在天寶二年，尚未改制，乃轉書爲"二載"。《涼國公主碑》，"開元
十二載八月辛巳薨于京邸"。顧亭林云："天寶三年改'年'爲'載'，此在其前二
十年已云'載'矣，蓋文字中偶一用之。"北海《李秀碑》稱"天寶元載"，同。此
外，祇《博陵太守賈循德政記》在《安天王碑》陰。變文稱"天寶戊子
歲"，李翰《修比干廟碑》變文稱"天寶十祀"。

　　1.11-7　《授堂金石跋》曰："《中嶽永泰寺碑》，建於天寶十
一載，稱'年'爲'載'，是也。今文云'貞觀三載①'、'神龍二載'，
當時玄宗欲變'年'例，未嘗易及祖制。又文稱'隨②仁壽二載'，
并前代亦追改之。緇流不學至此。"余謂此奉行之過也。

──────────

①　"三載"，原誤作"二載"，據《中岳永泰寺碑》拓片及王昶《金石萃編》卷八十九
"中岳永泰寺碑"條錄文改。武億《金石二跋》卷二"唐永泰寺碑"條錄文誤作"貞觀二
載"。

②　"隨"，原誤作"隋"，據《中岳永泰寺碑》拓本改。武億《金石二跋》卷二"唐永
泰寺碑"條錄文作"隨"。

1.11-8　大和，唐文宗紀年也，著録家往往誤作"太和"，雖通人不免。《寶鐵齋金石跋尾》有《大唐泰和元年井闌題字》，在江寧普惠寺，既誤"大"爲"太"，又改"太"爲"泰"，不知"太和"後魏孝文帝年號，"泰和"金章宗年號，皆非唐也，殆好事者依託耳。唐亡於天祐四年，其明年爲梁開平元年，時李克用父子及江南楊氏皆仍奉唐正朔，其餘藩鎮有舊君之思者，間亦用"天祐"年號，故唐末代仍有天祐四年以後石刻，未可以亳社已屋而疑爲僞刻也。扶風《法門寺塔廟記》，天祐十九年立，其碑側《劉源題名》且在二十年四月，是時唐之亡已十六年矣。有唐三百年石刻，此碑爲之殿焉。

1.11-9　唐太宗昭陵在醴泉縣九嵕山，周迴百二十里，渭遶其前，涇環其後，岐、梁西峙，其南則終南、太乙列爲屏障，陪葬兆域，穹碑相望。據《唐會要》所記，妃七人、王七人、公主十八人、宰相十二人、丞郎三品以下五十人、功臣大將軍五十七人，與《長安志》《醴泉縣志》、石刻《昭陵圖》互有詳略，互有得失。孫淵如先生《昭陵陪葬名位考》考證甚詳。國初，侯官林同人先生游秦中，往來陵下，摩挲諸刻，按籍記之，作《昭陵石蹟考略》，得十六碑。康、雍以後出土者十二碑，打碑人又益以《石鼓尊勝經》，爲《昭陵二十九種》。然乙速孤父子墓遠在咋干邨，九嵕山後三十里，不在百二十里封域之内，雖葬醴泉，未可謂之陪葬。《尊勝經》在趙邨廣濟寺，更非東園秘器。《牛進達殘碑》最後出，《唐會要》缺，《長安志》增。孫淵如云："進達雖史無陪葬事，而有佐命之勞，見《秦瓊傳》，或史闕文。"今其碑出土，則《長安志》爲有據矣。同人所見十六碑皆記其存字，《虞恭公碑》僅三百餘字，然翁覃谿得稍舊之拓本，明白者尚六百字。余所收《豆盧寬》《張後允》《阿史那忠》三碑，不過百年以内拓本，存字亦視林轉增，當時拓手未精，後來者不難居上。至覃谿謂《虞恭

13

公碑》"以細紙淡墨精拓之，可辨者二千八十六字"，則僅得其厓略，非真能突過前賢也。近時拓工惜紙，其磨泐處皆不搨，歲久塵埋，下半截深入土中，亦未嘗舉而出之，故精本、整本極爲希覯。昭陵爲唐碑淵藪，撰人、書人皆極一時之選，學書者所當奉爲楷模也。今詳列林《考》十六碑存字並續出各碑於後，又附以趙子函①、王蘭泉所紀，以備參考。

《虞恭公溫彦博碑》貞觀十五年，岑文本文，歐陽詢書，存三百餘字。

《申文獻公高士廉塋兆記》貞觀二十一年，許敬宗文，趙模書，存百餘字。

《曲阜憲公孔穎達碑》貞觀二十二年，于志寧文，相傳爲虞永興書，未確，存七百餘字。

《梁文昭公房玄齡碑》年月泐，褚遂良書，存四百八十字。都門李子嘉太守藏唐拓全本二千餘字，天下只此一本，至寶也。

《芮國公豆盧寬碑》永徽元年，李義府文，存三百餘字。

《汾陰獻公薛收碑》永徽六年，于志寧文，存百十字。

《固文昭公崔敦禮碑》顯慶元年，于志寧文，于立政書，存五百餘字。今此碑已佚，潘文勤師藏明拓本。

《禮部尚書張後胤碑》顯慶三年，李義府文，僅存寥寥數字。諸家著録或無"後"字，並有誤作"俊胤"者。

《衛景武公李靖碑》顯慶三年，許敬宗文，王知敬書，存千三百餘字。

《蘭陵長公主碑》顯慶四年，李義府文，竇懷哲書，存七百五十字。

---

① "趙子函"，原誤作"郭子函"。"附以趙子函、王蘭泉所紀"，當指後兩則《石墨鐫華》《昭陵陪葬考》引文。趙崡，字子函，明萬曆間人，撰《石墨鐫華》八卷。本書多有誤"趙子函"爲"郭子函"者。

《中書令馬周碑》上元元年，許敬宗文，殷仲容書，存三百餘字。

《薛公阿史那忠碑》上元二年，撰、書人泐，存五百餘字。

《英貞武公李勣碑》儀鳳二年，高宗御製文并御書，存上半三十二行，每行六十三字。

《散騎常侍褚亮碑》年月、撰、書並泐，存五百餘字。

《右武衛大將軍乙速孤行儼碑》開元十三年，劉憲文，田義暕書，存二千餘字。“田”字，諸家皆誤釋爲“白”。

《冠軍大將軍許洛仁碑》年月、撰、書泐，存八百五十餘字。

右林氏所記十六碑。

《褒國公段志玄碑》貞觀十六年。

《晉州刺史裴□□碑》①貞觀二十三年，上官儀文。余僅見碑額。

《鄂忠武公尉遲敬德碑》顯慶四年，許敬宗文。

《左戎衛大將軍杜君綽碑》龍朔三年，高正臣書。

《紀國先妃陸氏碑》乾封元年。

《内侍汶江縣侯張阿難碑》咸亨二年，僧普昌書。

《右虞侯副率乙速孤神慶碑》載初二年，苗神客文，釋行滿書。

《姜遐斷碑》天授二年。此石今亦佚，潘文勤師滂喜齋有明拓本。

《莒國公唐儉碑》開元二十九年。

《幽州都督牛秀碑》年月泐。

《柱國德陽公碑》年月泐。

《清河長公主碑》年月泐，暢整書。

右續出十二碑。據《唐會要》所記，陪葬者一百五十餘人，尚有子祔其父、孫祔其祖者。當時墓各有碑，荒圮斷碣，

---

① 趙明誠《金石録》卷四載：“唐《晉州刺史裴府君碑》，上官儀撰，正書，姓名殘缺，貞觀二十三年。”陳思《寶刻叢編》卷九載：“唐《晉州刺史裴藝碑》，唐上官儀撰，褚遂良書。《京兆金石録》。”

沈霾不少，安必異時之不復出也。《魏徵》、《程知節》、《尉遲
寶琳》諸碑宋尚存，見《金石錄》。《六駿》石座有殷仲容所書
贊，諸蕃君長立象七，其背各有刻字，皆未見拓本。

1.11-10　《石墨鐫華》云："萬曆戊午四月，余爲九嶻之游。
距昭陵十里，宿高生儼家。翼日，同行。北一里許，得《許洛仁
碑》。又北半里許，得《薛收碑》。折而西，一里許爲趙邨。北行
里許，爲莊河邨。未至，先於道旁冢得《姜遐斷碑》。至邨，則有
《段志玄碑》。東行數十步，有《監門將軍王君碑》，橫於田間。又
東行數十步，一碑無字，亦無冢，蓋土人平之而并磨其碑耳。以
《圖》考之，疑是《長孫無忌碑》。又東行半里許，爲劉洞邨，流水
界之。渡而東，有《房梁公玄齡碑》，褚河南正書。又東數十步，
有《高士廉碑》。又東數百步，有《李靖碑》，撰、書姓氏殘缺，與諸
碑同，而上半完好。靖冢作三山形，文皇以象其功，土人謂'上三
冢'。李勣冢亦如靖，土人謂'下三冢'。二冢南北相去不二里。
《勣碑》，高宗御書，高二丈餘，嶄然屹立，與《溫彥博碑》搨者甚
多，土人搥其字殆盡。《彥博碑》在《靖碑》北數十步，歐陽詢書，
不復可搨。至西峪邨，邨東纍纍古冢相連，有《褚亮碑》、《阿史那
忠碑》、《張後胤碑》、《孔穎達碑》、《豆盧寬碑》、《張阿難碑》，鱗次
都不百步。既而又得《蘭陵公主碑》於老君營之西北，得《馬周
碑》於狗邨之東，得《唐儉碑》於小陽邨之北。又得《崔敦禮碑》。
又有《尉遲敬德碑》，自額以下埋土中，聞十五年前令芮質田掘而
搨數十紙，余出之，了無一字。又山半數冢，土人謂'宰相墳'，仆
一碑，傳是《鄭公碑》。其東，山半數冢，土人謂'亂冢坪'，仆二
碑，余皆起之，則與《尉遲碑》同，蓋土人搥而仆且瘞之也。北四
十五里叱干邨，邨東二冢。一爲《乙速孤昭祐碑》，苗神客撰，釋

行滿正書;一爲《乙速孤行儼碑》,劉憲撰,白義晊"白義"二字均趙氏[1]誤釋,見上。八分書。地僻,搨者少,故得稍完。"計其所見,共二十七碑,以其方位與《昭陵圖》考之,大略相同。

1.11-11 王蘭泉《昭陵陪葬考》:按《長安志》:"太宗昭陵在醴泉縣西北六十里九嵕山白鹿、長樂、瑤臺三鄉界古逢蒲邨,下宮去陵一十八里,封內周一百二十里。"《關中金石記》載《溫彥博》、《段志玄》、《高士廉》、《孔穎達》、《褚亮》、《房玄齡》、《豆盧寬》、《薛收》、《崔敦禮》、《張胤》、《李靖》、《尉遲恭》、《蘭陵公主》、《許洛仁》、《杜君綽》、《紀國先妃陸氏》、《張阿難》、《馬周》、《阿史那忠》、《李勣》、《裴藝》、《姜遐》、《王君》、《乙速孤神慶》、《乙速孤行儼》,計二十五碑。今昶所得者,《溫彥博》、《段志玄》、《孔穎達》、《馬周》、《高士廉》、《褚亮》、《房玄齡》、《薛收》、《張胤》、《李靖》、《尉遲恭》、《蘭陵公主》、《許洛仁》、《杜君綽》、《紀國陸妃》、《張阿難》、《阿史那忠》、《李勣》、《姜遐》、《乙速孤神慶》、《乙速孤行儼》、《唐儉》,共二十二碑。與《關中記》參校,所未備者,《豆盧寬》、《崔敦禮》、《裴藝》、《王君》四碑,而增多《唐儉》一碑也。昭陵諸碑今存者,歷歲久遠,半埋泥土,其露出者,又爲風雨剝蝕,故諸家所搨,殘缺過甚。乾隆四十八年,昶涖官關中,公餘之暇,訪覓搨工,多方摏剔,不惜工力,無論有字無字,務搨其全。于是,向日入土者,洗而出之,所搨率皆全本。以較諸家所錄,增多數百字,或有至千餘字者。自問以爲昭陵碑椎拓之精,可無遺憾。稽其所在,大率在醴泉縣北十里及二十里、二十五里者,以昭陵在縣西北六十里計之,則當在陵南四五十里間,雖云陪葬,

---

① "趙氏",原誤作"郭氏"。引文出《石墨鐫華》卷七《訪古遊記·遊九嵕》,撰者趙崡。

亦去陵遠矣。

1.11-12　林同人曰："高祖獻陵在三原縣北之白鹿原，陪葬妃嬪、諸王、勳戚凡三十餘人，惟《淄川郡王孝同》一碑在。乾陵陪葬，自薛元超而下有數家，然無石。睿宗橋陵之有《雲麾將軍李思訓碑》也，玄宗泰陵之有《高力士碑》也，此石之僅存者也。"今秦中碑估以獻陵碑求售者，尚有八種，于氏四碑，李氏、臧氏各二碑。按貞觀二十年八月乙亥詔："所司於昭陵南左右廂封境取地，以賜功臣。其有父祖陪陵子孫欲來從葬者，聽。"獻陵當亦同例。于志寧以勳舊陪陵，孝顯蓋推恩其先人，而大猷、知微，皆其後人之附葬者也。李廣業當爲淄川郡王之後。臧懷恪、臧希晏亦附葬其先兆，而主域無碑，名位轉不可考。三原尚有《朱孝誠》、《樊興》兩碑，一正書，一行書，皆精，不在陪陵之列。

> 《濮陽令于孝顯碑》貞觀十四年。
>
> 《燕公于志寧碑》乾封元年，令狐德棻文，子立政書。
>
> 《淄川郡公李孝同碑》咸亨元年，諸葛思楨書。
>
> 《明堂令于大猷碑》聖曆三年。
>
> 《兗州都督于知微①碑》開元七年，姚崇文。
>
> 《右武衛將軍臧懷恪碑》廣德元年，顏真卿文并書。
>
> 《左金吾衛將軍臧希晏碑》大曆五年，張□文②，韓秀弼書。
>
> 《劍州長史李廣業碑》貞元廿年，鄭雲逵文。
>
> 右獻陵八碑。《于立政碑》，調露元年十二月，陳遺玉八分書，見趙明誠《金石録》，今佚。

---

①　"于知微"，原誤作"于志微"。趙明誠《金石録》卷五載："唐《于知微碑》，姚崇撰，開元七年六月，正書，無姓名。"知微，字辨機，立政子。

②　陳思《寶刻叢編》卷十載："唐《贈揚州都督臧希晏碑》，唐張孚撰，韓秀弼八分書，大曆五年立，在三原。《諸道石刻録》。"

　　1.11-13　《蘇齋唐碑選》五十種，推重陳諫《南海廟碑》爲虞、褚之亞。余嘗得舊拓本，雖清朗而神氣索然，此石疑後人重開，不足學也。以《泰山銘》後御書爲唐大字第一，以《宋廣平碑側》爲顏書第一，持論過高，後學未易趨步。王知敬書不取《金剛經》、《衛景武公碑》而取少林寺《武后詩》，李北海書不取《李秀》、《嶽麓》兩碑而取《端州石室記》，皆非定論。又其論書宗旨以山陰爲圭臬，故唐碑中方嚴遒整如《石淙詩序》、《白鶴觀碑》、《清河公主碑》，皆所舍旃。近百年來新出各碑，如《于孝顯》、《魏法師》之類，精采奕奕，新發於硎，如此者尚不少。若以唐初諸大家爲繼別之宗子，而以從出諸碑枝分派別，各繫其後，至精者約可得百通。重定蘇齋之選，學書者視其資性所近各專一家，以是求之，有餘師矣。

　　1.11-14　唐碑至會昌以後，風格漸卑，氣韻漸薄。世以楊少師[①]爲碩果，今惟見《韭花帖》。其《華嶽題名》，余所收二百餘通而無凝式[②]筆，則殆亡矣。當時學率更者，尪瘦欹斜，但見棱棱露骨，而無停蓄之態，頗似今坊間重開之《皇甫君碑》。惟經生所寫尊勝幢間有懷仁遺矩，然皆帶行筆，至楷書，則絕無精者矣。五季兵爭，斯文道喪，鄉貢、學究，惡札書丹。若晉之《奈河將軍廟碑》、周之《判官堂塑象記》，其祀爲不經之祀，其書皆聊且之書。至是而古法蕩然矣。其時群藩割據，惟吳越不敢顯背中朝正朔，此外各國，皆自用其建元。然南唐李氏、西蜀孟氏，緇衣闢館，廣延儒雅，故其石刻轉有佳者，蓋中原文物又渡江而南矣。右唐十四則

---

　　①　"楊少師"，原誤作"和少師"。楊凝式，字景度，唐末書家，官至太子少師，人稱"楊少師"，有《韭花帖》傳世。

　　②　"凝"下原脫"式"字。和凝，字成績，五代時人。葉氏誤"楊凝式"爲"和凝"。

1.12　竇建德、王世充輩，與高祖同時逐鹿，下逮唐末董昌，皆稱制改元，而僭號之碑，夙所未聞。乃近十年來，忽數見不鮮。《徐懷隱墓誌》，"聖武二年"，安禄山僭號也，當唐至德二載。《宋文博墓誌》，"順天二年"，史思明僭號也，當唐上元元年。《宋誌》並冠以"大燕"字，初以爲黎軒善眩，然其文頗雅贍，其書亦遒媚有法，蓄疑久之。後得唐縣龍聖寺造象，上溯貞觀，下訖貞元，共二百五十通，其中《李崇珣》、《李曠》、《□婆》三刻皆"順天"年號。又得《盧嗣冶墓誌》，"聖武□年十一月十六日卒"，其書古拙，非宋以後人所能髣髴。于是胸中疑團，涣然冰釋。安、史僭位以後，既不奉唐正朔，載筆者自不敢不書僞號。《憫忠寺寶塔頌》，"至德二載"即磨去"聖武"重鑴，非然，亦一燕刻也。推而上之，新出之開明兩石，_{開明，王世充年號。一《鄴國公夫人元氏墓誌》，"大鄭開明元年"，一《韋匡伯墓誌》，"開明二年"，皆洛陽出土。}亦皆可信。有唐三百年僭號之碑，不先不後，一時並出，信乎隱見之有其時也。_{右唐僭號一則}

1.13　五季以書名者，郭忠恕、孫崇望爲鐵中錚錚。忠恕工分、篆，其所書《三體陰符經》，宋乾德中刻於《懷惲禪師碑》陰，別無他碑可見。孫崇望書《郭進》、《景範》，兩碑皆在周顯德中。至藝祖受禪，敕建豐碑，亦命崇望書之。兩朝鉅製，一手染翰，_{《周武王》《康王廟》、《漢光武廟》、《唐太宗廟》、《嵩岳中天王廟》，凡五碑，皆開寶六年立。}則當時尊爲巨擘可知。以今觀之，其書肉餘於骨，沓拖無韻，蓋學王縉而得其皮膚者。鄭五作宰相，朱三作天子，世運如此，又何怪書學之遞降哉？_{右五季一則}

1.14　五季群雄，石刻流傳之富，首推吴越。南漢次之，西蜀、南唐又次之,楚、閩諸國,等之自鄶。嶺南吳石華熟精鄉邦掌故,既撰《南漢紀》,又輯《金石志》二卷。然雲門《匡聖》、《匡直》兩碑,僅見《匡聖》拓本,而《匡直大師塔銘》但據《乳源縣志》錄其文而已,且誤"匡直"作"匡真"。余初收得《匡聖大師碑》,後又得《匡直大師碑》,皆完好無恙。近時新出土者,有大寶五年《馬二十四娘墓券》,江陰金武祥太守在容縣搜得南漢都嶠山經幢、造象及中峰《五百羅漢記》、《靈景□慶讚齋記》[①],皆石華所未見。

右南漢一則

1.15　前蜀王氏、後蜀孟氏,其石刻詳見於劉燕庭《三巴㴝古志》。前蜀武成一通、永平二通、天漢一通、乾德二通,後蜀明德一通、廣政五通。余嘗得蜀石三刻,一武成元年殘造象,一武成二年《琴泉寺經幢》,一廣政癸亥《張匡翊題名》,皆東武所未收。孟昶時,其相毋昭裔且能捐俸寫經鏤石。晁公武《〈石經考異〉序》云:"《孝經》、《論語》、《爾雅》,廣政甲辰歲,張德釗書。《周易》,辛亥歲,楊鈞、孫逢吉書。《尚書》,周德貞書。《周禮》,孫朋吉書。《毛詩》、《禮記》、《儀禮》,張紹文書。《左氏傳》,不誌何人書,而'祥'字缺畫,避孟知祥諱。亦必爲蜀人所書。蓋'十經'歷八年而後成。"曹能始《四川名勝志》云:"諸刻今皆不存,所存者《禮記》數段,在合州賓館中。"余聞之先輩云:"其石爲一黔人士宦蜀者攜以壓歸舟。"今不可問津矣。錢唐黃氏藏《毛詩》殘拓,屬樊榭、丁龍泓共觀賦詩,全謝山爲之跋。今金石家著錄者,皆衹此一本耳。右前後蜀一則

---

①　金武祥《粟香隨筆·四筆》卷一"闔會弟子慶讚齋記"條有"捨己俸銅錢二百貫文於容州都嶠山靈景寺"語。

1.16　吳越錢氏，保境安民，納土最後。君臣佞佛，崇飾梵宇，刻經造象，不吝檀施。余嘗至武林，策蹇湖上，禮千官塔，裹糧靈隱飛來峰下，捫蘿剔蘚，遍尋遺刻。去年，及門程心一孝廉復爲余命工拓之。所未得者，惟武康《風山靈德王廟記》及臨安海會寺二幢耳。其所書甲子，首鼠兩端，或用僞號，或奉中國建元，亦有磨去歲月者，大都納土後諱之耳。《東湖叢記》采《禮耕堂叢説》一則，《西湖游覽志餘》申歐陽公之説，皆考索甚詳，頗有資於石刻，附錄如左。右吳越一則

《禮耕堂叢説》：或以吳越稱元爲非分，不知武肅自丁卯迄壬辰，二十六年中，奉篡號者三，建國號者三。丁卯四月，唐亡，次年戊辰，無可稱"天祐五年"及"天復八年[1]"，因自建元"天寶"。若《崇化寺尊勝幢》載"天寶四年辛未"，《明慶寺白傘蓋陀羅尼》載"五年壬申"，推知建元在戊辰，約五年，以唐亡，故不用梁"開平"、"乾化"等號。而《廣潤龍王廟碑》則稱"梁貞明二年丙子"，《登聖寺摩厓》稱"龍德元年辛巳"，《上宮詩》稱"三年癸未"，良以通使故也。癸未十月，梁又亡，次年甲申，無可稱"龍德四年"，因復建元"寶大"。若九里松《觀音尊勝幢》載"二年乙酉"，又《水月寺幢》載"寶正元年丙戌"，《招賢寺幢》載"二年丁亥"，《浚[2]舜井記》載"三年"，《貢院橋柱》載"六年辛卯"，推知"寶大"建元在甲申，

_____

①　"八年"，原誤作"七年"。"丁卯"爲唐哀帝天祐四年，是年四月，唐亡，故次年戊辰，錢鏐無可稱"天祐五年"。丁卯九月，王建帝蜀，以唐昭宗天復元年爲辛酉，沿其年號稱"天復七年"，次年戊辰，改"武成元年"，錢鏐亦無可稱"天復八年"。施國祁《禮耕堂叢説》"龍簡文説"條誤，蔣光煦《東湖叢記》沿誤。

②　"浚"，原誤作"後"，據施國祁《禮耕堂叢説》"龍簡文説"條改。蔣光煦《東湖叢記》引文不誤。莫奕苞《金石錄補》卷二十四"吳越舜井石記"條載："吳越國王寶正三年八月十九日重開舜井。"

“寶正”改元在丙戌，至六年辛卯，寶八年，以梁亡，亦不用後唐“同光”、“天成”等號。而天竺《日觀庵經幢》復稱後唐“長興三年壬辰”，亦以通使故也。是其於故國淪亡、强臣篡弑之會，別具忠愛纏綿、未忍遽舍之至意。

《西湖游覽志餘》：歐陽公《五代史》敘列國：“聞諸故老，謂吳越嘗稱帝改元，而求其事蹟不可得，頗疑吳越後自諱之。”宋時王順伯收臨安府故碑，有石屋《崇化寺幢》題“天寶四年”，《明慶寺幢》題“天寶五年”，九里松《觀音尊勝幢》題“寶大二年”，《水月寺幢》題“寶正元年”，《招賢寺幢》題“寶正二年”，《小昭慶寺》、《金牛》、《瑪瑙》等各幢皆題“寶正”，《貢院橋柱》題“寶正六年”。至今寺中石塔有“吳越王”并年號處，皆鐫剗模餬，蓋歸宋納土時所改爾。

又按武林飛來峰《周欽造象》，後題歲“己未建隆”。考建隆元年爲庚申，前一年己未，尚是顯德六年周恭帝禪位於宋之歲，建隆尚未紀元，此亦是錢氏納土之後諱而磨改。

1.17　楊吳金石舊著於録者，乾貞一通，《尋陽公主墓銘》。太和一通，《大安寺香爐題字》。天祚二通，《光化大師碑銘》、周從建書《陀羅尼真言》。余得順義四年《縣君汪氏墓銘》，近山陽縣出土。王象之《碑目》：“昇之興化院，江之開福院、安國寺，皆有鐘銘。”今佚。南唐李氏自交泰①改元後，周師南下，即削僭號，故《本業寺記》、《元寂禪師塔碑》皆書宋元。其建號以前石刻衹有“保大”，若“中興”、“交泰”，本衹一年，“昇元”六年，亦未見有拓本。嚴氏《金陵

①　“交泰”，原誤作“泰交”。戊午年三月，南唐中宗李璟改年號“中興”爲“交泰”，五月，奉周正朔，用其“顯德”年號。

待訪目》網羅極博，但存者無幾矣。近繆筱珊前輩於棲霞山訪得
衡陽寺三幢座、《徐楚金兄弟題名》，雖無年月，確知其爲南唐刻
也。二徐篆尤難得，聞通州又新出一碑。《壽州金剛經》"宋全州
湘山寺本"雖重開，年月、姓氏尚沿"保大"舊題。及今蒐采，未爲
寥寂。余謂吳越錢氏及江左兩朝皆可援南漢之例，各輯一書，
"吳越金石志"先次其本國之年，而以從中國年號者爲附錄，"南
唐"以楊吳爲上卷，以李氏爲下卷，或庶可與錢儼、馬令、陸游諸
史相輔而行。其餘閩祇一刻，永隆三年《堅牢塔記》。北漢劉氏、廣運
二年《天龍寺千佛樓碑》及《石映墓誌》。楚馬氏《五溪銅柱記》、馬賓《金剛經》。
皆祇二刻，且不盡有建元，邾、莒附庸，不足與於敦槃之會也。右
南唐一則

　　1.18-1　宋初承五季之敝，書學榛蕪。建隆以後，豐碑鉅
製，皆出於袁正己、孫崇望，其次則張仁愿，"王楊盧駱當時體"，
非國工也。尹熙古、楊虛己後來居上，然亦囿於院體。至蘇、黃、
米、蔡四家出，脫去古人畦逕，別開生面，書派爲之一變。然漢、
魏以來醇古之氣亦發洩無餘矣。蘇書遭元祐黨禁，剗除殆盡，今
傳世者皆重開本。涪陵、溪堂，後人瓣香，皆在簡牘，不知米之
《朱樂圃》、《章吉老墓表》、《蕪湖新學記》，非《群玉》、《英光》所能
仿彿也。黃之《七佛偈》直追《瘞鶴銘》，亦勝於《寄嶽雲帖》。蔡
君謨書宜於大書深刻，《洛陽橋記》視《中興頌》可謂亦步亦趨矣，
然氣韻終遠不逮，不僅顏苦孔卓、未達一間也。蔡元長兄弟行、
草皆入能品，元長簡古沖穆，如仙童樂靜，不見可欲，元度氣格雖
稍遜，然其書能於熟處見生，操縱離合，不失尺度，誠未可以
人廢。
　　1.18-2　翁覃溪先生云："唐以前正楷，皆筆筆自起自收，開

闔縱擒，起伏向背，無千字一同之理。直至宋以後，乃有通體圓熟之書。"此真深知書學者也。孫崇望、尹熙古、楊虛己，皆所謂"通體圓熟"者耳。楊虛己流媚中有逸氣，所書《賀蘭栖真敕》，極似唐末經生筆，在三人中固應特出。

1.18-3　溫國、潞國、韓、歐無書名，爲其功業所掩也。溫公《南屏摩厓》，分書雄偉，突過唐賢。文潞公與韓魏公皆學顏，而韓爲優，正書若《狎鷗亭》、《觀魚軒》，行書若《畫鶻行①》，皆直入平原之室。歐陽公《瀧岡阡表》，宋牧仲《筠廊偶筆》載其爲龍神借觀事，此齊東之言也。要之其書自圓機活潑，朱文公書碑版實師之。

1.18-4　自石敬瑭以燕雲十六州歸契丹，至宋道君時童貫會金師滅遼始復舊疆，曾未轉瞬，并中原而失之。今京畿金石，惟大觀、宣政之間有宋刻，皆在此遼社既屋、金師未入之際，白駒過隙時耳。右宋四則

1.19-1　南渡以後，神州疆索，淪入金源，長淮、大河以北，無趙家片石。秦、隴與蜀接壤處爲兩國犬牙，故階、成之間及城固、褒城兩邑尚有宋刻。其時國步雖艱，士大夫雅好文章，游宦

---

①　"畫鶻行"，原誤作"義鶻行"。《杜工部集》卷二"古詩四十三首"載《義鶻》、《畫鶻行》二詩。董更《書錄》"中篇"載："魏國忠獻公韓琦，字稚圭。《書史》云：'韓忠獻公好顏書，士俗皆學顏書。'世有石刻《畫鶻行》大字一卷。"《徐霞客遊記》"粵西遊日記二"載："(明崇禎十年六月)二十七日，憩息真仙洞中，有揭碑者以司道命來搨《黨籍碑》。午有邑佐同其鄉人來宴，余摩拭諸碑，不輒得。韓忠獻王所書《畫鶻行》并黃山谷書二方，皆其後人宦此而勒之者。"《宋學士文集》卷三十七"跋韓忠獻王所書《義鶻行》後"條載"右韓忠獻王書杜甫《畫鶻行》，端嚴厚重，古所謂'顏筋柳骨'，殆無以過之"，題名誤而內文不誤。至倪濤《六藝之一錄》卷三百三十七、《佩文齋書畫譜》卷七十六引《宋學士集》，則題名、內文均誤作"義鶻行"。

登臨,往往濡毫以誌歲月。名山洞壑,不乏留題。名臣如李伯紀、胡邦衡,理學如朱晦庵、張南軒,詩人如范致能、陸務觀、楊誠齋,皆有遺跡。其書多詇蕩可喜,與遼、金石刻不啻有雅鄭之別,然皆不必以書名。惟張樗寮行書號爲精妙,今所存有焦山《金剛經》、四明賀監祠《逸老堂記》。余所得淳祐元年《息心銘》,其石在山東城武縣,仙風道骨,迥出塵表,然非碑版正派。余所見南宋書,當以無礙居士《道隱園記》及范致能《碧虛》《水月》兩銘、《壺天觀記》爲第一,其次則趙公碩書《中興聖德頌》、乾道七年。張本中書《石壁聖傳頌》紹熙元年。也。

1.19-2　南宋書家,余最服膺吾鄉石湖居士。此非鄉曲阿好,試取桂林諸山石刻證之。建炎以後,文穆與方孚若最爲秀出,然孚若行書但以韻勝,不若文穆之淵渟嶽峙也。且不獨正書精麗,其草書《四時田園雜興》,揮霍頓挫,礛磻如巖下電,不可逼視,素公《聖母帖》、孫虔禮《書譜》以後,殆未見其匹。若桂林《鹿鳴燕詩》,刻手不精,稍降一等。右南宋二則

1.20　宋建炎四年,金人立劉豫爲帝,奉金正朔。初稱"天會八年",其年十一月,改明年元爲"阜昌",至七年十一月,仍爲金人所廢,先後不過七載,且覥顏臣虜,更非南北群雄可比。然陝西、齊、豫之境,頗有阜昌石刻。孫氏著録者,有《饒益寺藏春塢記》、《孟邦雄墓誌》、《祭渾忠武王文并記并牒》、《禹蹟圖》、《華夷圖》、《薛待伊浮圖銘》側《劉漢題字》,共六種。趙氏著録者,有《永慶寺大殿記》。《孟誌》字跡工秀,頗得虞、褚規模。《華夷》、

《禹蹟》兩圖,每方折地①百里,所載山川多與古合。唐、宋以來地圖,莫古於此,未可以僞朝廢也。余又收得阜昌八年虢縣磻溪鄉《朱近買地券》,豫僭號祇七載,而此稱"八年",或鄉曲尚未知其被廢,或并初立未建元一年數之。蝸角小朝,當時雖稱其正朔,不過逢場作劇耳。右僞齊一則

1.21-1　遼碑文字皆出自釋子及村學究,絕無佳蹟。間有不書"大遼"書"大契丹"者,猶之拓跋氏"代"、"魏"兼書,示不忘本之義也。同治以前,出土尚少。孫氏《訪碑錄》不及五十種。趙撝叔所續,皆朝鮮碑系遼紀年者。中國惟咸雍四年《清水院藏經記》一刻。光緒四、五年間重修《順天府志》,碑估李雲從承當事之命,裹糧襆被,狂走京畿諸邑,荒邨古刹,足迹殆遍,所得遼碑,視孫、趙倍蓰過之。余著錄遼幢五十餘通,皆其時拓本也。其中多唐、梵兩體,惟劉李河白氏兩幢結構尚可觀。此外,行列整齊者,如今刻書之宋體字,潦草者,如市中計簿。滿幅題名,皆"某兒"、"某郎婦"之類,北僻喬野之風,於此可見。

1.21-2　金源雖與遼同起朔方,戎馬之餘,頗能講求文字。沂州《普照寺碑》學柳誠懸,世有出藍之譽,金碑第一。獲鹿《奇石山摩厓》次之。党懷英之分、篆,王庭筠、楊廷秀之行、草,皆稱名筆。金碑多懷英篆額。余收得其分書《普照寺照公開堂疏》《十方靈巖寺碑》、篆書《王荊公詩刻》,矩度森嚴,唐、宋名蹟無以過之。尤奇者,紹聖以後,中國禁蘇書甚嚴,而金人皆喜效其體,

---

① "每方折地",原誤作"每折地方"。王昶《金石萃編》卷一百六十載:"按《禹蹟》、《華夷》二圖,高、廣尺寸相同。《禹蹟圖》界方格,每方折地百里,列《禹貢》山川名,古今州郡名,古今山水地名。"畢沅《關中金石記》卷七"禹蹟圖"條載"每折地方百里,所載山川多與古合,唐、宋以來地圖之存惟此而已",誤"每方折地"爲"每折地方"。

如《靈巖寺滌公開堂疏》、《洪福寺壽公靈塔銘》、《石經山雲居寺前管內都綱遺行記》，皆頗有長公筆意。烏臺之案不能行於鄰國，可爲眉山吐氣。

1.21-3　遼碑著録始於會同，天顯以前無有也。金碑著録始於天會，天輔以前無有也。篳路藍縷以啟疆，故未遑制作。至遼碑皆在畿輔，奉天閒有兩三通，女真則秦、晉、兗、豫、齊、魯之郊皆有其石刻，此則限於幅員耳。

1.21-4　遼之“景福”與唐昭宗年號同，金之“貞元”與唐德宗年號同，然年祀綿遠，書體迥異，著録家不至誤收。惟遼、金各有“大安”，相距不過兩周甲子，易滋疑竇。曩時黃仲弢學士收得一大安碑，以爲金刻，碑估李雲從折之云：“金大安祇有三年，即改元崇慶，此碑立於大安六年，迺遼刻耳。”仲弢不覺媿服。

1.21-5　遼碑多釋子之文。金自大定以後，崇尚道流。馬丹陽、丘長春、王重陽，其最著也。其次則杜天師，《忽驚圖》。譚真人，《踏雲行詞》。皆有詩詞石刻。沿及元初，此風未革。長春入元，世祖置之帷幄，詢茲黃髮，其教益昌。道書刻石者，終南則有篆體《道德經》，三原則有《昇玄經》、《常清靜經》，五臺則有《孫真人福壽論》。《玄教大宗師張留孫碑》，趙承旨至爲書兩通，南、北分建之。自入大朝，太祖、太宗以逮定、憲四朝，平津著録，釋氏之碑十之三，道家之碑十之七，於此可覘彼教之盛衰、時君之好惡。右遼金五則

1.22-1　終宋之世，與遼、金南北分疆。此外，惟趙氏父子割據靈武，改元建號，延祚綿長，至西遼亡尚未亡。其石刻惟有《感通塔碑》，天祐民安五年所立，在今涼州武威縣。土人謂之

"番字碑",以其一面爲西夏文也。同里彭誦田刺史令武威時,曾拓一通見貽。儂智高曾改元"啟曆",而邕、桂之間無其片石,更無論王則、方臘輩矣。

1.22-2 《感通塔碑》出土未久,西夏未見第二刻。余按部至甘州,閱郡志,見有《黑河建橋敕》,在下龍神廟,旋訪得於弱水東岸距城十里一小刹中,即郡僚迎賓之地也。碑兩面刻,其陰亦番字,惜無良匠,拓本模餬不可辨。惟正面尚完善,間有剝蝕之處,以郡志補釋十餘字。碑文共八行,行三十字,後年月、題名五行,刻於"乾祐七年①丙申歲",即宋孝宗淳熙三年也。題名有"□筆手張世恭","筆"上字闕,當是書此碑者。從此篋中又增西夏碑一種,奉使西來第一快事。因世尟知者,故録其文如左,以饗好古之士。聞寧夏賀蘭山爲夏國陵寢所在,峰巒窈曲,崒如曠如,享堂原廟,遺跡尚存。其中當更有貞珉可訪,將伯助予,日望之矣。

敕鎮夷郡境内黑水河上下所有隱顯、一切水土之主、山神、水神、龍神、樹神、土第一行。地諸神等,咸聽朕命:昔賢覺聖光菩薩哀憫此河年年暴漲,漂蕩人畜,故以第二行。大慈悲興建此橋。普令一切往返有情,咸免徒涉之患,皆霑安濟之福。斯誠利第三行。國便民之大端也。朕昔已曾親臨此橋,嘉美賢覺興造之功,仍罄虔懇,躬第四行。祭汝諸神等。自是之後,水患頓息,固知諸神冥歆朕意、陰加擁佑之所致也。今朕第五行。載啟精虔,幸冀汝等諸多靈神,廓慈悲之心,恢濟渡之德,重加神力,密運威靈。第六行。庶幾水患永息,橋

① "七年",原誤作"六年",據此則《黑河建橋敕》録文及方詩銘《中國歷史紀年表》改。

道久長，令此諸方有情俱蒙利益，佑我邦家。則豈惟上契
_{十第七行。}方諸聖之心，抑亦可副朕之宏願也。諸神鑒之，
勿替朕命。_{第八行。}大夏乾□七年歲次丙申九月二十五日
立石。_{右一行。}○上缺。郭□正。_{右一行。}○上缺。筆手張世
恭_{下缺。○右一行。}○□水監王延慶。_{右一行。}○内大勾當
鎮夷郡正兼郡□教_{下缺。○右一行。}○上年月、題名五行^①。

右西夏二則

1.23　敦煌縣千佛洞，即古之莫高窟也。洞扉封以一丸泥，
十餘年前，土壁傾圯，豁然開朗，始顯於世。中藏碑版經象甚夥。
楚北汪栗庵大令宗翰以名進士作宰此邦，助余搜討，先後寄貽宋
乾德六年《水月觀音畫象》，寫經卷子本、梵葉本各二，筆畫古拙，
確爲唐經生體，與東瀛海舶本無異。又諸墨拓中有斷碑僅存兩
角，上一角存十二行，行自十一字至三字不等，下一角存七行，行
自四字以下不等。年月已佚，亦無撰、書人可考，惟上一石第九
行有"聖神贊普，万里化均，四鄰慶□"^②云云。"贊普"係吐蕃君
長之號，猶匈奴之稱"單于"，突厥之稱"可汗"，冠以"聖神"二字，
則彼國人士尊其君之詞，猶中國皇帝之有徽號也。以是定爲吐
蕃刻，無可疑矣。考喇薩《吐蕃會盟碑》，一面正書，一面唐古忒
文，刻於長慶元年，仍爲唐人所立。南詔諸碑，雖間有"贊普鍾"

---

①　杜建録《党項西夏碑石整理研究》載《黑水建橋敕碑》拓本，其中"年月、題名
五行"："大夏乾祐七年歲次丙申九月二十五日立石。／主案郭那正成，司吏駱永
安。／筆手張世恭書。瀉作使安善惠刊。／小監王延慶。／都大勾當鎮夷郡正兼郡學
教授王德昌。"

②　鄭炳林《敦煌碑銘贊輯釋》"P4640號"爲《吳僧統碑》，竇良驥撰，有"聖神贊
普，萬里化均，四鄰慶附"語。

紀年,考之《舊唐書》,吐蕃以南詔閣羅鳳爲"贊普鍾",蠻人稱弟爲"鍾",蓋是時南詔服屬于吐蕃,故以弟畜之,而閣羅鳳即用以紀年,然非奉其正朔,要不得爲吐蕃刻。可黎可足以後文字出土者,僅此一通耳。窮邊荒磧,沈埋一千餘載,不先不後,自余度隴而始顯,得以摩挲之,考訂之,不可謂非墨林之佳話已。<small>右吐蕃一則。</small>

1.24-1　元起沙漠,開國之初,未有建元。其碑刻但書甲子,或上冠"大朝"二字。亦有書十二辰禽名者,如建子則書"鼠兒年"、建丑則書"牛兒年"之類是也。然《少林寺聖旨碑》,延祐元年所立,而聖旨三道,一書"雞兒年",一書"龍兒年",一書"鼠兒年",則中葉尚沿初制。世祖即位,建元"中統",至五年改"至元"。其後,順帝踐阼之三年,亦改"至元",世謂之"後至元"。碑書年月,或繫"後"字,亦有竟稱"至元"者,不可不辨也。

1.24-2　宋人書長於簡札,而不宜於碑版。至趙文敏出,重規疊矩,鴻朗莊嚴,奄有登善、北海、平原之勝。有元一代豐碑,皆出其手。前賢謂韓文"起八代之衰",余謂趙書亦起兩宋之衰。溯其生平,洊歷五朝,年登大耋。自至元以迄至治,所書碑版,照耀四裔。同年李木齋府丞嘗專輯趙碑爲一目,斐然成帙。余先後搜羅亦不下五十通。童時見舉子學書,皆習《重陽宮御服碑》,不知此碑但以姿勝,未爲傑構。鷗波墨妙,自以《許熙載》、《張留孫》兩碑爲正矩。華亭《居竹記》、青神山《陳氏墓表》,超出恒蹊,純乎化境,當爲趙書第一,亦爲元碑第一。

1.24-3　文敏兼工四體,然不恒以分、篆書碑。分書惟《貞文先生揭君碑》,篆書惟《利津縣廟學碑》,亦非褚奐、周伯琦所可及也。唐、宋書家,各分壇坫。惟文敏開闢鴻濛,籠罩群有,元百

年中，莫與兩大，自是宋以後一大宗。同時若周馳、鄧文原、元明
善輩，亦趨亦步，要不能出其範圍。俞紫芝稱高足弟子，然書碑
絕少。余所見學趙而能亂真者，惟仲穆《范氏義田記》庶幾不失
家法，蓋趨庭之時，朝夕漸染，自異於私淑者流也。

　　1.24-4　鮮于伯機精於鑒藏，亦負當代重望。虞道園、揭曼
碩，書學並爲文名所掩。然余所見《蕭山學碑陰記》，伯機書也。
虞書有《濬南祠堂記》、《廬山東林太平興龍寺記》。皆未能突過
子昂也。後來惟宋仲溫，學鍾太傅而參以章草之法，沖澹古質，
自成一家，能脫去鷗波面目。《岳林寺幻住經堂記》，至正二年，
王元恭行書，世不甚重之。然其書精勁，奕奕有神，試掩其歲月
視之，鮮不以爲唐碑也。此兩家足稱後勁。右元四則

　　1.25　元末群雄並起，惟淮張崇獎文士，闢館延賓，東南士
流多歸之。今湖州尚有《迎禧門記》、《臨湖門記》，皆天祐三年饒
介撰、書。"天祐"即士誠僭號，其三年當至正之十六年，饒介時
攝湖州守。右淮張一則

　　1.26　歐陽公《集古錄》近收五季，明初距今將六百年，不啻
歐公之視六朝也，豈可以近而賤之？乾嘉諸老，如畢中丞、王侍
郎，皆以天水爲斷。至儀徵阮氏、陽湖孫氏，始推廣其例至元
末。翁覃谿輯《粵東金石略》，兼收明碑。夫明碑誠不勝收，然必
俟之罕而見珍，則杞宋無徵，滄桑已易，其存者亦如缺月娟娟隱
雲霧，不重可惜乎？且宋仲溫、危太朴諸人明初尚在，至正十七
年《蕭山武祐廟記》即爲劉青田所撰。使著錄歐碑但收隋《姚辨
誌》一石，而《化度》、《醴泉》諸刻概從割愛，可乎？余碑目亦斷代
於元，而勝朝名跡，別裝池爲叢帖。端午橋制府有石癖，明初幽

竄之文與漢、唐古刻並蓄兼收，不可謂非愛古人也。董香光書碑遍南北，若彙而錄之，可與趙文敏埒。薛虞卿、文徵仲、周公瑕之流，骨董家市駿千金，未必真跡，則何如石刻之爲可信乎？右明一則

1.27　王氏《萃編》舉《保寧寺鐘款》首題"大宋國"，謂後"大元國"、"大明國"皆肪於此。余所見《蔣舒行修六和塔記》，首亦題"大宋國"。吾吳《郭市橋北井欄文》，中有"大宋國兩浙西路平江府"云云。尚不止此二石也。古碑書國號，或於上加"有"字，或加"維"字，如"有唐"、"維唐"之類。或冠以"皇"字，或冠以"聖"字，或通用"大"字，或變用"巨"字。"巨"亦從"金"作"鉅"。此唐、宋碑所共也。宋碑有稱"炎宋"，以火德王，如劉氏之稱"炎漢"也。又稱"神宋"，按漢《周憬碑》額題"神漢桂陽太守"，則亦用漢碑之例。右國號書法一則

1.28　唐《大泉寺新三門記》，稱"劉宋開明二年，邑令顏繼祖捨宅移寺"，考宋無"開明"之號。又宋開寶六年《重書龍池石塊記》，首稱"大漢通容元年歲在甲辰，其年大旱"。陽湖陸氏曰："'甲辰'，後晉出帝改元'開運'之歲。後漢高祖以開運四年二月即位，仍稱'天福十二年'。六月，改國號曰'漢'。明年正月，改元'乾祐'。終漢二世，無以'通容'紀年者。"此兩碑皆杜撰年號。流俗傳聞，秉筆者遽從而書之，可謂不學無術矣。又元泰定五年《贈寧海州知州王慶墓表》，文云"父生於擴慶庚申，妣生於擴慶丙辰"。錢竹汀云："'丙辰'，宋慶元二年也。'庚申'，慶元六年也。元時江浙行省有慶元路，未嘗更其名，何獨于宋之年號而更之？"余謂碑刻追述亳社之年多矣，直斥帝諱，"擴"字，宋寧宗諱。而

配以年號上一字，僅見此一碑。又按唐碑述前代紀年，往往有舛誤者。如《淮南公杜君墓誌》，"周天統二年終於私第"。"天統"是齊後主紀年，非周也，當是周武帝天和二年。又後唐天成四年《重修定晉禪院碑》有云："東魏黃初三年高歡帝所造也。""黃初"是曹魏年號，非元魏，"高歡"北齊，亦非東魏，不知何以謬誤至此。右杜撰年號一則

語石卷二

2.1　以張懷瓘《書估》估碑，宋、元聲價，自不敵唐碑之重，然得唐碑易，得宋碑難，元碑抑又難矣。何則？歐、虞、顏、褚，烜赫已久，固家家奉爲圭臬。即墓誌、造象、經幢，其書雖不甚著名，往往妍秀可喜，便於臨池，通都巨肆，尚易物色。至宋碑惟蘇、黃、米、蔡四家，元碑惟趙松雪，尚有拓而售者，此外非專工訪拓不能得。或藉良友之餽貽，或煩屬吏之供億。其豐碑高至尋丈，或在危厓絕巘、人跡不到之區，贏糧裹氈，架梯引絙，然後得之，所費不貲。及其散失之後，流入市肆，所售之價，不足紙墨。估人惟利是圖，其孰肯作爲無益乎？故宋、元碑可遇而不可求。然無豪奪，無居奇，則以我所取者，人所棄耳。余訪求石刻二十餘年，所得唐以前碑，視孫、趙幾十有八九，新出土者不與焉。五季以下，不逮其半。遼、金碑，以在畿輔久，所得較多。其難易不較然哉？右宋元碑難得一則

2.2　關中爲漢、唐舊都，古碑淵藪。其次則直隸、河南、山東、山西，觀畢、阮諸家所録，望羊興歎。又其次則隴、蜀。吾吳

《皇象碑》已亡,光和①《校官》一刻,巍然爲江以南靈光。孫吳、蕭
梁,斐然繼作。浙有《三老諱日記》,楚有《九真太守碑》。滇疆僻
在南荒,而"二爨碑"一晉一宋,可傲中原所稀有,足爲雞足增輝。
此外,閩、粵諸省,隋以前無片石。貴州至前明始建行省,漢《盧
豐碑》即《吹角壩摩厓》。之外,不獨無隋、唐名跡,即宋、元兩朝亦無
一字可著録。此則限於地也。《紅厓》晚出,鄒叔績雖釋爲"殷高
宗伐鬼方之碑",荒遠無徵,難爲典要。右總論各省石刻一則

　　2.3　鄭漁仲求書之道有八,其三,因地也,因人也,因代也,
皆可通於求碑。而碑之宜因地而求,比書尤切。經史雕本,孳乳
不窮,不得於彼,或得於此,苟非麻沙下劣之本,即可插架。若碑
則原石祇此一刻,祇在一地,不到廬山,何從見其真面? 此地之
宜知一也。私家棗梨,異於官本,千里雖遥,舟車可致。宦游所
刻,或如廉石之載歸,坊肆所雕,或以兼金而轉鬻。昔在燕、齊,
安知今日不在吳越? 若碑則高或尋丈,重亦千鈞,非如大壑之
舟,可負而趨? 此地之宜知二也。古今雕本,或在國學,或在郡
庠,或在公庫,或在家塾。通都大邑,掫訪易周,估舶書林,咄嗟
可辦。若古碑則往往出於窮鄉僻壤、梵刹幽宮,甚至高岸深谷,
屐齒不到,非有土人導引,莫施氊蠟。此地之宜知三也。古人著
録,郡邑之外,每多略而不詳,平津《訪碑録》亦第有"某省"、"某
縣",好古者往往迷於物色。余所見惟林侗《昭陵石蹟考》詳著
"第幾列"、"第幾區"、"村落方向"。碑估李雲從每拓一碑,必於
紙背書"在某邨"、"某寺"或"某冢","距某縣城若干里",可謂有

---

　　①　"光和",原誤作"初平"。《校官碑》拓片及王昶《金石萃編》卷十七"校官碑"
條録文末題"光和四年十月己丑朔廿一日己酉造"。

心人也已。若依此著録，後人按籍而稽，何至迷其處所？右求碑宜因地一則

2.4-1　西安碑林，《開成石經》在焉。其餘漢、唐以下石刻林立，碑估資爲衣食，朝夕椎拓。曩顧皞民方伯觀察陝甋，嘗貽書來告云："碑林中當當搨石之聲終年不絶，《廟堂》、《皇甫》、《玄祕①塔》諸碑，旬月之間化身千億，以應四方之求，由窪漸淺，由淺漸平，由平漸泐，馴至没字，僅存魂魄。"余適得殘幢四紙，皆漫漶無字，因合裝爲四幀，而題之曰"幢魄"。陳壽卿、王廉生兩公，家藏古刻，護如頭目，不輕命俗工摹搨。廉生藏一唐幢，余求之十年不可得，始頗憾之，今始知其敝帚自珍，未始非古人之幸耳。

2.4-2　唐碑多萃於西安附郭。咸、長之外，昭陵在醴泉，獻陵在三原，貟賹相望，亦多鉅製。盩厔有古樓觀，終南椊梓谷又爲古蒿里之墟，道家碑碣及冢墓遺文往往出焉。同、鳳次之，邠、乾又次之。漢中西通隴、蜀，褒、斜之間，漢、魏摩厓隱現蘿葛，《石門銘》、《郙閣頌》咸在於此。

2.4-3　陝石出土，輒爲碑估轉鬻四方，好事者或攜墼歸裝。寧鄉黃虎癡嘗著《勿徙關中誌石文》，以爲好移古石者勸。毛茂才鳳枝亦持此説。以余所聞見，畢秋帆撫陝，嘗攜《高福》、《張昕》、《孫志廉》、《張希古》四石歸，置之靈巖山館。庚申劫後，惟知《張希古》一石在淮上蔣氏，吳人流寓。此外遷流何所，不可知矣。陽湖陸祁孫攜《元公》、《姬氏》兩石歸，祕爲至寶，今惟存殘

---

①　"祕"，原誤作"祕"，據《玄祕塔碑》拓片改。本書多有誤"祕"爲"祕"者，當係鈔刻時因形近而致誤，以下不出校。

石兩角。《文安縣主①》、《思恒律師》兩誌歸吳窓齋中丞,《吳嚴》、《李則》兩誌及《興聖寺幢》歸貴筑黃子壽師。窓齋病廢,子壽師歸道山,其長君再同編修亦繼歿。前人之所貴,未必非後人之所賤。求如范氏書樓之石,至南宋之季尚無恙,已爲至幸矣。近時金石家著録,往往借材異地以炫其富。繆筱珊前輩得一遼石,嘗拓置江蘇館,余戲謂筱珊:"此後目録,當別立'流寓'一門。"好古者其慎思黃氏之言,毋令石丈人爲寓公焉可耳。右陝西石刻三則

2.5-1　燕爲遼宅京之地,金爲中都,元爲大都路,亦唐以後神皋奥區也。然自晉以後淪爲左衽,唐之中葉又爲安、史竊據,遼、金遞嬗,下逮元初,文物衣冠,遠謝南服。其碑文字多猥鄙,書法亦無士氣。乾嘉以前,世未尊尚北書,遼、金、元碑亦未盡出,至錢竹汀、孫淵如捃羅始廣,沈西雝、趙撝叔遞相著録。二十年前,京都士大夫以金石相賞析,江陰繆筱珊、瑞安黃仲弢、嘉興沈子培、番禺梁杭叔皆爲歐、趙之學,捐俸醵資,命工訪拓。順天二十四州縣以逮完、唐諸邑,西至蔚州,東至遵化,南至②深、定,足蹟殆遍。所得諸碑,視前賢倍蓰過之,今廠肆尚有當時拓本。

2.5-2　四方珍奇之貨,聚於輦轂,珠璣象貝,不脛自至,惟

---

①　"縣主",原誤作"公主"。葉昌熾《緣督廬日記抄》卷四載:"(丁亥二月)二十六日,謁清卿中丞,遍示所藏彝器,內外簽押房羅列幾滿。又出示在秦中所得石墨,以《西夏國書碑》、唐《楊智積墓誌銘》見贈,又贈唐《裴可久墓誌》、《文安縣主墓誌銘》、《比丘尼法燈法師墓誌銘》、《松資縣令湯府君妻傷氏墓誌銘》、《范陽縣令楊府君夫人韋氏墓誌銘》、《劉氏幼子阿延墓誌銘》,皆中丞藏石,亦自秦中輦歸者也。"貞觀二十二年《大唐故文安縣主墓誌銘》,清嘉慶間陝西醴泉縣昭陵出土。據桑紹華、張蘊《西安出土文安公主等墓誌及郭彥塔銘》一文,另有大和二年《大唐故文安公主墓誌銘》,1985年5月出土於西安東郊霸橋鄉草灘磚廠取土場。

②　"南至",原誤作"北至"。清代直隸省深、定二州均在順天府以南。

碑亦然。疆臣述職而來者，舉子之與計吏偕者，選人之赴部者，騷人墨客游食於茲者，莫不攜其鄉之名跡以當羔雁，故有窮荒絶徼、著名難得之碑，廠肆時或見之。余在羊城，欲求東莞《資福院石塔》及乳源雲門寺南漢兩碑，懸金以購，皆不可得，先後於廠肆遇之。張丹叔中丞撫粵西，其子幼丹司馬拓《智城山碑》見貽，以爲至寶。後在廠肆見一本，有陳恭甫手跋，即載於《左海集》者也。去歲避地歸，又以百錢得一通。他如南詔《德化碑》、西夏《感通塔碑》，鄉曲好古之士遠莫能致者，屢見不一見矣。故欲網羅古刻，非至都門，終爲坐井觀天。

2.5-3　正定，古之常山，河朔之上游，燕趙之通道，訪古畿疆，莫先此郡。贊皇《壇山石刻》尚矣。元氏三公山，自漢以來秩柴望祀，永初、光和諸碑在焉。其次則《封龍山頌》、《白石神君碑》，亦皆漢刻。隋之《龍藏寺》、《崇因寺》，唐之《開業寺》、《本願寺》，並在郡境。《李寶臣紀功碑》，巍然高峙，俯瞰城中，土人稱爲"風動碑"，爲一郡之鎮。藁城元董氏墓碑晚出，然自《壽國文忠公》以下，螭蟠鼇負二十餘通，不可謂非偉觀。此皆見於沈西雝《貞石志》者也。蘇靈芝五碑，一在都門，《寶塔頌》。其四在易州。《道德經》、《田公德政碑》、《夢真容碑》、《鐵像記》。北海《李秀碑》斷爲柱礎，與《寶塔頌》同在憫忠寺。平原《宋廣平碑》在沙河縣，顏碑以此爲最完。齊《蘭陵王高長恭碑》在磁州，趙撝叔所見僅半截，其下半截陷土中。光緒辛卯，王廉生祭酒奉使河南，皇華過境，告州牧撞而出之。又訪得天平《高盆生碑》、元象《高飛雀碑》，嗣正始四年《光州刺史高慶碑》又出土，統爲"四高碑"。鴻裁鉅製，皆出當時大手筆。《標義鄉石柱頌》在定興縣，余得一通，共十一紙，未見原石，當是累級四面環刻，書法險勁方嚴，一字不損，捫之若新發於硎。土人相傳碑有神護，拓之不祥。光緒初元，潘文勤師檄下定興縣拓之，始顯於世。此皆千里邦畿煊赫名跡。承德、河間諸郡，古刻未聞，難可揚䚡。宣化與大同接壤，雖拓跋舊墟，然未見魏刻。天津濱海斥鹵，自明以前更鮮伐石建碑之事。然《刁遵》、《王僧》二誌爲世所珍，一在南皮張氏，一在滄州王氏。一夔已足，矧魚與熊掌兼得耶？

2.5-4　古之大夫登高能賦，北人簡質，陟山臨水，雖有留題，若鑱之厓壁以誌歲月，則所見頗尠。南北通使，宋人奉書而來者，皆有館伴，出入送迎，有同幽縶，道里所經，絶無登眺之樂。故范至能、方孚若最爲好事，一至桂林，龍隱、伏波諸巖，摩厓殆遍，其使金也，孚若且三往返矣，北方未嘗有其一字，此可證也。東坡帥定州，嘗與李端叔、孫子發同訪象老題名，與《雪浪盆》同爲中山佳話。此外，惟曲陽安天王祠唐碑之陰，宋人題識纍纍，但皆在靖康以前、其地未入金時耳。右直隸四則

2.6-1　海内真秦碑僅二石，一在泰山絶頂，一在諸城，皆山左也。典午一朝皆短碣，惟《任城孫夫人碑》在新泰，《明威將軍郛休碑》出歷下，與中州《太公望表》鼎足爲三，未聞有第四豐碑也。漢隸以《韓勑》、《史晨》爲第一，而在曲阜。北書以《鄭文公上、下碑》爲第一，而在掖縣。畫象以《武梁祠堂》爲第一，而在嘉祥之紫雲山。尋覽漢石，存曲阜、濟寧、嘉祥三邑，罄宇内所有未足以尚之。觀乎海者難爲水，此其海若歟？故欲訪唐碑當入秦，欲訪先秦、漢、魏諸碑當游齊魯。

2.6-2　孔廟累朝崇祀，杏壇、闕里之間，貞珉翼然，舒雁行列。兩漢十二，曹魏一，後魏二，齊一，隋一，唐六。漢碑以《史晨》、《韓勑》、《百石卒史》爲最完，《熹平殘碑》晚出，《孔褒》、《孔謙》漫漶無字。漢、唐分隸，金和玉節，皆足垂範方來。惟咸通

《賈防碑》偃儴無氣,未堪接武。余弱冠時,墨本流布甚廣,持一二千錢入市,即可窺宮牆美富。今聞笘鑰綦嚴,不能如努蒬之往矣。北宋以後,唯孔道輔《祭先廟文》、米元章書《檜贊》,拓者雜置唐碑中,並行於世。此外,自太平興國白崇矩碑以逮金、元諸刻,拓本世不常有。元人祭林、廟題名最多,皆刻於舊碑之陰或額、側。余在廠肆得六七十通,以校平津所錄,互有贏絀,則知遺珠爲不少矣。漢、魏諸碑,唐人亦多題名其上,拓工惜紙,往往掉頭不顧。以孫淵如之博聞,且官其地,猶不錄《孔宙碑陰》,趙撝叔仍遺之。此非兩君之疏,正爲拓者所欺耳。鄒縣孟廟無古碑,以元豐、元祐兩牒爲最古。

2.6-3　唐以前碑,濟寧聚於州學,亦如西安之郡庠,《景君》、《魯峻》爲最著。長清聚於靈巖寺,泰安聚於岱嶽觀,沂州聚於琅邪書院,即右軍祠堂也。濰縣百里以內古刻皆爲陳壽卿太史所收,《君車》一石,尤爲鎮庫奇珍。嘉祥紫雲山則有武梁祠堂,肥城孝堂山則有郭巨石室。鄒、嶧之間,徂徠、匡、鐵諸庤,北朝佛經,皆摩厓擘窠大字。玉函、千佛兩山及黃石庤並在歷下。此外,如濟寧之晉陽山,東平之白佛山,益都之駝山、雲門山,臨朐之仰天山,寧陽之石門房山,萬壑千巖,蓮龕涌現,皆隋、唐間造象也。齊魯之間,本喜附會古跡,如"孔子小天下處"、"子路問津處",皆立石道旁以爲標識。千百年後,安知不爲大基之銘告?及門江太史建霥幕游山左,歸爲余言:"隨軺所經,廢刹甀甄,耕場礓碡,捫之輒有字,剔蘚摩挱,非殘甓即斷幢也。惟武定、東昌兩屬,濱臨大河,遷囂遷耿,不常厥居,古刻多淪入波濤。"張勤果公爲東撫,欲續《山左金石志》,延筱珊主其事,未卒業而勤果没,惜哉!

2.6-4　題名盛於唐、宋,惟郭巨石室有晉、魏間題字,平津

著録甚富。今所見拓本，但有畫象及《隴東王感孝頌》耳。訪之
東估，皆云泐損。淵翁距今不過百年，且所據亦非舊拓，何以至
今遂無一字？此殆欺人語耳。泰山宋人題名皆在絕頂避風臺，
或在龍池，至厓壁顯露之處，前賢題字，明人往往磨損劖平，重刻
其上，後人又從而效之。其書則惡札也，其詞則"忠孝廉節"、"華
嶽不重"之類也，甚或艴然加以渥丹，疢疷名跡，良可痛恨。唐玄
宗《泰山銘》雖幸未損，其後從臣姓名，翁覃谿所稱"唐大字第一"
者，已黥剕無完膚矣。《華嚴經》在佛峪，隨坡陀高下邐迤仰刻，
不成行列，字徑逾尺，筆力縱橫奇肆，碑估以朱逐字拓之，集爲楹
聯。宋初封祀諸碑，皆在雲亭、高里間，其文多出王欽若，其書多
出尹熙古，巍然露處，非架木爲臺不能搨，故絕無傳本。雲峰山
《鄭文公碑》，初架木時，吳退樓觀察得一本，至費五十金，後來者
因臺舊貫，役省功倍，其值遞減至二十之一，好古者家置一編矣。
前賢論書云："南書無過《瘞鶴銘》，北書無過《文殊經》。"今《水牛
山文殊經》摩厓具在，視道昭遠矣，蓋前人未見雲峰碑耳。

　　2.6-5　趙德甫，齊人也。讀《金石錄後序》，歸來堂中縹緗
之富，前所未有。今齊魯之間，猶有其流風餘韻。明之李開先，
國朝之牛空山、劉燕庭、吳子苾，皆篤好金石之學。近濰之郭氏、
沂之丁氏，亦皆喜搜羅古刻。而陳壽卿集其大成。繼之者，王廉
生祭酒也。自濰縣有陳氏，青、齊琬琰，盡出人間，不啻以《詩》、
《禮》發冢。其鑒別之審，裝池之雅，紙墨氊蠟之精，剖析毫髮，無
美不臻，鄉里皆傳其衣鉢。濰，海濱一小邑耳，至今鬻古者成市。
秦金漢玉，無所不有，不獨碑版之富也。都門骨董客自山左來
者，皆濰人也。近時新出唐墓誌多自陝來，魏造象半爲齊物，然
假託者即出於其間。古石佛無字者，或鐫其背，或鑿其龕，年月、

文字,皆能亂真。雖以潘文勤之精鑑,滂喜藏石,亦問爲黎①丘所眩也。諸城尹祝年明經名彭壽,頗知古學,其子號伯淵,能篆刻,相傳漢《朱博頌》即其父子所造。余客羊城時,伯淵在吳窓齋中丞幕,曾識其人,王越石之流也。卒以無行,不良於死,可爲炯戒。右山東五則

2.7-1　三晉表裏河山,燕、秦接壤,山潛冢祕,寶藏未開。宇文周時,武帝詔除天下碑,惟《郭林宗碑》以“無愧詞”得爲碩果。其亡不知何時,趙子函《石墨鐫華》云爲一士人夜負而趨,此齊東之語也。重刻兩通,一爲傅青主書,一爲鄭谷口書,尚不足比虎賁。山東濟寧州又出一別本,隸法遒古,遠勝傅、鄭,一時競傳爲中郎真跡。然千里盜碑,終爲疑案,後乃知爲州人李東琪所刻,而原碑竟不返。自是大行以西、潼蒲以東,無漢刻矣。晚出諸碑,以《關勝》《程哲》《曹恪》三碑、《張玄》《劉懿》兩誌爲最古。永寧《孝文山碑》,未見。大抵晉碑皆萃於蒲、絳、澤、潞四屬,絳州以聞喜爲盛,澤州以鳳臺爲盛,蒲州以永濟、虞鄉爲盛,潞安以長子、屯留爲盛。鳳臺之硤石山、青蓮寺、琵琶泓,吉州之錦屏山,尤爲題名淵藪。太原雖省會屬邑,方之蔑如也。世所常見者,惟太原之《晉祠銘》,其次則《風峪石經》也。蒲州棲巖寺,燕、秦通道,碑估經此,必往拓《首山舍利塔碑》,其陰、側有《咸亨三年御製詩敕》及姚崇、韋元旦等詩,世無著錄。聞之一老估言:“寺尚有四石幢,以無購求者,故不拓。”《裴鏡民碑》亦爲世重。考《聞喜縣志》云:“裴柏邨十里鳳皇原,北至紫金山,南至涑水,東至牛

---

① “黎”,原誤作“棃”。《呂氏春秋》卷二十二“疑似”篇載邑丈人惑於棃丘之鬼而殺子事。

塢，西至雞鳴山，其中倉底、永青、趙邨、柳泉、坡底、居台、愛里諸
邨，裴氏祖塋一百五十有奇，碑記六十餘座。”今世所得見者，惟
《鏡民》一石耳。雖《裴行儉》、《裴光庭》兩碑同在一處，亦不爲氈
椎所及。世有愛憎，而物之顯晦因之，此可爲作“感士不遇賦”
也已！

2.7-2　晉碑所以難得，蓋有三焉。山徑崎嶇，商旅不至，我
車我輦，艱於轉輸。一也。自來大雅宏達，如畢、阮兩公、孫淵
如、翁覃谿、黃小松、劉燕庭，皆未嘗游宦斯土，無人以提倡之。
二也。葛屨縫裳，風沿禠嗇，聞其地富民，急於治生，以子讀書爲
戒。書滛墨癖，第一耗財之事，孰肯擲黃金於虛牝乎？三也。國
初亭林、竹垞兩公雖先後來游，羈旅訪求，見聞有限。近洪洞董
氏、鄉寧楊氏始稍稍網羅放佚。然董氏後人即不能紹其弓冶，亡
友汪眉伯州倅與董氏有姻連，嘗至其家，云主人捐館，金石文字，
塵封一室，爲蟲蝕盡矣。故薛純陁《砥柱銘》筆力奇偉，虞伯施、
褚登善所避席者也，河流如故，斷厓未泐，自董廣川、趙德甫後，
世無有見之者。通濟橋王宰、蕭琪摩厓兩碑，絕壁相對，下臨深
澗，世謂之“照碑灘”。自乾隆丁未，喬文與訪之於驚湍激浪之
中，其跡始顯，未聞有好事者再游也。《抱腹寺摩厓碑》在綿山最
險處，自沙堡曹祗甫裹三日糧，繩縋猱升，拓數本以出，後亦無問
津者。顧千里得《唐興寺》、《柏梯寺》兩碑，驚爲刱獲。《柏梯寺
碑》，開元六年，胡輔之分書，平津著錄，但據趙晉齋所藏誤爲篆
書。隋《陳茂碑》，楷書精妙，不減歐、虞，曩時沈子培比部得一
通，藏之枕祕。其實此碑尚在臨晉縣小嶷山，但無拓之者耳，非
孤本也。晉碑之難得如此。然正以求之者少，得以自放於巖涯

而保其天年。石之壽也，地爲之也。

2.7-3　《化度寺碑》已亡，隋碑以《陳茂》爲第一，《首山舍利塔》次之，皆晉石也。唐之《裴鏡民碑》、《白鶴觀碑》，皆歐、褚之流亞。其次，《鄭惠王石塔記》似暢整，韋縱兩碑酷肖平原。《鹽池靈慶公碑》《晉王卓碑》。猗氏之《大雲寺彌勒重閣碑》、榆次之“三李碑”，亦不失爲上乘。浮山《慶唐觀紀聖銘》及《金籙齋頌》皆史惟則分書。然不如《薛嵩碑》，分書遒美，一字不損，與陝之《李神符碑》同爲新出之偉觀也。前人著録始於洪洞董氏，僅有碑目一卷。其後虞鄉令王煒又搜得八百餘通，爲《金石志略》。高郵夏氏所録，更爲簡陋。新修《通志》金石十卷，即據諸家爲藍本，而益以祁縣何氏《金石文鈔》、臨汾宋氏《金石存略》，未嘗徧訪墨本。今新出而爲楊氏所未見者，又不少矣。楊氏自言有訪碑平定山中者，信宿中獲古刻二十八，皆世所未覩。以是推之，全晉深谷闒厓，沈埋何限？余嘗謂燕、齊、秦、豫之郊，英華盡洩，東南諸省，譬如單門後族，韋孟祖芬，無可揚榷。若三晉，則泱泱大風也。先世宗彝，閟而不發，責有攸在，後人其焉辭之？右山西三則

2.8-1　度隴而西，玉門關內則有漢建寧三年《李翕頌》、熹平三年《耿勳碑》，皆在成縣。五涼割據，竟無片刻。同縣彭頌田刺史作令秦安，訪得周建德二年《宇文建造象》，又在武威得西夏《感通塔碑》，皆拓一通寄貽。唐臨洮《哥舒翰紀功碑》在今狄道州，僅存下截，殘缺亦如半段槍。涇州有《回山王母宮頌》，慶陽貢院有山谷《雲亭宴集詩》。此關以內古刻前人著録者也。出關則有漢《裴岑紀功碑》、唐《姜行本碑》，皆在巴爾庫爾城，即巴里坤。雍正中，岳忠武公及大將軍查郎阿出塞通道訪得之。乾隆二十二年，裘文達公奉命西行勘地，攜拓本以歸。漢《碑》爲忠武

移置漢壽亭侯廟，好事者覆刻一本，以應四方之求。吾邑顧盧汀
文鉁重開一本，置之濟寧學宫。關中申兆定亦刻一本，置於碑
林，蒼勁亂真，爲世所愛。唐《碑》亦有重開本。平津所録，有《濟
木薩殘碑》，在迪化州，悲庵所録，有《索勳殘碑》，但云在新疆，皆
唐刻也。近鎮西廳新出永和五年《沙南侯碑》。張勤果公治軍度
葱嶺，訪得永壽四年《劉平國刻石》於阿克蘇。端午橋制府得唐
《萬歲通天造象》，舊亦在巴里坤關廟，滿洲某君攜以入關者也。
按《唐書·姜行本傳》："高昌之役，出伊州，距柳谷百里，其處有
漢《班超紀功碑》，行本磨去古刻，更刊《頌》，陳國威靈。"即貞觀
一石是也。西域爲漢、唐用兵之地，勒銘紀績，當非一地，其沈埋
於山谷，或爲後人所磨治者，殆不少矣。大抵天山南北，一片沙
磧，流人謫宦，驍卒健兒，萬里荷戈，不遑啟處，冰天雪窖之中，本難
責以訪古。胡月舫廉訪視學甘肅時，嘗搜輯石本，鋭意著録，回京
之後，求其目不可得。亡友劉静皆同年_{世安}持節繼往，臨別，以訪求
金石事諄屬之，甫報滿，即捐館。息壤之言，安得起九京而問之？

2.8-2　繼静皆而往者，夏通甫_{啟瑜}、吳經才_{緯炳}兩太史。壬
寅春，經才奉諱，昌熾被命承其乏。度隴四年，周歷通省。使車
所至，以金石學進諸生而策之，無能對者。詢于寮寀，皆云唐以
前古碑本少，宋時全隴淪于元昊，東北惟環、慶之郊，西南惟階、
成各屬，間有宋碑出土，其餘或元碑尚可得。然雍、涼荒瘠，神宫
梵刹，即有興建，不過五尺之制。羌、回反側，兵燹洊更，又經地震，
雖有古碣，亦多沈埋於頹垣榛莽之中，此訪古者所以褱褱興歎也。

2.8-3　曩在廠肆，得唐大曆十一年《李大賓造象》，其一面
刻《涼州司馬造象》，僅知由隴上來，而未詳其地也。暨校士至肅
州，見地志，始知在嘉峪關外敦煌縣之千佛厓，其地古爲莫高窟。
按徐星伯《西域水道記》即有唐萬歲通天《李君莫高窟舊龕碑》，

又有《大中六年敕》、元《莫高窟造象》。敦煌學宮有一石，兩面刻，一面爲唐《都督楊公碑》，一面爲《歸義節度使索公碑》。索公名玉裕，景福元祀立，土人誤爲"索靖碑"。即致書敦煌令汪栗庵盡拓之。又在甘州城外得西夏《黑水龍神廟敕》。其後按試隴東，在慶陽府訪得宋太平興國《道德經幢》，涇州回山宮訪得魏《嵩顯寺碑》、唐《重修佛堂記》，皆蘭泉所著録而未詳其地者。又從《陶穀碑》之陰、側得宋題名甚夥。南行至階州，訪得成縣學宋碑三，又《五仙洞記》、《廣化寺記》、《龍池湫潭廟碑》、《吳公世功保蜀忠德銘》，皆宋刻。吳公名挺，玠之子。其碑高一丈五尺，五六千言，尚未刓損，書法精整，可與吾鄉《韓蘄王碑》並稱鉅製。途次，在階州安化鎮訪得祥淵廟宋碑四通，一淳熙十年《廟碑》，一乾道四年《重修赤砂祥淵廟記》，黃揆文、陳掄書丹。兩牒，一慶元四年刻，一淳熙十年刻。在秦州玉泉觀訪得元碑三通，一《至元封敕》，四面刻，一《至大詔書》，一《文昌殿記》，碑陰刻官員道俗之號，在老子廟前。皆前人所未録。駞征所得，如此而已。將伯助予，令人懷李、聶兩估不置。右甘肅三則

2.9-1　鞏、洛之郊，古之崤、函，中州碑刻，薈萃於此。其次則河北三郡。惟南、汝、光西連楚鄂，東接江皖，自《淮源桐柏廟碑》亡，而宛、葉之間無漢以前古刻矣。龍門背邙面洛，鑿龕造象。自魏太和迄唐開元、天寶，綿祀三百，法身千億，皆在香山、老君諸洞。其地丹厓碧嶂，高竦雲表，拓工所至，不過平坦之區。若其絕頂幽邃，亦如海上三山，可望而不可即。世所通行者，僅有《十品》或《二十品》，至累百盈千，則各有多寡，各有異同。余所見收藏家，惟太倉陸蔚庭、江陰繆筱珊著録多至千四百餘通，亦未能罄其寶藏也。安陽萬佛溝亦多隋、唐間刻經、造象。許州爲曹魏故都，《尊號》、《受禪》諸碑在焉。長葛、河内、偃師三邑，

魏、齊之間刹竿相望，其造象如《朱永隆》、《韓永義》等，皆有銘頌，樹之豐碑。偃師爲宋時山陵采石之區，元祐《宣仁陵采石記》、元符《永泰陵采石記》皆在焉。嵩山之永泰寺、會善寺及石淙兩厓並在登封，唐碑最多，亦最精。其次，濟源之淮瀆廟、濬之大伾山多唐刻，密之超化寺、汝之浄因寺多宋刻。鞏縣濱河，鄭州之役，石窟寺淪於水，厰估一王姓者曾至其地，云平津著録之兩經幢及唐造象並入於蛟鼉之窟矣。亡友王弗卿農部述顧漁溪通政之言曰：“涉縣山行犖确，峭壁摩天，仰視皆北朝佛經也。”摩厓深刻，自來無著録者。

2.9-2　中州碑版，以嵩山三闕爲最古，尚是西京文字。後漢則有《李孟初神祠碑》及《韓仁》、《尹宙》兩石。安陽五種，寥寥殘字，且未必真漢刻也。當塗纂漢，厥有雙碑，《王基》晚出，僅存强半。晉有《吕望表》、《劉韜誌》。魏碑莫先於寇謙之《嵩高靈廟》，齊碑莫先於《清河王西門豹祠》。唐碑之膾炙者，以《等慈寺》及《伊闕三龕》爲甲。王知敬《金剛經》、李北海《盧正道碑》、沮渠智烈《奉先觀碑》、徐嶠之姚氏兩碑，皆遜而居乙。又其次則嵩山裴漼①、宋儋兩碑、《王徵君口授銘》、澠池之《鴻慶寺碑》、輝縣之《百門陂碑》，皆不失爲佳搨。縱嶺《昇仙太子碑》，世所重在碑陰《薛稷題名》，稷書傳世僅此。薛曜有三刻，皆在登封。一爲《封祀壇銘》，其二則石淙《夏》、《秋》兩序也。龍門造象，耳食者皆求魏刻，不知唐初小品娟秀清拔，各極其妙，兼有《靈飛》、《甋塔》之精詣。少林寺《靈運》、《景賢》兩塔，行書遒媚，不減懷仁。若蕭誠所書《玉真公主靈壇祥應記》，爲有唐行書第一，則世尠知

---

① “裴漼”，原誤作“裴漼”。王昶《金石萃編》卷七十七載：“《皇唐嵩岳少林寺□》，銀青光禄大夫守吏部尚書上柱國正平縣開國子裴漼文并書。”

之矣。此碑平津著錄訛爲元丹丘書,其實丹丘乃奉勅建碑之道流,非書人也。右河南二則

2.10-1　蜀碑初不顯於世,自劉燕庭方伯命工椎拓始稍稍出,今見於《三巴𡺋古志》者皆是也。趙撝叔續平津《碑目》即據燕翁書爲藍本,故蜀碑居其泰半。然余所得拓本,有劉氏藏印而不見於《𡺋古志》者又不少,蓋皆其續得而未入錄者也。燕翁殁後,拓本流入廠肆,爲南匯沈韻初孝廉所得,今又歸繆筱珊矣。筱珊未通籍時,從其尊甫游宦蜀中,所至輒以氊蠟自隨,故所得蜀碑亦最多。嘗告余云:「顏魯公《中興頌》,資州有兩覆本,皆在高巖,摩厓深刻,輕舟游江而上,望之歷歷可見。」蠶叢鳥道,唐、宋題名如魚銜鉤而出重淵之深,絡繹不絕。以燕翁搜羅之廣,今新出本,蓋又不知凡幾矣。歸安姚彥侍丈備兵川東,訪得《石魚題名》數十通,釋其文而考之,得書一卷。自彥侍丈歸道山,公子公蕘繼殂,其稿本恐爲蠹蝕矣。石魚者,在夔巫江中,水溢則没,水涸則見,亦灩澦堆之類也,非水落時不能拓。土人以魚之出没卜歲之豐儉。

2.10-2　千里不同風,百里不同俗,刻石之文,蓋亦有風氣焉。蜀中古墓,多建闕以表之。新都《王稚子闕》見於宋人著錄,此最先出者也。其後,《高頤》兩闕出雅安縣,又漢之《馮煥闕》、《李業闕》、《楊宗闕》、《交阯都尉沈君》兩闕,蜀之《楊公闕》、《賈公闕》,梓潼、渠縣先後出土。姚彥侍丈又訪得晉隆安三年《騎都尉枳楊君神道》。此漢唐舊畿、魯齊故壤所未之有也。然未聞有埋幽之碣。劉氏著錄,始於宋宣和元年《李洵妻鄭氏墓誌》,自唐以前無有也。唐代刻石,其文類多左行。余所見大者如《韋君靖碑》、咸通十二年《重修北巖院記》,小者如集州《開元寺塔記》、資

州《王師閔詩》，皆如此。至於造象，右行者少，左行者多。其末多云“設齋表慶畢”，或云“齋慶畢”，或云“表讚訖”。其所繪塑，有當陽佛，有鬼子母佛，《劉□造象》稱“八菩薩十二神王一部”①，《千佛厓越國夫人造象》有“部從音樂等”。又其莊嚴喜用采飾，如文德元年《化城縣造象》、光啟三年《化城龕記》，皆有“繪士布衣張萬餘”。此皆造象所希見，雖洛陽伊闕，亦未之有也。又《羅漢寺碑》有云“後有外人侵奪者，願此生來生常受百牛之大疾”，《王董龕報國院記》有云“行藏不吉，染患百牛”，永泰元年《施山田記》則云“如後有別人書障，世世苦大風瘡”，東武劉氏謂是當時土人誓詞，其猶冉駹之俗歟？又其俗最重顏魯公書。《中興頌》，資州東巖、北巖各有一本，劍州鶴鳴山有一本，字皆左行。據劉氏《晉古志》，銅梁縣臨江壁上亦有一本。湖州《干祿字書》，宇文時中摹刻於三臺縣尊經閣。臨桂“逍遥樓”三大字，亦重摹於劍州。類記於此，亦以見彼都人士景行先賢之志爲不可及也。

2.10-3　《益州學館廟堂記》殘泐過半，三巴唐碑，當以柳公綽《諸葛廟碑》爲第一。嚴武巴州摩厓凡三刻。一爲《佛龕記》，一爲《龍日寺西龕詩》，一爲《光福寺楠木歌》。筆力如崩雲墜石，運腕於虛，勁不露骨。《青城山張敬忠勅》、喇薩《吐蕃會盟碑》，亦行書之致佳者。《吐蕃碑》蕃、漢兩體，其半爲唐古忒文，寫遠難得。稍近則元和十二年《新保關石幢》，在茂州之理番廳，亦密邇大、小金川界矣。韓小亭《筆記》言：“三臺琴泉寺雷雨塔圮，出孟蜀王鍇寫經。”此猶未刻石者。近灌縣山中出唐刻佛經，纍纍皆殘石，陽湖莊生小尹自蜀來，以拓本全分及兩殘石爲贄，沈著蒼勁，天然渾古，遠在房山雷音洞之上。右四川三則

① 陸心源《唐文續拾》卷十一“劉恭造象記”條有“八菩薩十二神王一部衆”語。

2.11-1　江以南古刻，延陵十字碑不可信，自以《校官碑》爲最先。自汪容甫先生訪得《甘泉山元鳳殘字》，又駕而上之。吳之《天發神讖碑》已亡，而《禪國山碑》摩崖未損。梁之《永陽昭王》及《敬太妃》兩石已亡，而《蕭憺》《蕭秀》兩碑、《蕭宏》《蕭景》諸闕亦皆無恙。《許長史①舊館壇碑》已亡，而上皇山樵真跡猶峙江流急湍中，未與“胎禽”俱化。海內梁碑，惟夔巫峽中有《天監題名》一通，此外盡在江以南矣。潤之《魏法師碑》、攝山之《明徵君碑》、句曲之《景昭法師碑》，皆爲初唐妙品。《魏碑》沈湮已久，王可莊修撰出守鎮江，始拓寄輦下，精嚴遒麗，一字不損，驚喜以爲至寶。其後藝風歸里，又訪得《仙壇山銘》，道士周道賜書，神味超雋，在《化度》伯仲間，益詫爲得未曾有。此吾鄉二寶也。不知如此尤物，前賢何以棄置糞下，益歎真賞之希覯，而顯晦之自有其時也。張從申，開、天後號名家，江南有兩巨碑。一爲《吳季子廟碑》，世所知也。一爲《銅井鎮福興寺碑》，則稍難得矣。茅山有三唐碑，以魯公《李含光碑》爲最顯，今斷爲殘石。蘇、松、婁東諸邑，唐以前但有經幢而無碑刻。渡江而北，世所稱“裹下河”諸地，則前人竟無片石。近藝風始於通州之狼山訪得唐碑一及宋、元刻十餘種，尚當不盡於斯。

2.11-2　海州，古朐山縣地，明以前尚有漢刻。《東海廟碑》，吾鄉顧氏藝海樓尚藏孤本，而原石之亡久矣。然《鬱林觀東巖壁記》天挺偉表，鸞翔鵠跱，漢《石門》、《析里》兩頌無以尚之。以僻在海東，見之者少。山左趙估賚兩拓本到京，余得一通，其一通吳蔚若前輩懸之省館壁間，見者未覯年月，驚爲漢隸。此外，龍洞、虎山、海清寺塔，宋人題記纍纍，皆孫、趙之所未録也。

---

①　“許長史”原誤作“陶長史”。《寶刻叢編》卷十五載：“梁《許長史舊館壇碑》，梁隱士陶弘景撰。”

淮徐有兩石柱。一爲《楚州刺史題名》，在阜寧；一爲《新修使院^①記》，在銅山。沛縣有《崇聖寺丁思禮心經》。唐刻可考者僅此。若漢高祖《大風歌》，世傳爲曹喜書，其文似《宣和博古圖》所摹之彝器文，望而知爲岑鼎。

2.11-3　郡邑學宮，雖彈丸蕞爾，亦必有宋、元碑一二通。惟吾吳府學爲范文正公割宅所創，天下之"皆立學"自此始。規模宏遠，欞星門內，宋、元碑碣，照曜堂廡。同治庚午、辛未時，重脩府志，余纔弱冠，囊筆從諸先輩之後，得見府學碑數十通。猶記宋慶元二年蘇唐卿篆書"竹鶴"二大字，長逾尋丈，森如削鐵，大於陽冰《般若臺銘》不啻倍蓰。小米書碑絕少，惟府學有紹興十一年《大成殿記》，行書妙得家法，不減仲穆之於承旨也。

2.11-4　北方多埋幽之碣，自唐以前，東南風氣未開。江浙間新出墓誌多刻於甋，間亦用石，文筆聊爾，僅記歲月、姓名而已。其刻淺細，如以錐畫。惟揚州江都縣近出元和元年《南陽張夫人墓誌》及《劉通》、《顏永》、《劉舉》、《董惟靖》四石，其文字詳贍，與關中唐石無異，蓋江南、北之風氣當時已不同如此。其石聞爲某太史所得，不輕示人。至宋、元後，如寒山法螺寺出土之《趙崇雋壙志》及吾家調生先生《吹網錄》所記《開趙》、《張伯顏》兩銘，拓本已不易得，世亦甚珍之。若宋仲温所書《七姬權厝志》，則與球琳等貴已。右江南四則

2.12-1　越無古刻，《禹陵窆石》亦如《乾陵無字碑》，其字皆後人所題。漢《建初摩厓》石刻、晉《楊紹買地莂》出土未久。北

---

①　"使院"，原誤作"試院"，據錢大昕《潛研堂金石文跋尾》卷八"使院新修石幢記"條及王昶《金石萃編》卷一百七"使院石幢記"條改。

海兩碑，皆非真本。其一《葉有道碑》，即世所稱"追魂碑"也，明嘉靖中重刻。一爲《秦望山法華寺碑》，轉展傳摹，幾如宋人之臨《閣帖》。陽冰《縉雲縣城隍廟記》，與吾吳海虞一石同爲摹本。余所見唐時名蹟，惟賀秘監《龍瑞宮銘》，仙童樂静，擺脱塵壒，如見四明狂客氣象。李紳《龍宮寺碑》，可爲北海之適嗣。《阿育王寺常住田記》，徐嶠之原石已亡，今所傳者，唐處士范的書也。行書妍妙，覃谿吅推爲神品，列之《唐碑選》。此三石者，如驥之靳，未能區其甲乙。奚虚己、胡季良爲經生二妙，竇臮《述書賦》並稱之，則當時即負重名。會稽《等慈寺經幢》，奚獎書，《戒珠寺幢》，奚虚己書。其實"虚己"即獎之字。或署名，或稱字，非兩人也。胡季良有三幢，一在杭之龍興寺，一在越之覺苑寺，一在湖之天寧寺，筆陣馳驟，而氣韻稍不逮虚己。其次，若婺之《金錢寺幢》、于知新書。秀之《精嚴寺幢》、朱及書。温之《白鶴寺幢》，亦遒媚有法。所見浙東、西唐刻，此其佳者。衢州《信安郡王詩刻》似虞永興，餘姚《龍泉寺造象》似李北海，雖未見拓本，阮文達所評騭，當非溢美。

　　2.12-2　臨安，錢氏立國於此，高宗南渡，又爲建都之地。明聖湖邊，靈隱寺畔，名賢題壁，輝映谿山。鳳皇山有《武肅①排衙石詩刻》，慈雲嶺有《開路記》。出清波門，沿湖泛艇，南屏、葛嶺、龍井、虎跑、佛手、象鼻諸巖，石屋、青林諸洞，拂拭藤蘿，莫不有舊題可讀。造象始於北朝，隋、唐極盛。天寶以後，此風稍替。北宋惟臨朐仰天山有天禧、天聖諸造象。此外檀施功德，即有雕鐫，要無鑿石梯山，開恒沙之梵相。惟湖上諸巖洞，自千官塔外，金容紺髻，高下莊嚴，大抵皆吳越時所造也。余己丑通籍後，至武林，徧游湖上諸山，所見造象皆以石灰鬾之，以葳除，急理歸棹，未能拓也。去年，及門程心一孝廉始爲余拓得全分寄都下，

---

① "武肅"，原誤作"武穆"，據孫星衍《寰宇訪碑録》卷五"錢武肅王排衙石詩刻"條及阮元《兩浙金石志》卷四"吳越武肅王排衙石詩刻"條改。

以校孫、趙兩書，惟天福、開運兩朝著録稍多，其餘尚可補闕。史言錢氏保境納土，杭人頌之，今觀其佞佛之風，則視劉鋹、孟昶輩亦未能遠過矣。

2.12-3　宋孫莘老守湖州，建墨妙亭以庋古刻，見坡公《記》，此爲翰墨林中第一功德。近張秋水先生又爲輯《墨妙亭碑考》，其中以漢"三費碑"爲最古，自宋以後即不見著録。或云府署窪下，陷入水中，或以爲淮張築城，輦其材以增高坤厚。陸存齋觀察云："湖地雖低，郡署在城之最高處，墨妙亭又在郡署最高處，即有淫潦，不致淪胥，一也。張士誠竊據江淮，其壻潘元紹實帥湖州，其築城也，束而小之，無取多材，即有之，天寧、飛英兩寺豐碑林立，密邇女牆，舍近取遠，計不出此，二也。蓋元、明之間官斯土者，鮮好古之士，墨妙遺址，淪爲庖湢久矣。屢經兵燹，瓦礫愈積愈高，漢、唐各石，或當尚沈薶土阜中也。明吕盛鑿池而得馬碧梧詩石，即其明證。"洵如斯言，竊有望於後之賢太守矣。

2.12-4　《天台寺經幢》，孫仲容孝廉著録時尚據石本，不過二十年耳，今無一字矣。吾吳虎丘半塘寺有梁龍德間經幢，咸豐庚申以前，韓履卿先生猶手拓之，見《寶鐵齋跋尾》。余劫後往訪，已爲寺僧磨刻七如來矣，猶存經文一二字磨之未盡。古刻之亡，於吾生親見之，寧不痛哉！右浙江四則

2.13-1　皖中不但無漢石，亦尠唐刻。《補訪碑録》但有《三天洞蘇道淙題名》及《鎮山安國寺經幢》耳。此幢翟木夫考爲南唐保大八年。孫《録》有《鎮山寺幢》，亦在廣德州，無年月，當即此刻。"鎮山"、"鎮山"，必有一誤。《陶大舉德政碑》在江南境，與當塗接壤，孫氏竟列之"當塗"，誤矣。宋人題名，平津所録亦祇有盱眙《第一山》，如晨星之落落可數。近江寧帖估聶某攜氊蠟徧游皖南諸山，復訪得

潛山《石牛洞題名》六十通、貴池《齊雲山題名》六十通、桐城《浮山題名》二十餘通，皆前人所未見。太白之《隱静寺詩》、在繁昌。涪翁之《此君堂詩》，在桐城。皆以人重，未必真跡。惟南宫《蕪湖學記》及《章吉老墓表》，龍跳虎臥，鄭重書丹，僅下真跡一等，過《寶晉》、《英光》諸帖遠矣。

2.13-2　貴池劉聚卿①太守贈《長安四年殘石》一通，其家藏也。首行題"撰德□器文"，惟"器"上一字稍模黏耳。後題"朝散郎行太州參軍事河東薛縑"，下疑奪"書"字，撰人但存一"趙"字，而其名已缺。分書精勁，側有畫象。自此石出土，而皖中舊有碑刻皆瞠乎其後矣。右安徽二則

2.14-1　北海《東林寺碑》，元延祐七年重摹。柳誠懸《後碑》，則僅存殘字矣。撫州《麻姑仙壇記》大字本亦佚。余童時在亡友姚鳳生茂才齋見宋拓殘本，松下清齋舊藏也。洎入都，彭子嘉農部又出示家藏全本，亦宋拓，筆筆中鋒，虬筋槃結，如晉人所謂屋漏痕，與世所行顏書迥異。何貞老書從董香光入，其晚年精詣全得力於此。若小字本，則一衲子所書，非魯公真迹也。魯公又有"褿關②"二大字在青原山，覃谿有摹本。覃谿又推《七佛偈》爲山谷書第一，余未覩廬山真面，但見董文敏摹本已爲之神往矣。萍鄉楊岐山有兩唐碑。一爲《乘廣③禪師塔銘》，元和二年，劉禹錫文；一爲《甄叔大師塔銘》，大和六年，僧至閑文，元幽行書。余從廠肆得《甄叔塔》，其《廣公塔銘》則文道希學士所持贈

---

①　"劉聚卿"，原誤作"劉埶卿"。劉世珩，字聚卿，安徽貴池人。

②　"褿關"，原誤作"褿關"。"褿關"石匾在江西吉安青原山浄居寺。

③　"乘廣"，原誤作"廣乘"，據趙明誠《金石録》卷九"唐乘廣禪師碑"條及王昶《金石萃編》卷一百五"乘廣禪師碑"條改。

也。其次，贛縣之《儲潭神頌》、雩都之《福田寺三門[①]記》，皆唐刻。若楊吳天祚三年《光化大師塔銘》，漆茂成書，開寶二年《元寂禪師塔銘》，南唐張藻書。霸朝遺跡，以罕見珍，不當以文字論其優劣矣。

2.14-2　元趙文敏《張留孫碑》南北並建，燕本豐腴宏麗，廟堂應制之作，貴溪本稍清約，然筆力過之，猶之河南《聖教序》有同州、雁塔兩本也。文敏又有《玄教宗傳記》，亦在貴溪，至正四年同時立。此從孫《錄》，頗疑與《張留孫碑》是一刻重列。此外，寧都有《孫氏五賢祠記》，星子有《東林寺山門疏》，上饒有《仁靖真人銘》。夫以章貢之間，宋、元碑尚多沈晦，而趙書著錄已如此。杜子美云“碑版照四裔”，北海以後，一人而已。右江西二則

2.15-1　余舊藏閩碑最少。唐《下邳林夫人墓誌》，及門潘仲午部郎持贈。仲午爲文勤師介弟。文勤歿後，尋常拓本間歸廠肆。余收得永隆二年《堅牢塔記》，亦滂喜散出之鱗爪。得此兩刻，如烏大夫之選士，拔其尤矣。長汀《蒼玉洞題名》，壬辰入都所得。洎戊戌歲，同年王旭莊太守寄貽鼓山石刻百通，甌駱琳琅，遂充巾笥。《蒼玉題名》，劉燕庭有縮刻本，即趙撝叔據以著錄者。今拓本增出乾道二年《孟聲》一刻，又嘉泰壬戌“雲驤”二大字。若鼓山，則平津所收，不過二十之一。然趙所見《烏石山題名》與鼓山不遠，今未能同得。相傳長門以內諸山，洋人建層樓其上，盡爲所障。丙戌之秋，余與金匱華若溪、元和管申季同赴粵幕，道出廈門，登鼓浪嶼望海。山頂有石屋一龕，供觀世音

象，兩旁石柱有一聯云"浪擊龍宮鼓，風敲梵刹鐘"，右題"橫海將軍某某"，泐其名氏，亦無年月，即非厓山遺跡，亦是明季桑海之交張蒼水、鄭成功諸公筆也。行篋未攜紙墨，明日即鼓輪南去，至今魂夢猶在海天島嶼間也。

2.15-2　《王審知德政碑》，規模崇麗，與常山《李寶臣碑》、吾吳《韓蘄王神道碑》鼎足而三。《韓碑》字密而小，此論其碑制耳。唐李少溫《般若臺銘》、宋蔡君謨《洛陽橋記》亦皆大書，篆、楷各極其妙，爲臨池家所重。鼓山有朱晦翁所書大"壽"字，方徑二丈，斗室中至不能卷舒，此摩厓之最鉅者。鼓山又有一聯云："爵比郭令公，歷中書二十四考；壽如廣成子，住崆峒千三百年。"無書人、年月，擘窠大字，望之如巨靈仙掌，岧嶤高竦，趙撝叔輒喜書之。

2.15-3　閩中多朱晦翁書。鼓山大"壽"字外，有"天風海濤"四字。崇安武夷山有《敬齋銘》，又有《幔亭記》、《滄洲歌》。福清、長樂、莆田並有其題榜。世所得見者，惟邵武《黃中美①神道碑》耳。行書娟妙，頗似《瀧岡阡表》。余又藏天祐乙丑《王大王庵池記》，刻於古樹，歷千餘年不損。同年李木齋府丞贈《王延翰鑄獅子香爐題字》，亦天祐刻。又《曹調造甓盆題識》，雖非石刻，要爲海南奇品。譬之飲食，朱子書則菽粟也，此三刻則海錯充庖，偶一下箸，令人頓忘肉味。右福建三則

2.16-1　"岣嶁山尖《神禹碑》，字青石赤形模奇"，郎瑛、楊用修諸家各有釋文，靈怪杳冥，難可傳信。不知韓詩又云"千搜

---

① "黃中美"，原誤作"黃仲美"，據《黃中美神道碑》拓片及朱熹《晦庵集》卷八十九《朝議大夫致仕贈光禄大夫黃公神道碑》一文改。

萬索何處有，森森綠樹猿猱悲”，是但憑道士所言，未嘗目覩。劉隨州詩云：“傳聞祝融峰，上有《神禹銘》。古石琅玕姿，祕文龍虎形。”曰“傳聞”云者，亦不過憑空想象之詞矣。夫南嶽，道家所稱“陽明朱虛洞天”也。此碑雲雷詰屈，有似繆篆，亦如符籙，前人“五嶽真形”一説庶幾近之。故論三湘諸刻，當斷自晉《谷朗碑》爲始，其次即北海《麓山寺碑》也。五溪厓壁，元次山刻石最多，惟《中興頌》以魯公書顯。“三吾”，平津得其二，蘭泉得其一。顧亭林《金石文字記》云：“《溪》、《庼》二銘，蘚厚難搨。”至《右堂銘》、《寒亭記》、《陽華巖銘》，則非金石家不能舉其目矣。“三吾”者，“峿臺”之字從“山”，瞿令問篆，“浯溪”之字從“水”，季康篆，“㾠庼”之字從“广”，袁滋篆。“峿”字、“㾠”字不見《説文》，次山出新意爲之。《陽華巖銘》亦令問三體書，大、小篆、八分。陽冰之亞也。道州以往，宋山谷老人亦多題字，《中興頌》後即有一詩。又有《尋元次山遺跡記》、《題元次山〈欸乃曲〉後》題名兩刻，一在江華朝陽巖，崇寧三年。一在零陵澹山巖。政和丙申。宋人讀《中興頌》，往往題詩其後，以冀青雲之竊附。而後人拓魯公書者，惟兼拓山谷詩，錢鏐、易祓諸作，即不甚膾炙。澹山有《周茂叔題名》，江華有胡邦衡《亦樂堂記》。《詩》曰：“高山仰止，景行行止。”此則後人所宜仰止者爾。

　　2.16-2　太倉陸星農先生篤嗜金石之學，蔚庭太守其哲嗣，而潘文勤師其高足弟子也。先生觀察楚南時，徧訪五溪諸巖，所得拓本，父子賞析著録，以其副本馳寄輦下，賷碑之郵，絡繹於道。余所得五溪拓本即文勤舊藏，先生手書及蔚庭繕寫碑目，發函尚在。共浯溪一百二十餘通，澹山巖四十餘通，江華朝陽巖十一通，陽華巖十通，寒亭九通，寒巖、暖谷各二通，獅子巖三通，華嚴巖二通。曩在都門，從蔚庭借《八瓊室碑目》校之，尚多闕如。蓋當時隨拓隨寄，後出者或不與焉，然已十得六七矣。及門翁印若中翰寄贈《武岡州平西洞金剛經偈》，開禧三年，盱江吳中八分書，筆勢奇偉，絕似泰山頂佛峪經字，與淳祐己酉《育齋銘 履齋説》同時出土，皆先生所未見也。右湖南二則

2.17-1　湖北唐墓誌皆出於襄、樊。道光元年，襄水溢，北岸出《梁嘉運》及《夏侯氏墓誌》，吳子苾太守移置鹿門書院。其後又屢聞出土。襄陽錢仲仙孝廉葆青至都門，以《卜璀》、《劉密》、《楊孝直》三拓見貽，且云尚有四唐石，爲一武人所得，祕不出。時同年王勝之太史視學楚北，余貽書告之。踰年，郵視拓本，發函申紙，共四通。一爲貞元二十一年《張惟誌》；一爲大中十三年《盧公則①誌》；元和兩刻，一七年《李景逸誌》，孫忠幹文，一九年《博陵夫人崔氏誌》，辛劼文。文字皆精整有法。張氏十誌出土較早，趙撝叔已收之，今皆在祠堂壁間。永昌三年《張玄弼墓誌》，爲唐宰相束之之父，景之、慶之以下，亦皆其兄、弟、子姓也。然無隋以前刻。惟荊門州玉泉寺有《大業鐵鑊》，亦非石刻。《六祖墜腰石題字》，廣州亦有一石，疑皆非原本。玉泉寺有開元《大通法師碑》，張燕公文，盧藏用八分書。荊襄古刻，莫先於此。

2.17-2　晉人沈碑於江，一置峴山之頂，陵谷屢遷，遺文未出。試問登峴首者，猶有摩挲而墮淚者乎？惟唐、宋兩石柱尚巍然無恙。漁洋《池北偶談》但據張力臣拓本，宋幢惟錄王洙、吳

---

① “盧”下原脱“公”字，據章鈺批校本《語石》校語及周紹良《唐代墓誌彙編》“大唐故范陽郡盧府君墓誌銘”條錄文補。

育、李宗易詩三首，吳淑以下詩皆缺。余所得拓本，雖無全文可釋，篇什次第，字句首尾，尚可約略鉤稽。唐幢，漁洋僅云"開國男張九齡撰"，以今拓本釋之，首行"襄州刺史靳公遺愛頌"尚未泐。《續訪碑錄》有《襄州刺史靳恒碑》，"開元十一年，高慈正書，張九齡文"，即此刻，而訛幢爲碑也。峴山又有宋淳祐十一年《李曾伯摩厓題名》，字大徑尺，巨刃摩天，可爲蠆扁書之法。

2.17-3　丁丑春官報罷，橐筆游鄂渚，客潘偉如年丈藩廨。時藝風亦在鄂，徒步見訪，余聞其碑版之學極博，倒屣見之。主人以爲遊客也，有責言，余自是不敢出。《洪山元人題字》近在省垣，亦竟未能拓也。歲暮歸，館於里中一富室，亡友黃梅先大令自鄂中寄貽陽冰《怡亭銘》及朱熹"宓尊"二大字，欣然披覽。主人子在旁，遽挪揄之，手攫拏作欲裂狀。余方色駭，主人奉兩軸如橋衡，鞠躬趨出，以袖拭几，曰："是得無非真跡乎？"亟披視之，乃新殿撰所書楹聯也。余自是不敢談古刻，且自笑與鄂刻尤無緣也。踰二十年，我同年栩緣子奉使至鄂，藉良友之力，始得藏其地石刻數十通。其尤難得者，宜昌東湖縣三游洞全拓。其地俯臨江滸，宋人游江入蜀，皆維橈題名於此。地志僅有三通，栩緣自往，搜得十餘通。又施南之恩施縣有木杪仙人洞寶祐元年[1]《潼川王次疇題名》，紙墨黯默，如米家山水，亦如焦山《鶴銘》"水拓本"洇深淵而出者。按其文，次疇侍親遊此，有云："洞府窈深奇怪，不類人間世。親年八十，步履如飛，覩者屬目。"則其地之不易至，至而不易見，見而不易拓，爲可知矣。右湖北三則

---

①　"元年"，原誤作"十一年"。"寶祐"爲南宋理宗年號，共六年，"寶祐十一年"顯誤。（同治）《建始縣志》卷一"石通洞題名"載："寶祐元年歲在癸丑郡太守潼川王次疇侍親遊仙人洞。"

2.18-1　欽江郡《寧賛碑》出土，廣南始有隋刻。趙撝叔以其文字非古，詆爲贋鼎。今石刻具在，其文雖沓拖，非唐以後人所能彷彿也。其字則《凝禪寺三級浮圖》、《定國寺更興靈塔》之亞也。趙氏素稱精鑒，何獨於此碑而疑之？若潮之《白鸚鵡賦》，以有"退之"字而定爲昌黎書，則真不可信矣。柳之《大鑒禪師碑》、曲江張氏兩碑，一宋刻，一明刻。皆非唐時原石。陳諫《廣利王廟碑》、李邕《端州石室記》，覃溪皆推爲上選。陳《碑》面目雖是，精神則非，疑亦後人重開本。北海《石室記》，豐容盛鬋，似太真不能爲掌上舞，非得舊拓，無以見其精詣矣。石室之中又有寶曆二年《新記》，其書下北海一等，尚未剜損。羅定州有《龍龕道場銘》，英德有《滇陽東嶺洞谷銘》，皆覃溪所未見。《粵東金石略》云："龍龕巖有石刻，五按瀧江，訪求未獲。"又據傳聞以爲張柬之迹，而不知爲陳集原文也。《龍龕》，先後得三本。《滇陽銘》，在廣州曾見一舊拓，以索高價，交臂失之。瓊州雖遠隔重洋，東潭有《貞元題名》，又有坡公"浮粟泉"字，惜士大夫之渡海者但求伽楠珠貝，無知珠厓、儋耳間有此一片石耳。

2.18-2　廣東學使署在九曜坊，即古仙湖藥洲之遺址也。九曜石即在廨東偏池上。丙戌、丁亥之間，余客學使汪郋亭師幕，每當芙蕖晚開，涼風徐來，輒往徘徊池畔，熙寧《許彥先詩》一石方廣而平，有如石磴，拂苔蘚而憩之，今忽忽十五年矣。《程師孟》、《李之紀》諸石，或深陷池底，非戽水不能拓。米元章"藥洲"二字舊移藩廨，道光海上之役，遂爲沙吒利所劫。余辛卯之冬再游羊城，始告於學使徐花農前輩，迺得拓之。高要七星巖，自唐李紳以下有題名五十餘通。此外，如清遠之峽山寺，英德之南山碧落洞，樂昌之泐溪石室，連州之巾山燕喜亭、大雲洞，潮州之金山，德慶州之三洲巖，皆宋人題名之處。

2.18-3　南漢石刻，皆在五嶺東西，吳蘭修採摭最富。光孝寺二鐵塔，余曾偕袁璵禹、管申季、江建霞登風幡堂，親往摩挲其下，璵禹並先以拓本見遺。今三君墓有宿草矣，每開笥，泫然流涕。乳源雲門山有《匡直》、《匡聖》兩大師碑，皆大寶中刻。翁氏《金石略》、吳氏《金石記》但有《匡聖》一碑，而《匡直實性碑》，吳氏但據邑志録其文，注云"已佚"。余前五六年在廠肆舊書中見一紙黯淡，披視之，即此碑也，一字未損，亟以賤價得之。此真希世祕笈，想未必有第二本矣。東莞資福院《邵廷珣石塔記》，客嶺南時，聞碑工言山中有虎不能拓，亦於廠肆無意得之。江陰金桂生運同榷醨梧州，在容縣之都嶠山得南漢石刻六通，皆吳蘭修所未收。一爲中峰石室《五百羅漢記》，乾和四年，陳億文，楊珞書；一爲《五百羅漢院經幢》，乾和十三年，羅漢融造；一爲大寶四年《內常侍梁造象》；一爲大寶七年《靈景□同會弟子慶讚記》，"景"下一字泐；一爲《智昔造羅漢象銘》，年月泐，亦陳億文，楊懷□書，"懷"下一字已損；又一殘經幢，年月亦泐，僅存"女弟子廿五娘"等字。_{右廣東三則}

2.19-1　"桂林山水甲天下"，唐、宋士大夫度嶺南來，題名、賦詩、摩厓殆徧。又多紀功之刻，自大曆《平蠻頌》、_{韓雲卿文，韓秀實書。}建中《石室記》_{鄭叔齊文。}以下，蓋數百家。謝氏《金石略》，桂林諸巖洞不啻居全帙之八九。此外，全州湘山寺、融縣真仙巖、富川碧雲洞，落落晨星，不足當虬龍之片甲。余桂林諸刻皆得之江都張丹叔中丞，又從廠肆拾遺補缺十年，幾盡攬桂勝。常德唐召皆同年以詞林改官融縣，爲余拓真仙巖諸石，以校謝録，互有增損。如紹興庚辰《歷山王延年》、慶元丁巳《三山李君》、紹定庚寅《雙井黃杞》題名三則及杜昱、_{嘉定十二年。}趙進臣、_{無年月。}

松庵道人詩，淳祐壬子。皆可補謝氏之缺。范文穆《經略勸諭》、乾道十年。《祭新冢文》、《壺天觀銘》，皆刻於桂林巖壑，而謝氏亦失之。《壺天觀銘》尤佳絕。中丞長君幼丹通守自龍州寄貽《韋厥智城山碑》，余驚歎以爲未曾有。但見王象之《輿地碑目》。時亡兒在側，告余曰："是嘉慶中已出土，陳恭甫有跋數千言，考證詳博。"亟取《左海文集》披閱之，良信。後在廠肆見一舊拓本，索高價，恭甫手跋在焉。自亡兒化去，每檢石本有疑義，無可諮決，故篋塵封，亦不知流落何所。悠悠蒼天，此恨千古！

2.19-2　粵西有《金剛經》兩本，一在桂林萬壽寺，五代楚馬賨建，一在全州湘山寺，寺僧守詵據南唐保大五年壽州開元寺本重刻，皆法苑之珠林也。同年劉韞農太史視學桂林，祖帳之日，余以二刻爲託，曰："他不敢請也。"今報滿矣，未知其能踐言否也。《元祐黨籍碑》亦有二石，一刻於慶元四年，在桂林龍隱巖，一刻於嘉定四年，在融縣真仙巖。融本不易得，余藉召皆之力始克藏之。右廣西二則

2.20　滇有"二爨碑"。《爨寶子碑》在南寧，晉太亨四年立；《爨龍顏碑》在陸涼，宋大明二年，爨道慶文。滇人士北來者，皆攜爲書帕之餽。昆明《王仁求碑》，亡友王農部蒿隱曾從廠肆得一本，余求之十年，竟未獲。孫氏《訪碑目》，天寶末列《南詔蠻頌德碑》、《南詔摩厓題名》，別有《南詔德化碑》，普鐘十四年，鄭回撰，其實一碑歧出。所謂"題名"者，即《德化碑》之陰，曷嘗有摩厓蹟在哉？六詔各碑，初未顯於世，王蘭泉從軍緬甸始搜訪得之。見於《萃編》者，有明政三年《石城碑》；《稘肅靈峰明帝記》、《興寶寺德化銘》，皆元亨二年，楊才照文；《淵公塔銘》，天開十六年，趙佑文，蘇難陀智正書；《孟光墓碑》、《護法明公德運碑》、《崇

聖寺塔》、《地藏寺幢》，皆無年月。余僅有《石城》一碑耳，精采飛動。唐時雖荒裔之士，書法亦妙入能品，觀於南詔、吐蕃、《吐蕃會盟碑》在烏斯藏大招門外。百濟、新羅諸刻，雖欲不寶遠物，其可得諸？右雲南一則

2.21　貴州，古夜郎地。《紅厓》一石，荒遠難稽，武威張介侯《續黔書》。始指爲“高宗伐鬼方之刻”，鄒叔績作《釋文》申成其說，獨山莫氏又定爲“三危禹蹟”，土人則但稱爲“孔明碑”。邵亭《紅厓古刻歌》云：“邊荒不識明德遠，但記諸葛威群蠻。齊火銘勳久放失，訝此磣礚猶屍顔。”自注：“齊火巢經釋作‘濟火’。從武侯南征，摩厓紀功，隸書，二行，有‘建興’年號，在大定府北柯家橋側，訪求未獲。”此外惟《吹角壩摩厓》，趙撝叔《續訪碑録》釋爲“建安六年二月丁丑朔廿二日”，在四川綦江縣。遵義鄭子尹徙其石至郡，作長歌以張之，有云“黔中且無宋人刻，況願上此知難償”，又云“我思綦江漢江州，此刻界在牂柯罝”，蓋攘以爲黔有矣。竊謂綦江之南本與黔犬牙相接，同爲漢牂柯地，黔無片刻，姑如巢經之説，叚此一石，分鄰火之餘光，亦好事者所樂聞也。今録巢經詩於後，庶幾徙石之源流可考而知之。右貴州一則

　　臘月廿二日遣子俞季弟之綦江吹角壩取漢《盧豐碑》石，歌以送之

　　　　　　　　　　　　　　　　遵義鄭珍

　　洪妻著録漢碑二百七十六，至今三十九在餘俱亡。其中陰側匪別刻，實止廿八之石留滄桑。後雖新增三十種，已少妻録四倍强。我生嗜此屢長喟，廑存增愛等臛羊。巢中諸拓購略具，《宜禾》特溢翁與王。《宜禾都尉李君碑》。前年怪事爇不得，似有鬼守黄竹箱。老知百榮不落手，時時繙訂同

炎涼。猶嫌拓本非手迹，安得貞珉即置旁。黔中且無宋人刻，況願上此知難償。故人趙子旭鼎山下，好事成癖人爭狂。一朝有得過詫我，漢刻近出棻南鄉。我思棻江漢江州，此刻界在牂柯畺。婁說《江州邑長盧豐碑》，蜀人謂之"漢《夜郎》"。以官以地並近似，或即《盧豐》縈我腸。又思於宋是謂南平軍，南平吹角兩刻紀自王東陽。此刻正在吹角壖，地閱四代名猶彰。疑即所稱"古摩厓"，聞其在穴又疑更是《伯約姜》。《漢隸字源·碑目》："《江州夸邑長盧豐碑》，建安七年立，蜀人謂之'漢《夜郎碑》'。"《輿地紀勝》："南平軍下吹角壖有古摩厓，風雨腌削，苔蘚侵蝕，惟識'建安'二字，在溱州堡，去軍四十里。又《姜維碑》在吹角壖，其始有一穴，內有碑，相傳以爲《姜維碑》，今摩滅。"料量三者必居一，遣力椎取觀其詳。泐甚撝粗未從讀，"建安七年"明首行。次行"盧"字又可辨，謂必《盧碑》他莫當。碑所土人號摩厓，細詢實異《郙》與《楊》。百丈深筦石排香，端妥斗狀陳中央。廣修高等尺六寸，更有乳中前後方。因知俗以嵌巖作鐫壁，其誤想不後李唐。後來嵌陝便穴置，見者道者增張皇。南陽天水蜀所豔，附會舊碣多乞光。"建安"或作"建興"認，變本益遠傳益荒。《圖經》信耳不經目，兩聞兩載原其常。儀父斷未見拓本，沿襲趙《志》何由匡。今碑首十一字極明，《紀勝》云"惟識'建安'二字"，知所據是趙彥邁《南平志》也。我定三碑實此一石耳，但爲僻遠成參商。王得其地婁得人，兩家相較無短長。委閟夸邨世莫識，時有野衲來焚香。數年敲火已剗角，不即收拾愁毀傷。《定武》石易薛道祖，《熹平經》擕龍圖張。子雲俗楷一"蕭"字，尚有竭產誇珍藏。況茲隸古又完物，蠻叟豈足傳芬芳。密呼健者受約束，夜半移壑志已剛。舁竿三易迺三折，千里往復徒贏糧。未應神物戀窮寶，信坐人謀

先不臧。季也挺身願重往，選夫繕具籌策良。是時風雪逼
改歲，滿邨門易甲胄裝。誓爲古人効鞭策，冐逐兒女爭桃
湯。觀汝此行有膽氣，知取寶刻如探囊。婁關西去接安穩，
回首當年皆戰場。此行亦復用兵似，貴速貴詐毋周章。氊
包席裹計還路，歲盡應呼蒙渡航。人日前後上梅屺，聽爾邪
邪許許趨山堂。

2.22　出山海關，循松花江而北至寧古塔，皆遼、金發祥之
地也。然古刻罕聞，平津所録，契丹、女真各二碑而已。遼開泰二
年《奉國寺石幢記》在義州，清寧三年《大廣濟寺塔記》在錦州。金大定十六年
《壯義王完顏公神道碑》在寧古塔。奉國寺又有金明昌三年《續裝兩洞聖賢記》，
張邵①文，劉永錫書。楊賓《柳邊紀略》有《婁室碑》。吳桭臣《寧古塔
紀略》："沙嶺第一站，金之上京城有《國學碑》，僅存'天會'紀元，
餘皆剝蝕。"周松靄《遼詩話》："《釋迦佛舍利鐵塔記》，重熙十五
年刻，在興中府。"今地名"古爾板蘇巴爾漢"。興中又有兩刻。
一爲《釋迦定光□身□塔記》，天慶二年，釋慧材文，即在鐵塔旁；
一爲《白川州陀羅尼幢記》，長寧軍節度王桂撰。王勝之同年弱
冠游瀋陽，云奉天城中有石幢甚偉，嶙峋高揭，土人呼爲十面，不
知何代刻也。及門翁印若中翰甲午從軍出關，在石山站亦作"十三
站"。見農家疊石作牆，中有斷幢，尚存金源紀年。高句驪《好太
王碑》在奉天懷仁縣東三百九十里通溝口，高三丈餘，其文四面
環刻，略如《平百濟碑》。光緒六年，邊民斬山刊木始得之。窮邊
無紙墨，土人以徑尺皮紙搗煤汁拓之，苔蘚封蝕，其坳垤之處，拓
者又以意描畫，往往失真。乙酉年，中江李眉生丈得兩本，以其
一贈潘文勤師，共三四十紙，屬余爲排比考釋，竭旬日之力，未能
聯綴。其後碑估李雲從裹糧挾紙墨跋涉數千里，再往返，始得精

---

① 　"張邵"原誤作"張劭"，據《宜州大奉國寺續裝兩洞賢題名記》拓片改。

拓本。聞石質觺駮，又經野燒，今已漸剝損矣。碑字大如盌，方
嚴質厚，在隸、楷之間。考其時，當晉義熙十年。所記高麗開國
武功甚備，此真海東第一璆寶也。右奉天一則

2.23　和林，成吉思之故都也。元太宗時名"元昌路"，後降
行省，改"和寧"。唐賈耽《地志》謂之"富貴城"，見耶律鑄《雙谿
醉隱集》。其地遠在漠北，流人戍士，亦所罕至。俄人於娑陵水
上訪得回鶻故宮，又於鄂勒昆河訪得突厥舊庭，又訪得唐碑三、
元碑十三，以電光攝影之法照片，咨總理衙門。余從沈子培比部
假歸旬日，手錄其文。一爲《苾伽可汗碑》，開元廿三年，李融文，
"開"字泐，"李融"二字亦半蝕；一爲《闕特勤碑》，開元廿年御製，
可證《唐書》"闕特勒"之誤。兩碑皆八分書。一爲《九姓回鶻可
汗碑》，斷爲五石，亦唐刻。一爲《三靈侯廟碑》，至元己卯，和寧
路儒學正余良輔文，嶺北行省左右司郎中丁元書；一爲至正四年
《四世同居立石》；一爲至□二年《和林兵馬劉公去思碑》，張思明
文，彭詣書。三皇廟殘碑二，一張益文，李塔失帖木耳書，一至順
二年，捏古柏立石。上五石之陰皆有題名。一爲《嶺北省右丞郎
中總管收糧記》，霍有孚文，段起祖書；一爲漢冢殘石，無年月；一
爲《大司農保釐朔方記》，但有"丙戌秋"字，其紀元亦缺。又一殘
石，有"禮院事"字。李仲約先生詩："李尤魯翀全傳在，宗禮院事
有旁徵。"自注："以《李尤魯翀傳》考之，知元制有宗禮院。"又殘
碑三通，中多嶺北省題名，疑皆碑陰，而正面之文失矣。又有許
有壬《敕賜興元閣記》，其文見《圭塘小稿》，今泐存衹百餘字，而
"翰林承旨臣有壬"七字尚未蝕，胡僧琢爲香案。仲約先生篤嗜
碑版，又熟精遼、金、元掌故及東北輿圖，得見諸刻，驚喜欲狂，每
石各繫以小詩。俄人又進和林古蹟圖五。第一圖稱爲"最古之

跡”，蓋即漢匈奴之龍庭也。第二圖爲“突厥古跡”。第三圖稱爲
“烏依古爾朝古跡”，即“畏吾兒”三字之合音也。第四圖稱爲“成
吉思京都”，即和林城也。第五圖爲“萬里長城門額”，即居庸關
之過街塔，有至正所刻番、漢佛經，則距京密邇。俄人自北而南
記其所見，初不繫於和林矣。先生每圖亦各賦一詩，又題《萬安
宮遺址》四絶句，皆考證精博，然拓本終不可見。宗室伯希祭酒
盛昱言於蒙古王之來朝者，挾碑匠以往，陝人秦某願應募，余知
其無能爲也，姑置之，卒以寫遠未果。今仲約先生久歸道山，伯
希又逝，北望龍沙，祇增忉怛。右和林一則

　　2.24　海内名山，五嶽爲長。阮文達得《泰山秦篆》及宋拓
《華山碑》，顔其室曰“泰華雙碑之館”。然嵩山《太室》、《少室》兩
闕及《開母廟銘》，漢元初、延光中建，尚在《華山碑》前。南、北兩
嶽，未聞漢刻。泰山無北朝碑，惟佛峪摩厓佛經，昔人謂是高齊
時所刻，以《徂徠山摩厓》證之，良是。《華山神廟碑》，北周天和
二年，趙文淵書，筆畫險勁，乾嘉以前不甚重之，故轉得完好無
恙。中嶽有兩魏石，一爲太安二年寇謙之《嵩高靈廟碑》，一爲天
平二年《嵩陽寺銘》。其餘如《董洪達造象》，在少林寺，《宋始興
造象》，在會善寺。南、北兩嶽，唐以前無片石。恒山斷自開元九
年陳懷志書《北嶽府君碑》爲始，張嘉貞《恒山祠碑》次之，崔鐶、
戴千齡、王知新遞次之。崔有《碑陰記》，戴《碑》之陰刻《博陵太守賈循德政
碑》。宋碑四，元碑十，畫圖、詩刻、題名共百餘通。南嶽惟北海《麓山寺》
一碑而已。嵩山少林寺唐刻最多，亦最精。泰、華多祭告之文。
唐初祀岱宗，投龍簡，設齋醮，皆題名於石。自顯慶六年“郭行

真"以下二十餘通,多道流之筆,今在老君堂内。唐明皇①《泰山銘》,大書深刻,摩厓未損,其從臣姓名亦尚存泰半。《華山銘》僅存殘石,不過數十字耳。唐、宋題名,惟泰山皆摩厓刻。華陰、曲陽,題名於幢,八面環刻,然祇一柱。其他皆題名於舊碑之陰及兩側,後來者無隙地。亦有題於正面無字處及額之陰者,且有磨治舊題而重刻者。以是歐、趙著録華山題名,今所存殆不及半。嵩山題名絶少,惟《靈運禪師塔銘》之側有元和十二年《辛祕題字》。北海《麓山寺碑》陰亦有宋人題字。前人詩云"五嶽歸來不看山",竊謂登五嶽而不攜古刻以歸,猶之未游也耳。右五嶽一則

2.25 《禮》稱"先河後海",又云"晉人有事於河,必先有事於惡池"。今常山有宋元豐八年《成德軍修虖池河記》,石亘文,劉瑾書。而祀河之碑無聞焉。南海之祀在廣州,東海②在萊州。今南海廣利王廟尚有唐陳諫碑、宋蘇文忠《浴日亭詩》,宋、元祭告之文林立。掖縣海神廟無唐碑,但有宋以後刻。淮、濟兩瀆,皆在中州。《淮源桐柏廟碑》最古,僅存孤本,其原石久亡矣。今廟中但存宋大中祥符七年《重脩淮瀆長源公廟記》及慶曆《鐵鐘識》、元天曆二年《鐵獅子識》。《宴濟瀆序》、《游濟瀆記》皆天寶六載,達奚珣撰,薛希昌八分書,一碑分兩面刻。又有《濟瀆北海壇祭器雜物銘》,貞元十三年,張洗文。又有後漢乾祐二年《奉宣祭瀆記》。宋、金、元朝崇祀勿替,有宋敕書碑一、金碑二、元碑十

---

① "明皇",原誤作"文皇"。《泰山銘》,玄宗八分書。太宗爲文皇,玄宗爲明皇。

② "東海",原誤作"北海"。阮元《山左金石志》卷二十一載"元至元二十六年《萊州知州史炟祭東海神廟記》",卷二十四載"元至正十三年《重修東海神廟碑》,在掖縣"。

餘石。瀆在縣西三里，東、西兩池中通，皆周七百步，即濟水所匯。其源自王屋天壇山巔，伏流百里，至此復出，東南合流，至溫縣入河。瀆上有龍潭，宋開寶四年有《重書龍池石塊記》，元時遣官建醮，投龍簡於此。延祐、初元兩記皆趙文敏書，最著。至元十二年一記，史芝書，最劣。潭上有寺，寺有後唐應順元年兩經幢及宋人題詩石刻，名臣如富鄭公、文潞公、陳堯佐，皆有題詩在焉。右四瀆一則

2.26-1　朝鮮爲箕子舊封，同文之域。彼都人士觀光上國，載古刻而來，攬環結佩，中朝士大夫皆樂與之交。嘉慶間，金秋史兄弟、李迪吉惠卿博雅工文，芸臺、覃溪兩公極推重之。趙義卿與其小阮景賓與劉燕庭先生爲金石交，燕翁所得海東墨本，皆其所投贈也。咸豐初，潘文勤師與鮑子年、楊幼雲諸公於麗人之至京者，猶喜晉接之。其後來者，皆原伯魯之徒，以墨本爲羔雁，望門投謁，藉通竿牘，文勤師至戒閽人毋通謁。然自是海東墨本稍難得矣。燕翁《海東金石苑》，自陳光大二年《新羅真興王巡狩碑》至明《彰聖寺真覺國師碑》，共八十通，原稿八卷，燬於鬱攸。鮑子年刻其目，其全拓歸潘文勤師滂喜齋，今歸同里吳蔚若前輩。余生晚，但從廠肆摭拾一鱗片甲，懸金物色，視燕翁所錄，不過十之二三而已。然《錦山摩厓古字》相傳爲箕子遺文，《好太王碑》雖在奉天境內，亦句驪之古跡，皆燕翁所未見也。自甲午後，東藩淪喪，三韓、浿水之間，皇靈弗屆，羅、麗琳琅，曠如絕域。燕翁《金石苑自序》羅列碑目，標舉源流，足資津逮。過屠門而大嚼，好古者其屬麔於斯。

2.26-2　《新羅真興王定界碑》，當陳光大二年立，舊在咸興道黃草嶺。咸豐壬子，觀察使尹定鉉移置中嶺鎮廨。以江左六

朝故都，自江總《棲霞寺碑》亡，遂無陳刻。此碑與滇之劉宋《爨龍顏碑》迢遙並峙，可爲兩朝碩果。《平百濟碑》，顯慶五年，賀遂亮文，權懷素書。其書重規疊矩，鴻朗莊嚴，與河南《三龕》異曲同工。廠估王某渡海精拓，余得一本，以校《萃編》所錄，溢出百餘字。同時並拓得《劉仁願紀功碑》，安雅寬博，亦初唐之佳搆。此二碑皆在忠清道扶餘縣。扶餘，百濟古都也。然猶爲唐人手筆。若其國人之書，則以沙門靈業所書《神行禪師碑》及《白月葆光》、《棲雲》兩塔爲最著。自唐太宗伐高麗，威棱遠憺，太宗好右軍書，至移其國俗。《新羅鍪藏寺碑》及《高麗麟角寺普賢國師碑》、《沙林寺弘覺國師碑》，皆集右軍書，雖未能抗跡懷仁，亦《興福斷碑》之亞也。又以好右軍書，而并求虎賁之似。《興法寺忠湛大師塔》，崔光胤集太宗書爲之。《白月棲雲塔》，釋端目集金生書。金生，唐貞元間新羅人，書法亦入山陰之室者也。其篤嗜右軍，過於中土賞鑒家津津《閣帖》矣。又好學歐陽信本體，劣者如棗梨重開之《皇甫君碑》，佳者亦不乏氣韻。余所見《無爲岬寺遍光靈塔》，天骨開張，得《醴泉》三昧。若韓允所書《三重大師塔》，則肌骨峻削，似唐末經生體矣。《開成石經》學歐者多如此。

2.26-3　潘仲午贈余高句驪故城石刻共二石，一東向，一西向，嘉慶間金秋史訪得之。據其文，中有"小兄"二字，定爲長壽王時所刻。"大兄"、"小兄"，當時縣令之號也。又慶尚道慶州府有《新羅角干墓十二神畫象》，凡十二石，每石畫一神，皆手執兵，無年月。劉燕翁云："角干，新羅官名。定爲唐時建。"附記於此，以廣異聞。右朝鮮三則

2.27-1　東武錄麗碑畢，附錄日本石刻四通。惟《多賀郡》一碑有朝鮮趙秉龜跋，尚是秉龜奉使扶桑攜至中土者，其難得可

知。覃溪以《多賀郡碑》與《瘞鶴銘》並重，稱爲日本殘碑，實未殘也。日本人著録金石者，有狩谷望之《古京①遺文》、西田直養《金石年表》。光緒丙戌，德清傅楸源觀察奉使游歷日本，與貴陽陳君衡山名矩，松珊侍御之弟。網羅掊討，作《日本金石志》五卷。内《印文》一卷，《刀劍款識》一卷。其餘分前、後二卷，前目九十四種，後目百廿四種，又附録十六種，皆有跋尾。又仿歐、趙目録之例，有年可紀者八百九十有餘種，録其目爲表。考日本金石者，於此歎觀止焉。然金文多而石刻少，金文之中，鐘銘尤居其泰半。約計《志》五卷，二百餘種，金文十之七，石刻不過十之三。如最古之法隆寺造象五種，一爲《如意輪觀音大士象》，當隋大業二年；一爲《金堂藥師》，當大業三年；一爲《釋迦佛象》，當唐武德六年；一爲《釋迦立象背銘》，當唐貞觀二年；一爲《二天造象記》，當唐永徽元年。皆範銅爲之。其墓誌亦不用石刻，《船首王》及《小野朝臣毛人》二誌，皆刻於銅版之上。傅觀察引《輶軒小録》云：“《小野誌》，銅版，長一尺九寸，寬一寸九分，其時當唐儀鳳二年。《船首王誌》則前於《小野》九年。”又《威奈②大邨墓誌》、《伊福吉部臣德足比賣墓誌》，皆鐫於銅合子蓋上。銅合圓徑八寸，盛骨器也。《伊福吉部誌》，文中有“謹録錍”三字。據《古京③遺文》云：“錍，即‘碑’字，器用銅造，故變‘石’從‘金’耳。”又天平十一年唐開元廿七年。《楊貴氏墓誌》，“用瓦造刻字，填以朱沙”。又《高屋連枚人墓誌》，“河内國石河郡山崩而出，似石非石，似瓦非瓦，土沙合成，未經火化，其制與《紀氏墓誌》全同”。所謂《紀氏墓誌》，迺《紀廣純女吉繼墓誌》

---

①　“古京”，原誤作“古金”。《古京遺文》，狩谷望之撰，收録日本古金石三十二種。
②　“威奈”，原誤作“盛奈”，據傅雲龍《游歷日本圖經》卷二十三“威奈大邨墓志”條拓片改。
③　“古京”，原誤作“古金”。

也。延曆三年,當唐興元元年。據《古京①遺文》云,亦出自"河內國石川郡茶臼山","堅緻如唐製澄泥研,上下二片,片各厚三寸餘,一片刻誌,一片爲蓋",其碑制與中國略同。摩厓惟奈良縣《大和國宇智川涅槃經》一種。

2.27-2　日本造象,"願"作"顚","飾"作"餝",其文有"七世四恩,六道衆生,俱登正覺",與中國六朝、唐造象正同。其墓誌簡略,但載年月、姓氏。其鐘銘最精緻,有用駢儷及繋以銘詞者。其文則眞書爲多,有行書,有草書,有梵文及日本字。《邨須直韋提碑》,首題"永昌元年四月"。狩谷望之據蒙齋説,謂"'永昌元年'當作'朱鳥四年',洗去改作"。傅棆翁云:"日本無'永昌'年號。唐武后初元曰'光宅',明年改'垂拱',越四年改'永昌'。己丑即'永昌元年',與碑正合。今碑石、拓本具在,無改作形。日本對馬島《八幡宮鐘》爲新羅國造,而曰'天寶四載'。大和國興福寺有《南圓堂鐙臺》,云'歲次景申',諱'丙'爲'景',非唐制耶?何獨於此碑疑之?"其言甚確。又考日本尚藏"漢委奴國王"印。《後漢書·倭傳》曰:"建武中元二年,倭奴國奉貢朝賀,光武賜以印綬。"即此印歟? 其質黃金,與《漢書·百官表》王印之制符。《漢書·禮樂志》曰:"漢據土數五,故五字爲印文。"此印"漢委奴國王"五字,其文之數又與《禮樂志》符。亦傅棆源説。蓋日本在漢、唐時嘗臣服中國,彼都人士諱言之耳。右日本二則

2.28-1　安南雖同文之國,未見石刻。惟廉州有一鐘,余在廣南時曾得拓本一通,首一字即闕,題"□仁路外星罷戶鄉天屬童社昭光寺鐘銘并序","皇越昌符九年歲次乙丑光祿大夫守中

---

① "古京",原誤作"古金"。

書令兼翰林學士奉旨賜金魚袋上護軍胡宗騖撰，中涓大夫内寢學生書史正掌下品奉御阮廷玠書”。覃溪《粵東金石略》考昌符九年爲明洪武十八年。是鐘康熙十三年廉州海濱風雨晝晦，龍鬭，守兵於海中網得之，今存府學。

2.28-2　南夷銅鼓皆無字。交趾銅柱有二。《水經注》引《林邑記》云：“建武十九年，馬援植兩銅柱於象林南界，與西屠國分漢之南疆。”銘之曰：“銅柱折，交阯滅。”則漢柱嘗有刻字矣。其欽州分茅嶺銅柱，唐馬總所植。按《唐書》：“元和中，馬總爲安南都護，立二銅柱於漢故處，鑱著唐德。”則唐柱亦嘗有刻字矣。曩吳窓齋中丞與俄人定界，立銅柱於寧古塔，以拓本徵題。時方有法越之役，余以訪求漢、唐遺跡諷之。雖託之寓言，苟有好古之士，要未嘗不可物色。考《粵東金石略》引《欽州志》云：“分茅嶺銅柱在州治西貼浪都古森洞，交人年年以土培之，今高不滿丈，字跡莫識。問其路所由，則曰自貼浪扶隆行七日，至八尺石橋，尚行八日，方抵其處云。”右安南二則

2.29-1　埃及古文，尚在臘丁之先。潘文勤師貽書海外，曾摹得兩石，以拓本爲範，用塞們德土埏埴而成者，不爽毫髮。《晉書・戴逵傳》稱“逵總角時，以雞卵汁溲白瓦屑作《鄭玄碑》”，其法正合。其文有如鳥獸者，有如亭臺者，又有如雲氣者，皆古之象形字也。文勤以示門下士，各有考釋，亦如明人之釋《岣嶁碑》，但滋聚訟而已。黃仲弢學士得拓本一通，係刻之石槨者，西人斐爾士所藏。余曾爲賦長古一首有云：“博士弟子遣秦景，絕域使者隨張騫。氈椎尚餘四十字，石槨一啟三千年。差勝《流行》建中本，景教但溯胡神祆。”又云：“踦迆有象未懸絕，鱗甲雖刓毋求全。頡誦未知孰先出，何論《滂喜》《凡將》篇。”此可爲宇

內最遠最古之刻矣。

2.29-2　英人斯賓塞爾所著《群學肄言》,余嘗得嚴又陵觀察譯本讀之,云:"《摩闕伯斷碑》出土於亞西之大版,係腓尼加古文,語與希伯來大致相似。所紀者,鄂摩黎征服摩闕伯,自阿洽之死,及攻以色列種人,皆中國周初時事。今其石在法之魯維。"

右歐非兩洲二則

語石卷三

3.1 《聘禮》："東面，北上，上當碑南。"鄭注："宮中必有碑，所以識日景、引陰陽也。凡碑引物者，宗廟則麗牲焉。其材，宮廟以石，窆用木。"《祭義》："君牽牲，既入廟門，麗於碑。"鄭注："麗，繫也。謂牲入廟，繫著中庭碑也。"《釋名‧釋典藝》："碑，被也。本葬時所設，施轆轤，以繩被其上以引棺也。臣子追述君、父之功美，以書其上。後人因焉，故建於道陌之頭顯見之處，名其文，就謂之碑也。"此碑之緣起也。_{右論碑之名義緣起一則}

3.2-1 碑之有穿，所以麗牲，亦所以引綍，即《檀弓》"豐碑"注所謂"穿中，於間爲鹿盧，下棺以綍繞"是也。自後世立碑，但以述德敘事而失其本義，遂不盡有穿矣。案《史記‧始皇本紀》，上鄒嶧、泰山，皆云"刻所立石"，不言立碑，則秦時"碑"字尚僅用之於宮廟繫牲之石及窆木。凡刻石之文皆謂之"碑"，當是漢以後始。_{歐陽公《集古錄》曰："欲求前漢時碑碣不可得，則冢墓碑自後漢始有也。"《宋景文筆記》曰："碑者，施於墓則下棺，施於廟則繫牲，古人因刻文其上。}

76

今佛寺揭大石鏤^①文，士大夫皆題曰'碑銘'，何也？"

3.2-2　王惕甫《碑版廣例》曰：漢碑穿外有暈，其暈繚繞，或即自穿中出，或別從穿外起，尚存古制引縴之意。其碑文有居穿下者，有因當穿而廢其數字者。其碑首或刻螭、虎、龍、雀以爲飾，或直爲圭首，方銳圓橢，不一其制。額書亦不必皆在正中，偏左、偏右皆有之。右碑穿二則

3.3-1　漢、魏碑額，筆法奇偉可喜，非後人所能髣髴。蔡君謨見後漢《南陽太守秦君碑額》，苦愛之，歐陽公遂著於錄。近時金石家，如《汝南周君碑額》、《三階大德禪師碑額》，其碑雖佚，猶錄而存之，惜拓工棄如弁髦。余所見墨本，能拓陰者十不得四五，拓額及兩側者尤難得，若兼拓額之左右蟠螭，則更絕無僅有。故非親至碑下摩挲，古人制作之精，末由得見。牛空山《金石圖》、劉燕庭《金石苑》皆摹全形，一展卷而貞珉如見，此著錄之善者矣。

3.3-2　題額篆書爲多，分書次之，有真書，北《張猛龍》、南《葛祚》爲始。有行書，張從申《銅井鎮福興寺碑》。有籀文、唐開元《處士王慶墓幢》、宋《越王樓記》。繆篆。《凝禪寺三級浮圖》。○諸體各舉一碑爲例，不盡此。篆體往往不合六書，偏旁繁省，時乖古誼。魏《廬江太守范式碑額》，"廬"内之"田"從"囦"，"范"内之"巴"從"巴"，則在三國時已如此。唐、宋御製碑，多以飛白題額。如唐太宗《晉祠銘》、《氾水紀功頌》、《孝敬皇帝叡德紀》、武后《昇仙太子碑》諸額及宋仁宗《賜陳繹碑額》，皆飛白書也。其翩翻之態，著紙欲飛，前人謂之"插花舞女"。草書絕少，蓋章草皆取流便，碑榜莊嚴，本相鑿

① "鏤"，原誤作"鑄"，據宋祁《宋景文公筆記》卷上"釋俗"篇改。

枘。金《宴臺國書碑》，題額十二字，亦國書，不可釋。元至正三年《重修佛堂院記》，額題“郣鏒罶鄽窦昚”，趙撝叔謂即“重修佛堂院記”六字，而碑陰題首“粉珇叢塈”四字，終莫能明也。《壺關縣紫團鄉慈雲院碑銘》，宋董淳書額，其文爲“㒨慦𝟐寏牌䔢”六字，即“新慈雲院碑文”也。“新”作“㒨”，“文”作“䔢”，不知所出。其刻有陰文，有陽文。陽文，洪氏《隸續》謂之“黑字”，猶《本草》目陰文之字爲“墨蓋子”，其分别略同，但陰陽易位耳。又有中間凸起，四圍一線陰文，深陷如坳，大都淺刻平漫，黑文滿布。此由石質易裂，若刻之過深而細，稜稜露骨，觸之即損，恐不耐氊椎耳。《谷朗碑》，額題“吴故九真太守谷府君之碑”，凡十一字，一行直下。其次《孔褒碑》，一行九字。《校官碑》，亦四字直下，而左右有白文兩線深陷，其制略異。然漢碑如此者少，大抵皆分作兩行，當穿上居中，惟《高頤額》稍偏右。有在穿左右者，即以穿隔之。《衡方碑》，兩行之中刻白文一道爲界。《陳德碑》，分棋局如九宫，額篆六字，左右書之，而空其中三格。六朝以後，始有多至三四行者，皆用棋子方格。惟陳懷志《北嶽府君碑額》，黑字白圍，一圍兩字，長方如元人押，奇古可愛。其至多者，宋《爨龍顔碑》，題“宋故龍驤將軍護鎮蠻校尉寧州刺史邛都縣侯爨使君之碑”，唐《白雲先生詩勑》，題“睿宗大聖皇帝開元神武皇帝賜白雲先生書詩並禁山勑碑”，皆二十四字。魏《元萇温泉頌》，額題“魏使持節散騎常侍都督雍州諸軍事安西將軍雍州刺史松滋公河南元萇振興温泉之頌”，共三十六字。若北周《强獨樂碑》，多至十五行六十字，則自漢、魏迄宋、元，所見者僅此一刻而已。額首多上鋭如搢圭，或橢圓，如覆盂，其平方者字多横列。《陶大舉碑》，題"宣州刺史陶府君德政之碑",凡十一字。宋潼川①府學《鄉賢堂記》及《富樂山詩》,額八字,皆一字一行,橫列。唐《殷君夫人碑》,四面環刻,額十二字,橫列,前後兩面,每面六字。亦有一石相連,題首即在碑字之上,不別立額者。碑陰多無額。惟《宋顯伯造象》之陰分五層,上層佛象,次層橫列"邑社曹思等石像②之碑"九字;漢《鄭季宣碑》,陰有橫額,八字,曰"尉氏故吏處士人名"。《馬鳴寺根法師碑》,額作二層,上層"馬鳴寺"三字,陰文,豎列,下層"魏故根法師之□□"八字,陽文,橫列。此皆石刻中所希見,非通例也。王蘭泉曰:"大曆《文廟新門記》,篆額六字③,分二行,字縱二寸,橫一寸。額字之小,無逾於此。"余謂額之大者,若臨桂摩厓之《平蠻頌》《宋頌》,皆字徑逾尺,蓋十倍於《新門記》矣。夫碑之有額,猶書之題籤,畫之引首,所以標目也。往往有碑文漫滅,如昭陵各石,賴其額尚存得知之。《石墨鐫華》於《馬周碑》云:"今摹碑者多不摹額,是一恨。"余爲下一轉語云:"今磨碑者多不磨額,是一恨。"此兩言東西易向,其爲愛惜古人之心則一也。自唐以後,事不師古。如《八都壇神君實錄》,額題"大唐"二字;龍門《永徽五年殘造象》,其首書曰"大唐之碑";《晉祠銘》,額題"貞觀廿年正月廿六日"。令人覩額不知其碑,則駢拇指而已。至若《靈源寺垂拱造象》,額上刻經主題名,《萊州刺史唐貞休碑》,於篆題空處繪貞休象,《柏梯寺碑》,撰者徐彥伯、書者胡輔之皆署名於額,雖非古法,要爲金石之變例,存之可資異聞。

---

① "潼川",原誤作"潼州"。(光緒)《新修潼川府志》卷九載:"劍南東川《鄉賢堂記》,宋朝散大夫知梓州軍州陳鵬譔。碑存文廟《干祿碑》側。"

② "石像",原誤作"石象",據《宋顯伯造象》碑陰拓片及陸耀遹《金石續編》卷二"宋顯伯等造像龕記并陰側"條改。

③ "字",原誤作"寸",據王昶《金石萃編》卷九十九"文宣王廟新門記"條改。

3.3-3　漢碑多蟠螭，唐碑多蟠龍。蟠螭之形有如犇馬，四足馳驟，兩龍中間或綴以珠，有雲氣繚繞之，唐大曆八年裴平書《文宣王廟新門記》，額有咸通題字。王蘭泉云："題字處上銳，當銳處懸一珠，二龍繞之。漢碑畫龍形皆如馬，四足犇馳，此碑與後世之蟠龍無異。碑刻二龍捧珠，始見於此。"亦有下連碑側，與額爲一。余所見全形，如《九成宮醴泉銘》、唐之御製各碑、宋《趙懿簡碑》，追琢工細，無與倫匹。嵩岳《體元先生潘尊師碣》尤奇偉。前人紀《王忠嗣碑》，"側刻水獸，奇異怪偉"，吳山夫《金石存》。《嵩陽觀聖德感應頌》，"頂蓋雲龍，下座刓丁甲之象，左右旁刻花紋，周鋪俱範金彩，歷歲久遠，絶無損蝕"。《説嵩》。王蘭泉紀《爨龍顔碑》，"穿上蟠龍，穿左右日、月各徑五寸，日中刻踆烏，月中刻蟾蜍"①。余所見宋《龍昌期勑》額亦如之。又紀唐孫師範書《太師孔宣公碑》，"碑首形圓，左右刻二仙子，峨冠羽衣，騎鶴而行，左右相向，鶴含草如竹葉，周刻大花葉"，以爲唐畫真蹟。以其言推之，漢《白石神君碑》，圭首，左右兩獸，獸內一人，以兩臂拄獸腹，似彝器文之"子孫"字形；《張遷碑》，四面蟠螭，圭首，銳處兩鵲相對。此亦漢畫之至精也。又若道、釋兩家，各尊其教，碑額往往不題字而造象。世所知者，如《懷仁聖教序》，額上佛象七軀，寶曆二年《皇澤寺造象碑》，額佛象一龕，《道因法師碑》，刻釋迦牟尼、觀自在、大勢至三佛象於額。其尤奇者，松陽《葉有道碑》，額上畫艮卦，作"☶"象。《治水靜穢丹命告》，額中層刻符籙，離奇俶詭，愈不可究詰矣。

3.3-4　柳子厚述唐時葬令云："凡五品以上爲碑，龜趺螭首，降五品爲碣，方趺圓首。"此本《唐六典》，蓋所述者時王之制也。然稽之唐碑，亦不盡符。如逸人竇居士未有爵位，以宦者之

---

①　引文出陸耀遹《金石續編》卷一"寧州刺史爨龍顔碑"條，不見於王昶《金石萃編》。

父,而李北海題其碑曰"神道",《潘尊師碑》,巍然巨製,而題爲"碣"。如此之類,未可枚舉。

3.3-5　前人題名碑陰,亦題於額之兩面。《倉頡廟碑》,額即有漢題名兩則,皆在正面。若額之陰有題於立碑時者,《中山法果寺經主題名》是也。有後人登覽摩挲因而題名其上者,孔林、華嶽諸碑是也。北齊《蘭陵王高長恭碑》,額陰有五言詩一首,則王弟安德王經墓興感而作也。隋《首山栖巖寺塔》,其額陰有唐咸亨三年御製詩,而姚元崇、韋元旦諸什皆刻於碑陰。顏魯公《家廟碑》,李少溫篆題之後亦有魯公書十行八十餘字。齊、隋兩碑,久著於錄,而其額世無知者,近十年中始先後拓得傳於世。以是推之,額陰有字沈淪未顯者,尚當不盡於此。

3.3-6　有勒碑在先而題額在後者。虞永興《廟堂碑》,武德時建,至武后時相王旦始奉勅題額。今西安宋刻本非舊額,舊額爲"大周孔子廟堂之碑"八字。又《說嵩》記《秦王告少林寺教額》:"隸書,曰'太宗文皇帝御書',後人復記於碑云'已上七字,開元神武皇帝書',蓋《教》爲太宗筆,《額》爲玄宗筆。"《華嶽精享昭應碑》,開元八年,劉升書。左方有華陰縣令盧倣題分書十六字,其時興元元年十二月也。又有"銀青光祿大夫檢校華州刺史上柱國李休光題額"二十字。錢竹汀云:"驗其字體,亦出盧倣,蓋勒碑之後又六十餘年而始題其額耳。"

3.3-7　《潛研堂金石文跋尾》:"《萬壽山修觀音祠記》,慶元五年,'劉震書并篆蓋'。古者墓有兩石,一書誌銘,一書'某官某府君墓',覆於誌石之上,故有'篆蓋'之稱。若宋《游師雄墓誌》全用碑式,其篆即刻於額,而尚沿'篆蓋'之名,已失其義。此《記》當稱'篆額',而亦云'篆蓋',此古聖所譏'觚不觚'者也。"又跋紹定二年《梅隱庵記》云:"宗學諭方萬里篆其額,自稱'題蓋'。

考唐人誌墓云‘題蓋’，別於篆而言之。謂用眞、行、分書。此《記》與額無二石，又作小篆體，而襲‘題蓋’之名，兩失之矣。”余謂碑額沿“題蓋”之譌始於南渡以後，汴京以前未聞也。然宋碑所見尚少。慶元五年《晉陵乾明寺古殿記》，其額八分書，稱“鄒鎰隸蓋”；嘉熙改元《常熟縣教育言子諸孫記》，其額正書，稱“王遂題蓋”；寶祐三年《太平州重建學記》稱“鄭埜題蓋”。此三石“蓋”字雖誤，上一字猶各得其實。惟臨桂《趙郎中德政碑》以摩厓亦稱“篆蓋”，端平丙申。則其失更甚，不徒如錢氏所譏矣。元碑承訛踵謬，不一而足。如《常熟縣重修文廟記》，至元三十年。“徐琰題蓋”；《湖州報恩光孝寺置田山記》，至元甲申。“古涪文及翁篆蓋”；《慶元路重建儒學碑》，至元二十八年。“王宏篆蓋”；《太平路重修儒學記》，大德三年。“侍其君佐題蓋”；《嘉興路重修儒學碑》，大德庚子。“范霖篆蓋”；《采石重建承天觀三清殿記》，至治元年。“李希謝篆蓋”；《嘉定州重建廟學記》，至順三年。“潘詡篆蓋”；《東祁王先生歸田興學記》，至正九年。“換住篆蓋”；《正定龍興寺秦王夫人施長生錢記》，至正十四年。“周伯琦題蓋”。余所藏石刻，有元一代最少，已有九碑。若至元五年《代祀北嶽記額》爲尚師簡書，至正二年《重修無錫州學記額》爲黃溍書，皆稱“篆題”，則固無不可耳。右碑額七則

3.4-1　門生、故吏，兩漢爲府主立碑；邑子、維邨，六朝爲先亡造象。出錢千百，列名碑陰。其名自一列逾十列。梁《蕭憺碑》共二十列，則莫多於此矣。漢碑，“門生”之外有“弟子”；朱竹垞考之最詳。“故吏”之外有“故門下書佐”、“故功曹”、“故循行”，“循行”亦釋爲“脩行”；又有“處士”、《鄭固》。“義士”、《魯峻》、《曹全》。“鄉望”、“民望”、《敬史君》。“族望”《張猛龍》。之屬。姓名之

上冠以郡邑、爵秩,惟魏《范式碑》但有姓字而已。此碑陰之通例也。其有一碑兩刻者。達奚珣《游濟瀆碑》,一面刻記,一面刻序;《美原神泉碑》,韋元旦序及賈言淑等詩刻於正面,徐彦伯序及尹元凱等詩刻於背面;《鹽池靈慶公神祠碑》,陽爲頌,崔敖文,韋縱書,陰爲記,劉宇撰、書;《東方朔畫贊碑》,顏魯公既書夏侯孝若文,復自敘其事刻於碑陰;《宋廣平碑》側述宋公之遺事,補碑文所未及。此皆一碑前後而自爲首尾,離之兩傷,合之兩美。又魯公《多寶塔銘》爲楚金禪師而作也,而吳通微《楚金禪師碑》即刻於其陰,雖書、撰、年月各殊,要爲一人之事。若宋《夫子廟碑》、在隋《賀若誼碑》陰。天禧三年《敎興頌》、在虞永興《廟堂碑》陰。皇祐三年《復唯識廨院①記》,在歐陽信本《皇甫誕碑》之陰。皆刻於舊碑之陰。北海《任令則碑》,其陰亦有元人重刻碑記。譬如空地建築,不侵鄰界。考北周天和二年《華嶽頌》,其陰刻唐人《精享昭應碑》。顧亭林《金石文字記》云:“古碑陰多無字,故後周之碑,唐人得而刻之。”武虛谷云:“《水經注》:‘樊城西南有《曹仁記水碑》,杜元凱重刻其後,書伐吳之事。’又‘渭水’:‘漢文帝廟,一碑建安中立,鎮遠將軍段煨文,給事黃門侍郎張昶造,昶自書之。魏文帝又刻其碑陰二十餘字。’”以此證之,碑陰刻字,晉、魏時已然矣,但必無字而後始刻。明人不學,遇陰之有字者,亦悍然磨而刻之。貞石何辜,遭此荼毒。《白石神君碑》陰下截即爲明人磨刻。又今人立碑,往往龕置壁間,僅露正面,其陰及兩側,皆深陷于壁。如臨桂《逍遙樓》石刻,其陰爲宋程節《湘南樓記》,今拓本但有“逍遙樓”三大字,而程《記》以在壁中不能拓。吾鄉光福寺兩

---

① “廨院”,原誤作“院廨”,據《復唯識廨院記》拓片及王昶《金石萃編》卷一百三十四“復唯識廨院記”條改。

幢，土人以其裂也，樹木柵護之，砌築牢固，自此遂無傳本。此與禁錮何異？所願好古者爲開一面之網爾。

3.4-2　或問：碑陰題識，金石家著録通謂之"碑陰記"，有異乎？曰：是有別焉。《紀信碑》述獲石之神異，《大智碑》美作者之文章，其陰文字即爲碑文而設，此一例也。曹輔①《顏魯公新廟碑》，米南宮作《碑陰記》敍神仙之事。述瑣記，廣異聞，此猶稗官外傳，以補史傳所未及，又一例也。《昭仁寺碑》，張淳書歐陽公《集古録》一則於後。敬識前言，以告來者，述而不作，信而好古，此又一例也。昭陵《李衛公》、《李英公》兩碑，宋游師雄碑陰題記論其功烈，詳其制度。《詩》有之曰："高山仰止，景行行止。"此又一例也。或以仆而重立，如魏《賈思伯碑》，宋、元兩次重立，皆記於碑陰。或以燬而重鑴，如比干廟兩碑，魏孝文帝一石，宋元祐中重刻，有吳處厚記可證。貞觀十五年《贈太師詔并祭文》，元延祐五年重刻，有韓沖記可證。興廢舉墜，識其歲月，此又一例也。惟李陽冰《栖先塋記》，宋大中祥符二年重刻，而其側獨孤密銜名三行，猶是唐人舊刻。蓋宋人即用原石重開，碑文雖泐，而碑側之字猶泐之未盡。此外，石刻各體書者，其陰或以正書釋之。如《鑄鼎原銘》，袁滋篆書，其釋文即在碑陰上列，《感通塔碑》，一面爲西夏書，一面正書釋文，是也。有刻詔勅及進表者。如曲阜唐《孔宣公碑》，陰刻武德九年、乾封元年詔勅兩道及皇太子弘表；《青城山常道觀碑》，一面刻玄宗勅，一面刻張敬忠表；宋崇寧二年范致君《興學聖德頌》，其陰即刻致君《奏進表》；又如《房彥謙碑》，陰記賜葬賵贈。皆所以紀述榮遇，甚盛典也。有刻簿籍者。

---

① "曹輔"，原誤作"曹翰"，據阮元《山左金石志》卷十七"顏魯公新廟記"條及孫星衍《寰宇訪碑録》卷七"顏文忠公新廟記"條改。

如唐《濟瀆廟北海壇祭器銘》，碑陰刻祭器甚詳；宋淳熙十一年《廣州瞻學田記》，其陰刻增置田畝；元至正二十一年《靜江路新城記》，其陰刻工役丈尺。皆其事也。有刻譜系者。如《郭家廟碑》，其陰刻汾陽所歷二十四考及子孫行次、爵位，吾鄉泰伯廟《提點刑獄司公據碑》，其陰刻《吳泰伯世系圖》，是也。有立碑之人功德可紀，即於碑陰勒文爲頌。如曲陽北嶽廟兩碑，開元廿三年崔鍠一刻，其陰爲《段愔德政記》，天寶七年戴千齡一刻，其陰爲《賈循德政記》，是也。其有陳符瑞以彰嘉貺者。如《共城百門陂碑》，其陰詳述祈晴禱雨應驗及節錄僚屬詩句；裴諝《儲潭神廟頌》，其陰爲《祈雨感應記》；《慶唐觀金籙齋頌》，天寶二年刻，而其陰有建中三年《瑞柏記》。此亦吏民頌德之文而稍變其例者也。有刻佛經者。如北齊《雋修羅碑》，其陰刻《維摩經·見阿閦佛品》，唐《法門寺千佛碑》陰、側刻《涅槃經》，是也。有刻畫象者。如《醴泉寺誌公碑》，其陰即刻誌公象，賀秘監《逸老堂記》，其陰即刻賀知章象，開慶元年。是也。有刻佛象者。《淨住寺釋迦牟尼普賢劫象銘》，其陰刻千佛象；吾鄉珠明寺宋碑，一面爲須菩提象，一面爲天台五百尊者象。此類多出於釋氏，亦造象之支流也。有刻題榜者。如北齊《臨淮王造象》，其陰刻"龍興之寺"四大字，宋《武溪深碑》陰上層刻"九成臺"三字，下層刻"詩境"二字，是也。舉一反三，未可殫述。著錄之例，或宜分，或宜合，類誌於此，以告世之訪碑者。

　　3.4-3　諸碑以有文之面爲陽，無字之面爲陰。惟唐《孫文才造象銘》，其文在陰面，碑陽刻《金城村𡓖修功德院記》云："是碑聖象，日陽暴露，風雨摧剝，因各捨浄財，同募石工補完。"又曰："尊容殘缺，難施工巧，於是回裏作表，別刊是象。相好端嚴，慈容若動。"據此，則原刻本在碑陽，今刻在陰，而轉於正面刻《功德院記》。顛之倒之，惟此一刻。或曰：碑之表、裏視文以爲轉移，陰、陽何定之有？則應之曰：有額在。

3.4-4　漢《鄐君開通褒斜石刻》，宋晏袤題其後云："敬書碑陰，俾來者有以取信焉。"按此刻摩厓，在舊城西南山壁上，晏袤釋文及題記即刻其後。非碑也，安得有陰？讀者勿以詞害意可耳。

3.4-5　撰、書、年月有題於碑陰者，漢碑無此例也。余所見惟北齊《宋顯伯造象》，其陰題"天保三年歲次壬申四月八日建，都維那伏波將軍防城司馬程洛[①]書"。此外，有書人、年月在陰，撰人在前者，大曆八年《黃石公祠記》是也。李卓文，裴平書。有樹碑年月在陰，而撰、書人皆在前者，儀鳳二年《魏法師碑》是也。顏魯公《東方朔畫贊》，年月亦在碑陰。若《鑄鼎原銘》之陰，上列釋文，中列王顏《表》，下列題名，末行署"河東裴宣簡書"，此則專指碑陰三列之正書，其正面固袁滋篆書也。猶之《青城山碑》，其陰題"常道觀主甘榮書"，迺指張敬忠《表》，其正面之勅，固明皇御書也。《昇仙太子碑》，正面"聖曆二年"，其陰題"神龍貳年[②]刻石"，兩面各爲年月，又一例。右碑陰五則

3.5-1　碑陰題名不足，遞及左、右側，此立碑之通例。漢《倉頡廟碑》及《韓勅禮器碑》即如此。魏《王僧墓誌》無篆蓋，而於其側題"故滄州刺史王僧墓誌"等字。唐《姜行本碑》，其陰無

---

① "程洛"，原誤作"穆洛"，據《宋顯伯造象》碑陰拓片及陸耀遹《金石續編》卷二"宋顯伯等造像龕記并陰側"條改。

② "貳年"，原誤作"三年"。《昇仙太子碑》拓片及王昶《金石萃編》卷六十三"昇仙太子碑"條載："大唐神龍貳年歲次景午水捌月壬申金朔貳拾漆日戊戌木開府儀同叁司左千牛衞大將軍上柱國安國相□旦奉制刊碑刻石爲記。"

字,而薩孤吳仁、牛進達皆題名於側。石刻中如此者不多見。有題撰、書人於側者。魏孔廟《李仲璇碑》,側題"内□書任城王長儒書碑",共十字,泐其一;《陸希道墓誌》,側題"前涼州刺史兼吏部郎中陳郡袁罳字景翔製銘",共十九字;唐天寶十一載《釋迦牟尼佛阿彌陁佛讚》,"左監門直長高子珍書",亦刻於碑側。有題年月於側者,唐《述聖頌》是也。開元十三年六月九日。《房彥謙碑》,"太子左庶子李百藥撰,太子中允歐陽詢書,貞觀五年三月二日樹"。《高乾式造象》,"天寶十三載歲次甲午閏十一月壬戌朔廿四日建立,造碑人檀如洛"。書人、撰人、造碑人及年月並在碑側,隋以前所未有也。若王顔《追樹十八代祖碑》,其側刻《請改解城鄉爲太原鄉牒》,《高士廉碑》,兩側有"六代孫尚書右丞元裕"、"正議大夫行給事中少逸"會昌四年題字,此則孝子慈孫闡揚先烈。余所見宋人摩厓題名,有子孫過此,摩挲手澤,一再續題其後者,君子之澤遠矣。

3.5-2 王惕甫《碑版廣例》曰:漢碑材厚,四面刻之。其書丹各循其石勢,分行布白,初未安排。或自左而右,或自右而左,略無定例。如《開母闕》,銘文與題名刻之闕南,轉及西側,此由碑陽而侵之也。《韓勑碑》,率錢人數既多,王元等題名其陽,王罳等題名其陰,山陽瑕丘等題其右側,敬謙等題其左側,此由碑陰以①軼之也。其他或事後續題,或他人增識,或游覽訪碑者各記來觀歲月。《成陽令唐扶碑》有成陽令高某、丞史珍二人題名,刻在碑首之旁。《益州太守碑》陰有故吏三人題名,在趺右。

3.5-3 造象多四面環刻,刻經或四面,或兩面,此猶四面之柱,六面、八面之幢,但分先後,不分正背,亦無所謂左、右側。惟

---

① "以",原誤作"之",據王芑孫《碑版文廣例》卷六"碑側略例"條改。

唐《齊州神寶寺碑》，其旁刻《多心經》；《靈運禪師塔銘》，側《辛祕題名》之下有菩薩象一龕。此則刻經、造象之在碑側者也。少林寺高岑書《尊勝咒》，兩側均有畫象。貴池劉氏藏《長安四年殘碑》，兩側繪花鳥紋，雕鏤工細。余所見古刻，兩側畫象有上連碑額者，或作兩螭，自額蟠旋而下至側，神采飛動。宋、元碑始有但畫雲雷之象及作"卍"字紋者，其製作稍粗矣。右碑側三則

3.6　碑之有穿，皆在額下、碑文之上。亦有移而稍下，上距碑文三四字，其文空格以避之，或稍偏左、偏右。或在額上，篆題分列穿之左右。《安陽金石記》載："《大乘妙偈碑》，鑽空題有'州刺史'三字，又有'大金甲午歲大定十四年寶山靈泉寺講經僧法智'題名。""鑽空"當即碑穿。穿中有字，惟此一刻，逐寸圓孔，不曉何從奏刀。右穿中刻字一則

3.7　元人有《太極宮螭首題字》，然猶刻石，非墨迹也。《金石録補》載："昭陵《孔穎達碑》，螭首嵌空處有'至正四年三月顧游特看此碑'墨書十二字，趙崡子函云'在泥土中，拂拭之如新'。子函見時爲萬曆戊午，溯至正甲申已二百七十五年，而墨書無恙，斯足奇也。"余憶紀文達《筆記》云在塞外見北魏人摩厓墨跡，亦未摧損。又如魏《東武侯王基斷碑》，在洛陽縣出土，書丹筆跡，拂拭如新。蓋曠野蓬蒿，深埋塵堁，深山絶巘，石壁谽谺，其地皆爲日炙雨淋所不及，得永天年，理之所有。右螭首題字一則

3.8　今人碑、帖不分，凡刻石之文，統呼爲"碑"，及墨而拓之紙，則又統呼爲"帖"，雖士大夫未能免俗，甚矣其陋也。夫碑之不可爲帖也，石刻之不盡爲碑也。周、秦、漢、魏以下，歐、趙而

降，撰述源流，雕造形製，其爲體也屢遷，其稱名也雜而不越。《禮》曰："遽數之，不能終其物。悉數之，乃留，更僕未可終也。"右論碑帖之分一則

3.9　綜而論之，立碑之例，厥有四端。一曰述德，崇聖、曲阜孔廟諸碑。嘉賢、丹徒延陵季子廟有宋楊傑書《嘉賢廟敕》。表忠、漢《紀信》、蜀《諸葛武侯碑》之類。旌孝，《隴東感孝頌》、《孝子張常洧殘碑》之類。《稚子石闕》、《鮮于里門》，以逮郡邑長吏之德政碑是也。郡邑吏民爲其府主伐石頌德，統謂之"德政碑"。亦曰"頌德碑"，如魏武定二年《濟州刺史關寶賢誦德碑》是也。"誦"、"頌"字通。亦曰"清德頌"，如唐永徽元年《瘦陶縣令李府君清德頌》、天寶五載《昭慶縣令王璠清德頌》是也。或省去"頌"字，但曰"清德碑"，如聖曆元年《渭南令李君清德碑》、神龍三年《熒陽令盧正道清德碑》是也。亦曰"遺愛頌"，如開元十年《襄州刺史靳公遺愛頌》、《册府元龜》載"廣州爲宋璟立遺愛頌"是也。亦曰"美政頌"，如《安公美政頌》，開元二十九年，房璘妻高氏書，見於歐陽公《集古録》者是也。亦曰"善政碑"，如宋天聖九年《濟源縣令陳省華善政碑》是也。亦曰"政事記"，如四川蓬溪縣有宋政和六年《知縣程公政事記》是也。亦曰"惠政碑"，如金正大四年趙秉文撰《葉令劉從益惠政碑》是也。亦可謂之"功德碑"，如開元十年《劍南道按察使益州長史韋抗功德碑》是也。或變文曰"功德頌"、"功德記"，並於"功德"之上隨宜加字，如唐貞元五年《隴右節度使李元諒柝昭功德頌》、咸通十二年《高憲神道功德記》皆是。然釋家建寺造象亦可稱"功德"，如龍門《高力士造象功德碑》、嵩山少林寺《靈運禪師功德塔銘》、邠州《應福寺西閣功德記》、長清靈巖寺《牟瑠證明功德記》。此皆福田利益之説。彼教所謂"功德"，與吏民之"頌"未可同論。又考《集古録》載《韋維善政論》，先天中爲坊州刺史，齊哲撰，其實亦"德政碑"也，但變文言"論"耳。按《日知録》："唐武后時制，州縣長吏非奉有敕旨，毋得擅立碑。宋太祖建隆元年十月詔：'諸道長貳有異政請立碑者，參軍驗實以聞。'"唐《澄城縣令鄭叔敖德政碑》銘後有"左司郎中宇文邈修功善狀"列銜。蓋古人立碑，鄭重如此。至若"屏盜"，如後周之《衞州刺史郭進》、《濟州刺史任公》兩碑，"勸農"，如巴州之紹興十六年《知府宋學士勸農事實》、閬中之《福昌院勸農記》，又如河東《放商鹽頌》、蘇

州府學《蠲免田租牒》之類。一善服膺，式刊貞石。附記於此，亦興人之誦、嘉樹之思也。一曰銘功，東巡刻石，秦李斯石刻。登岱勒崇，唐《泰山銘》、宋大中祥符中《封禪》《朝覲壇》諸頌。述聖、呂向《述聖頌》。紀功、唐顯慶四年高宗御製《紀功頌》。中興，顏魯公書元次山《中興頌》。叡德，《孝敬皇帝叡德碑》。以逮邊庭諸將之紀功碑是也。漢之《裴岑紀功碑》、唐之《平百濟碑》《姜行本紀功碑》、宋之《平蠻頌》《平黎頌》之類。一曰紀事，《靈臺》《經始》，《斯干》落成，自廟學營繕以逮二氏之宮是也。一曰纂言，官私文書，古今格論，自朝廷渙號以逮詞人之作是也。舉此四例，若網在綱。此外石刻，爲碣，爲表，爲誌，爲碑，爲石闕，爲浮圖，爲幢，爲柱，爲摩厓，爲造象，爲井闌，爲柱礎；其製爲方，爲圓，或橫而廣，或直而修，或觚稜，或椎碒。皆非碑也。因流以討源，循名以核實，亦可得而揚觶也。右立碑總例一則

3.10-1　一曰石經。漢之熹平、一字。魏之正始、三字。唐之開成、宋之嘉祐、西蜀孟氏、南宋高宗，皆嘗有石經之刻。今惟《開成十二經》無《孟子》。存西安府學，尚爲全本。惟字經後人剜改，其異同詳見烏程嚴氏《校文》。此外祇存殘石，或僅存殘拓孤本。《漢石經》，據董逌、洪邁所紀，高一丈，廣四尺。《後漢書·靈帝紀》、《儒林傳》皆云"正定五經文字"，而《蔡邕》、《張馴傳》則云"奏定六經"，《隋書·經籍志》云"七經"。顧南原曰："五經者，蓋以《儀禮》、《禮記》爲一經，《春秋左氏》、《公羊傳》爲一經，與《易》、《詩》、《書》而爲五，實則七經也。"其石久亡，今海內祇存殘字兩本。一爲北平研山齋孫氏藏本，一爲錢梅溪所得雙鉤本。同治初，兩本皆歸川沙沈韻初孝廉，今其家售於湖北萬觀察航。然宋時即有兩翻刻，洪文惠刻於會稽蓬萊閣，胡宗愈又鑱於錦官西樓。亦未必果爲漢刻。魏《正始石經》，自宋以來，未聞著錄。乙未，在

會典館，福山王廉生祭酒忽以拓本兩紙見示，一行古文，次篆，次隸，各一行，云"三體石經"也，中州新出土，莫能定其真贋。其古文頗似宋《宣和博古圖》所摹鐘鼎文，隸書秀勁，亦與《尊號》、《受禪》諸碑異。《孟蜀石經》，其相毋昭裔所造。自《熹平》迄《開成》，祇有經文，惟《蜀石經》有注。據晁公武《考異》序："《孝經》、《論語》、《爾雅》，廣政甲辰，張德釗書。《周易》，辛亥，楊鈞、孫逢吉書。《尚書》，周德貞書。《周禮》，孫朋吉書。《毛詩》、《禮記》、《儀禮》，張紹文書。《春秋左氏傳》，'祥'字缺筆，避孟氏諱，亦爲蜀人所書。至宋皇祐中，田元均補刻《公》、《穀》二傳，宣和間，席益刻《孟子》，皆正書。"明曹學佺《四川名勝志》已云"諸刻皆不存，惟《禮記》數段在合州賓館中"。國朝乾隆中，錢唐黃小松之父松石先生得《毛詩殘字》二卷，後歸於小山堂趙氏，一時名流如全謝山、厲樊榭、丁龍泓諸人，皆有題識。聞之先輩言："一黔人士宦蜀，得殘石，攜壓歸舶。"今不知其尚存否。宋《嘉祐石經》，章友直、楊南仲與張次立同篆，一行篆字，一行真字。但有《易》、《詩》、《書》、《周禮》、《禮記》、《春秋左氏傳》，合《孝經》爲七。畢秋帆中丞撫中州時，僅於陳留見《周禮》殘石數片。孫氏《訪碑錄》尚有《周易》、《尚書》殘刻。余曾於潦喜齋得《周禮》殘拓四紙，《書》、《易》於廠肆見之，未之藏也。《南宋石經》，高宗御書，較嘉祐本無《周禮》、《孝經》而有《論》、《孟》，《禮記》但有《中庸》、《大學》、《學記》、《儒行》、《經解》五篇。高宗又嘗書《真草孝經》以賜秦檜。孔葒谷云："此別刻石，不在太學石經之列。"《易》、《詩》、《書》、《左傳》皆小楷，《論》、《孟》結體較大，明吳訥①《石經

---

① "吳訥"，原誤作"嚴訥"。阮元《兩浙金石志》卷八載《石經歌》有"字形僅比《黃庭》小"句，後署"宣德二年歲在丁未秋七月朔旦巡按浙江監察御史海虞吳訥識"。

歌》所謂"字形僅比《黄庭》小"是也。元初,楊髡欲取以壘塔,申屠致遠力争而止。然阮文達輯《兩浙金石志》已祇存八十六石,則散亡已不少矣。其殘石存杭州府學。廣州府學有高宗《真草孝經》一石,五層,層五十二行,行十字,舊在大成殿,後廢爲井床。嘉慶末,平陽儀克中搜得之,書、刻年月別爲石,已亡。

　　3.10-2　余嘗怪釋氏刻經遍天下,房山雷音洞二千三百餘石,偉矣。中山之法果寺,寶山之萬佛溝,或建石,或摩厓,莫不大書精刻。余所藏《尊勝陀羅尼經》多至四五百通,《金剛經》亦數十通,《維摩》、《華嚴》、《首楞嚴》,皆有石本。六經自遭秦火,漢、魏、唐、宋勾刻之外,官私石刻,寥寥天壤。綜所見聞,録而存之。惟《孝經》有兩全本,一爲《石臺孝經》,唐天寶四載明皇御注御書,一爲宋光堯御書,紹興十四年七月辛未上石,在四川遂寧縣。初刻本在臨安,已佚。孫氏《訪碑録》有熙寧五年張南軒書《孝經》。南軒爲考亭弟子,熙寧時安得有其石刻?孫氏未見原石,但據瞿木夫拓本著録,得自傳聞,必有譌舛。李陽冰篆書《謙卦》,皖中有兩本,一在當塗之太平府學,一在蕪湖縣學。葉紹翁《四朝聞見録》云:"南屏山興教寺有司馬温公摩厓書《家人卦》、《禮・中庸》、《大學》篇。"今尚存湖上,《禮記》無《大學》而有《樂記》。《易・家人》之外有《艮》、《損》、《益》三卦,《損卦》、《益卦》在幽居洞。又節録《左傳》晏子語,在太子灣。皆温公八分書也。《家人卦》,紹興十九年温公之曾孫備倅廣西融州,復摹刻於真仙巖之石壁,同年唐召皆令融縣,爲余拓得一本。趙撝叔云尚有陝、蜀兩本,則未見也。桂林彈子巖有南軒書《論語・問政》章。此外節録經文者,朱子書"易有太極"一則,刻石於武陵,"敬以直內,義以方外"八字,刻石於道州。諸家著録,祇此而已。元無刻經,上饒有《六經圖》,亦未見拓本。右石經二則

3.11-1　《隋書·經籍志》、《唐書·藝文志》録九經之後爲"五經總義類"，小學諸書附焉。以此例推之，唐刻《開成石經》，並刻唐玄度《九經字樣》、張參《五經文字》，宋晁公武撰《蜀石經考異》亦刻於成都，此皆附經而行者也。山東滋陽有《韓詩外傳》殘石，此與經別行者也。吳皇象書《急就篇》，真、草並列，優入神妙，明吉水楊氏得殘本，以宋仲溫書補之，刻于松江郡學，此字書石刻之最古者也。魯公《干禄字書》初刻於吳興，孫莘老置之墨妙亭，其石已佚，今世所傳者，蜀中摹刻本耳。

3.11-2　天一閣范氏藏宋高宗御書《禮部韻略》，真、草二體，嘉定十三年陳汶摹刻，其石亦燬於墨妙亭。又劉球《隸韻》十卷、《紀原》一卷，亦范氏所藏孤本，皆海内希有之笈也。《韻略》不知流轉何地，《隸韻》後歸中江李香嚴廉訪，香嚴捐館，鎮庫之珍皆歸他姓，此本遂不可問津矣。宋郭忠恕有篆書《説文偏旁字原》，在西安府學，世不甚珍之。竊謂《説文》，形書也，點畫之訛，毫釐千里，非有石本，何以顝若畫一？乾嘉以來，崇尚許學，始一終亥之書，幾於家置一編，而無精寫刻石者，非所以嘉惠後學也。世有蔡邕、邯鄲淳，援《熹平》之例以正文字，洵不朽盛業哉！

3.11-3　梁武帝得王羲之書千字，命周興嗣次韻爲文，又詔令蕭子雲寫進，是《千字文》在梁時已有二本。隋智永寫《真草千文》八百本散於世，江東諸寺各施一本。今西安碑林中有宋大觀己丑刻一石，出於長安崔氏所藏真跡。然其中唐諱如"虎"字、"民"字、"基"字皆缺筆，趙德甫謂"天寶以後人爲之"，良爲知言。唐初，歐、褚各有一本，歐書"貞觀十五年附子"附"即"付"，筆訛。隱之明奴、通之善奴，命工摹石，安於學舍東壁"，是當時即有石本。王虛舟得宋拓於錫山秦氏寶華別墅，後以贈黃松石，即小松先生之父也，轉展歸衡陽常南陔中丞潭印閣。中丞又得何夢華雙鉤本，摹刻於石。董思翁《戲鴻堂帖》有率更大字本，此集字而成，非真跡也。褚書有《渤海藏真》一本。余又見明拓本，字體略小，異曲同工，然過於側媚，覃溪雖收入《唐碑選》，未敢信爲果出河南也。此外，篆書有宋夢英一本，袁正己以正書釋之。草書有唐懷素、張長史、宋石曼卿三家，長史一石已斷裂，葆光子亦僅存殘石三段。分書有元吳志淳一家，至正十七年十月。石藏天一閣范氏。行書有趙文敏一家，前後俱無跋，"臣伏"字誤書"服"字，旁著一小"伏"字，又有僧啟東白重摹一本，並見《蒼潤軒帖跋》。余所見文敏尚有《臨智永真草千文》，後有至元危太朴、至正元明善各一跋。又有《六體千字文》，"延祐七年秋九月書爲湖山先生壽"，一小篆，二大篆，三八分，四章草，五楷書，六草書，後有明萬曆間邢王瑞題字、藏印，篆籀既不合古法，章草亦不逮宋仲溫，疑出妄人依託。盛氏《玄牘記》所錄，又有鮮于伯機草書一本，明徐子仁三體書一本，皆未見。所見明人書，衡山大小字不一本，雅宜山人王履吉亦有行書一本。蓋元、明間人能書者大都喜書之。

　　3.11-4　古文奇字，讀者不能盡通，此釋文所由昉也，然不必盡刻於石。周《石鼓文》，宋鄭夾漈、明楊升庵皆有釋文，今國學石本惟附元至元十六年潘迪《音訓》。《岣嶁碑》，諸家所釋，亦以升庵爲正，濟南長山本後附楊時喬釋文，又有郎瑛、沈鑑兩釋，未見石刻。《比干銅盤銘》，宋張淑釋其文曰："左林右泉，前岡後道，萬世之靈，於焉是寶。"漢碑有釋文者，溧水《校官碑》，至順四年單禧釋，并自書之，刻於碑陰。宋晏袤釋《褒斜鄐君通道碑》，紹定五年刻，又釋魏《潘宗道等題名》，慶元元年刻，皆八分書，即摩厓刻於原碑之後。唐絳州《碧落碑》，有咸通十一年鄭承規釋文，亦刻於碑陰。釋草書者，唐懷素之《藏真》《聖母》諸帖明文氏刻本、孫虔禮之《書譜》析津安氏刻本，皆有釋文。此亦如宋《閣帖》中二王草書，龍蛇飛舞，非有釋文不能讀。博山縣玉皇宮有《宋四帝御押》，宣和七年刻，後附真書釋文。觀於宋、金官牒，三省列銜下畫押，無能識者，則所釋爲不徒矣。遼、金、元國書碑，往往下截刻譯文。以今字讀古字謂之"釋"，以此國之文讀彼國之文謂之"譯"，其實一也。唐梵經幢，一行梵字，一行真書，亦釋文也。西夏《感通塔碑》，相傳碑陰即釋正面番字，然西夏書僅有二碑，莫能辨之，則亦疑以傳疑已耳。近出古碑《紅厓古字》，新化鄒叔績、獨山莫子偲皆有釋文。朝鮮《錦山摩厓》，其國人釋爲徐福題名，或云殷箕子書。潘文勤師酷嗜古籀，每得一古碑，必集門下士釋之。《錦山》、《紅厓》兩刻，吾郡吳愙齋中丞皆有重釋本。埃及古碑，黃仲弢學士、劉佛青户部各有釋文。顧緝庭方伯嘗告余一聯云："善辨模糊字，娴攻穿鑿文。"雖謔而未爲虐也。右字書小學類四則

3.12　一曰封禪。王氏《碑版廣例》曰："古稱封泰山者七十二家，勒石千八百餘處，今傳於世，自秦刻石以外無聞焉。唐高宗、玄宗皆嘗東封，玄宗爲盛。其文御製御書，摩厓高二丈九尺，字徑五寸，題額字一尺九寸，漢以來碑碣之雄未有逮者。以明皇之才，而燕、許修其辭，韓、史潤其筆，欲不工而不可得矣。"又云："張説《封祀壇頌》、蘇頲《朝覲頌》，皆見於《唐文粹》。"余按蘇丞相《東封頌》即刻於明皇御書之側。按惕甫先生又據王弇州①云："'閩人林煒②以四大字刻其上，惡札題名，縱橫溓滅。'弇州③此言蓋指蘇丞相《頌》，若玄宗《銘》，

---

①　"弇州"原誤作"弇洲"。王世貞，字元美，號弇州山人，明嘉靖二十六年進士，撰《弇州山人四部稿》一百七十四卷。

②　"林煒"，原誤作"林煒"，據王世貞《弇州山人四部稿》卷一百三十五"唐玄宗御書《太山銘》後"條改。

③　"弇州"，原誤作"弇洲"。

雖有殘泐，固猶在厓壁也。"宋真宗登岱勒崇，御製《謝天書述二聖功德頌》，親灑宸翰以書之。《青帝廣聖帝君贊》亦御製御書。《亭亭山廣禪侯敕并祭文》無書、撰人，以中嶽、北嶽御製醮告文例之，當亦真宗御筆也。孫《錄》又有《廣禪侯祠祭告文碑》，疑一石重出。從臣奉敕書、撰者，《封祀壇頌》，王旦文，裴瑀書，《封禪朝覲壇頌》，陳堯叟文，《天貺殿碑》，楊億文，二碑皆尹熙古書。高里山《禪社首壇頌》，王欽若文。以上諸碑今並在泰安，皆大中祥符元、二年刻。穹窿高揭，規模宏偉，想見云亭封禪之儀。此外，汾陰有御製《二聖配享碑》、王旦《祀汾陰碑》，尹熙古書。杞縣有《先天太后贊》。漢之五時，不是過已。右封禪一則

3.13-1　一曰詔敕。秦始皇帝東巡立石，具刻詔書。漢孔廟《百石卒史碑》先以"臣雄"、司徒吳雄。"臣戒"司空趙戒。之奏，制曰"可"，王言勒石，莫先於此。唐比干廟有貞觀詔，曲阜孔子廟有高祖、高宗詔書兩道，宋有《文宣王加封號詔》、大中祥符五年。《辟雍詔》、徽宗。《藉田詔》，紹興十六年，高宗御筆。其文皆施之大典禮。自餘通謂之"敕"，有專敕，有通敕。或獎諭臣子，如唐《賜張說》、宋《諭程節》之類。或崇敬緇黃，如《少林寺賜田敕》、《還神王師子敕》、《樓觀褒封四子敕》之類。其文多刻於碑陰，間亦刻於碑之上方，以示尊君之義。或臣下奏請報可，或先賜敕而後表謝，往往一面刻表，一面刻敕，如《青城山常道觀碑》之類。凡此皆專敕也。若通敕，唐有《令長新誡》，宋有《戒石銘》，當其始頒行，天下郡邑，無不立石。余所見《新誡》，惟開元廿四年一通，王良輔書，其石在中州出土，孫氏著錄。陝西大荔縣有開元二十五

年韋堅書一通，按《集古錄目》云："玄宗擇令、長一百六十三①人，自製《新誡》，宰相裴耀卿等請令集賢院善書者書以賜之。其後，諸縣往往刻石。"瞿木夫云："歐陽公所得者六，河內、虞城、氾水、穰、舞陽，其一不知所在。"《金石錄目》有開元廿四年二月者三，一云氾水縣，一云房子縣，其一亦缺其地；又有元和三年七月王通篆書者，在虞城縣。而《寶刻類編》又載劉飛書，開元中刻，在鄧州，鄭宗冉書，大和九年建，在許州。陸劭聞云："《蜀碑記》：'唐《令長新誡》在合州赤水縣，開元二十四年立，景祐中重刻之。'"玄宗《新誡》見於著錄者如此。陵谷變遷，後人之所見，或有前人所不及見者歟？其文並同。宋太祖《戒石銘》，黃庭堅書，高宗詔天下摹勒。今梧州府治尚有一石，分四層，其第三層即高宗諭。《粵西叢載》言"《戒石銘》在橫州甬道"，今石已佚，而趙撝叔《續訪碑錄》蒼梧之外尚有道州一刻，雖未見，大抵皆黃書一石重摹。理宗有《訓廉》、《謹刑》二銘，亦詔天下摹勒，而未見一本。徽宗時頒行天下之石刻最多。有《辟雍詔》，崇寧三刻，一元年，在陵縣，一四年，在山陰，一五年，在邢臺，一大觀元年刻，在鉅野。邢臺、鉅野兩刻，余皆有拓本，並蔡京題額，薛昂撰後序刻於碑陰。以此推之，他郡邑當並同。又有《八行八刑碑》，諸家目錄或於"八行"上加"學校"二字，或於"八刑"下加"條制"二字，其實一碑也。孫氏《訪碑錄》有大觀元年一刻，在觀城縣；二年有四刻，一在淳化，鄭仲先書，一在高陵，張瓛書，一在臨潼，王電書，一在臨潁，又三年一刻在滎陽，皆無書人名；崑山有政和三年一刻，陳光庭書。余藏一本，則大觀二年蔡京書，鄭允中立石，出土較晚，孫氏所未見也。《大觀聖作碑》，據孫氏所見拓本，河南之偃師，山東之城武、菏澤、諸城、泰安、新

---

① "一百六十三"，原誤作"一百六十"，據陳思《寶刻叢編》卷四"唐令長新誡"條引《集古錄目》文改。

泰,陝西之興平,江蘇之句容,共九種①。余惟得句容一種,亦蔡
京書,鄭允中立石,與《八行八刑碑》年月並同,蓋一時所刻。此
外,又有《御製五禮記》,孫氏所錄,一在元城,冠以"大觀"字,一
據趙晉齋拓本冠以"政和"字,則以所刻年月別之。余得殘字一
本,年月已缺。大抵道君御製,皆命蔡元長書、篆。亦有御書者,
即世所稱"瘦金體"也,清勁可愛,出於古銅甬書,亦頗近唐之二
薛及暢整《清河公主碑》,未可以衰世君臣而遽忽之。元不稱
"敕",通謂之"聖旨碑"。諸王、太子稱"令旨",鄠縣草堂寺有《闊
端太子令旨碑》,《草堂寺碑》分四段,最下一段稱"鐵哥火魯赤都元帥鈞旨"。
涇陽有《旭烈大王令旨碑》是也。后妃稱"懿旨",如直隸易州《皇
太后懿旨碑》,曲阜《皇妹大長公主懿旨碑》是也。錢竹汀跋易州
《碑》云:"凡元時聖旨碑,首題'長生天氣力裏大福廕護助裏皇帝
聖旨',此稱'長生天氣力裏皇帝福蔭裏皇太后懿旨',當時寫聖
旨、懿旨之式如此。"其通敕,則至元三十一年有《崇奉孔子詔》,
孫氏所錄即有曲阜一刻,江蘇吳縣、崑山、華亭、溧水四刻;大德
十一年有《加封孔子制》,孫氏所錄同時即有二十石,尚有至大、
皇慶中追刻者;至順二年有《加封啟聖王及王夫人制》、《加封文
宣王夫人亓官氏制》、《加封亞聖父母制》、《加封孟子亞聖公制》、
《加封復聖、宗聖、述聖、亞聖四公制》。或分顏、孟爲一制,曾、思
爲一制,又合先聖父、母、妻并四配爲一制,其體式略異,其文詞
則同。余所見大德碑,或分三層,或分二層,一層爲蒙古書,一層
以漢文譯之,其下層記年月,亦有刻記於碑陰者。今天下郡邑學
宮,凡元時建縣,未經兵燹,倫堂禮殿,其石尚皆無恙。碑估往往

---

①　葉氏此處所列凡八種,據孫星衍《寰宇訪碑錄》卷八"大觀聖作碑"條,尚有山
東臨朐一種。

不遠千里，重趼訪古，至則不得古刻，僅拓元時詔旨一二通以塞責。余所收得《加封孔子制》，在孫《錄》之外者，已有四五通，見而未收者，雅不止此。然制文雖同，其下方官吏姓氏，參稽史傳，往往有裨考證，亦未可竟廢。廠肆一老估嘗告余云："君見刻經、造象輒收之，宋、元學宮碑即有選擇，何溺於彼教邪？"余竟不能答。

3.13-2　詔、敕之外，唐有告身，宋有告詞。吾吳有《五龍廟告詞》，西湖岳廟有紹興《復官告詞》一道，又有嘉泰《追封》、寶慶《賜諡告詞》各一道。明隆慶間刻唐之告身，以顏魯公所書《朱巨川》一通爲最著。又咸通二年《范隋告》，第一行"將仕郎權知幽州良鄉縣主簿范隋"，第二行"右可柱國"，下爲告詞，其後中書、門下各有奉敕年月，列名皆三人。第一人皆不書姓名，"中書"後二行，曰"中書侍郎兼工部尚書平章事臣杜審權宣奉"，曰"駕部郎中知制誥臣王鐸行"，"門下"後二行，曰"右僕射兼門下侍郎平章事悰"，曰"給事中渢"，末有"主事吳亮"、"令史楊鴻"、"書令史名闕"，在下列。錢竹汀跋宋《妙應真人告詞》云："三省例由中書取旨，門下錄黃，而後尚書奉行，其次第如此。中書省承旨之地，故省官稱'臣'具姓名，門下省官有名無姓，亦不稱'臣'。主事、令史等以卑，故具姓名。此當時案牘之式。"以《范隋告》證之，則唐時告身已如此，宋特沿唐制耳。但皆藏於家廟，後裔榮其祖、父，以彰君賜，或摹而刻之石，或後人得前人之名蹟而彙刻之，當時未聞有刻石者，故石本絕少。余曾見董文敏仿唐碑各體，爲關中王氏書先世歷代誥敕，真、行諸體悉備。此則從軸本傳錄，非頒降體式也。

3.13-3　《潛研堂金石文跋尾》曰：《東嶽廟聖旨碑》，_{泰安嶽廟}延禧殿前，泰定元年十月。文稱"成吉思皇帝、月古台皇帝、薛禪皇

帝、完澤篤皇帝、曲律皇帝、普顏都皇帝、怯堅皇帝"，後題"泰定
元年鼠兒年十月二十三日"。又一碑，文稱"成吉思皇帝、月古台
皇帝、薛禪皇帝、完者都皇帝、曲律皇帝、普顏都皇帝、格堅皇帝、
忽都禿皇帝、亦憐真班皇帝"，後題"至正四年猴兒年九月二十九
日"。按成吉思，太祖尊號也。薛禪、完澤篤、曲律、普顏篤、格
堅、忽都禿，則世祖、成宗、武宗、仁宗、英宗、明宗之謚，身後所追
上也。太宗、寧宗未有國語謚號，故稱其名。《元史》"泰定即位
詔書"稱英宗曰"碩德八剌皇帝"，其時尚未有國語謚也。文宗，
國言曰"札牙篤皇帝"，至正碑不及者，以其與於弑逆黜之也。
"月古台"，《元史》作"窩闊台"；錢氏《養新錄》曰："朝城縣《興國寺令旨
碑》，第三道旨稱'匣合皇帝'，在'成吉思皇帝'之後，'□□皇帝'之前，則太宗
也。元初風俗質朴，太祖'成吉思'之號，生前所上。太宗而下，皆以名稱。太宗
之名，《史》作'窩闊台'，《祕史》作'斡歌歹'。余所見元聖旨碑或作'月古台'，此
又作'匣合'。譯音無定字，當時不以爲嫌。""普顏都"，《史》作"普顏篤"；
"忽都禿"，《史》作"忽都篤"，亦作"護都篤"；"亦憐真班"，《史》作
"懿璘質班"。又如"完澤篤"之爲"完者都"，"格堅"之爲"怯堅"，
兩碑亦互異。蓋譯音本無定字，當時播諸王言，亦未盡畫一也。

　　3.13-4　王言如綸，其出如絲，渙汗大號，憲章百世。惟元
人起自朔荒，廟堂制敕，猶沿椎髻之風。開國之初，崇尚道、釋，
琳宮梵宇，往往有聖旨碑，皆緇黃請免徭役之詞，其體式略同。
余所藏即有十餘通。茲録襄陽五龍廟一通，以存當時制度。

　　　　長生天氣力裏一行
　　　　大福廕護助裏二行
　　　　皇帝聖旨：軍官每根底、軍人每根底、城子裏達魯花赤、
　　官人每根底、來往的使臣每根底，宣諭的三行
　　　　聖旨。四行

成吉思皇帝、五行

月闊台皇帝、六行

薛禪皇帝、七行

完者都皇帝、八行

曲律皇帝、九行

普顏都皇帝、十行

傑堅皇帝、十一行

忽都篤皇帝、十二行

札牙篤皇帝、十三行

亦憐真班皇帝聖旨裏，和尚、也裏可温、先生、答失蠻，不揀甚麼差發休當者，與告十四行

天祈福者，道有。依著在先十五行

聖旨体例裏，不揀甚麼差發休當，告十六行

天與十七行

咱每祈福祝十八行

壽者麼道。襄陽路均州有的福地，武當山大五龍靈應萬壽宮裏有的甲乙住持，主領宮事，兼領　　諸宮觀事①，教門高士崇玄十九行　此行到底。

　　　　　　　法師邵明唐②、住持提點教門高士通玄靈應明德法師李明良，爲頭兒先生每根底，執把□的③二十行　此行上空三格。

---

① “兼領　　諸宮觀事”，馮承鈞《元代白話碑》所載“一三三七年湖北均州武當山《五龍靈應萬壽宮聖旨碑》”作“兼領本路諸宮觀事”。本則所校皆出馮氏一書録文，以下簡稱“《元代白話碑》”。

② “教門高士崇玄　　法師邵明唐”，《元代白話碑》作“教門高士崇玄沖遠法師邵明庚”。

③ “執把□的”，《元代白話碑》作“執把行的”。

聖旨與了也。這的每宮觀裏、房舍裏他每的，使臣休安下者，鋪馬祗應休拿者，商稅、地稅休□者①。但屬這宮觀的莊佃、田地、水廿一行

磨、解□庫②、店舍、鋪席、浴堂、船隻、竹簟、醋麯等，不揀甚麼差發休要者。更這蒿□、蒿坪、梅溪、雙峪、白浪、坪堰等處村子□□廿二行

地水土③，不揀甚麼物件，不以是誰休倚氣力者，休奪要者。更這先生每有廿三行　上二行俱低三格。

聖旨麼道。無体例的勾當做呵，爾每更不怕哪④。廿四行

至元三年牛兒年三月二十日大都有時□寫來⑤。廿五行

右聖旨廿四行，年月一行。凡元時宮觀聖旨碑，舉此可以類推。"体"即"體"之俗字，"每"即"們"字，"月古台"，"古"作"闊"，"怯堅"作"傑堅"，所謂"譯音無定字"也。

3.13-5　鄠縣《重修草堂寺碑》分四段，上兩段《闊端太子令旨》，下一段《皇太子令旨》，最下一段《鐵哥火魯赤都元帥鈞旨》。按孫氏所錄，山東朝城縣有《興國寺舍利塔令旨碑》，錢氏《養新錄》曰：《興國寺令旨碑》，一爲《合剌查太子令旨》，'猴兒年三月初七日和林城子寺裏寫來'，一爲《皇子忽察大王令旨》，'乙巳年九月初三日合剌腦兒寫來'，一爲《密里吃臺太子令旨》，不見年月，皆刻於一碑。'合剌查'者，太宗第四子哈剌察

———————

①　"休□者"，《元代白話碑》作"休與者"。
②　"水　磨解□庫"，《元代白話碑》作"水碾磨解典庫"。
③　"雙峪白浪坪堰等處村子□□　　地水土"，《元代白話碑》作"雙谷白浪平堰等處村子裏有的田地水土"。
④　"爾每更不怕哪"，《元代白話碑》作"他每更不怕那"。
⑤　"有時□寫來"，《元代白話碑》作"有時分寫來"。

兒也。'忽察'者,定宗長子忽察大王也。'密里吃臺'者,闊端太子之子滅里吉歹王,本太宗之孫,當時亦通稱'太子'也。"淄川縣有《炳靈王廟八不沙令旨碑》,元貞四年。河南濟源縣有《公主皇后付靈都宮懿旨碑》,至大三年。此可見元時諸王、后妃立言之制。右詔敕五則

3.14-1　一曰符牒。隋以前未有也。唐嵩山《少林寺牒》、武德八年。龍門《奉先寺牒》,開元十年。其最初矣。此外惟大中五年《敕內莊宅使牒》,亦爲唐刻。《容齋三筆》云:"唐世符帖存者絶少。隆興府總持寺有一碑,凡三牒。"今總持三牒已亡,即嵩、洛兩碑考之,亦可見唐時官文書格式。宋牒視唐倍蓰,金牒又多於兩宋。案錢竹汀跋《廣福院牒》云:"凡寺院賜額,宋初由中書門下給牒,元豐改官制以後,由尚書省給牒,皆宰執親押。金則僅委之禮部,而尚書、侍郎並不書押,惟郎官一人行押而已。但宋時寺院皆由守臣陳請方得賜額,金則納錢百貫便可得之。蓋朝廷視之益輕,而禮數亦替矣。"此大定一朝敕牒所由獨多歟?碑目於宋時或稱"中書門下牒",或稱"尚書省牒",由潛研之言徵之,則元豐以前皆出中書,元豐以後皆出尚書省。金《廣福院》稱"尚書禮部牒"。又有省"尚書"二字但稱"禮部牒"者。大定二年《圓教院》、三年《福嚴禪院》。其實凡牒皆出自禮部,不僅此三寺也。諸牒或刻於碑陰,惟咸寧《香城寺牒》淳化二年。刻在地土碑之下方。皇祐五年《南海廟牒》,上層并刻《奏狀》,下層刻至和元年元絳《記》,此例亦多有之。凡牒必奉敕宣付,故其文輒云"准敕,故牒",金石著錄亦"敕"、"牒"互稱。余所見石本,敕、牒多各爲年月,或遲之數十年而後刻,或百餘年而後刻,又皆有刻石之年月,著錄家彼列在前,此錄在後,往往一石重出。宋制,敕牒之外又有公據,以紹聖四年《戒香寺》一通爲最古。南宋著錄,指不勝

屈。其制不上請，即由所在官司給付。此外，有省劄，有部符，有使帖。省劄給於尚書省，部符給於禮部，使帖當給於常平、茶鹽諸司。此類刻石，亦至南宋始有之。

3.14-2　陝西府谷縣有政和二年十一月《尚書省指揮》。吾吳之江陰縣，藝風前輩新訪得《建炎》、《紹興復軍》二指揮，寄余拓本，釋而讀之，亦牒文也。前有"准狀"云云，後有"某年月日奉勑，故牒"，"尚書省"官下押字，其體例皆同。惟其額題曰"復軍指揮"，冠以年號，牒文之末又有"伏候指揮"字，故著錄家因而書之，非"牒"之外別有"指揮"也。藝風《雲自在盦碑目》仍書曰"復江陰軍牒"，得其實矣。

3.14-3　劄子之制，王氏《萃編》載景祐二年《永興軍中書劄子》一通，前列"户部侍郎知河陽軍范雍奏"，末云"右奉聖旨：依奏劄付永興軍，准此"者，詳繹文義，如今廷寄之制，由中書門下奉旨，宣付軍州。案《山西通志》："大中祥符八年《陳堯佐劄子》石刻，在今鳳臺縣天井關文廟內。前書'河東轉運使劄子奏'，後書年月。"拓本未見，以《永興軍劄》證之，其體例當同。孫氏《訪碑錄》，堯佐二劄，一在鳳臺，一在絳縣，年月並同，當是一石而誤析爲二。

3.14-4　《潛研堂金石文跋尾》宋、金勑、牒考證最詳，可見當時文書格式，輯錄如後。

《宋理宗賜杜範勑》　右《理宗賜杜範勑》，凡七行。首行"勑"字上鈐"書詔之寶"，後題"二十六日"，不署年月。末行一"勑"字極大，又有"勑杜範"三字，亦鈐"書詔之寶"。外周有長方界，似是封皮也。下方有杜範跋，後題"嘉熙三年七月日"。

《冥福禪院牒》　月日之上鈐以中書門下印，後兩行，曰"樞密使檢校太傅平章事駙馬都尉趙"，曰"樞密使檢校太傅平章事范”，皆姓而不名。以史考之，蓋趙延壽、范延光也。又後兩行，曰“樞密使檢校太傅平章事范封”，曰“中書門下牒冥福禪院”，亦用印鈐於字縫，凡五處。此非牒，乃牒外之封識，獨以班首一人列銜。當時文書之式，略可見矣。是時，馮道、李愚、劉昫同中書門下平章事，乃真宰相之職。此牒出於中書門下，而押行者惟趙、范二人。政由樞密，其居相位者，雖尋常文書亦不復關白，非見此牒，烏能知之？

《景德寺中書門下牒并澤州帖》 《牒》以十一月下，而《澤州帖》以十二月下。《帖》尾“知軍州事石”、“判官葉”、“推官趙”、“錄事參軍王”、“司戶參軍孫”五人，皆有押。其序自左而右，知州列銜獨高，判、推僅及其半，錄事、司戶又下之。《牒》上有中書門下印一方，《帖》上有澤州印三方。宋世公文之式蓋如此。<small>案石本印文多淺細，押字筆畫糾紛，加以剝蝕，拓本模糊，當時璽押文字未由細辨，亦一憾也。</small>

《靈祐觀中書門下牒》 《牒》尾列銜四人，馮拯、丁謂，二人不書姓者。周必大《二老堂雜志》云：“祖、宗朝，宰相官至僕射，勅後乃不著姓，他相官階，自吏部尚書而下皆著姓。”

《勅封順應侯牒》 前列太常禮院奏十一行，後列勅文五行，皆正書。而首行“中書門下牒”五字、牒文內兩“勅”字行書，“勅”字特大而縱。

《太原府帖》 《帖》後列銜者八人，最後一行“皇兄河東山南西道節度使守太師開府儀同三司太原牧兼興原牧陳王”，蓋徽宗之兄似，封申王者也。宋時諸王、外戚領節度使者皆不之鎮，而府帖猶存其銜，旁注“在京”字。此一代典故，見於石刻，考官制者所宜知也。

《升元觀牒》　陸游《老學庵筆記》云："自唐至本朝,中書門下出勅,其'勅'字皆平正渾厚。元豐後,勅出尚書省,亦然。崇寧間,蔡京《臨平寺額》作險勁體,'來'長而'力'短,省吏始效之,相誇尚,謂之'司空勅',亦曰'蔡家勅',蓋妖言也。至今'勅'字,蔡體尚在。"此碑"勅"字,正所謂"蔡體"也。

《提舉①常平司公據》　右《提舉常平司公據》,在蘇州雙塔寺前。"提舉常平司"五字後"右今出給公據付雙塔寺,仰收執照,_{按石刻亦有變其稱爲"執照"者,以此。}寶慶元年六月日給"廿二字皆大,最後一行"使"字更大,下有押而不署姓。蓋當時公牘之式如此。_{右符牒四則}

3.15　一曰書札。長牋短啟,江左擅場。《昇元》、《太清》而下,轉展鉤摹之帖,賞鑒家津津樂道之,錄碑者弗尚焉。魯公《與郭僕射書》,王蘭泉著於錄,孫氏《訪碑錄》有《奉使蔡州書》,究其實,亦後來所摹刻,與《鹿脯帖》何異? 帖類而非碑類也。蘇、黃、米、蔡諸家與趙文敏墨妙如林,亦當以此例甄別之。惟浙之金華縣有劍南《與玘公禪師八札》,刻於《重修智者廣福禪寺記》之陰,_{嘉泰三年。}桂林水月洞有慶元丁巳杜思恭所刻放翁手迹,共書一通,詩七首。朱子謂務觀筆札精妙,自命"草書學張顛,行書學楊風",此兩刻庶幾碑版文字。以余輯錄之勤,篋衍止斯。_{右書札一則}

①　"提舉",原誤作"提據",據錢大昕《潛研堂金石文跋尾》卷十六"提舉常平司公據"條改。

3.16　一曰格論。書棚帖肆，以世所傳《太上感應篇》及《陰騭文》之類楷書精寫，刻石裝池，售之學僮，既便臨池肄業，即可爲座右銘，其用意良善，而不知古刻已先有之。《魏志》裴松之注："明帝詔曰：'先帝昔著《典論》，不朽之格言，其刊石於廟門之外及太學。'"此出於孝子慈孫之意。《典論》但屬論文，未可謂之"格言"也。兩石皆佚。元至正壬辰《太上感應篇注釋碑》，陳君實輯，有仇山村跋。後列勸善二十六事、懲惡一百七十事。其石舊在湖山堂，今尚存杭州府學。西安府學有至和元年裴衫書《小學規》、嘉祐八年李寂篆書《昌黎五箴》，吾吳郡學有南宋朱協極分書《中庸格言》，此三石一真書，一篆，一隸，皆謹嚴，便於初學。又有錄史傳之文以垂戒者，如張安國節書《漢·疏廣傳》戒子弟語及《唐·盧坦傳》。孫氏《訪碑錄》但有蘇學石本，余所見尚有當塗本，《疏廣傳》題"淳祐辛丑後五年陳堛再刻之當塗道院"，《盧坦傳》刻於寶慶丙辰。又有衡陽一本，無年月，大抵皆一石重摹。"昔我有先正，其言明且清"，又曰"其惟哲人，告之話言"，是亦碑林之龜鑑矣。右格論一則

3.17　一曰典章。自范希文以義田贍族，吾吳素封之家，至今睦、婣、任、邮，尚有古風。凡置一莊，建一祠，敬宗贍族之規，必刻石以詔後來，大抵即《范莊規矩》而損益之。《范氏規矩》，政和七年范正圖書，元至元甲午裔孫邦瑞、士貴重刻，其石今猶存義莊。考漢之《西嶽華山碑》、孔廟《乙瑛》《史晨》諸碑，兼敘品節儀制甚詳。《詩》云："不愆不忘，率由舊章。"此即所謂"舊章"也。至唐之《濟瀆廟雜物銘》、宋之《桐柏淮源廟規約》，始專刻一石而揭之，此又"籩豆司存"之義也。《大觀聖作碑》後列"告諸士"十一條，前八條論孝、悌、睦、婣、任、邮、忠、和"八行"之義及三舍選法、免户免身丁法，後三條論"八刑"。嘉定元年王介《寧遠記》，

爲大學葬遠方士子而設，後列祭、葬、守冢之制三則。略陽縣靈巖有宋淳熙辛丑邑令王某刻《儀制令》十二字，曰"賤避貴，少避長，輕避重，去避來"，上刻"儀制令"三大字。武授堂《金石文字跋》曰："《東都事略》太平興國八年詔：'宜令開封府及諸州於衝要處設榜，刻《儀制令》。'"陸劬聞據《宋史·孔承恭傳》謂"太宗之詔，因承恭疏請"。《唐六典·禮部》載："凡行路之間，賤避貴，少避長，輕避重，去避來。"宋制實仿於此。此皆當時條教頒行天下也。慶元中，吳學有《義廩規約》，主之者黃由、葉適，出納之節，顓若畫一。又若臨朐沂山東鎮廟有金大安三年《禁約碑》，臨桂有《經略范公勸諭》，此爲今告示勒石之濫觴。東南一閧之市、山場、廟社多有三尺小碑，雜置牆隅圊溷間，過者掩鼻，其詞則"切切毋違"之類也。余嘗戲謂打碑人曰："過五百年，即爾輩衣食資矣。"右典章一則

3.18-1　一曰譜系。古時宗法未亡，族葬掌於墓大夫，墓道之中，意必有刻石誌其昭穆之兆域，而今亡矣。惟越之餘姚新出漢《三老諱字忌日記》，具詳生卒年月，皆在漢建武中。元歸安《報恩光孝寺置田山碑》，後列檀越捨田，皆爲追薦忌日，有"郡城迎春界趙承奉修崇先考府判朝散公二月二十二日忌"、"郡城報恩界任安人薦亡男□二知録六月初九日忌辰"、"郡城方元二官人薦考妣二位正月二十一日忌辰"、"郡城董千五下缺。修崇亡夫董千五郎四月初五日忌"、"亡男董万四郎五月初五日忌"、"府城飛英界陳六七秀才修崇曾祖下缺。忌辰"，尚有五條，皆剝蝕。唐咸亨四年《鄭惠王石記》，其後云"謹件先皇子孫，勒諸貞石"，自嗣鄭王郢州刺史璥至邵陵公珩，共十子。魯公所書《郭敬之家廟碑》，碑陰列敬之男八人，皆汾陽兄弟行也，孫十五人，曾孫三人，並詳其官位，並於子儀男曖下注云"尚昇平公主"。元和四年《樂安孫氏》石刻，具列一家長幼男婦，別無文字，此必唐時墓道之石。敦煌有《李

氏舊龕碑》，武周聖曆元年刻。碑陰世系，上溯皋陶，爲唐虞理官，以官爲氏，後理貞以避難改姓“李”。其後列祖諱至子姪三層，具詳官閥。宋石介撰《雲亭里石氏墓表》，由曾祖而下五院，分爲十五院三十二墳，詳列名諱、世系、所生子女及女所適氏族。曲阜孔廟有《宣聖世系碑》。吾吳至德廟有《泰伯世系圖》。至元時，北方世族多有先塋碑。余所藏至正甲午《董信公孝思碑》，其陰有《董氏宗派圖》，淶水龍泉里《傅伯純塔》，分八面刻，其一面列伯純五子及五子所生之男女，皆分支挂線。孫氏《訪碑録》所收，有偃師《陳氏先塋碑》、後至元二年。濟寧《楊氏祖塋碑》。《楊碑》之陰，其額爲“祖宗之圖”四大字，當亦世系圖也。竊謂祠墓之碑皆可本此例，以世系勒於碑陰，則譜牒即有散亡，石刻猶在，不至無徵。不僅此也，元時即寺院之碑，其陰亦多有宗派圖。嘗見《神通寺敬公塔》，一面即爲宗派圖，旁行斜上，曲折分明。他如嘉祥之《洪福院》、章丘之《靈應觀》，碑陰皆如此。此亦“禮失求野”之意也夫。

3.18-2　我生之前三年，道光丙午。許州民穿井，得冢中甎文五通。一曰“濟寧陳祚”，一曰“從掾鉅鹿魏昕”，一曰“後殿虎賁梁國張興□”，一曰“武勇掾樂安肥範”，一曰“高陽北新城邵巨”。皆魏青龍二年造。趙撝叔曰：“蓋造冢時記亡者年月，與《三老忌日記》同意。”按正定花塔寺有唐開元十五年佛座，刻唐諸帝、后忌辰。蓋古人忌日刻石本有此例，特漢、魏、唐三刻皆近時出土，歐、趙諸家所未見，故無舉例及此。右譜系二則

3.19-1　一曰界至。癸巳、甲午間，莒州新出漢碑，四面刻字，隸書古拙，剥泐過半。即其詞句相屬者紬繹之，蓋經界碑也，釋氏謂之“大界相”。余所藏有唐永泰二年《豐樂寺大界相碑》，

所見有宋景祐五年明州《保安院大界相碑》。唐《碑》，“從此住處大院牆東南内起，仍還至大院牆東南内角止”，年月之下云“結此寺大界”，末一行云“其日結此寺爲遍藍淨”。宋《碑》，“從此院外東南角石標外竹籬内角起，仍還至院外東南角石標外竹籬内角止”，下即云“此是大界相”，後有“秉大界羯磨”、“秉淨地羯磨”諸僧。四正四維，循環曲折，還相爲宮，在石刻中自爲一例，且所傳止此二碑，特自來無拈出者耳。阮文達云“‘界相’即‘地形’變文”，余謂此是禪家語，質言之，則四至而已矣。元至元十六年有《天真觀四至題字》，郿縣。大德三年有月華山《林泉禪寺四至碑》，僧性空書。至大二年有浮渡山《華嚴禪寺修造四至記》。余僅有浮山一刻，《天真》、《林泉》兩本皆未見。大旨皆具列東、西、南、北所至之地，但分四柱直敘，非如界相爲禪門之規律，蓋一爲世法，一爲出世法也。鄭喬璿同年寄臨朐拓本，内有《仰天山四至石刻》一通，宋元符三年刻。元《文殊院山界公據碑》亦在臨朐。長清靈巖寺有金天德三年《山場①界至圖記》，以山爲界，則廣於寺矣。蜀中新出隋大業四年《始建縣四至石刻》，以一縣爲界，則又廣於山矣。此如今之界牌碑。余又藏大朝壬子《萬歲禪院四至石幢》，《陀羅尼咒》後詳列地產，本寺之外兼及靈壽、平山兩縣莊地。宋《廣慈禪院莊地碑》，前列天福六年牒，後列淳化三年院主師忠狀，其後記東、北兩莊畝步、四至。《重真寺田莊記》同，但無狀、牒。此如今之田、房税契，有牒者爲官券，無牒者爲私券。吾吴郡學號五百畝，惟有附城地界一碑。趙撝叔所收，僅有《無極文廟四至記》。吾儒經營締搆，以視釋氏，殆不如也。然

---

①　“山場”，原誤作“山陽”，據孫星衍《寰宇訪碑録》卷十“靈巖山場界至圖記”條及（民國）《長清縣志》卷十五《藝文志》“金靈巖山場界至圖碑”條改。

釋氏之學主於"觀空",山河大地,如夢幻,如泡影,觀以上諸碑,安在其能"觀空"邪?

3.19-2　房山有開元十八年《金仙長公主奏賜譯經》,"上垗村趙襄子淀中麥田莊并果園一所",王守泰記石浮屠之後云:"東接房南嶺,南逼他山,西止白帶山,北限大山分水界,並永充供給。"後又列三行,云:"東至到,南至河,西至河,北至他山,四至分明,永泰無窮。"王蘭泉云:"四至八到始見於《元和郡縣志》,繼見於《太平寰宇記》,地志因之。此以寺記,而後列東、西、南、北,云'四至分明',後人田、宅署券,蓋仿於此。"又按宋天聖八年《逍遙栖禪寺水磨記》,年月、題名之後有一行云"其磨地窠,東至高觀澗,南至澗,西至坡垁上頭,垁頭通人過往,北至草堂寺",而總結之曰"已上四至"。金大定丙申《凝真大師成道記》,後列靈泉觀山林、水磨、田土、地基共二十二所,每一所各有東、西、南、北四至,《重真觀田莊記》同。視他碑尤爲詳覈。

3.19-3　金大安元年《真清觀牒》,後列置買地土文契,附錄於此,以證今之田、宅契有所濫觴焉。

本觀置買地土文契

出買地業人修武縣七賢鄉馬坊村故稅戶馬愈男馬用同弟馬和自立契,將本戶下□□地二段共計式畝叁厘,立契賣與全真門弟子王太和、王崇德爲永業,修蓋全真道庵。準得價乇壹拾陸貫文,各七□九伯,並拁即目見定交割。謹具開坐如後:

一出賣村南竹菌地一段,南北畹,東長式拾陸步伍分,西長式拾陸步伍分,南闊壹拾陸步,北闊壹拾步。并次東一段,東長式拾陸步,西長式拾捌步半,南闊壹拾步,北無步。東至大河,西自至,南自至,北自至。並拁乇業主對目商議定，所有地内差税、物力、實⚔，照依通檢，去馬愈户下貯腳。

供輸所拠地内竹竿樹木，不係賣數。

天雨水透流，車牛出入，一依仍舊通行。

右件前頃出賣地土，賣與全真門弟子等爲永業。並不是衷私卑幼□交，亦不是債欠凖折，並無諸般違礙。又加立契日一色見⚔交領，並□別無懸欠。恐人無信，故立此文爲拠。

大定二十八年十二月自立契出賣地人馬用　　押

同立契人馬和　押

引領人部下王守鈔　　押

寫契人本村王瑩　　押

税説價⚔壹拾陸貫文

王蘭泉曰：“年月後一曰‘立契出賣地人’，即今之賣主也。一曰‘同立契人’，即今之賣主親族也。一曰‘引領人’，即今之中人也。一曰‘寫契人’，即今之代書也。”余按契中“厘”字、“⚔”字、“拠”字皆與今契券俗字同，則知市廛承用之體亦有所本也。

3.19-4　王氏《萃編》曰：“《重修大像寺記》所載莊地果園四至，近他人者著他人姓名，近本寺地則曰‘自至’。”又：“晉天福四年《廣慈禪院殘牒》末載《置宅券》云‘某年月日，買得某處某姓名宅壹所，准作價錢若干’，後載‘北至某處，東至某處，南至某處，西至某處，賣宅人某，弟某，母某，年各若干，保人某，莊宅牙人某’。此可見五代時賣宅契券之式。”①按此一條當與券荊參看。右界至四則

---

①　引文出王昶《金石萃編》卷四十一“賣宅券”小注。孫星衍《寰宇訪碑録》卷五載：“《廣慈禪院殘牒》，行書，廣順三年八月。後刻天福四年《買地券》。陝西咸寧。”

語石卷四

4.1　一曰詩文。被於碑者皆文也。傳記、誌狀、箴銘、頌贊之類，文之中有事在，不徒以其文也。或出自釋子，或邨塾陋儒之筆，鄙僿荒誕，又不足以言文。若夫柳州《鈷鉧潭八記》，其地在零陵，而蜀刻之。樊紹述《絳守居園池記》，其園其池鞠爲茂草矣，後人又從而刻之。元次山《中興頌》，美唐德也，宋時一刻於劍州，再刻於資州。呂昌彥所刻，杜子美《白水詩》。若此類，不可謂非重其文矣。至宋吳傅朋所刻臨川先生《諸葛武侯詩》、廣陵先生《於忽操》，其額直題曰"臨川、廣陵二先生文"，又其較然可見者也。建安、黄初以前，詩無刻石者，鄭道昭《雲峰山詩》，其石刻之濫觴乎？唐、宋以下，登高、紀游之作，或摩厓，或刻於碑之陰、側，皆與題名雜然並列。君臣賡歌，友朋酬唱，如唐之《石淙詩》《栖巖寺詩》、在《首山舍利塔碑》陰。吾吳郡學之《同年唱和詩》。亦有專刻一石者。崏山羊公祠諸篇則刻於石柱；《雲居上寺詩刻》，吉逾、軒轅偉。在《金仙公主奏賜譯經施莊記》下截；共城《百門陂碑》，陰節録僚屬《祈雨感應詩》，如今之"摘句圖"。此其變例也。大抵石刻詩篇，頗有世所不恒見，可以補歷朝詩選之缺。淵明之《歸去來辭》、坡公之《赤壁賦》，書者非一人，刻者非一石，

遞相摹搨，此亦如王侍書之法帖而已。余所見石刻賦，惟樓异
《嵩山三十六峰賦》，僧曇潛書，<small>建中靖國元年。</small>筆意逼肖長公。易
祓《真仙巖賦》在融縣，梁安世《乳牀賦》在臨桂之龍隱巖，並皆佳
妙。此三人皆無集行世，賦選亦不收，賴石刻以傳耳。詩餘濫觴
於唐而盛於南宋，故唐以前無石刻。巴州有《水調歌頭》詞，刻於
厓壁，無撰人、年月，行書跌宕，宋人書之至佳者。其次則唐括夫
人之《滿庭芳》詞、米書淮海《踏莎行》，其詞、其書皆妍妙。<small>右詩文
一則。</small>

4.2-1　一曰墓誌。齊武帝欲爲裴后立石誌墓，王儉以爲非
古。或謂自宋始，<small>元嘉中，顏延之爲王球作墓誌，有銘。</small>或謂自晉始，<small>隋
得《王戎墓銘》。</small>或又據崔子玉書《張衡墓銘》云東漢時即有之，此
《廣博物志》之説也。然漢、魏以前墓石，不獨今所未見，即歐、趙
亦無著録。晉始有《劉韜》、《房宣》兩誌，<small>《劉韜》出土已久，《房宣》新
出。</small>僅記年月、姓名、爵里而已。至南北朝始有文字，後繫以銘。
兩石對束，上爲題蓋。蓋如碑額，有篆，有隸，亦有真書。南朝刻
石禁網甚嚴，余惟見梁普通元年《永陽昭王蕭敷》及《敬太妃王
氏》兩誌，皆徐勉文。其石久佚，惟潘喜齋潘氏藏有宋拓孤本。
北朝以《刁惠公[①]》爲第一，《張湛》、《王僧》、《張玄》、《劉懿》，皆爲
世重。《張玄》以廟諱，世稱之爲《張黑女》，以“玄，字黑女”也。
舊拓在道州何氏，吾郡有翻本，能亂真。嘉興沈子培比部藏《高
植誌》，筆意淵穆，如古尊卣，不在《刁遵》之下。廠肆所售摹本至
陋，無毫釐相肖處。《鞠彦雲》、《吳高黎》兩石，雖寥寥短碣，森如

<small>①　“刁惠公”，原誤作“刁魏公”。《刁遵墓誌》拓片及王昶《金石萃編》卷二十八
“刁遵墓誌”條録文載：“贈使持節都督兖州諸軍事平東將軍兖州刺史，侯如故，加謚
曰‘惠’，禮也。”</small>

利劍，可剚犀象。世稱《崔頠》，徒以罕而見珍，實非其敵。若《鄭
忠》，則庶幾矣。《朱岱林》、《房周陁》兩誌，飄然如"吳帶當風，曹
衣出水①"，出自倒薤書，已開隋《曹子建》、《章仇禹生》諸碑。《鄭
子尚》、《時珍》古拙，開隋《賀若誼》、《趙芬》諸碑。至隋開皇以後
墓石，出土者尤多，《常醜奴》、《梁羅》、《姚辯》爲甲。《梁》、《姚》
未見真本。《常醜奴誌》，余曾見兩拓本，一爲沈韻初孝廉舊藏，
一爲李香巖廉訪舊藏，細如絲，勁如鐵，隋誌多方嚴勁整，此石筆
筆飛空，在隋石中別開境界。或云其石尚在，未知待盡餘年猶能
一見否。《元公》、《姬氏》兩誌自是精品，包慎伯定爲歐陽信本
書，則臆見耳。今歸陽湖陸氏，庚申劫後，僅存殘石兩角，全本至
與兼金等貴。新出之《張貴男》《張通妻陶》、最後出之《蘇孝慈》，
皆隋石之佳者。《吳嚴》、《李則》、《鞏賓》，又其次也。"二張"真
本極難得，《陶貴》摹本非一，南陵徐積餘太守得一石，寶爲原刻，
嘗以一通見貽。至《蘇慈》真僞，紛如聚訟，王可莊前輩詆之尤
力，疑爲李仲約侍郎之筆。仲約亦微聞之，後爲朝貴摹一本，自
言如邯鄲之學步，不能得其神似，爲斯石辨誣。初出土時，陝中
一達官於空處勒惡札一行，貴筑黄子壽師官陝，命工劚去之，此
石遂有"未勒字本"、"已勒字本"、"磨治本"，陝估以此辨拓之先
後，定價之高下。夫以二十年内新出之石，共聞共見，犁軒之衒
已如此，乃於千百年後得一舊帖，指爲某宋拓、某元拓，不其
慎歟？

4.2-2　王氏《萃編》曰：《西京雜記》稱"前漢杜子夏臨終作

---

①　"吳帶當風，曹衣出水"，原誤作"曹帶當風，吳衣出水"。郭若虚《圖畫見聞
誌》卷一"論曹吳體法"條載："吳之筆，其勢圜轉，而衣服飄舉，曹之筆，其體稠疊，而
衣服緊窄，故後輩稱之曰：'吳帶當風，曹衣出水。'"

文，刻石埋於墓側①，《博物志》載"西京時，南宮寢殿有《醇儒王史威長葬銘》"，此實誌銘之始，今皆不傳。《王史威長之銘》止八句，三十二字，則亦如趙岐刻石，僅識時代、姓名之類。東漢碑額皆書"某君之碑"，惟曲阜《孔君碑》出於墓中，額止"孔君之墓"四字，其即如後世之墓誌歟？然敘事文頗簡質，與他漢碑無異。蓋誌石高不過二三尺，橫亦如之，壙中爲地甚隘，所容止此，故其爲文，不過略敘生平梗概，使陵谷變遷，後人可以識其墓處、覘其行誼而已。若文繁，即不能大書深刻，刻之亦易致磨泐，固與神道碑、墓表、墓碣據事直書、暢所欲言者，其例各殊矣。魏、晉之文，尚仍古法。六朝純爲駢體，雖文采華贍，而史家據以作傳，轉多失實。唐之初、盛，尚沿舊制。韓、柳所撰，亦皆敘事肅括，言簡意該。故《昌黎集》中惟《韋丹墓誌》篇幅稍長，餘皆無過千字者，以之勒石納壙，猶恢乎有餘也。唐、宋間多千字以外之文，而北宋蘇氏弟兄出，遂有至四五千字者。此則斷難置墓中，故碑誌爲二蘇所撰無出土者。即今所見諸誌，亦無冗長如蘇文者。或當時刻之立於壙外，或橫臥於柩旁，然何以終不傳於世，或竟撰文存集而實未鐫刻，皆不可知矣。明王止仲著《墓銘舉例》，所取惟十五家之文，未有拓本。昶嘗取前代諸碑誌考之，有載遠近

---

①　"杜子夏"，原誤作"杜子春"，"墓側"，原誤作"墓前"。班固《漢書》卷八十五《杜鄴傳》載："杜鄴，字子夏，本魏郡繁陽人也。"《西京雜記》卷三"墓誌"條載："杜子夏葬長安北四里，臨終作文曰：'魏郡杜鄴，立志忠款，犬馬未陳，奄先草露，骨肉歸於后土，氣魂無所之，何必故丘，然後即化，封於長安北郭，此焉宴息。'及死，命刊石埋於墓側。墓前種松柏樹五株，至今茂盛。"陶宗儀《説郛》卷十録馮鑑《續事始》"墓誌"條載："鑑按《西京雜記》，'杜子夏臨終作文曰'云云，'及死，命刊石埋於墓前'。"高承《事物紀原》卷九"墓誌"條載："馮鑑《續事始》云：'按《西京雜記》，前漢杜子春臨終作文，命刻石埋于墓前。'"前蜀馮鑑《續事始》引《西京雜記》"杜子夏"不誤，而"墓側"誤作"墓前"。北宋高承《事物紀原》引《續事始》，"杜子夏"誤作"杜子春"，"墓側"亦誤作"墓前"。王昶《金石萃編》沿誤。

祖、父世系及弟、兄、妻子並子、孫、女、孫女，敘述不同。葬地有書有不書，或書而不詳，或不書卒時年月，或不書葬時年月，而所配合葬與否，亦詳略互異。細推其故，蓋漢、魏時原無程式，晉、宋、齊、梁又鮮刻石之事。獨北魏頗多誌墓，然其時屢經喪亂，地盡邊圉，所誌者大抵武臣悍卒，或出自諸蕃，而田夫牧隸約略記之。其書法不參經典，草野粗俗，無足怪者。即隋、唐諸誌，撰文蔡書，不必定爲通儒，不能盡足爲例也。

4.2-3　有唐一代墓誌，余先後收得三百餘通，其所不知及知而未能得者，尚不知凡幾也。王勝之同年假館荒齋，嘗盡發篋中拓本示之。勝之仿張懷瓘之例，爲估其高下，得至精者百通，又百通遜而居乙，其餘皆等之自檜以下。然書雖不工，自有氣韻，雖宋、元名家之筆，亦未能遽到。大抵自唐初至宋，約分五變。武德、貞觀，如日初升，鴻朗莊嚴，煥然有文明之象。自垂拱迄武周長安，超逸妍秀，其精者兼有褚河南、薛少保之能事。開元、天寶，變而爲華腴，爲精整，盛極而衰，蘇靈芝、吳通微之流即出於是時。乾元以後，體格稍卑，其流派亦分爲二，以肉勝者多近蘇靈芝、王縉，以骨勝者多近柳誠懸。至開成，遂有經生一派，學歐者失之枯臘，學虞者失之沓拖。浸淫漸漬，馴至爲宋初之袁正己、孫崇望，於是蘇、黃諸家始出而振之。此書學遷流之大概也。試取有唐三百年墓石，從原竟委，覃研精究，雖覆其年月而射之，十可得七八。於以知翰墨之事亦隨氣運爲轉移，閉門造車，出門合轍，在古人亦不自知也。今世所珍，莫如《甎塔銘》及鄭莊所書《梁師暕誌》，世謂之"小梁府君"。次之則《李文》、《蕭勝》、《薛瑤華》。其實開、天以前，可與頡頏者尚不少，惟歐、虞、褚、薛諸家，則絕無片石。永興之《汝南公主》、信本之《邕禪師塔》皆摹本。《黃葉和尚》、《女子蘇玉華誌》，皆好事者依託，不足當信本之奴隸。《蕭勝誌》"刺史褚遂良書"六字、《劉智誌》"武功蘇靈芝書"六字,亦皆後添蛇足。此兩石不失爲佳刻,本不必以人重。近時化人之技,爲鬼爲蜮,益工益巧,鄭開明、燕聖武諸誌何以不先不後一時並出? 然其文字實皆謹嚴有法。《韋匡伯篆蓋》陽文六字,更非唐以後人所能作。雖質之藝風、杭叔兩公,亦皆未有定論也。

4.2-4　宋墓誌新舊出土者,視唐誌不過十之一,元又不逮宋之半,佳刻絕少。余所藏惟《陳寂之》、《虞太熙》兩誌,尚不失唐碑之矩矱。《虞誌》學歐、虞,《陳誌》近徐、李,且皆完好,不缺一字。子瞻《乳母誌》摹本尚訣蕩可喜,如得原石,當不減《保母甎》。辛卯,在廠肆見宋《曹黼誌》舊拓本,宛然長公手筆,索值甚廉,以其宋石姑置之,後爲蒯禮卿前輩重值購去,始知爲僅見孤本,至今悔之。宋《開趙埋銘》、元《張伯顏壙誌》出土未久石即亡,今孤本在藝風處。元石至精之品有兩本,一爲宋仲溫《七姬權厝誌》,一爲趙承旨《鮮于府君誌》,皆希世珍也。仲溫一石聞歸邵小邨中丞,或云在徐子靜觀察處。《鮮于誌》舊爲沈韻初孝廉所藏,其子筱韻來,修士相見禮,以此爲贄,遂歸余五百經幢館。

4.2-5　六朝、隋、唐墓石,以今營造尺度之,方徑不踰倍。惟《大理卿崔公夫人鄭氏誌》,其姪光福寺主簿璆書,高、廣再倍之。其次《高延福》、《李輔光①》及咸通九年劉師易所書《李夫人王氏誌》,皆充然巨幅。然《鄭氏》一石,棋子方格,行疏而字大,核其文,亦不過數百字。宋《仁壽縣君蘇氏誌》亦如此。至唐末廣明元

---

①　"李輔光",原誤作"李韛光"。據顧炎武《金石文字記》卷四"内侍李輔光墓誌"條及孫星衍《寰宇訪碑録》卷四"内侍李輔光墓誌"條改。

年《嚴師儒誌》及五代梁《羅周敬誌》，始用密行細字，然亦踰千字而止。余所見文字至長者，惟宋《游師雄》及偽齊之《孟邦雄》兩石。其文冗長，皆在二千言上下，非古法也。其畫方罫者，多真書精整。惟《宇文琬》、《索思禮》兩石，文字用方格，而首一行題字則通行直線，並無橫格。《張興誌》則於首行之左更以雙直線界之。行書參差疏落，貴於因勢，故往往不用界線，或用通長直格。北周《時珍誌》，有橫格而無直格，且僅有上半截，此石或云尹祝年偽託，故有意脫落如此。余所見墓石贋本，如《李謀》之類，年月、題額，或分或篆，先後位置，顛之倒之。蓋畫人難，畫狗馬易，飛頭歧尾，乳目臍口，令人易於迷亂。又其打本皆好用黃色粗紙，以香灰和墨拓之，可略揜其斧鑿痕。再詳審其石之泐紋，則於真偽之辨，思過半矣。

4.2-6　唐時埋幽文字，有一種相承衣鉢，如世系之後輒云"載在簡牒，可略言焉"，即稍變其詞，亦不過字句之間小有增損。劉氏必曰"斬蛇"，董姓皆云"豢龍"，太原則多引子晉緱嶺之事。然或遇首行題字殘泐，又無篆蓋，則轉因其遠引華宗，可以參考其氏族。其銘詞，"白楊青松"、"千秋萬古"之類，亦復千篇一律。又如文中"我公"、"我唐"，皆以"我"字提行。凡云"葬於某地之原，禮也"，往往奪"原"字，以"之"字屬下"禮也"連讀，此句遂不詞。然如此者數見不鮮，蓋當時風尚如此。按《萃編》云："古人書人生卒，但記年月日，罕有書時者。《淨藏禪師身塔銘》云'天寶五載歲次丙戌十月廿六日午時'，此卒日書時之始。"

4.2-7　唐《淮南公杜君墓誌》，"以隨開皇元年十月一日與夫人馮氏合葬於龍山□□□原里之禮也"。王蘭泉曰："據文當是'某里之原，禮也'，由書者舛誤。"此說非也。唐墓誌如此者，不一而足。按王惕甫《碑版廣例》曰："誌墓者必言'葬於某鄉之原,禮也',自是當時襲用常語,而更有以'之原'二字倒爲'原之'者。天寶六載《義興周夫人誌》云①'以兹吉晨,赴杜城東郊原之禮也',盧抱經初疑句有脱字,及觀大曆中《王訓墓誌》,方知當時自有文法。以余考之,又不止《王訓》爲然,今姑列舉之。《王訓墓誌》,'遷厝萬年縣滻川鄉滻川原之禮也';《真化寺尼如願墓誌》,'七月十八日奉救法葬於長安城南畢原塔之禮也';《雁門郡解府君墓誌》,'以元和五年十一月權厝於私第北二里原之禮也';《美原縣張府君墓誌》,'歲次景子十月三日窆葬於京城南杜城東二百步舊塋之禮也';《雲麾將軍張安生墓誌》,'天寶十三載薨,又以翌載春二月十三日別兆葬於龍首原之禮也';《内常侍孫志廉墓誌》,'合葬我府君夫人於長樂原之禮也'。"余於惕甫先生所舉之外又得四通。開元十一年《折夫人曹氏誌》云"遷窆於金光坊龍首原之禮也";貞元八年楊暄撰《清河張夫人誌》云"以其年五月十八日葬於長安城西龍首原之禮也";元和十四年《邵才志誌》,"其年十一月十六日舉葬於長安縣永平鄉史劉村附先代塋之禮也";賈文度撰《楊迥誌》,"以甲寅大和七年後。八月廿四日安厝於萬年縣高平鄉高望里附先塋之禮也"。

　　4.2-8　唐誌結銜長者,題字間亦有兩行,魏《劉懿志》即占兩行。宋誌或多至三行。惟《孔君誌》大順元年。首行僅題"誌銘序"三字,莫簡略於此。齊之《高肱》《朱岱林》、隋之《吳嚴》《李則》、唐之《樊寬》,皆無題,首一行即以"君諱某"直起,此當是以蓋爲題。《吳嚴》、《李則》篆蓋具存,其餘三石當亦有蓋,而今亡矣。唐《女子唐端誌》、《李氏子侯七誌》,前無題,後無銘。此外殤子、殤女

---

① 　"云",原誤作"之",據王芑孫《碑版文廣例》卷九"一時自有沿用異文例"條改。

類然。或以下殤之禮，其體例本不與成人同也。題字或頂格，或空一二格不等。惟大和四年《京兆杜夫人誌》從半截起。黃篆撰《陳讜誌》，其前有序，述其姻家濟南生造盧求誌之由，而後爲誌，提行起。他墓石皆先誌後銘，無有所謂"序"者，而"誌銘"下乃往往有"并序"二字，皆旁注。亦有空一格直下不旁注者，如《潘智昭》天寶七載。之類是也。魏《王僧誌》首二行云"維大魏天平二年歲次丙辰二月壬申朔十三日甲申，故驃驍將軍諫議大夫贈假節督滄州諸軍事征虜將軍滄州刺史王僧墓誌"，齊《張起誌》首二行云"大齊天統元年歲次乙酉十一月己卯朔六日甲申，張府君墓誌銘，宗人長兼參軍張景邕造"，隋《董穆誌》首二行云"大隋大業六年歲次庚午十一月戊午朔三日庚申，襄城郡汝南縣前主簿墓誌序"，年月皆在題前，蟬聯直下。《張誌》并以造碑人繫於題後，亦作一筆書，《王誌》稱名，《董誌》并不舉姓。宋《虞太熙誌》，題下先書鄉貫、卒、葬年月，迺云"其友丹陽王存爲之銘曰"，下始接誌文，提行起，銘後仍有撰人姓氏一行，與書人、篆蓋並列。唐《淨域寺法藏禪師塔銘》、《東莞臧夫人周氏墓誌》，通體皆真書，惟題字一行八分書。此皆墓石之變例。唐石或變稱"墓碣"，程彥矩撰《爾朱府君》。或稱"墓記"，《李簡亡女》、《滎陽夫人王氏》。宋、元人多稱"埋銘"，《李撰》、《開趙》兩刻。或稱"壙誌"，《張伯顏》、《趙崇雋》。亦有稱"壙刻"者。寶祐元年《張塤》。唐永貞元年《陳義》稱"墓版文"。唐時遷葬者，皆敘於誌文之中，而題無異詞。惟崔玭爲其父文修撰誌，題爲"改葬墓誌銘"。韋紓爲其父撰誌，元和十四年。稱"玄堂志"。貞元十三年《證禪師銘》，姚公素撰，亦稱"玄堂志"。《吳景達夫人劉氏》稱"靈舍銘"。燕聖武二年《長孫夫人誌》稱"陰堂文"。此則近於好奇。聖武一石，并恐近時好事者爲之。

4.2-9　墓石皆無陰。惟《刁惠公①誌》，既於銘後書其夫人高氏所自出，父咸陽文公允。復系其昆弟子姓於陰，爲墓石之變例。隋《元英誌》拓本共兩紙，其一爲誌，其一左方無字，惟題其右半云“故潁州別駕元洪儁墓銘，大隋開皇三年七月一日合葬”，書官，書姓氏，書年月，未知一石而爲陰歟？抑爲誌之蓋也？《王僧誌》，“滄州刺史王僧墓誌銘”九字皆真書，不題蓋，而在於誌石之側。魏《李琮②誌》，銘後一行書“妻鉅鹿魏氏，父安東將軍瀛州驃騎府長史曲陽男”，又記其子四人、女七人及子之妻族、女所適之族，共四行，皆轉而刻於左側。此與《刁遵誌》同例，但一在陰，一在側耳。鄭開明元年《鄧國公夫人元氏誌》，銘末二句云“撫膺長慟，歸復吾親”，至“撫膺”二字已至末行之末，更無餘地，下六字亦轉而刻於左側。宋紹興十二年《右朝請大夫李洶直墓誌》，側有《洶直真贊》。《誌》爲任續書，李安仁文；《贊》爲張晦分書，楊軾文。《洶直妻鄭氏誌》，宣和二年，李鷺書，任忠厚文，其側亦有張晦分書《真贊》，郭黃中文。余所見墓石陰、側有字者僅此。

4.2-10　世繫惟詳祖、父，其妻若子附書於末，此不獨《刁遵》、《李琮③》兩石爲然也。《韓顯宗誌》，亦於銘後書“妻故中書侍郎使持節冠軍將軍冀州刺史昌平侯昌黎孫玄明之叔女”。《劉貴珍誌》，銘後列“夫人常山王之孫尚書左僕射元生之女”一行，“長子元孫”一行，“妻”一行，“世子洪徽”一行，“妻”一行，“次子徽彥”、“少子徽祖”各一行，共七行。唐以後始詳於誌中，不別敘。惟《諸葛明恝誌》書考、妣卒年月日，“考先天□年”、“妣開元十七

年”。亦在末行銘下。晉天福《羅周敬誌》，末有“洛陽縣清風鄉積閏村”九字“閏”字泐去左旁，當是“潤”字。一行，當是卜葬之地。李紳撰其兄繼誌元和十一年。云“府君娶博陵崔”，又云“崔婣以信巫神，不護靈□，可謂痛哉”，末一行別起，云“博陵不義不順，不奔不護，明神有知，終不得祔”。又大和九年《徐府君、劉夫人合祔銘》，銘後記墓地步界及立契、用錢、地主、保人姓名，共七行。余又藏一殘墓誌，末有後序，自爲年月，貞元三年四月一日。其末云“此而言者，以比春秋後記”。凡此皆例以義起，各因文便，以補誌中之缺。若《上黨樊氏誌》，於其銘之後空處刻《多心經》兩行，此則出於佞佛之風。唐時僧尼塔銘、幢記，多有刻《心經》及《大悲》等咒者，亦此類。其餘年月、書、撰、篆蓋、刻字，有具書於後者，亦有撰人在前，書人在後，或篆、刻在後，或年月在後，義非一端，未遑舉例。惟寶曆元年《沈朝誌》，年月下有“立茲銘故記”五字，又有“使主元邑宰張”題銜。《淮南杜夫人誌》，年月下有“雕塋功訖”四字。《雁門縣君田天授墓誌》，後末一行云“還以其年，歲次辛卯六月庚子朔三日壬寅”，下無字。此非窆窆之期，不知所爲“還”者何義。此雖同一書年月日，而詞又不同。《韓顯宗誌》，書妻族後又題年月一行云“太和廿三年歲次己卯十二月壬申朔廿六日丁酉”，共篆文二十字。《處士房周陁誌》，末亦有大篆字一行云“房仁墓誌記銘之”。此七字不可解。余所見墓石後有篆文者僅此。

4.2-11　銘詞發端，通以“銘曰”，或“其詞曰”。惟魏《司馬景和妻》、齊《皇甫琳》、唐《吳善》《王通》稱“頌曰”，魏《張黑女誌》又通作“誦”。魏《司馬元興墓誌》，末年月下但云“遷葬在溫城西北廿里，記之”，下即接銘詞，無“銘曰”二字。唐《王修福誌》，其末云“故勒其銘”；《劉公夫人辛氏誌》，其末云“仍書銘於墓內”；《潘智昭誌》，末句云“式刊銘誌”。皆下即接銘詞，並無“銘曰”、

"詞曰"字。《鞠彦雲》、《吴高黎》兩石并無銘。至李藩撰其殤女誌，韋紓撰其父玄堂誌，皆不作銘，或以至哀無文，非通例歟？至《邵真誌》，銘文之下有"孤子庭瓌造墓誌也"八字，蟬聯直下，此乃變例，不經見。又如《張頡誌》，末書"貞元十　年　月　日，嗣子亳州司户參軍鎮奉靈櫬祔於"，即此截然而止，"年"、"月"、"日"上皆空格，"祔於"下既無字，又無銘，此乃未有葬地，亦未卜日，留以待補，又未及補爾。銘文或空格逕接誌下，或提行頂格起，又或上空一二格不等。宋元祐三年《郝公夫人朱氏》，銘懸刻中間，上下均留空。唐大順元年《孔君誌》，銘低三格，其末二句"一往歸於蒿里，永别萬歲千年"，兩句各爲一行，又低三格。此均非常式。又有分章之例，如隋《太僕卿元君誌》，其銘六章，章各一韻，每章爲一行，不到底。其夫人《姬氏誌》，分五章，每章二行八句，第二行僅占五字，下皆空。或分注"其一"、"其二"字於下，多不逾十。惟開元廿七年《張易》，銘末句下旁注"其一"字，然其文已訖，並無"其二"，或轉刻於側而失拓，或前人之贅，均未敢知。

4.2-12　碑用額，誌用蓋，此常例也。然魏之《韓顯宗》、唐之《杜秀》《梁嘉運》《林夫人》，皆無蓋而有題額。《林額》"有唐故下邳郡林氏夫人墓誌[①]"，共十二篆，分六行，每行二字，横列於首。其餘三石皆上鋭如圭首，其石修長，儼如碑形。《韓額》九字，《梁額》四字，皆陽文。《杜額》十一字，皆棋子方格，亦與碑額同。凡墓石出土，其蓋往往缺失，十不存五。所見有陰文，有陽文，大、小篆、分隸皆備，四圍類有雜花紋，或糺縵如雲氣，或斜折

---

①　"有唐"，原誤作"大唐"，"下邳"，原誤作"下邾"，據王昶《金石萃編》卷一百十四"下邳郡林夫人墓誌"條及陸增祥《八瓊室金石補正》卷七十五"下邳郡林夫人墓誌"條改。

如闌干,亦如拾級形。余所見經幢,上下邊刻鏤同,蓋當時鐫石之工風氣如此。惟《路府君》,蓋誌缺。四圍刻花果似瓜㮌;《劉夫人上谷侯氏誌》,蓋上下畫菡萏一枝,左右亦似菡萏析而爲半;《高公誌》,蓋中列大"十"字,陽文凸起,白文四篆字即在其四方格内,其外花紋密布,有如組繡。此雕鏤之至精者。其尤精者,如《朱邪府君墓誌》,蓋旁列八卦,又書二十八宿字,今在應州儒學;梁開平四年《穆君弘誌》,蓋真書九字,方圍居中,四面各列石象三人,共十二人,峨冠方袍,執笏拱立,如今墓上翁仲象,四角各有雲氣。又如唐《雷詢誌》,蓋四圍刻十二辰,自北面居中起,"夜半子,雞鳴丑,平旦寅,日出卯,食時辰,禺中巳,正南午,日昳未,晡時申,日入酉,黄昏戌,人定亥",每三字之前各畫十二辰象,如了鼠、丑牛之類,直格以界之,四隅又分刻花紋,極爲工緻。"誌"字篆文,間省左旁作"志"。隋《元洪儁》、唐《張易》,皆從"金"作"鋕",則以"銘"字從"金"連類及之,猶"鉅鹿"北碑皆作"鉅鏕",而不知"諂"字本從"言"不從"金"也。誌石正面四邊亦間有雕鏤花紋,略與蓋同。景雲元年《波斯阿羅憾誌》,四圍凸刻芝草,枝葉繽紛,上似有兩胡蜨,不甚諦。中和二年《王府君誌》,每面三象,祇露半體,皆峨冠執笏,間以水浪紋、花紋,下一面中一人,左右有字兩行,左云"其年黄巢坐長安",右云"李帝奔屬","屬"疑爲"蜀"字之駁文。又宋宣和三年《宗室不朋母姜悟通瘞石》,圜刻如鼓形,外圍"唵摩尼㗌哩吽㗌吒"八字。皆墓石中之希見者。

4.2-13　墓石皆真、行書,八分僅見五石。一爲僞鄭開明元年《鄧國公夫人元氏誌》,一爲垂拱三年《襄州長史司馬寔誌》,一爲開元五年《陳憲誌》,皆無書人。一爲唐《辛公妻李氏誌》,大曆十三年,韓秀實書。一爲《張伾誌》,昌黎韓迄書。

　　4.2-14　古時聚族而葬，故有一家之石先後出土，有如連雞。若魏之河内司馬氏、四石。唐之襄陽張氏、十石。宋之安陽韓氏，其最著矣。古時有叢葬之地，故關中誌石皆出於終南山谷。其葬地有梗梓谷，有鵁鳴塸，尤多在龍首、長樂諸原，此咸、長兩縣所出者。洛中之石，其文輒云"葬於龍門邙山"邙"或作"芒"。之陽"，蓋即古之北邙也。唐時夫婦合葬，其空石之例，皆題"某公、夫人某氏誌"。曾見貞元十四年《劉建誌》，其第二行低一字書"夫人弘農楊氏祔"。又元和八年高承金夫婦題"合祔誌"，大和九年徐府君夫婦題"合祔銘"。分爲兩石者絶少。惟唐《魏邈》元和十年，子匡贊文。與其妻《趙氏》，會昌五年，王儔文。《趙全泰》大和五年。與其妻《武氏》，寶曆元年。宋《李洵直》紹興十二年。與其妻《鄭氏》。宣和二年。推而上之，梁之《永陽王》及《太妃王氏》，隋之《太僕卿元公》及《夫人姬氏》，皆各爲一石，同時出土。江都《田佽》兩誌，一貞元三年，一十一年，後誌與其妻冀合祔，而題首皆不及妻，又一例。又如郭思謨、郭思訓，兄弟也，法燈、法樂，蕭氏之姊妹也，亦皆兩石同出。此外，一人兩石者，襄陽《張軫》有第二誌，前誌吕巖説撰，後誌丁鳳撰，文各不同。《劉智》、《鄭準》、《孟友直女十一娘[①]》亦各有兩石。《孟誌》行字一疏而長，一密而短，一工整，一疏散。《鄭準》高、廣亦不同。《劉智》一本有蘇靈芝款。此皆後人重開之本，未知其原石何如耳。

　　4.2-15　唐誌精者皆出於西北。近襄陽新出各石，亦皆秀逸可喜。吴越無佳刻，其文類鎸於甎上，如《聚慶》、大和六年。新出秀水，舊藏張叔未家。《朱陽》、越中新出，王子獻同年所贈。《扶風馬氏張

---

　　①　"十一娘"，原誤作"十四娘"。畢沅《關中金石記》卷三"馮十一娘墓志"條載："額云'唐故馮氏婦墓志之銘'，題云'唐將作監主簿孟友直女墓志'。"

夫人》咸通四年，李直文并書、刻。皆是。其俗又機而信鬼。扶風一石，出於海寧安國寺舊阯。出土之時，寺僧甫拓一二本，鬼即爲厲，懼而埋之。故東南頗鮮"《詩》、《禮》發冢"之事。余又藏《宣城尉李君妻賈氏墓誌》，建中二年。末有一行云"後一千三百年爲劉黃頭所發"，趙撝叔云"以道光三年出土，上距建中二年實一千三百年①"，此與稗官所記"滕公夕室"相類。其數何以前定，又何以前知也？細審文字，決非贋本，末一行亦非添刻，記之以廣異聞。

4.2-16　今人自營生壙，或豫作銘。徵之於古，如唐大中九年《襄州別駕韓昶自爲墓誌》，歿後，其孤子書而納之於壙。錢竹汀云："陶元亮有自祭之文，《舊唐書》載嚴挺之自爲墓誌，非昶所創也。"宋元祐辛未《蒲遠猶自誌》，其首行題"有宋故閩清令蒲老自誌其墓"，次行題"豫章黃庭堅書"，其文見《續語堂碑録》，惜未見拓本耳。宋淳熙九年有《法界庵主自製塔銘》，出浙江平湖縣。金正大六年有《道士鄭居澄豫作墓誌》，出河南鹿邑縣。余又藏治平三年《生藏幢子》。此皆以方外自營其窀室，世出世間法，本難例視。元緇流皆營壽塔，樹幢爲銘，亦此類。

4.2-17　唐《宮闈令西門珍墓誌銘》，王元佐撰。其文云："公克遵②象外之談，不諱生前之事，遂於長安縣龍首原，西距阿城，東建塋域。高岡雖枕，夏屋未封。君子聞之，僉曰知命。"此亦生存時自營兆域之辭也，故撰人題曰"鄉貢進士元佐上"，與他

---

① 趙之謙《補寰宇訪碑録》卷三"宣城尉李君妻賈氏墓志"條載："建中二年三月廿三日。碑末書一行云'後一千三百年爲劉黃頭所發'。石以道光三年出土，實一千百三年。"葉氏誤"百三"爲"三百"，始有"滕公夕室"之論。據方詩銘《中國歷史紀年表》，道光三年上距建中二年實一千四十二年。

② "克遵"，原誤作"先遵"，據陸增祥《八瓊室金石補正》卷七十"宮闈令西門珍墓誌"條改。

誌銘不同。銘後有文字三行，卒、葬年月，皆在此三行之内，乃葬時續刻。末云“遷窆於長安縣承平鄉先修之塋”，則雖自營生壙，仍未葬其地也。按瞿木夫云：“文後‘有子四人’，‘四’爲‘三’字磨改，而其名‘季華、季煜’四字亦有磨改跡，蓋刻文後所生，補入耳。”案宮闈令，寺人之職，“有子四人”，皆養子耳。

4.2-18　顔延之《幽獨君文》、薛舍人《杳冥君銘》，皆爲邙山之變例，漏澤之初桄。唐墓誌出土雖多，無叢葬之碣。桂林諸山有慶曆中《瘞宜賊首級記》，孔延之文，此京觀後之仁政也。又有范文穆《祭新冢文》，當亦爲遷客攢殯之地。杭州府學有嘉定元年王介《寧遠記》，陳一新書。其《記》云：“太學有義冢，淳熙間，待制張公宗元以所得分地七畝餘，以葬遠方士子之不幸而死者，名廣惠山。”後列祭葬之儀、募丁守冢之制，凡三則。山右有金皇統二年《汾水葬枯骨記》。宋大觀元年有《漏澤園公文》，新出土，未知其石所在。掩骼埋胔，澤及泉壤，未可以衰世而置之。右墓誌十八則

4.3-1　一曰塔銘。釋氏之葬，起塔而繫以銘，猶世法之有墓誌也。然不盡埋於土中，或建碑，如嵩山《靈運》、《景賢》、《同光》三塔，其石皆脩長，《靈運》且有額、側。楊岐山《廣公》《甄叔》兩塔、柳書《大達法師玄秘塔》皆是。或樹幢。宋、遼、金、元塔銘皆八面刻，余所藏踰百通，房山之雲居寺、長清之靈巖寺尤多，皆樹於塔園。其納諸壙者，或用橫石，脩一之，廣倍之，天寶十三載《栖巖寺智通禪師塔》。或方徑不踰尺。《優婆夷段常省》、《尼清真》及安陽慈潤寺諸塔。其通稱爲“功德塔”。如《靈運禪師功德塔》、《薛夫人未曾有功德塔》之類。大曆以後，《智悟》、《如願》之類，亦多從我法稱“墓誌”。《思恒律師》稱“誌文”。或稱“方墳記”，顯慶二年《化度寺海禪師》。或稱“靈塔銘”，開元十二年《淨業法師》。或變

"銘"爲"頌",安陽慈潤寺有《□□法師塔頌》①。或變"塔"爲"龕",開元廿六年《景福寺尼靈覺龕銘》、宋《方山李長者龕記》。爲"石室",隋開皇十五年《比丘尼脩梵石室銘》。"龕"下或益以"塋"字。天寶四載《大奉國寺上座龕塋記》。此外,有"髮塔",儀鳳元年《光孝寺菩提樹髮塔記》。有"身塔",天寶二載《法昌寺主身塔銘》、五載《嵩山淨藏法師身塔銘》。又別爲"真身塔",唐《法門寺真身塔》、後晉《摩騰大師真身塔》。又衍爲"三身銘"。金承安五年《釋迦如來三身銘》,王瓘書。若夫大達法師之塔謚爲"玄秘",惠源和上之誌號以"神空",此則援般若之靈文,錫嘉名於泉壤,徵之碑目,未爲通例。安陽寶山祇園短碣最多,皆隋、唐間刻,有"灰身塔",有"碎身塔",《靈慧法師》稱"影塔銘",《方律師》稱"象塔銘",當是藏蛻之所。或以火化,兼供影象,彼教所謂"荼毗"也。又有隋開皇十三年《大融法師枝提塔記》、河南林縣有開元十九年《三尊真容象枝提龕銘》,則道家亦得用之。唐貞觀廿年《慧休法師刻石記德文》。趙搗叔《補訪碑錄》僅收《僧靈琛》一通,其餘皆新出土,內有《洪洞縣令孫伯悅灰身塔》,則奉佛之開士也。《騎都尉薛良佐塔銘》亦此類。唐時刻石,又有"窣堵波銘"。宋有紹聖五年《神通寺窣堵波銘》,潘卞撰,馮睿書。"窣堵波"者,梵言"塔"也,亦即"浮圖"之轉音。宋、金、元時,又有"普通塔",或謂之"普同塔",亦謂之"海會塔",乃是僧徒叢葬之碣。其曰"祖師塔"者,猶吾教之有先塋碑也,歷城神通寺、長清靈巖寺皆有之。

4.3-2　佛家以造塔爲功德。魏之須彌,天平三年《法顯造須彌塔記》。隋之龍華,仁壽三年《文皇帝造龍華塔記》。唐有多寶塔二,一即魯公書;一開元廿九年,小字。宋有辟支塔二。一在江寧崇教寺,皇祐二年,顧

---

① 　中原石刻藝術館編《河南碑誌敘錄(二)》載:"《慧休法師塔頌》,位於安陽靈泉寺,唐貞觀二十一年刻。"又載:"《慧休法師塔記》,全稱'慈潤寺故大慧休法師灰身塔',位於安陽靈泉寺,唐貞觀二十一年刻。"

清書;一在長清靈巖寺,嘉祐二年,六面刻。五代時,閩有堅牢塔,吳越有千官塔,南漢有千佛塔,石刻具在,皆非營葬之文也。至舍利塔有二種,若化度寺之《邕禪師》、會善寺之《岑禪師》,荼毗之後收其遺爐,築而藏之,此與焚身石塔正同。金有《明革五郎焚身石塔》,亦"灰身"、"碎身"之類也。至隋時諸州所建及超化、惠明諸塔,乃世主侫佛以祈福祐,蓋與建塔藏佛骨、佛牙同例。按唐釋道宣《廣弘明集》載:"仁壽元年,詔沙門三十人,分道送舍利往諸州起塔,限十月十五日午時同下入石函。"蓋當時諸州皆奉詔起塔,並皆撰文刻石。今所存者,有同州興國寺、鄧州興國寺、今在河南布政司署。青州勝福寺、今名廣福寺。永濟栖巖寺、長安龍池寺、岐山鳳泉寺、房山智泉寺、畢節金輪寺、番禺弘教寺。其中惟首山一刻整齊宏贍,巍然鉅製。吾吳楞伽寺舊有隋《嚴德盛舍利塔銘》,石雖佚,其文尚載郡志,亦斐然可觀,不減栖巖寺。其餘皆盈尺方版,製作與墓誌同。興國兩刻分書,餘皆真書。惟鄧州圓徑二尺四寸有奇,如鼓形。余在廠肆曾見山左某縣新出土一石,亦如此,而書法殊不古,蓋好事者以鄧州本仿爲之。弘教寺一本,後署"歐陽詢書丹",今審之,迺以《醴泉》、《皇甫》諸碑字襞績而成。龍池寺一石,太谷溫忠善亦審定爲贋本,而趙撝叔以爲後來重刻。余又藏仁壽元年《古寶輪禪院記》,敍舍利感應事,其文有"閿鄉縣玉山鄉"云云,其石當在閿鄉,蓋亦如房山舍利有《王邵感應碑》,又有《王臣睞塔銘》,或別有藏舍利一刻,而今亡矣。又桂林有唐顯慶四年《善興寺造塔藏舍利記》,文字、制度,髣髴仁壽諸刻,蓋作僞者但知舍利塔有此一體,且郡國往往出土,而不知爲隋時事。唐時所建,如《愍忠寺舍利函》、《本願寺舍利塔》,各自有體製,曷爲依樣畫胡盧耶? 右塔銘二則

4.4 一曰浮圖。華言"塔"也。然石刻中自有"石浮圖"一種，與諸塔銘不同，與後來諸建塔碑亦不同。所見拓本皆橫方形，其縱視廣有半。若四面刻者，校石柱倍短而寬過之，一面刻者，陰、側亦間有字。譯言亦曰"浮屠"，而石刻惟朝鮮慶州道《柏鹿寺小浮屠》字作"屠"，此外無作"屠"者矣。濫觴於魏，孳乳於隋，至唐開元、天寶間而極盛，然自此戛然竟止，乾元後遂無著錄。竊嘗論之，蓋與經幢遞爲盛衰，遞爲終始。經幢萌芽於唐初，開、天之際，益加崇飾，觚棱鬱起，雕造精嚴，經言"塵霑影落，一切業障，悉皆消滅"，此佞佛之士所以趨之若鶩[①]，而法輪亦旋轉於不覺。《脩行寺尼真空造浮圖銘》，其陰鐫《陀羅尼咒》；《王才賓浮圖頌》，其前列《多心經》。兩刻皆在神龍中，正西域經文東來之日，蓋即其先聲矣。今孫、趙兩家著錄約不踰二十通，新出土者可相埒。其制有三級、魏太和十二年《暉福寺[②]三級浮圖》、元象二年《凝禪寺三級浮圖》。七級、武成三年《程憨造七級浮圖》。九級隋開皇五年《郭伯□、李延壽等造九級浮圖》、唐天寶十一載《李晉九級浮圖》。之殊。其刻有三面、景雲二年《高村浮圖》、開元十八年《孫客奴石浮圖》，皆三面刻。四面、《李晉》一石，分四面刻。五面天寶二載《楊瓚造浮圖頌》，五面刻。之別。其文有"記"，齊《張靜儒》《成貴珍》、唐《殷審》《董日進》四刻，皆稱"記"。有"銘"，魏《比丘道慧》、唐《馮善廓》《薛待伊》等，皆稱"銘"。有"頌"，《凝禪寺》及唐之《王才賓》、《楊瓚》，皆稱"頌"。有"贊"。石浮圖贊惟開元廿七年一種，僅存殘字一面。惟《李晉》題爲"九級浮圖象"，蓋以浮圖而兼造象。六朝、唐時石刻，多有"造塔象"一種，亦此類。其石分四面刻，三面造象，一面爲《感悉文》。趙氏《補訪碑録》天寶十一載收《房山

---

① "鶩"，原誤作"鷔"。趨之若鶩：似野鴨成群而往。
② "暉福寺"，原誤作"暉法寺"，據《宕昌公暉福寺碑》拓片及康有爲《廣藝舟雙楫》卷一"宕昌公暉福寺碑"條改。

孫氏造象》，即此石，一面晉子英等爲其母樂安孫氏造。而但據其一面
以著録也。魏刻若《暉福①》、《凝禪》，皆在陝中。隋、唐諸刻，畿
輔多於關陝，若晉、豫、齊魯，亦間有之，惟東南無片石。其書類
多遒勁，以元象、開皇兩石爲甲，唐刻以《馮善廓》、《楊瓚》爲甲。
房山有四種。其一太極元年田義起造，王利貞文；其一景雲二年
王璩文，寧思道書；其二皆在雲居寺，一開元十年梁高望書，一開
元十五年王大悦文。筆法皆似蘇靈芝，不失爲次乘，聞厰肆已有
摹本。諸刻中惟魏正光五年《孫遼山左新出。浮圖銘》、唐開元六
年《幽棲寺尼正覺浮圖銘》皆埋幽之石，與墓誌、塔銘同。建義元
年《比丘尼道慧浮圖銘》在伊闕，鐫於厓壁，與象龕同，在石浮圖
爲變例。右浮圖一則

　　4.5-1　一曰經幢。陝人通稱爲"石柱"，俗亦曰"八楞碑"，
以其八面有楞也。幢頂每面或有造象，故又呼爲"八佛頭"，如
《懷仁聖教序》之稱爲"七佛頭"也。唐人文字多曰"寶幢"，亦曰
"花幢"。大和二年《右龍武軍正□兼押衙□懷義建花幢》②。遼、金多稱爲
"頂幢"，或以經文稱爲"尊勝幢子"。唐碑從"巾"之字如"帷"、
"幄"等，類皆誤從"心"，故"幢"字往往寫作"憧"。宋以後多從
"石"作"䃏"。《良鄉卜道堅昇雲旛》又從"广"，如"㡀"、"旙"等字，
皆俗體也。其制類皆八面刻，間有六面或少至四面者。惟開皇
五年《王俱造象》至踰十面，蓋是時《陀羅尼經》尚未入中國，亦未
有經幢。造象本有四面刻者，此猶轉輪經藏，面面皆呈圓相耳。
高者至踰尋丈，非架木不能拓，以開元《系陽邨經幢》《龍興觀道德經幢》、
天寶四載《成都鐵幢》爲最鉅。小者不過徑尺。後唐《匯泉寺幢》、宋《雍匡祚

----

　　①　"暉福"，原誤作"暉法"。
　　②　陸心源《唐文續拾》卷八"尊勝陁羅尼幢記"條載："右龍武軍正將兼押衙懷
義，恭而有禮，孝以竭力，信則因心，奉爲亡考六郎，於其墳所，建立花幢。"

幢》皆極小。聞張叔未得唐《司馬霜石幢》，以爲帽架。其尤大者，分爲三級，如唐之《侯陳邠稽古寺幢》、宋《趙州南關石幢》是也。拓本皆廿四幅，每級八面。其上有蓋以覆之，其下爲座。唐幢多有八面，經文完好無缺，而無年月、題字。夫古人製作之精，務傳久遠，龍門造象，雖徑寸拓本亦必有年月、姓氏，況礱石刻經，豈非真言之外不著一字者？蓋皆刻於幢座，或下截有餘地，即刻於經文之下，以橫線界之。余所收湖州天寧寺諸幢，或僅有年月，或僅有撰、書姓氏。後見《吳興金石記》，助緣人姓名皆在幢座，以精拓全本證之，良是。又吾吳洞庭西山顯慶禪院門外有兩石幢，一會昌中立，一八面盡蝕，不可辨。庚寅之冬，偕顧緝庭、鄒詠春、王勝之三君同汎舟太湖，至包山，摩挲其下，見幢座有字，剔蘚讀之，始知亦會昌中刻，咸通四年重樹。其他唐人所建而宋、元人續題於座者尚不少，無如拓工惜紙，皆以經文爲限，下截有字，亦視若罔覩，其能拓幢座者，蓋十不得一矣。經上層有字者絕少，惟天寧寺大中二年《曹巨川書幢》，上層有《寶樓閣陁羅尼》及《文殊》、《往生》、《大悲心中心》諸咒，所見所收，祇此一刻。

4.5-2　幢亦有額，多八面橫列，每面一字。湖州《天寧寺經幢》，會昌元年，姚仲文造。篆額十六字，曰"佛頂尊勝陁羅尼妙法增壽益福之寶幢"，杭州《龍興寺經幢》，開成二年。篆額十六字，曰"佛頂尊勝陁羅尼微妙救危濟難之寶幢"，皆每面二字。宜興《善權寺幢》，亦每面二字，橫列，惜剝泐不可辨。每面三字分列者，所收有三刻。一在四川大足縣，其文曰"願國界安寧，法輪常轉，一切有情"云云，自"情"字已下皆闕；一爲《韓信力、魏令忠經幢》，其文曰"奉爲開元聖文神武皇帝、太子、諸王、百官、師僧、父母、法界蒼生"；一爲常山《廣惠大師經幢》，銘二十四字，分書甚偉，但直列而非橫列，別爲一石，加於幢之頂上，與他幢一石連屬者不同。此外，唐幢額皆在第一面上方，棋子方格，真書多，篆書少，通例爲"佛頂尊勝陁羅尼經幢"九字，或省"經"字，或省"幢"字，或并省"經幢"二字。汝州一石，易"經幢"爲"真言"二字。《本願寺經幢》額二行，題"應天神龍皇帝，順天翊聖皇后"。鄭州唐幢每面一字，行書，題"上爲開元神武皇帝"。又見一殘經幢，額在第一面造象之下，存"尊勝幢上爲開元聖文神"十字，下皆泐。平遙縣有天寶元年一幢，額篆書"爲國敬造"四字。亦有於"敬造"下隨宜增字者。如本願寺開元幢則云"爲國敬造佛頂尊勝陀羅尼幢"。稽古寺一刻，"幢"下又增"普供養"三字。《張尹燈臺頌》則云"爲國敬造然燈續明普通供養"。《龍興觀道德經幢》，亦八面刻，而額在前三面上截，每面二行，每行三字，曰"太上玄元皇帝道德經，大唐開元神武皇帝注"，凡十八字。又開元二十八年《李留生母經幢》，第八面經文之後分四列，其第一列分書兩行，"上爲皇帝陛下"六字，亦額也，而在末一面。古人於此，並無義例。余所藏又有開成四年越中《傅鳳造經幢》，題額分書八字，曰"唵摩尼達哩吽𠰏吒"。樂清白鶴寺元幢，額在第一面，佛號六字，曰"南無阿彌陀佛"。吾吳嘉定有南宋《崇顯禪院幢》，第一面額八字，曰"法界清寧，保國安民"，真書，陽文。蔚州《臨湖寺石幢》，四面，每面上一大圓圍，中藏小圓圍七，各有梵文一字。此亦額也，以梵文書之。金、元僧塔銘，如《琛公》、《策公》之類，凡八面刻者，亦皆以第一面爲額。如云"某寺某公塔銘"，通行直下，四周雕瑑，中爲一龕，如壇廟所供神牌式。所舉額例，雖不盡於此，非余蒐輯之多，亦無從知之。

　　4.5-3　幢首每面造象一龕，唐幢類如此，以俗工不盡拓，故亦不盡知之。有立象，有跏趺象，亦有兩軀並列者。開元十四年《丹陽縣經幢》，分四層，造象兩層。第一層每面象一龕，其下爲咒，第三層每面象三軀，一佛中坐，二菩薩左右立侍，其下爲經，第二層第八面咒後空其半，亦有佛象一龕，皆端好莊嚴。又開元十五年《新泰縣經幢》，每面上造象，旁有幢主姓名。余所見八面造象之精，以此二幢爲甲。洛陽《郭重顯經幢》，八面，僅有四象，分刻一、三、五、七面，有象之一面，經、咒即退處其下，故行字盈縮不齊。又開元廿八年《三郫父老經幢》，亦四象，八面間刻，與《郭重顯》同，但在經文之下截。按造象在下截者極少，此刻之外，惟見天寶八載《□昭成經幢》，下截每面兩軀，其龕深陷，龕旁墨柱凸出處刻象主姓名。開、天以後，製作漸簡。或於第一面中分界線，以半爲造象，半爲題額，上下不等，或造象在上截，而經文即從象下起，或於下截題名，記歲月，或於提行無字處鑴梵相，_{貞元元年《王滔幢》，造象在第一面第六行下。}皆祇一龕，如魏之《張敬謹》、隋之《王俱》、唐之《懷州河内縣王三娘》。_{每面造象二軀，有藥師鎦璃光佛、釋迦牟尼佛、大勢至菩薩、文殊師利菩薩，各題佛號於側。}永清有無年月四方佛象幢，皆無經、咒，但有題識。此則專爲造象而設，雖八面或六面，與經幢固不同。唐《延慶永興軍都部署幢》，每面上方畫菡萏一枝，雖非真容示現，亦雪山功德池中清静化身也。

4.5-4　《佛頂尊勝陁羅尼經》，唐永淳中，婆羅門僧佛陁波利取其本入中國，至廣德中已八譯。_{詳見慧琳《一切經音義》。}《經》云：“若人能書寫此《陁羅尼》，安高幢上，其影映身，或風吹《陁羅尼》上幢等上塵，落在身上，彼諸衆生所有罪業，應悉不受。”以是唐時造幢，遍於十三道，精藍名刹，觚棱相望。今校諸石刻，惟《經》下“亦爲一切諸天子故，説此《陁羅尼》”，一本無此十三字。“我聞如來演説，讚持大力《陁羅尼》者”，一本“尼”下有“故來脩學，若有受持，讀誦是《陁羅尼》”，共十四字。其餘字句差池，無關宏旨，即序所謂“小小語有不同”也。惟宋乾德三年《鼓山常樂寺經幢》、太平興國二年《滎陽李克中經幢》，自“具如上説”以下，“爾時如來”以上，約增出九百餘字，其文俚淺，與前後相鑿枘。此本當在八譯以後，其唐、宋、五代時乎？天寶以後，又有加句一本，首行“尊勝陁羅尼”上增入“加句靈驗”字，迺是開元壬戌善無畏三藏所譯，爲唐時第七本，共加十一句，六十六字。其刻石次序，先序後經，經中有咒，咒在“即説咒曰”之下，此常例也。或咒在經後，或別刻於上層，其變例也。曾見一唐幢，刻咒於上層，而下截經中依然有咒，則爲駢拇指矣。天寶以前，皆棋子方格，雕寫精嚴，兼刻經、序、咒。不刻序者，不過十之三，單刻咒者，不過十之一，至唐末尚然。五代、宋初，風氣日趨於陋，刻經者已寥寥無幾。或無經而有啟請，七字爲句，如偈如頌。馴至遼、金，刻經者遂十無一二。或於咒之前後節書咒下經文首尾，如“佛告帝釋”云云，“爾時世尊授菩提記”云云，約不及百字。其經生書法，亦每下愈況，有自鄶之歎。金石家不必能通內典，故經幢著錄最易舛訛，雖孫、王諸家亦不免。即如佛陁波利於儀鳳元年東來，永淳二年，其取經之歲，定覺寺僧志静垂拱三年親見日照三藏法師，諮受神咒，又於永昌元年見西明上座澄法師，皆是經文原序，述錄源流，非造幢之歲月。迺著錄家於拓本之剝蝕、或無年月可考者，即以序中之年月當之。序中年月亦不必盡存，各隨所見，或錄之“儀鳳”，或錄之“永淳”。不知此經永淳中始來中國，其本禁在內不出，垂拱以後，始有流傳譯本。余所見以如意元年《史延福》一刻爲最先，在龍門，摩厓刻，景龍三年有一刻，亦碑本，均非八面之幢。若天授以前，并未有刻石者矣。本願寺神龍幢但有題名，無經、咒，又有刻經一幢，無年月，《常山貞石志》謂兩刻一時並建，彼此互見，此亦意爲之説。所見幢本，斷自開元八年一殘幢始，其次則淄川縣龍興寺開元九年一分書幢也。墨本宜八面圍而拓之，庶幾前後首尾秩然不紊。若面面分拓，零星散帙，既易缺失，拓工不通經典，或數幢并置一處，前後倒置，彼此互易，幾於棼絲難理。肆估遇不全之本，輒以他本足之，斷鶴續鳧，非深於此學，即不免爲其所欺。然朽蟫斷奐，往往有延津劍合之時，亦未可棄如敝屣也。唐幢《尊勝經》之後，所見《金剛般若經》亦不少，或一石兼刻兩經，密行細字，極爲精妙。《金經》之後，往往綴以《多心經》。此外有《彌勒上生經》，亦曰《上生兜率經》。有《父母恩重經》。湖州天寧寺有《大佛頂首楞嚴經幢》。大中十一年，淩渭書。即《陁羅尼》亦非一種，有《白傘蓋陁羅尼》，松江寶雲寺。有《大悲心陁羅尼》，番禺光孝寺、咸寧臥龍寺。有《大隨求即得大自在陁羅尼》，錢塘靈隱寺、趙州南關。有《大吉祥大興一切順陁羅尼》。京師行滿寺。晉天福九年《蒿里山總持咒幢》，其咒第一行題曰“佛說普徧清净焰鬘熾盛無能勝總持寶印心思惟即得隨求大明王陁羅尼真言”，共三十二字。吳越《梵天寺經幢》多至九十五字，曰“大佛頂如來廣放光明聚摩訶悉怛多鉢怛羅二合。最勝金輪頂自在力王無比大威德總集百千旋陁羅尼性海都攝一切明王更無有上最勝金剛三昧帝祖殊音。羅施十方如來清净海眼祕密伽他微妙章句金剛無礙大道場白傘蓋頂輪王大陁羅尼[①]”。《江干石塔》磚塔咒題多泐。最先一咒同，其餘刻諸雜《陁羅尼》。天寧寺有《六種真言幢》，雁塔有《唐梵真言幢》，所刻亦皆諸小《陁羅尼》，如《生天真言》、《破地獄真言》、《大明六字真言》、《大悲心中心真言》，皆寥寥數字。金《雲居寺管內都綱遺行記》，“真言”改作“密言”，當有所諱也。遼、金、元幢，有多至十餘種者，其體例益雜，其書亦愈下。

---

① “陁羅尼”上原脱“大”字，據簡豐祺校注《古梵文佛教咒語全集》“大佛頂大陀羅尼”條補。

然皆在大中以後，若開、天盛際，則未聞有此。

　　4.5-5　王氏《萃編》云：按《佛頂尊勝陁羅尼經》前有序，經中有咒。《開元釋教錄》雜咒總二十三首，中有《佛頂尊勝陁羅尼經》一卷，唐朝散郎杜行顗奉制譯，出《大周錄》第一譯；又《佛頂尊勝陁羅尼經一卷》，唐罽賓沙門佛陁波利譯，出《大周錄》第二譯；又《佛頂尊勝陁羅尼經》一卷，或加“咒”字，唐三藏義净譯，新編入《錄》第五譯；又有《佛頂最勝陁羅尼經》一卷，唐中天竺三藏地婆訶羅譯，拾遺編入第二譯；又《最勝佛頂陁羅尼净業障經》一卷，唐中天竺三藏地婆訶羅於東都再譯，拾遺編入第四譯。此五經皆同本異譯者，蓋同名“佛頂陁羅尼經”而有“尊勝”、“最勝”之別。且入於雜咒，而仍謂之“經”，可知咒即依經而立者也。今所見諸幢皆刻《尊勝》，無刻《最勝》者，是《尊勝經》之行世更盛於《最勝》矣。《法苑珠林》有云：“如是不思議清净功德聚，成就佛身，是故如來於天人中最爲尊勝。”此“最勝”、“尊勝”之同義也。《翻譯名義集》：“陁羅尼，‘秦言能持，集種種善法，能持令不散不失，譬如好器盛水，水不漏散。惡、不善根心生，能遮令不生，若欲作惡罪時，持令不作，是名陁羅尼’。肇翻‘總持’，謂‘持善不失，持惡不生’。又翻‘遮持’，《輔行》云‘體遮三惑，性持三智’，《熏聞》云‘遮二邊之惡，持中道之善’。此從慧性立名。《闡義》云：‘陁羅尼是梵語，咒字是華言。咒，願也。’”此“陁羅尼咒”之義也。林野僧昔真曰：“尊勝者，佛也。陁羅尼者，法也。敬知佛法高妙，最勝最尊，四生不測其源，三天罔觀其相，勝妙無極，將喻佛頂也。”此則“佛頂尊勝陁羅尼”之總義也。王氏圻《續文獻通考·釋家總紀》引《白傅集》曰：“壞罪集福，净一切惡者，莫尊於《佛頂尊勝陁羅尼經》，凡三千二十言。”此《尊勝經》之字數也。考今現行刻本藏經，“莫”字函内第四册。有《陁羅尼經》三卷。一是

《佛頂最勝陁羅尼經》，乃中天竺三藏法師地婆訶羅所譯，即《開元錄》中拾遺編入第二譯者，永淳元年五月弘福寺沙門彥悰爲序。《序》稱"儀鳳四年正月五日，朝散郎行鴻臚寺典客令杜行顗與寧遠將軍度婆等奉詔譯進。時有廟諱、國諱，皆隱而避之，上謂不須避諱，奉詔以正，屬有故而寢焉。無幾，敕中天竺法師地婆訶羅於東、西二京、太原弘福寺等傳譯法寶，而杜每充其選。荏苒之間，此君長逝。余因請沙門道成等十人，屈天竺法師再詳幽趣，臨文不諱"云云，此《最勝經》之原委也。一是《佛頂尊勝陁羅尼經》，有二譯本，各一卷。一爲朝散郎杜行顗譯者，無序，一爲罽賓沙門佛陁波利所譯，即《開元錄》中所謂出《大周錄》第一譯、第二譯者。其佛陁波利譯本有永昌元年八月定覺寺沙門志靜序，今各幢中所刻經咒與序皆用此本。志靜《序》略云"婆羅門僧佛陁波利，儀鳳元年從西國來到五臺山，求見文殊師利。見一老人，謂僧曰：'漢地衆生多造罪業，出家之輩亦多犯戒律，唯有《佛頂尊勝陁羅尼經》能滅除惡業，師可卻回西國，取此經來，流傳漢土。'僧迴還西國取經，至永淳二年迴至西京，具以上事聞奏。帝將其本入内，請日照三藏法師及敕司賓寺典客令杜行顗等共譯此經，敕施僧絹三十疋，其經本禁在内不出。其僧悲泣，請還流行。帝遂留翻得之經，還僧梵本。將向西明寺，訪得善梵語漢僧順貞，奏共翻譯。今前後所翻兩本並流行於世，小小語有不同。至垂拱三年，定覺寺主僧志靜在魏國東寺親見日照三藏法師，諮受神咒。法師於是口宣梵旨，經二七日，句句委授，具足梵音，一無差失。仍更取舊翻梵本勘校，所有脱錯，悉皆改定，其咒初注云'最後別翻'者是也。其咒句稍異於杜令所翻者，其新咒改定不錯，并注其音訖。至永昌元年八月，於大敬愛寺見西明寺上座澄法師及翻經僧順貞，見在西明寺。此經救拔幽顯，最不可思議"云云，此《尊勝經》之原委也。據志靜《序》，則是初譯經者爲杜行顗，後譯者爲順貞，授受咒者爲日照與志靜也。經自永淳二年入中土，聞奏大帝，尚是高宗時事，至垂拱三年志靜受咒，是天后時事。其彥悰《序》則云"儀鳳四年正月杜行顗與度婆等譯進"，其時佛陁波利尚未取經入中土也。彥悰《序》與志靜不同者如此。若彥悰爲《最勝經》作序，固應與《尊勝》不同，然兩經則又相同也。且杜行顗所翻不知因何禁在內不出，當佛陁波利悲泣請還時，因何不將譯本付僧，又令僧以梵本另自翻譯，此疑不能明矣。《開元錄》以兩經皆出於《大周錄》，則皆是天后時所發出流行者，終高宗之世未嘗出也。天后以天授元年改號爲"周"，《大周錄》當即編於是時，又在志靜受咒之後三年。《經》中有"書寫安高幢"及《序》有"救拔幽顯，不可思議"之語，是以唐時《尊勝經幢》徧滿諸道。就昶所得六十餘種，其中大率刻咒者多，兼刻經、序者少，而《陁羅尼咒》或兼及《大悲咒》及《心經》。據《開元釋教錄》，《摩訶般若波羅蜜多心經》與《十一面觀世音神咒經》同在《陁羅尼集經》十二卷中，故可與《陁羅尼經》並建，亦可同謂之"經幢"也。《大悲心大陁羅尼神妙章句》與《尊勝》又別爲一種。蓋《尊勝》佛爲善住天子所說，《大悲心》則觀世音對佛所說，其中皆佛、菩薩、阿羅漢、帝釋、鬼神之名。惟趙孟頫書此咒，每句皆繪其象，人始得見而知之。故《經》翻而《咒》不翻。釋家以《經》爲顯教，以《陁羅尼》爲密教，則《尊勝》亦猶是也。《大悲心陁羅尼》本以納蘭成德所刻者最佳，附記於此。諸幢刻經既無多，間有存者，取與《大藏》佛陁波利譯本互校，小有字句不同，即咒中音切，亦多小異，蓋五印度國地方數千里，梵音各別。恭讀《欽定同文韻統》所列《大藏經字母同異譜》，如天竺字母而外，則有伽婆羅譯《師利問經》，不空譯《文殊問經》、《金剛頂經》，竺曇摩羅察譯《光讚般若經》，無羅叉譯《放光般若經》，鳩摩羅什譯《摩訶般若經》，玄奘譯《大般若經》，佛馱跋陁羅及實叉難陁、地婆訶羅、不空、般若所譯《華嚴經》，皆互有同異，且讀經、咒取音，復有"二合"、"三合"、"四合"之不同。譯以華言，方音流別。蓋字母繁多，反切殊異，遂至參差而不能一也。

4.5-6　釋氏之幢，余所藏即有六百餘通。而道家惟有《道德經》一種，所藏亦祇有四刻。一在易州，一在邢臺，皆唐明皇注，蘇靈芝書；一在焦山，唐廣明中刻，從高郵夏氏移置；一在慶陽，宋太平興國中刻。此外唯郭界《客杭日記》云："玄妙觀殿前立高宗《道德經幢》，二亭覆之。"不知何時亡其一，僅存一幢，遷於平安三橋塊下。阮文達撫浙，舁置鍾翠亭之大洞閣，劫後不知其存否。錢唐朱彭《吳山遺事詩》云："德壽曾書《道德經》，元時猶見列雙亭。而今膡得經幢一，零落殘文似曉星。"

4.5-7　奉佛之士建幢墓域，謂之"墳幢"。咸通辛卯《唐安精舍尼澄素》、天福七年《張敬思》、雍熙四年《趙郡李恕》，皆稱"墳幢"。唐乾符三年《王夫人》一刻，謂之"墓銘幢"。至遼、金、元，釋子所造，雖八面刻，其額猶題曰"塔銘"，無異詞。或曰"石塔"，或曰"靈塔"，間亦曰"圓寂塔"，生而建者曰"壽塔"。他若寺額之敕牒、熙寧《四禪寺》。山場之界至、元《萬歲禪院四至幢》。塑象、周廣順三年《判官堂塑象幢》、宋康定三年《重裝觀音菩薩銘記幢》。刊經，遼《雲居寺續秘藏石經塔記》。皆有八面刻者。惟八面之中，必有兩三面刻《陁羅尼咒》及諸真言。墳塔大都四面刻銘，四面刻咒，猶不乖經幢之例。唐有"燈幢"，亦曰"燈臺"，撰、書皆精整。其制不甚高，約不踰三尺。其文有"銘"，《曹文玉燈臺銘》。有"頌"，元氏《張尹燈臺頌》。有"贊"，《保唐寺燈幢贊》。前後多刻《尊勝咒》，或刻《施燈功德經》。唐《長明燈臺殘石》，"施燈"上有"提聞"二字，爲他刻所無。至宋以後，無"燈幢"而有"香幢"，余惟見遼乾統五年《昌平楊守金等建燈幢》，在唐後。

質言之，亦曰"石香爐"。蓋琢石爲爐，而以八面之柱承之，每面僅刻助緣人鄉貫、姓名，皆出於工匠，至簡陋，不足觀。吾郡虎丘雲巖寺殿前有"施食臺"，下承以石柱，每面刻崇禎間題字，亦此類也。至有建幢而不因刻經者，若魯公《八關齋功德記》、段公《祈嶽降雨頌》是矣。聞高麗《唐紀功碑》亦八面刻，如幢。并有不關釋氏者。如開元十一年《峴山襄州刺史靳公遺愛頌》、廣明二祀《上谷郡太守隴西公經幢》，則《甘棠》頌德之詞也；元和十二年《使院①新修石幢記》，則《斯干》考成之詞也；長安之《郎官石柱》、山陽之《楚州刺史石柱》，則官吏之題名也；曲陽嶽廟、華陰金天王廟兩幢，徧刻唐、宋人題字，則遊覽之題名也；北嶽、中嶽皆有醮告文，亦八面刻，《北嶽》，大中祥符八年，白憲書，《中嶽》，天禧三年，劉太初書，皆真宗御製。則青詞之濫觴也。夫建幢所以刻經，有其名無其實，亦"觚不觚"之類也夫。

4.5-8　唐慈恩寺開元《唐梵二體幢》，一行真書，一行梵字，至精。遼、金幢亦多有唐、梵相間，或題字真書，真言梵字，或僅《六字真言》爲梵字。《臨湖寺幢》，每面上一大圓圍，中藏梵字七。《謙公塔銘》，一面有《準提咒》梵字圓鏡，秦佩鶴侍郎得一準提鏡，其梵文正如此。余初得一二本，甚喜之，視如唐古忒、畏吾兒文之難見，今則數見不鮮矣。蓋石幢惟分書爲難得，篆書尤難得。分書惟新得《黎城縣王慶墓幢》及《淄川榮伏鳳》、《成都王襲綱》。若天聖二年《張大沖》一刻，則《尊勝咒》分書，《心經》篆書，具二體。唐中和《鄭惟幾幢》，銘、偈八分書，其下《尊勝咒》仍真書。篆書惟有無年月一幢，不甚古，約在宋、元間。至真、行書之精者，唐初諸刻，歐、虞、褚、薛，無不兼擅其長。試舉其尤膾炙

---

①　"使院"，原誤作"試院"。

者。鄭州開元幢、龍溪咸通幢，褚登善之亞也。《提聞施燈功德經殘刻》及總章三年《釋敬信造金剛經幢》、天福八年《孟賓于造上生經幢》，歐陽信本之嫡乳也。《孟賓于》一刻以氣韻勝，極似歐書《千文》，總章《幢》小楷尤難得。余所藏惟長安臥龍寺一通，亦小楷，字大如豆。越中奚虛己諸刻，極似虞伯施。大中二年《于惟則幢》，宛然《多寶塔》，關中人至呼之爲"顏石柱"，其實非魯公書也。僧无可《百塔寺經幢》視柳誠懸，亦不減虎賁之與中郎。又若《孟鄭公》、《趙立本》、《北海縣令顧□昌》之類，雖使殷令名、王知敬執筆爲之，亦無以遠過。杜子美詩云"棗木傳刻肥失真"，今之臨池者，與其取重開失真之歐、虞諸碑，不如於寫經求之，有餘師矣。右經幢八則

4.6-1　一曰刻經。觀於齊《方法師鏤石班經記》、《晉昌公唐邕寫經記》，而後歎象教之願力爲甚深也。自白馬東來，大啟浮屠精舍，至魏太和中始有造象，然尚未刻經也。孫氏《寰宇訪碑錄》據錢竹汀宮詹說，北魏末收《金剛經》一石。《金剛經》通行本皆鳩摩羅什譯，此本爲菩提留支譯。以其首題"三藏菩提流支在胡相國文宣公第譯"，"文宣公"者，魏靈太后之父胡國珍也，故定爲魏刻。其實宋、元刻《尊勝咒》亦題"唐三藏不空譯"，未聞即以爲唐刻也。又於東魏收龍門《心經》一種，審其筆跡，確爲唐時刻。趙氏《補訪碑錄》，歷城《大涅槃經》亦收入東魏末。此石後歸潘文勤滂喜齋，余得見之，齊刻也。以上三碑，諸家以其無年月而論定之，皆無確證。佛經之有石刻也，其在高齊、宇文周時乎？陽曲一石，天保二年。齊刻之最先者也。鄒嶧四山，大象元年。周刻之最先者也。《般若》、《華嚴》、《蓮華》、《法華》諸大部經，卷帙浩如煙海，所見拓本，不過一鱗片爪。安陽寶山僅有《菩薩明難品》一石，婁叡造，《初發心菩薩功德品》一石，奚景延造。《華

嚴》不止此二品也。唐邕所刻，在磁州鼓山響堂寺①內，《蓮華》、《華嚴》僅見拓本，各三紙。唐山縣龍聖寺《楊山寶造法華經》亦祇有七石。當時所刻，必皆全帙，沈埋而未出者，蓋不知凡幾。《中山法果寺經碑》，垂拱三年。其陰列經名數十部，每部石若干條。今惟存《金剛》、《兜率》兩經，尚爲全部，《蓮華》、《華嚴》、《無量壽觀經》，皆祇有一石，《鬱單越經》，則僅存殘字一角而已。《房山石經》，經始於隋靜琬法師，其徒導公、儀公、暹公、法公師資相踵，至遼通理大師尚未藏事。據遼愍題沙門志才《記》："道宗皇帝以前，共一百八十七帙，厝東峰七石室內。道宗所辦，大碑一百八十片，通理大師所辦，小碑四千八十片，樊氏《畿輔古刻》錄二十七種，一千三百餘石，言之尚未詳。瘞地穴內，上建石塔壹座。"明謝耳伯《石經山香樹庵護經記》："西雲居寺前有藏塔，穴地而鍵其口，鎮以浮屠，此即通理所建石塔也。此七洞一穴皆未開，洞門皆鎔鐵灌之，隔以石檻，碑石或臥或立，尚可闚見，但千餘年來無問津者耳。"謝《記》又云："其闢而可入者曰'雷音洞'，《法華》、《維摩》、《金剛》三經貯焉。"查悔叔《愍題、上方二山紀游集》云："小西天石經洞，寬廣若殿，中供石佛，四壁皆碑，即隋靜琬法師所刻經也，字畫端好。左壁兩層，右壁三層，皆三十六枚，後壁四層，共四十一枚，前門左、右壁及門頂，共三十三枚，總共一百四十六枚，刻《妙法蓮華》等經。大洞之左又有《心經》碑一、《金剛般若波羅蜜經》碑二，伽藍殿旁又有《金剛經》臥碑一，此即所謂'雷音洞'。"今世通行《房山石經》拓本，亦即此一百四十餘枚。惟查悔叔所見《金剛經》有三本，今拓出者僅兩刻，已亡其一矣。廠肆往拓者，時攜一二殘石至都，視之，皆隋、唐刻經也，恐毀失者已不少矣。灌縣青神山新出唐佛經，大小共六十九石，無年月、題識。內《波羅蜜多心經》三石最完，餘石有《涅槃經》，有屢言"藥

---

① "響堂寺"，原誤作"饗堂寺"。(嘉靖)《磁州志》卷一載："響堂寺，在本州臨水里。是堂鑿山爲室，鑿石爲井。齊天統乙酉建，永樂壬辰重脩，殿宇宏敞而佛像萬狀。以石室微擊有聲，故云。"

王菩薩"者，不詳何經。其字約分三種，《波羅蜜多經》似虞永興，最工，一種險勁似《張猛龍》、《李仲璇》，一種疏宕，略帶欹側，頗有《根法師碑》筆勢。及門陽湖莊小尹自蜀中來，攜拓本見贈，並餉殘石一方，云雜處瓦礫中，山中人不甚珍之。山西遼州新出佛經，摩崖巨幅，縱橫尋丈，其字方徑寸許，極險勁。《寰宇記》引《郡國志》云："遼山縣屋騋巇，高齊之初鐫山腹，寫一切釋經於此。"今所出之地名墨巇峰，距遼州四十五里，當即古之屋騋巇。其經乃《華嚴·成就品》。但《郡國志》曰"一切"，則所刻當不止一經矣。即《華嚴》亦不止《成就》一品，今所得者，猶太倉之一粟耳。風峪《華嚴經》亦北齊刻，其地在太原縣西三里，甀甃一穴，方五丈，朱竹垞始燎薪入視之，共石柱一百二十有六，惜皆掩其三面。王蘭泉云："今所拓者亦祇一面耳，大小共一百二十四紙。全經有八十一卷，今拓本首、末行有卷第標目者計三十八紙，想皆散見於三面而不能拓矣。"余所得拓本一分共六十六紙，視蘭泉所見，又少其半。竹垞《記》又云："太原傅山行平定山中，誤墜崖谷，見洞口石經林列，與風峪等，皆北齊天保間字。"今平定造象拓本頗多新出，某君一夕訪得三十餘通。而石經迄未有拓者。余又聞亡友王茀卿述顧漁溪通政之言曰："衛輝山谷中，遙望層巒疊嶂間，摩崖大字，參差高下，皆佛經也，世無有拓之者。"乃知佛法廣大，無量無邊，三竺靈文，普徧大千世界，龍威、雞次，方之蔑如。

4.6-2　刻經有三，其一摩崖，其一經碑，其一即經幢也。或刻於碑之陰、側，如齊《雋脩羅碑》，其陰爲《維摩經》，唐《李弼徽》、_{在金鄉。}《丁思禮》_{在沛縣。}造象，其陰皆刻《多心經》，此其證也。隋以前無經幢，宋以後無摩崖。_{惟元居庸關一刻。}唐一代刻經，建幢者十之七，建碑者十之三，刻於崖壁者，所見不過三四通耳。昭陵有《石鼓尊勝經》，其實非鼓也，以經幢斷其上下截，又磨治其四角，破觚爲圓，遂宛然成鼓形，試觀其上下，闕文可見。《金剛經》，余所收至多，石幢外皆方碑，四面刻，由前而右側而陰，至左側畢。若王知敬、趙文會諸石，其字差小，即一面足容全經矣。摩厓皆大字，鼓山、屋騋巇之外，齊魯間最多。泰山絶頂有《金剛經》全部，徂徠山映佛巖有《大般若經》，錢竹汀謂皆齊武平中王子椿所刻。鄒、嶧之間，尖山亦武平中刻，葛山、岡山、小鐵山諸經，皆周大象中刻，匡喆撰《刻經頌》。世謂之“四山摩厓”。其字徑尺，“妥貼力排奡”，“巨刃摩天揚”。曾見拓本高於人者兩束，非列長筵兩人翼而舒之，無從披閲。若裝池，則祇能仿推篷式，以兩字爲一葉，皮藏斗室不能容。其拓本索值三十金，裝池之費至簡省亦踰數百金。摩挲旬月，未必能竟其首尾，其文字又無可考釋。默然久之，敬謝不敏。世之窮大失居者，有如此經矣。

4.6-3　唐人喜刻《陁羅尼經》。大中之後，或單刻咒，又降而刻諸雜《陁羅尼》，其餘《金剛經》、《心經》、《觀音普門品經》，亦尚有刻本，未聞刻四大部經者。後人事事不如前人，此其一也。然遼時房山續刻《藏經》即當宋政和間，吾郡虎丘雲巖寺有宋刻《普門品經》，杭州之六和塔有《四十二章經》，句容之崇明寺①有《金剛經》，亦皆宋刻，釋伽氏之一燈未嘗熄也。至元至正中，尚有蒙古、畏吾、女真、梵、漢五體佛經，在居庸關山溝内，距延慶州約三十里，余嘗遣廠估李雲從往拓之。佛經著録，蓋以是刻爲殿焉。溯自北朝以來，自四大部以逮《金剛》、《尊勝》常刻之外，所造者非一經，經非一石，據所見聞，條列其目，亦珠林之淵鑑、法

---

①　“崇明寺”，原誤作“崇聖寺”，據《江蘇金石志》卷十“崇明寺《金剛經》石刻”條改。

藏之碎金也。

《不增不減經》無年月，有陰、側，初以爲魏刻，今考定魏無刻經，以其筆法最古，仍列於第一。

《維摩經》皇建元年，《雋敬碑》陰。

《維摩詰經》

《維摩詰經》別有一殘本，兩石，一五十餘行，一十六行，隋刻。

《勝鬘師子吼□乘大□□方廣經》①《勝鬘經》疑即此經之省文。

《字經》

《佛說彌勒成佛經》

《无量義經》

《无量壽經論》

《十二部經名》以上七種，在磁州鼓山響堂寺②，無年月，皆北齊刻。

《行唐邑龕觀世音普門品經》在曲陽，開皇十三年，韓長秀造。

《大集經月藏分中言》

《大集經月藏分法滅盡品初言》

《勝鬘經》

《涅槃經殘刻》以上四種，在安陽縣寶山萬佛溝，皆隋刻。

《涅槃經》，汶上亦有隋刻殘石，龍門香山洞有唐刻。

《佛說出家功德經》無年月，嘉祥，隋。

《佛說寶梁經沙門品》無年月，關中趙乾生家藏，隋。

《無量壽佛經》上元二年，紀王慎造，邢臺。

《無量壽觀經》垂拱三年，中山法果寺。

《鬱單越經殘石》同上。

---

① 智昇《開元釋教錄》卷十九上載："《勝鬘師子吼一乘大方便方廣經》一卷，亦直云‘勝鬘經’。"

② "響堂寺"，原誤作"饗堂寺"。

《呵色欲經》延載元年，洛陽龍門。

《父母恩重經》開元廿五年石幢，乾祐三年孟知進造，有側，寧陽。

《清静智慧觀身經》大曆六年，富平。

《佛説菩薩心地戒品》大曆十三年。

《孔雀洞佛本行集經》元和十四年，劉總造，房山。

《觀音經》貞明五年，程延暉書幢，東平。又吾吳有淳祐十年一刻。

《回向咒》開運二年，錢唐石屋洞。

《温室洗浴衆僧經》建隆二年，洛陽。

《摩利支天經》乾德六年，袁正己書，長安。

《十善業道經要略》太平興國二年，趙安仁書，祥符。

《造塔功德經》端拱二年，簡州。

《金剛壽命修塔陁羅尼經》咸平四年，定州。

《觀世音普門品經》熙寧末，曾公亮等分書，吳縣虎丘。

《妙空新注般若心經》元豐七年。《心經》刻石甚多，不備列，此因妙空注希見，故附此。

《崇明寺賢劫千佛名經》紹聖三年，胡祥書，句容。

《佛説生天經》大觀三年，後有劉球跋，長清。

《六和塔四十二章經》紹興五年，沈該等四十二人書，仁和。

《雜阿含經》卷第四十六"息"字，金章宗時皇伯漢王造。下二石同。

《瑜伽金剛性海曼殊室利千臂千鉢大教王經第六》

《□經轉不轉品》第五十六"鹹"字。

《佛母準提咒》明昌七年幢，長安。

《東塔寺八大人覺經》至元三十一年，僧溥光書，嘉興。

4.6-4　佛名、佛偈，亦刻經之支流也，皆刻於石柱。唐以前謂之"佛名"，唐以後多曰"佛號"。鼓山《十六佛名》，齊刻也。又一本，無年月，共拓本五幅。寶山《五十三佛名》、《三十五佛名》、《廿五佛名》，隋刻也。余藏一舍利塔，四面題佛號，無年月。或造象，題佛號於旁。佛偈以《大乘妙偈碑》爲最古，《大集經》後亦有《華嚴經偈》，此二刻皆在安陽萬佛溝。長清靈巖寺有蔡元度所書《楞嚴經偈》，然皆碑本，制度不一。蔡書橫石。其刻於石柱者，棲霞有一通，拓本八幅，未知兩石各四面，抑一石八面。所刻爲《楞嚴經偈》、與蔡本不同。蔡有數百字，此僅寥寥數句。《佛翹一足偈》、《金剛經四句偈》、《喜見菩薩禮日月燈明佛偈》、《佛讚迦葉佛塔偈》。武岡州平西洞口有宋《金剛經偈》，大字分書，甚精。廬山有山谷老人《七佛偈》，覃溪推爲黃書第一，大定十年《珪公塔銘》，其半截釋洪道分書《七佛偈》。此蓋如今人所刊“七如來”。南方到處有之，多在河干，云以鎮水魅。若簡之又簡，歷城千佛巖有摩厓“唵摩尼巴哩吽”六字，無年月，審爲隋時刻。再簡則爲梵書“唵”字，宋熙寧有一本，在咸寧臥龍寺，唐太宗御製《贊》，僧顯俊書。金正大有一本，在登封少林寺。唐玄宗《贊》，八分書。

　　4.6-5　以石刻驗之，釋、道兩家，未可以方軌齊駕也。《道德經》，至唐中葉始有刻石。邢臺有一本，易州龍興觀有三本，其一即《開元御注石幢》，其一景龍二年張脊行造，其一景福二年王處存書，皆精。顧拓本流傳頗尠，即兩石幢易州本易得，而邢臺本爲難得。廣明一本在焦山，宋高宗御書，一石已亡。並見前。此外，惟終南山樓觀有兩本，皆元刻。一憲宗五年，高翿篆書；一在說經臺，正書。趙文敏書兩本，皆刻於京師，一在白雲觀。《道藏》充箱照軫，亦不減西來梵葉，而唐以前石刻，惟此一經而已。余嘗欲取諸石本校其異同，以補畢氏之闕，後見嚴鐵橋、魏稼孫校本而止。《常清靜經》，一刻於梁貞明，再刻於宋太平興國五年，與《護命》、《得道》兩經同一石，皆麗仁顯書。此外有《元始天尊說北方真武經》、元符二年，宋溥書。《太上說九幽拔罪心印妙經》、崇寧元年，道士李宗顏書，在耀州。《昇玄經》、元憲宗七年，楊聰草書，在三原。《太上日用妙經》，至正十二年，正書。《洞玄經》。殘字，年月缺，在長安。其經典皆晚出，既非般若之靈文，其書筆皆粗工，亦無懷仁之精詣，視響堂^①、雲居諸刻，真有觀海之歎。

4.6-6　《道德經》又有一本，頗似趙書而凝重，世以爲右軍書，即與山陰道士換鵝本也。此與《黃庭》、《遺教》何異？自王侍書以來有此一派，然其書實精妙，非袁正己、趙安仁可及。蓋釋經之精者皆大字，而碑爲多，道書之精者皆小楷，而帖爲多。如玉真公主《靈飛經》，相傳爲鍾紹京書，雖未可信，不失爲唐經生筆。褚書《陰符》、柳書《度人經變》，亦流傳有緒。趙文敏尤喜寫道書，所傳有《清靜經》、《大洞玉經》，明周公瑕、俞仲蔚皆盛稱之。《太上洞玄靈寶經》，書於皇慶二年，京師有刻本，肉餘於骨，或是俞紫芝輩託文敏以傳耳。

4.6-7　經幢或兼造象，唐人寫經，梵筴之首，亦有繪佛象者。推其例於石刻，余見趙文敏所書《道德經》，其首繪老子象，宋乾德六年刻《摩利支天經》前作佛象，李奉珪畫，次《陰符經》，前作黃帝問道廣成子象，翟守素畫。又太平興國五年刻道經三種，一爲《太上老君常清靜經》，一爲《太上昇玄消災護命經》，一爲《太上天尊説生天得道^②經》，皆道家言也，而畫菩薩象於首，莫曉其旨，宜趙子函^③之譏之也。

4.6-8　石刻署款，撰、書、篆額之外，有鐫刻，有模勒，又有都料、句當。造象或有畫人，墓誌或有填諱，已不多見。宋雲勝《新譯三藏聖教序》，"節度推官趙湘立石"之後有"李邈題銜"四字。按是碑後列柴禹錫、鄭文寶諸臣姓名，上皆有繫銜，所謂"題

---

①　"響堂"，原誤作"饗堂"。
②　"得道"，原誤作"道德"，據王昶《金石萃編》卷一百二十五"常清淨等經碑"條改。
③　"趙子函"，原誤作"郭子函"。

銜”或指此，然僅見此一碑耳。惟刻經雖有序、贊，或無撰人，或
并無書人，而無不有譯經人名。如《陁羅尼經》皆題“罽賓沙門佛
陁波利譯”，咒之加句者，或題“大廣智不空譯”。《金剛經》皆題
“鳩摩羅什譯”，余見北魏刻一本，題“菩提留支譯”。宋刻《摩利
支天經》題“神王女抄，多摩尼莫説”，下注“梁代失譯”四字，無譯
經人而有説有抄，亦僅見此一碑耳。右刻經八則

語石卷五

5.1-1　一曰造象。龍門當古轘轅之道，謂之"闕口"。元魏
以來，依山鐫佛，華嚴樓閣，彈指湧現。老君、香山、賓暘諸洞，蓮
宮紺髻，輝曜巖扉，奚啻千百。今所拓者，僅即人迹所到之區，氈
蠟可施，廠估以魏刻數十通或唐刻百餘通謂之"龍門全分"，實猶
是虬龍之片甲、騏驥之一毛，又何論《四品》、《十品》、《二十品》
邪？魏造者十之三，唐造者十之七，間有高齊所刻，隋刻僅開皇
一通、《裴悲明》。仁壽一通、年月外已剝泐。大業二通耳。《李子瓚》、
《梁□仁》[1]　世競稱魏造象，不知唐刻之精不可思議，皆棋子方格，
小真書，有似歐者，有似褚者。永徽以後，長安以前，多似薛少
保。香山洞《涅槃經》即相傳爲少保筆，其秀逸不減《靈飛》而遒
整過之。鞏縣石窟寺已淪於水。此外，唐山龍聖寺，磁州饗堂
寺，靈壽定國寺，歷城千佛巖、玉函山、黃石厓，嘉祥白佛山，寧陽
石門房山，益都駝山、雲門山，蘭山琅邪書院，多者二三百通，少
亦數十。西安之華塔寺，邠州之大佛寺，蜀之巴州、簡州，晉之平

---

①　孫星衍《寰宇訪碑録》卷二"隋"下載："《泰興梁伯仁造象記》，正書，大業十三
年七月，河南洛陽。"

152

定州次之。平定州多魏刻,靈壽齊刻,此外皆隋、唐間刻,其精與龍門埒。即下至五代、宋初,錢唐之煙霞、石屋諸洞,尚多吳越時造象。臨朐之仰天山、嘉祥之七日山,皆北宋時刻。南渡以後,佞佛之風始稍息,刻經尚時一見之,佛象皆易以繪塑,鎔金少,琢石愈少矣。

5.1-2　造象莫先於元魏,青陽吳氏有太和二年兩刻,世無拓本,疑爲千金之敝帚。《秦從卌人等造四面象》題“三年丙午”,吳氏考爲道武帝天賜三年刻,則更先於太和矣。然明帝孝昌三年亦“丙午”,安見其爲天賜刻邪? 以余所見聞證之,當以龍門太和《始平公》一石爲始。潘文勤師有太平真君二年《慈石浮圖記》,津門樊文卿得殘造象一刻,甚駮泐,釋爲西涼李歆嘉興二年,皆不免好奇之過矣。摩厓刻者,鑿石爲龕,題字皆在龕之上下左右,或於座下磨片石晶瑩,界方罫,刻其中,唐造象之精者皆如此。若特建大象,而別立碑以記之,如魏之《朱永隆》、齊之《韓永義》及《李清報德象》,皆是矣。許州天統三年《朱道威等造丈八大象》偉矣,然平等寺銅象高至二丈八尺,見《馮翊王碑》。《臨淮王造无量壽象》且高至三丈九尺,迺賢《河朔訪古記》所述正定大佛象鉅麗更過之。此外有“碑象”,上層佛龕,其下即爲文字。魏武定《張保洛》、齊天保《劉碑》皆如此。《張保洛》即題爲“石碑象”。或於正面造象,而題字在碑之陰、側,一碑有多至三四列者。或深陷爲龕,或平刻如畫,其旁仍題字,如云“某人供養”,或云“侍佛時”,或云“供養佛時”。其制度差小者,或鐫於背,或鐫於龕,或刻於佛座。佛座多與象連屬,而制亦不同。有刻於前一面者,有四面環刻者,又有四面造象,其制略如幢,亦四面刻之。所刻之象,以釋迦、彌勒爲最多,“迦”字多寫作“加”,“釋迦”下或加“牟尼”二字,亦曰“釋迦文佛”。其次則定光、藥師、无量壽佛、地藏菩薩,武后時造者,“地”多作"坒"。琉璃光、盧舍郍、優填王、觀世音。龍門有業道象,有多寶象,有自在王象,有賢劫千佛象,有一萬五千尊象,有七佛二菩薩象,有一佛二菩薩象。定國寺有阿閦象,有彌勒下生象。有天保七年《无量聲佛象》,別有无量壽佛一龕,"聲"字未敢定爲誤字。其餘所見諸石刻,有七佛寶堪,天統三年。有天宮象、開皇四年《任洪乱合邑七十人》。天宮石象,天統三年《宋買》。有太子象,天保五年,諸維那冊四人造。有越殿國象,天保六年,比丘曇倫造。有伽藍象,開皇十六年《李慧熾》。有毗沙門天王象,唐中和二年,浄土寺。後唐天成四年,資州。有盧舍郍法界人中象,天保八年《道胐》。有摩訶迦葉廿四佛象。安陽,無年月,是隋刻。其尤奇者,在湝喜齋見兩石。一爲《白玉思維象》,河清三年,牛永福造;一爲《不高佛象》,無年月,題"女弟子尭氏造"。真書極精,確爲隋、唐間刻。唐人所造彌陀象,或謂之"阿彌陀"。觀音上往往有"救苦"二字,試取龍門全拓證之,凡有"救苦"字者,大都唐刻也。宋以後始造羅漢象,南北風氣如一。余見錢唐梵音洞有太乙救苦天尊一身,石屋洞惟釋迦、彌勒、觀音、勢至各數身,梁乾化、晉開運皆有熾盛佛象。此外百餘通,皆羅漢象,或云"大阿羅尊者",或且別爲"第一尊者"至"第十六尊者",或云"應真象"。臨朐仰天山大同。元造象惟武林湖上諸山有之,其名不雅馴,有"金剛手菩薩象",有"多聞天王象",又有"麻曷葛剌佛",大抵皆番僧、蒙古、色目人爲之。魏造象多作"一軀",或云"一龕",或云"一鋪",亦云"一尊",至宋時始有言"一身"者。"龕"本作"堪",如《石永興》武平二年。之"左相下堪"、"相"即"箱",亦即"廂"。《在孫寺》河清三年。之"東堪"、"西堪"、"中堪"是矣。《洛陽鄉望父老造象》,中云"敬於此堪,謹造尊儀"。錢竹汀云:"《説文》:'堪,地突也。'《金石録》載後魏《天柱山東堪石室銘》正用此義。今多借用'龕'字,而'堪'之本義晦矣。"亦省作"坩",如龍門貞觀十五年《岑嗣宗①造東坩一佛二菩薩》是矣。《張龍伯造象幢》，以"勘"爲"龕"；《等慈寺武平五年殘塔銘》，"慈氏龕"，又從"土"作"龕"；龍門《牛氏象龕碑》，"攻香龕以洞啟"，又從"竜"。非假字即俗字，皆所罕見。"軀"字別體尤離奇，不可究詰。或從"土"作"堀"，孝昌元年《元寧》、開皇十六年《卅八人》。或從"人"作"偏"，大統五年《曹續生》。或竟省"身"旁作"區"。"區"中三"口"，倶倒位置。神龜二年《趙阿歡》，兩"口"在上，一"口"在下，倒寫作"匝"。大統四年《僧演》，左旁兩"口"字直下，一"口"在右，寫作"匝"。亦有省一"口"作"匝"者，已奇矣。而天和二年《李男香造象》，將右旁缺口移而向左，作"區"，則真匪夷所思矣。非多見，鮮不以爲可怪者。至"造"字，頗有從古作"艁"。靈壽、安陽造象皆有之。石屋洞造象間有以"賵"字易"造"字者，不知何義。"佛"字石旁多從"厶"作"仏"。龍門《釋迦文佛》，往往省"人"旁作"弗"，"迦"亦省作"加"。一刻"釋迦"作"世加"，迺駁文。

5.1-3 造象碑陰及下方，其人物象或即爲供養之人，不皆爲佛象。如《法顯造須彌塔》，題名之右有僧象一，龐眉駘背，栩栩如生，即法顯象也。《尉遲山保造象》，右邊一男子象即爲山保，以下十餘女子象，每一象旁有題名。他刻有作跪象者，或執香花，或執旛幢、旌節之類。又有繪多寶塔及獅、象者。嘗見一石，均側立形，衣冠奇古，尚有孝堂山、武梁祠遺意。

5.1-4 道、俗人等同心發願，余所見景明三年《四人造象》，托活洛氏藏石。其最少矣。遞增而有廿三人、神龜元年《杜遷等》，又有興和三年一石。卅二人、景明三年《高樹、解伯都等》。卅五人。神龜三年

---

① "岑嗣宗"，原誤作"岑文本"，據吳元真主編《北京圖書館藏龍門石窟造像題記拓本全編》第五册"岑文本造像記"條拓本改。

《闕口趙阿歡等》。又自四十、孝昌三年《臨菑郡師僧達等》。五十、武平三年《霍水村四部道俗邑義等》。六十、孝昌三年《臨菑邑儀》。七十，正始元年《高洛周等》。以至二百、景明三年《孫秋生等》。三百餘人。武定二年《王貳郎縮法義三百人造象》、武平二年《比丘僧道略三百餘人造象》。其通稱爲"佛弟子"，爲"邑義"，爲"法義"。"義"或作"儀"。又从"亻"作"儀"。又爲"信士"，男曰"清信士"，女曰"清信女"。《在孫寺造象》但稱"清信"，無"士"、"女"字。六朝造象，"士"多加"人"旁作"仕"。又爲"象主"，猶造經之爲經主，造幢之爲幢主。唐幢亦都稱"相輪主"。造塔者曰"塔主"，造鐘者曰"鐘主"，造燈者曰"燈主"。"燈"亦作"登"，或曰"登明主"。造浮圖者曰"浮圖主"。"象主"之上或加"大"字，或曰"副象主"，或曰"次象主"，非以功德之大小，即以名位之尊卑爲別。或曰"釋迦象主"、"彌勒象主"、"彌勒開明主"、"觀世音象主"、"無量壽佛主"、"菩薩主"、開皇中《固安陵雲鄉造象》。"白衣大象主"、乾明元年《比丘惠承造象》。"彌勒下生主"、《石永興造象》。"天宮主"、"千象主"、興和二年《邢生造象》。"當陽象主"。武平二年《石永興》、皇建二年《陳神忻造象》。開皇九年《管妃造象》，自"第一象主"以次至"第八"而止，則以所造之佛名爲別。或曰"檀越主"、"檀"下或省"越"字，作"檀主"。"香火主"、天和二年《禮平國造象》。"發心主"、"光明主"、"開明主"、"都開光明主"，則皆取布施之義。或曰"化主"、"教化主"、"勸化主"、武平元年《董洪達造象》。"都化主"、"大都化主"、"大化主"，則皆取化導之義。設齋者曰"齋主"，"齋"字往往刻作"衺"，又衍爲"開即"關"字。衺主"、《陳神忻》。"起碑衺主"、"度碑衺主"、《蘭山造象》。兼造象而言，則曰"象衺主"。以上諸號，其上隨宜加字，或以東、西、南、北四面爲別，如"東面象主"、"西面象主"之類。或以上、中、下三龕爲別，或以左、右兩箱爲別。

5.1-5　右象主題號，見王蘭泉《北朝造象總論》。其所無者，補以石本。王氏所舉，尚有"世石主"，原註：未詳。"都録主"、"坐主"、"高坐主"。邑中之稱，曰"邑主"、"大都邑主"、"都邑主"、"邑子"，龍門《孫秋生》一刻，其額即題"邑子象"三字，"邑"寫作"㠯"，不學者呼爲"包子象"，雖士大夫亦沿其謬而不悟，陋矣。"邑師"、"邑正"、"邑老"、"邑胃"、"邑謂"、"邑渭"，按"胃"疑即"胥"字，"謂"、"渭"皆其別體。錢竹汀云："鄭康成注《周禮》，以'胥'爲有才智之稱。漢人又加'言'旁。漢隸從'胥'旁者，多變從'胃'，或又作'謂'。""邑政"，按'正'即'政'之省。"邑曰"、原注：未詳。"都邑忠正"、"邑中正"、"邑長"、"鄉正"、"邑平正"、"鄉黨治律"。寺中之稱，曰"和上"、"比丘"、"比丘尼"、"都維邨"、"維邨"、"典録"、"典坐"、"香火"、"沙彌"、"門師"、"都邑維那"。余所見尚有"寺主"、"法主"，天統五年《在嚴寺造象》。"都平正"。開皇十六年《卅八人造象》。唐人又有"社録"、"耆宿"等稱。蓋鄉里愚氓，因事立號，本無義例，亦不能備詳也。《汾陽縣續志》："《崇勝寺造象》，在大相里，齊天保三年造。""檀越之稱，曰'都大象主'，曰'上'、'中'、'下龕象主'，曰'左金剛主'，曰'當陽大象主'。佛弟子'迦葉主'，曰'阿難主'，曰'寶聖主'，曰'交龍主'，曰'都邑主'，曰'都維那主'，曰'都檢校維邨主'，曰'左師子王主'，曰'左寶塔主'，曰'左齋主'，曰'寶瓶主'，曰'左神龍主'，曰'香爐主'，曰'神甌主'，曰'右神龍主'，曰'右寶塔主'，曰'右師子王主'。"

5.1-6　王氏《萃編》又曰：《孫秋生等造象》，所列姓名皆稱"維那"。《魏書·釋老志》："若爲三寶巡民教化者，在外齋州鎮維那文移，在臺者齋都維邨等印牒，然後聽行，違者加罪。"又《翻譯名義》："南山云①：'《聲論》翻爲次第，謂知僧事之次第。'華、梵兼舉。維是綱維，華言也。那是梵語，删去'羯磨陁'三字也。

---

①　"云"，原誤作"之"，據法雲《翻譯名義集》卷一"維那"小注改。王昶《金石萃編》卷二十七"孫秋生等造象記"條誤。

《僧史略》云：'梵語羯磨陁那，譯爲知事，亦云悦衆，謂知其事悦其衆也。稽其佛世，飲光統衆於靈鷲，身子涖事於竹林。'《音義指歸》云：'僧如網，假有德之人爲綱繩也。'隋智琳，潤州刺史李海游命琳爲斷事綱維，迺後寺立三綱，上座、維邮、典座也。"

附録王蘭泉《北朝造象諸碑總論》

　　造象始於北魏，迄於唐之中葉，大抵所造者釋迦、彌陁、彌勒及觀音、勢至爲多。其初不過刻石，其後或施以金塗綵繪，其形體之大小、廣狹，制作之精粗不等。嘗推其故，蓋自典午之初，中原板蕩，繼分十六國，沿及南北朝魏、齊、周、隋以逮唐初，稍見平定。旋經天寶安史之亂，干戈擾攘，民生其間，蕩析離居，迄無寧宇，幾有尚寐無訛、不如無生之歎。而釋氏以往生西方極樂浄土、上昇兜率天宫之説誘之，故愚夫、愚婦相率造象以冀佛佑。百餘年來，浸成風俗。釋氏謂彌陁爲西方教主，觀音、勢至又能率念佛人歸於浄土，而釋迦先説此經，彌勒則當來次補佛處，故造象率不外此。綜觀造象諸記，其祈禱之詞上及國家，下及父子，以至來生，願望甚賒，其餘鄙俚不經，爲吾儒所必斥。然其幸生畏死，傷離亂而想太平，迫於不得已而不暇計其妄誕者，仁人君子閲此，所當惻然念之，不應遽爲斥罟也。

　　5.1-7　《意瑗佛國碑》、《陳神忻石室記》、《安定王石窟銘》，皆造象也，特異其名耳。龍門有《豫州司功參軍王有□造龕銘》。顯慶四年。此外，垂拱三年有《劉志榮》一刻，亦變"造象"稱"造龕"。又顯慶五年一殘刻，其文有"於趙客師龕内造象"云云，蓋即前人舊有之龕而增鐫一佛。又有《佛弟子程黑退妻甘元暉脩治破象》。此皆造象之變例。又有積薪居上，如延昌二年一殘造象，長安四年韓寄生所造即蒙刻其上，邠州大佛寺有一通亦如此。龍門《杜法力》三刻，一爲《五道將軍等象》，一爲《天曹地府牛頭獄卒象》，一爲《上缺。閻婆王南斗北辰象》，三刻相連，皆無年月。此猶吳道子畫《地獄變》，爲後來繪塑之濫觴。考六朝造象，非琢石成龕，即鎔金爲範，繪塑之事，皆起於隋、唐以後，然不敵造石百一。余所見石刻，貞觀八年《祁觀元始天尊塑象碑》始見“塑”字。其次大曆十一年《李大賓塑象記》。周廣順中有《判官堂塑象幢》。宋慶曆五年《法門寺重修九子母記》，塑人王澤，畫人任文德。此並塑象之緣起也。唐巴州化城縣有二刻，皆題“布衣張萬餘繪”。其一文德元年，釋迦牟尼等佛六十一身，“又更裝鬼子母佛兩座”；其一光啟四年，功德八龕二百五身，內有西方變象及鬼子母一座。蜀《千佛厓越國夫人造象》云“重修裝毗盧遮郍佛壹龕并諸菩薩及部從音樂①等”，按河南密縣有《索長官②畫象并創塑部從記》，景祐二年，梁佐撰。又一通云“彩色暗昧，重具莊嚴”。金皇統中長清靈巖寺《傅大士梵相》及《觀音菩薩聖蹟碑》，皆“洛陽雍簡畫”。登封《達摩象》，元光二年，僧祖昭繪。此又爲繪象之緣起也。杭州飛來峰有元《玉林帖木兒、阿里升裝象題字》，又有《苔失蠻布裝佛國山象》。然所謂“繪”者，當是即塑象而加以彩飾，與畫軸不同。北朝又有“玉石象”，或稱“白玉象”。此蓋以石之質白者琢治之，其質視今之花乳石尚粗，而色之純白亦不逮，非真玉也。

　　5.1-8　造象左、右題字，或佛名，或“侍佛時”，或云“供養佛時”。惟河內縣北孔村有魏武定元年《九十人造象》，所題皆釋迦降生、得道之事，如云“太子得道，諸天送刀與太子時”、“定光佛

---

① “壹”，原誤作“一”，“部”，原誤作“蔀”，據《北京圖書館藏中國歷代石刻拓本彙編》第三十六册“四十二娘造像記”拓本改。

② “索長官”，原誤作“索長宮”。畢沅《中州金石記》卷四載“索長官畫象並廟創塑部從記”條，孫星衍《寰宇訪碑錄》卷六載“索長官畫象並創塑部從記”條。

入國□□菩薩花時”、“如童菩薩賫銀與玉女買花”、“黄羊生黄羔，白馬生白駒”、“摩耶夫人生太子，九龍吐水洗”、“想師瞻□太子得想時”、“此婆羅門婦即生恨心，要婆羅門乞好奴婢□□時”、“三年□□婆羅門婦□時”、“五百夫人皆送太子向檀毒山辭去時”、“隨太子乞馬時”、“婆羅門乞得馬時”、“太子值大水得度時”，共十二行，每行側皆畫象。唐貞觀十三年《齊士員獻陵造象》有云：“若有人敲打佛象，破滅經字，願來世恒墮地獄，世世不復人身，常值灾窮之報。”下即爲佛象。象側題字四則，皆冥律也。第一則云：“王教遣左右童子，録破戒虧律道俗，送付長史，令子細勘，當得罪者將過。”七行，行四字。第二則云：“奉閻羅王處分，比□大□雜人知而故犯①，違律破戒及禽獸等，造罪極多，煞害無數，飲酒食宍，貪婬嗜慾，劇於凡人，妄説罪福，誑惑百姓，如此輩流，地獄内何因不見此等之人。”八行，行九字。第三則云：“閻羅王教遣長史，子細括訪，五五相保，使得罪人，如有隱藏，亦與同罪。仰長史括獲，并枷②送入十八地獄，受罪訖，然後更付阿鼻大地獄。”四行，行十三字。第四則云：“王教語長史，但有尊崇三教，忠孝竭誠，及精進練行下缺。乘苦懃，祇承課役。如此之徒，不在括限。”二行，行廿字。以我法喻之，釋迦、彌勒之類，聖賢象也。此則如杏壇、闕里諸圖與武梁石室畫周、秦故事正同。此後唯《吴越王金塗塔》亦繪梵夾故事，雕鏤精巧，得未曾有。宋姜白石得一版，乃《如來舍身相》。釋德清所見，則爲《尸毘王割肉飼鷹救鴿》。朱竹垞云：“鄉人蔣爾齡亦得一版，作《放下屠刀立地成佛象》，以施東城白蓮寺。”阮文達得一塔，一面繪

----

①　張總《初唐閻羅圖像及刻經——以〈齊士員獻陵造像碑〉拓本爲中心》據北京大學圖書館藏拓本録文作“比丘大有雜人知而故犯”。

②　“并枷”原誤作“送枷”，據張總《初唐閻羅圖像及刻經——以〈齊士員獻陵造像碑〉拓本爲中心》録文改。

“月光王捐舍寶首事”，一面“割肉飼虎狀”。諸家皆引《雜阿含經》“阿育王起八萬四千塔”爲説。觀孔村武定造象，則元魏時已有作此功德者矣，但塔、象不同耳。

5.1-9　北朝石象多而銅象少，南朝銅象多而石象少。余所見江左石象最古者，齊永明六年《維衛尊佛》，在浙之會稽縣。太歲丙辰《比丘法智造迦天象》，王廉生前輩釋爲梁武帝大同二年刻。又《釋慧影造象》，亦梁刻，自蜀中來。余曾見蜀人攜梁造象數十通，皆贋託。此石筆法稍古，疑團亦未能冰釋。此外皆銅象矣，雖小至逕二三寸，莫不有座，座空其後一面，題字即環刻於三面，或鐫於背。道光中，陝人李寶臺取舊銅象無字者劃其背以炫售，好古者爭購之。大抵造象與墓誌異，墓誌必發冢而後得，石象荒山、廢刹中往往有之，衲子之無行者，輒持以求食。碑估攜至都下，或鑿其首，法身無字者，或僅攜其座，或殘龕一角，而僞造者即雜出於其間。吾吳海州，東海之濱一小邑也。其地一古刹中有小銅造象七十餘尊，皆六朝、唐時刻，山左碑估攜以北來，售於潘文勤師，得七百金以去。文勤嘗舉以出示，嵌金爲字，光焰熾然，雕鏤精工，令人意見。使劉燕庭、陳壽卿諸公見之，當不知若何贊歎，合十作禮，得未曾有。

5.1-10　鮑臆園《叢稿》有《自題造象拓册》云：造象僞作者，如齊天保七年《尼如静》一石，王廉生知刻者姓名，乃人家柱角下物也。葉氏平安館所收天保五年《司馬治中》、開皇元年《張佐清》、二年《吳文得》、大業元年《朱建忠》、長慶元年《姜永錫》及《姜長年》諸拓，皆李寶臺所僞。《大梁丹陽民白僧佑》、取永徽年無字造象添刻。天復元年《蘇檢》諸拓，皆朱賈所僞。附著以告後之嗜古者。蓋自劉燕庭丈宦秦，曉以“古器雖破闕，無傷，以款識爲重”，因之，寸許銅造象亦率遭鐫刻，作僞日勞，未始非吾輩導之也。

5.1-11　齊天統元年《姜纂記》所造爲老君象，而其文則云"靈暉西没，至理東遷"，又有"龍華初唱"、"六道四生"等語，皆釋家之詞也。但知造象可以邀福，而道、釋源流，并爲一談，亦古人之陋矣。又有"天尊象"，亦道家所造。涇陽有魏《張相隊》一刻，隋綿州有西山觀《黄法暾》諸刻，皆道流也。唐蘇靈芝書《夢真容》兩敕，一在長安，一在易州，以"玄元"國姓，故特尊崇之。然民間風氣，未嘗稍改。統觀隋、唐間造象，出於道家者，不逮釋氏百分之一。以大統十四年《豫州刺史蔡公後裔》一刻爲最古。至文章之宏瞻、書筆之遒美，當以沮渠智烈所書《奉仙觀老君石象碑》爲第一。

5.1-12　《韓非子》："衛靈公召師涓而告之曰：'有鼓新聲者，其狀似鬼神，子①爲聽而寫之。'"《國語》："王命工以良金寫范蠡之狀。"《史記·秦始皇紀》："寫放其宫室，作之咸陽北阪上。"《蘇秦傳》："宋王無道，爲木人以寫寡人。"《新序》："葉公子高好龍，鉤以寫龍，鑿以寫龍，屋室雕文以寫龍。"《周髀經》："笠以寫天"。以上諸書，顧氏《日知録》舉以爲"寫"字訓"書"之證，不知此非"寫"字，乃"象"字之駁文也。北朝造象，凡"象"字皆省筆作"𧰼"，或變文作"𨾃"，其形似"寫"，因而誤釋爲"寫"字。即紀年如"元𨾃"、"大𨾃"，亦皆如此。非觀石刻，末由知之。卷軸傳録，其誤正同。造象之"象"，又或加"人"旁作"像"，從"彳"作"徸"。右造象十二則

5.2-1　一曰畫象。今收藏家得唐人畫，已爲希世之珍，況漢畫乎？欲觀東京以前衣冠文物、宫室制度，惟有漢畫象耳。文

----

①　"子"，原誤作"王"，據《韓非子》卷三"十過"篇改。

翁石室禮殿畫古聖賢象。趙邠卿自營壽藏，圖季札、子産、晏嬰、叔向四賢，並爲贊、頌。此必琢石納諸壙，或伐石樹闕以刊之。《水經注》載金鄉有司隸校尉魯恭冢，鉅野有荆州刺史李剛墓，墓前石室皆有畫象，今皆不可得見矣。朱鮪一室，亦曰"朱長舒"。殘泐已甚。今世所傳者，唯孝堂山、武梁祠爲最古，亦最完。武梁祠在嘉祥之紫雲山，乾隆中，黃小松、李鐵橋先後訪得之。前二十年，又時有殘石出土。汪郎亭先生督學山左時以拓本見貽，正祠三石，每石五列，前石室十四幅，後石室、左石室皆十幅，東、西兩闕各兩幅，《祥瑞圖》二幅。新出土者十二幅，內《荷蕢》一石，石本作"匵"，可證《論語》古本。孝堂山畫象共十幅，余亦從廠肆得拓本，但題字已剝泐。按兩石室所刻皆古聖賢、節孝事，然武梁祠有夏桀，又如須賈、張禄諸人，豈盡爲聖賢邪？漢時有畫《紂醉踞妲己》者，蓋以古爲鑑，貞淫美惡，不妨並列。且其義不僅此也。《山左金石志》述陽曲申兆定之言曰："孝堂山畫象，舊説是郭巨石室。按畫象大都雕刻聖賢故事①及其人所歷官職，如《李剛》刻云'君爲荆州刺史時'，《魯峻》刻云'祀南郊從大駕出時'，又云'爲九江太守時'，《武氏》刻云'此君車馬'、'君爲都□時'、'君爲市掾時'、'督郵時'，皆明證也。此畫象中驂騎、步卒、大車、屬車、鼓車、儀衛甚都，雖無題識，要非郭巨墓中應有。而'斬馘獻俘'、'覆車墜河'二段，孝堂山第三幅、第五幅畫此事。亦非無謂而作。意者即爲墓中人實録，未可知也。"此説奇而確。濰縣陳壽卿先生藏一石，有"君車"字，又有"亭長"字，因自號爲"君車亭長"，亦此意。漢時公卿，墓前皆起石室，而圖其平生宦跡於四壁以告後來，蓋當時風氣如此。端午橋制府藏一漢畫象，共兩層，

---

① "故事"，原誤作"古事"，據阮元《山左金石志》卷七"孝堂山畫像"條改。

上層有"漢使者及王陵母"字，下層爲"晉靈公、趙宣孟"，觀其制度，亦武氏祠堂物也。《孔子見老子畫象》有二石。一即出紫雲山，黄小松遷之於濟寧學宫；一出寶應縣東七十里射陽聚，乾隆中爲汪容甫先生所得。其餘齊魯邨落間時時出土，惟皆無年月可考。王蘭泉記所得畫象："曲阜白楊店^①一石有'諸從官'、'楚□少平'二榜，四氏學一石有'周公'二字。嘉祥縣隨家莊二石，第一石有'大富'二字。鄒縣白楊樹邨一石題'食齋祠圖'四字，極古。"又云："在曲阜者，聖府後門及顏氏樂圃各一石。在濟寧州者，普照寺一石，李家樓二石，晉陽山六石，兩城山十六石。在嘉祥者，縣署、東華林邨、七日山、紙房集四處各二石，劉村及湯陰山各一石。在汶上者，城垣二石，關帝廟四石。在新泰者，師曠墓四石。皆無題字。"然孫氏《訪碑録》所收顏圃、聖府後門兩石俱云有字，劉邨三石，非一石，嘉祥又有焦城邨四石，亦皆有題字，與述庵所紀不同。未見原拓，未知誰爲實録。

　　5.2-2　《李翕黽池五瑞圖》，摩厓之畫象也。嵩山兩闕，牛空山《金石圖》摹其形象，而繫以説云："西闕額下畫兩人走馬而舞，爲角觝戲。又兩螭龍，一龍入於窨，一龍逐而銜其尾。西側畫一環月，爲蟾兔杵臼擣藥之形。南面畫索毯而蹋踘者二人，一人跪，一人坐而睨視。東闕畫一獵犬逐兔，兔趯趯然可及也。又一獨角獸，一人左手引之，而右持鉤鉤象。"雖樸質而形容畢肖。蜀《新都王稚子闕》，據王文簡所記，疊石五層，如窣堵波，二層刻人物之形，三層刻象、虎、海馬，五層師子，與《隸續》同。《高頤》、《馮君》、《沈君》三闕，亦皆有畫象。余嘗見《沈君闕》全拓，上爲

---

　　①　"白楊店"，原誤作"白陽店"，據王昶《金石萃編》卷二十一"《孔子見老子畫像》題字"條改。

朱鳥,下爲獸鐶,旁有蟠螭及雙璧形,雕琢工細,皆漢畫之至精者。但四方徵拓,得魚忘筌,得兔忘蹄,故其畫不顯於世。以此推之。北朝造象,諸天梵相,白毫湧現,天衣瓔珞,微妙莊嚴。其邑子供佛象,兼有香花、旛節之類。此即北朝之畫象也。唐《王三娘浮圖》,久視元年。兩面畫天尊象,甲冑佩劍,手持斧鉞,如今所畫神荼、鬱壘。又嘗見《花藏世界圖》,宮室、樓閣,皆從雲氣中湧出。此又唐之畫象也。京師彰義門外天寧寺浮圖,其最上一層八面鐫天尊各一軀,鷹瞵鶚視,猙獰可怖。自下望之,約高五六尺許,體勢飛動,如挾風雷下擊。余游其地,輒徘徊作禮不忍去,謂非陸探微、張僧繇輩不能作。東南廟柱及橋欄,亦往往刻飛走雲雷之象。吾鄉天慶觀露臺石欄即有宋刻畫象,潘文勤師奉諱在里嘗拓之。端午橋制府所收畫象不皆漢刻。一石畫鷗一、魚一,已似宋以後院畫。一石四人手執花,即所謂六朝侍佛象也。若取諸刻臚列觀之,自漢至宋,畫院源流,瞭然可數。昔東潤翁得古刻《列女傳》,上有圖象,謂是顧愷之畫,可見古人名物制度。今其書已有覆本,鉤勒草草,寖失古意,去石刻遠矣。武梁諸象,若荆軻、要離,勃勃有生氣,其貌皆上銳而下豐,衣褶森然作折鐵紋。明之崔、青蚓。陳,老蓮。近日之山陰任氏,藍本皆從此出。但云學宋、元派,猶爲古人所欺耳。

5.2-3　畫家謂之寫生,一丘一壑,一花一木,輕重疏密,皆在氣韻之間,非石刻所能傳出。杜工部《贈曹將軍》詩云"褒公鄂公毛髮動",又云"一洗萬古凡馬空",畫人畫馬,已稍落筌蹄矣。然今昭陵尚有唐《凌煙閣功臣象》及《六馬圖》,讅其拓本,未能如杜老所云也。惟聖賢、仙佛、鬼神,衣冠古質,瞻視尊嚴,石本或可與紙本相頡頏。《宣聖象》,吳道子畫者三,李公麟畫者一。紹聖二年按几坐象刻於曲阜,當爲吳道子真筆,曲阜別有元刻立象。

大觀元年米芾一石、河南魯山縣興定五年一刻，皆重開本也。李公麟畫者在錢唐，有紹興二十六年宋高宗御製贊。此外粵西有兩刻，一在獨秀山，至正五年，丁方鐘畫，一在橫州學舍。粵東有一刻，在南海學之燕居亭，與獨秀同時刻。歷代名賢，如唐之狄梁公、顏魯公，在大荔。宋之范文正公，在吾郡范氏義莊内。文潞公、司馬溫公，夏縣溫公祠有其合象。皆有遺象藏於家廟，亦往往有拓本傳於世。吳道子畫《觀音象》，長安有二本，元祐六年，呂中贊。甘肅成縣有一本。光緒癸卯按試甘南新訪得。雲南永平縣有《大樹觀音象》，刻於樹身，微妙莊嚴，得未曾有，惜無年月、題字，吾鄉玄妙觀有《太上玄元皇帝象》，曲陽有《鬼伯象》，皆相傳爲道子筆。《十六應真象》，以四明延慶寺爲最古。又有《布袋羅漢象》，亦謂之《布袋真儀》。宋元祐有三刻，皆崔白畫，而蘇長公題其後。一在益都，一在濰縣，一在輝縣。金元光二年登封有一刻，不著何人筆。登封又有《達摩面壁象》、《彌勒象》。《達摩象》，元光二年，僧祖昭繪。尚不僅此一刻。此外，如壽陽之《李長者象》、臨桂之《劉真人象》、四川名山之《甘露祖師象》，紹熙三年刻。仙釋之流，金石家著録亦不少。

　　5.2-4　李營丘之金碧樓臺，米之潑墨，倪之皴筆，固非石刻所能擅場。若夫千巖競秀，萬壑爭流，棘猴之技，或能得其精詣。世所傳山水諸刻，有如《仙源圖》、金大定二年，華陰。《陽關圖》、李伯時繪，與《歸去來圖》同一石。融縣之《真仙巖圖》、江華之《陽華巖圖》、《北嶽圖》、金大安二年。《中嶽廟圖》、承安四年。河津之《馬峪》《瓜峪》兩泉圖，皆宋大觀間刻。皆以精細界畫勝。蔣香生太守官閩中時，曾以宋刻《輞川圖》見貽，林壑深邃，尺幅有千里之勢。石刻至此，稱爲精絕。人物稍宜於山水，所見有金華之《騎牛》《留槎》二圖、熙寧六年，陳禹俞詩。蕪湖之《太白脫韡圖》《山谷返棹圖》、無年月，皆牟子才贊。元大德五年《玄元度關圖》。暘城周氏藏《金粟道人小象》，元至正戊戌雲林子爲之贊，而雲林亦別有一幀。《東坡笠屐象》最多，江建霞太史蒐輯至十餘種，但皆後賢所刻，以寄瓣香之祝，神情意度，各各不同，化爲百東坡，未知誰爲真我。

5.2-5　甌香没骨，傳神愈難矣。龍門之桐，高百尺而無枝，青松、翠竹、磈砢多節，轉以石質，益增其蒼秀。有如宋之《陰陽竹》，王右丞畫，宋元祐六年刻，在定州。金之《活死柏》，元之童童《漢槐圖》，皇慶二年，在滎陽。《倒插竹圖》，皇慶元年，在嘉定《集仙宮瑞竹記》之碑陰。《蘭蕙同芳圖》，至正六年刻，瞿木夫藏拓本。皆名筆也。至如飛走之屬，則《昭陵六馬》即其一。潤州有《麟》、《鳳》、《龜》、《龍》四石，宋嘉定二年刻，今僅存一《鳳》。吾鄉陸鳳石尚書生於學舍，其祖方山先生命名曰"潤庠"，而字之曰"鳳石"，所以誌也。今司鐸者爲元和汪和卿丈，其三子皆同官，贈余拓本共兩石，一圖一贊，寶而藏之。余雅不喜求時賢作畫，十日一水，五日一石，而又未必盡工，則何如以石刻補壁之爲愈乎？右畫象五則

5.3　一曰地圖。是亦畫象之一體也，而絕不同。以晁、陳之學通之，一爲"藝術"，一則當入"史部地理家"。王象之《輿地紀勝》每一州碑目之後必附以《圖經》若干卷。初疑邑乘無與於石刻，後觀唐《吳興圖經》，其先爲顏魯公所書，刻於石柱，始知唐時圖經皆刻石，而今亡矣。此碑林中一大掌故，而知之者尟矣。最古者惟僞齊阜昌之《禹跡圖》、《華夷圖》，開方記里雖簡，實輿圖之鼻祖也。山西稷山縣有摹本，在保真觀，石橫二尺五寸，爲方七十一，豎三尺，爲方八十一，共方五千七百五十一，每方折地百里，誌《禹貢》山川、古今州郡、山水地名極精。阜昌圖方、廣各三尺餘，此石旁絪，非得墨本不能別其同異。宋呂大防《長安志

圖》已佚，近新出殘石數十片，余嘗從西估得拓本，離合鉤貫，不
能得其闛筍之處。吾吳郡學有《平江圖》，又有《地理圖》，與《天
文圖》、《帝王紹運圖》共爲一石。益都有《平昌寺地圖記》，元至
正十五年刻。所見地圖石刻僅此。此外，桂林府學有《釋奠位序
儀式圖》、《牲幣器服圖》，天一閣范氏藏舊拓《投壺圖》，此爲禮
圖，當附阮諶、聶崇義之次。右地圖一則

5.4-1　一曰橋柱。古人濬井，多於井欄造象，橋柱亦然。
所見造橋碑，如東魏武定七年《河内于府君》一刻，即題爲"義橋
石象碑"。《補訪碑録》有隋開皇九年《兩邨法義廿一人造象》，余
得拓本，按其文，實爲造橋而設，但碑有造象耳。唐開元三年《鄭
元□造義井、義堂記》，四面環刻大象主姓氏。寧陽縣有天寶三載
《臧公鑿井造象碑》。皆可證矣。按隋《灃水石橋碑》，其文有云"薰
修十善，迴向一乘[①]"，又有"法界含生，咸蒙斯福"語，與造象之文
相類。靈鼇方丈，即爲一葦慈航，此亦我佛津梁之志也夫。

5.4-2　司馬題橋，未聞刻柱。襄城棧道中有晉泰始六年
《潘宗伯造橋格題字》，此"格"字爲"閣"字之借。按漢《楊孟文石
門頌》有"橋梁斷絶"字，略陽有《李翕析里橋郙閣頌》，其文曰"析
里大橋"，又曰"臨深長淵，三百餘丈，接木相連，號爲萬柱"，此自
隴入蜀架閣之梁，非渡水之略彴也。自來橋記，當以魏《于府君
碑》爲最古。其次隋有四刻。鄒縣《仲思郵碑》，一也；開皇六年。
蘭山之《兩邨法義碑》，二也；開皇九年。《南和灃水石橋》前、後兩
碑，三也；開皇十一年經始，下無年月。《密長盛、逢盡望碑》，四也。開

---

① "薰修十善，迴向一乘"，原誤作"薰修十乘，迴向一善"，據王昶《金石萃編》卷
四十"洺州南和縣灃水石橋碑"條及嚴可均《全隋文》卷二十九"洺州南和縣灃水石橋
碑"條改。

皇廿年，亦在蘭山縣。余又藏蘭山一殘拓，中有"金沙滔滔"及"閣道"字，當亦爲造橋殘刻。唐開元以前所見三石，一爲《洨水橋碑》，永徽三年。一爲《壽光縣造橋記》，延載元年。一爲《滕縣割牛溝小石橋碑》。三刻皆精，而尤以《洨水橋》爲第一。結體遒媚，上可抗天保《定國寺》兩記，下可比潤州《魏法師碑》，蓋唐刻之至精者也。東南無唐以前刻，宋、元橋記，時有著録。吾郡紅闌三百，白香山詩所云"人家盡枕河"也。錢曉徵先生主講吾郡時，嘗偕鈕山人匪石刺舟遍游城内外，所過橋梁，盡録其題字。余在里中，亦謀之帖估，以通衢水道，終日行舟如織，無從繫纜，若籌燈椎拓，亦時有夜行船，卒不果。白塔子橋一宋碑在橋磩中，曹胡徐橋一宋碑則嵌於橋之岸側，皆近在咫尺，而竟未拓一紙，惟搜訪得井欄十餘通而已。又嘗過松陵城外，學宮前一大橋有元人題字，邑志亦未著録。以此知江浙水鄉，到處皆有。去年，藝風遣人至太倉州，拓得橋記二十餘通，皆宋、元刻，嘉定十一通，亦皆在城市中。碌碌因人，媿吾友矣。右橋柱二則

5.5　一曰井闌。梁天監丙子一刻，其最先矣。京師慈仁寺有唐開成井。諸井闌題字者，或四面，或六面，環而刻之。惟此井仰刻於欄之平面，有如《雪浪盆》，亦似《大定鼓》，或曰欄舊無字，好事者僞託唐人刻耳。余所見唐井二通，一天寶八載造，其闌分六面，四面題施主姓名，皆劉氏。一面《石槽欄頌》，作者名"鋗"，而自稱曰"宗子"，亦劉氏也。一面宋淳化五年續記，首行題"定州望都縣翟城鄉□藻村佛弟子劉緒施①"。完縣之娘子寨

---

①　端方《匋齋藏石記》卷三十九"劉緒施義井欄記"條載："定州望都縣翟城鄉劉藻村清信佛弟子劉緒。"

有《石經鈎欄石槽碑》，分三列，上列佛象，中列《心經》，下列碑文，右旁題“大唐開元聖文神武皇帝供養”。余初不知“槽”、“欄”爲何義，洎來北方，見道旁井，其側皆鑿石爲槽，汲水於槽以飲馬，乃恍然於“槽”爲一物，“欄”爲一物。刻經、造象，唐人製作甚精，誠不如開成井，且其字亦不盡刻於欄也。即如完縣井碑，寧陽《臧公碑》，長安有宋熙寧七年《善感院新井記》，僧慧觀書。皆碑也。惟吾鄉江浙間，南宋以後，井欄始多有題字。凡汲綆痕漸靡，深至寸餘，有似追蠡，或竟中裂如玦，試摩挲之，其欄必有字。然明初洪武、永樂間即如此，不必皆宋、元刻。余庚寅里居，取郡志按圖索驥，僅搜得宋、元十餘通。亡友管申季明經家杉瀆橋，門前有古井，顏曰“亨泉”，宋咸淳戊辰泗洲寺僧所立，有記有詩。申季即以“亨泉”自號，並拓一通見貽。嚴衙前有“復泉”，余欲物色之，分樹一幟，彳亍荒榛瓦礫中，竟不可得。大成坊有智井，宋紹熙中立，嘉定改元重整，爲姚公子公蓼所得。圓明院“方便泉”在畫禪寺東，元大德十年立，皇慶元年重修，字小於豆，清朗未損。余所得井欄，以此三刻爲最精，其餘皆殘泐，或無年月。大凡年月、題字之前，必有“義井”兩大字，如碑額，陰文深刻。亦有四圍陰文一線，而中仍作陽文凸起者。金陵“雷山義泉”至正八年。四大字尤古質，有六朝遺矩。虞山有北宋慶曆井欄，上有“積善鄉沈諒”題字，甚拙，不足觀。右井闌一則

5.6-1　一曰柱礎。《山西金石志》分類著録，以“幢柱”爲一類。或問：幢與柱異乎？曰：石幢八面，有觚棱，石柱平方，四面皆可刻字。漢郭巨石室石柱有唐人題字，此柱在先，刻在後。精藍巨刹，長廊廣殿，亦往往琢石爲柱，或題佛號，或題天尊號，宋淳熙三年玄妙觀石柱。或即刊施錢姓氏。華陰嶽廟有唐大中、乾符間

題字,鳳臺青蓮寺、濟寧普照寺石柱並有宋南渡以前題字,此皆
出於工匠,爲立柱時所刻。惟正定開元寺三門樓石柱最寬廣堅
固,唐人題名,自乾元元年至大曆十二年,共八十餘段,正、行兩
體,筆勢遒勁。以營造尺度之,拓本約廣二尺餘,則其柱之方廣
可知。余得龔孝公舊拓,未見第二本也。耀州《孫真人醫方》,亦
似刻於石柱。或云"華表",未詳。余在廈門鼓浪嶼所見觀世音石龕
中一聯,亦刻於兩柱,但其石未經磨瑩,凹凸不平,故右旁年月、
姓名小字即不甚分明耳。

5.6-2 殘碑斷碣,往往斲爲柱礎。如北海《李秀碑》,斲爲
六礎,今猶存兩礎,在文信國祠堂。此本非礎也,不知柱礎亦未
嘗無刻字。如元氏開化寺白玉石柱礎,有題名兩列,沈西雍考爲
北周刻,莫古於此矣。海寧紫微山廣福院、天聖三年。嘉定菩提
寺、建炎二年。吾鄉寶林寺,淳熙十五年。亦皆有柱礎題字,見於孫、
趙兩《錄》。又有幡竿石,亦柱礎之類。孫氏所收即有三刻,一嘉
祐三年汶上寶相寺,一崇寧三年泰安王母池,一宣和二年泗水三
殿廟。因石柱而連類及之。右柱礎二則　附幡竿石

5.7 一曰石闕。有廟門之闕,有墓門之闕,統而言之,皆神
道之闕也。廟闕有四,嵩嶽居其三,《太室》、《少室》、《開母廟》。華嶽
居其一。《西嶽廟神道闕題字》,《金石錄》云"永和元年五月"。其餘皆墓闕
也,制度亦不同。《高頤闕》立兩石爲門。《王稚子闕》壘石五層,
巖巉上鋭,如窣堵波狀。葉井叔《嵩陽石刻記》言"《開母廟闕》以
石條壘砌如垜而空其中",觀牛空山《金石圖》所繪,橫石六層,高
八尺五寸,闊五尺五寸,厚一尺八寸,《太室》、《少室》,高廣相等。
大凡石闕空處,皆有畫象,或在闕之兩旁,如武氏石闕及蘭山南
武陽兩闕一元和三年,一章和元年。皆是。兩漢闕多在蜀中,梁闕皆

在白下。劉燕庭《吾古志》所收,《王稚子》、《高貫方》兩闕之外,有漢《沈君左右闕》《李業闕》《楊宗闕》《馮煥闕》、蜀《賈公闕》。凡闕多東西相對,其孑然獨立者,或亡其一耳。如《王稚子》本兩闕,而一石亡於雍正中,今一石僅存殘字。《賈公闕》後有宋乾道六年《尚信題名》,亦剥蝕,以有題字者爲舊拓。《沈》、《馮》兩闕最清朗,沈韻初孝廉嘗裝《沈君闕》爲屏,懸之坐後,客至,見"沈君神道"字,莫不愕眙,其好奇如此。余所藏典午兩刻,一爲姚彦侍方伯藏石,其文云"巴郡察孝騎都尉枳楊君神道",隆安三年刻,分書,一爲王廉生前輩藏石,其文云"安丘長城陽王君神道",太康五年刻,篆書。《王君神道》共兩石,其文同,當亦東、西闕耳。但其石較漢制爲小,高不逮墓碣而廣過之。江寧諸闕,孫氏所收惟《吴平忠侯蕭景》一闕,趙氏所收惟《臨川靖惠王蕭宏》二闕,今新出土者,建陵《太祖文皇帝》兩闕,《蕭績》、《蕭正》各兩闕,《蕭映》一闕,又一殘闕,僅存"故散"二字,與《蕭景闕》皆反刻。凡兩闕相對者,其西闕之文皆左行。屈指海内貞石遺文,惟闕多古刻,斷自蕭梁爲止,隋、唐以下,蓋闕如也。右石闕一則

5.8-1　一曰題名。登彼西山,岷首留名之想;送君南浦,河梁贈别之言。或蕭寺籠紗,續僧寮之佳句;或苔牀拂縟,記仙洞之游蹤。況夫游子山頭,逐臣澤畔,冷泉判事,倥偬餘間,炎徼投荒,凄涼終古。於斯時也,山川登眺,俯仰興懷,選石留題,以紀鴻爪。其人其字,大都出自雅流;某水某山,從此遂留古跡。姓名年月,皆考證之攸資;子弟賓僚,亦牽連而並録。此唐以後石刻惟題名爲可寶也。雖然,漢亦有之。《韓勑碑》陰有熹平間項伯修題字,《倉頡廟碑》額亦有題名兩列,皆漢人也。不數宋《吕大忠》一刻。郭巨石室,自漢而晉而魏,至北齊天保,纍纍林立,惜皆

172

剝蝕。世所傳《孝堂》拓本但有畫象，若題名，則從未見，疑平津著録所據者一極舊拓，不然，未應盡泐至此也。王氏《萃編》惟載第三、第六兩幅。第六幅云"平原濕陰邵善君以永建四年四月廿四日來過此堂，叩頭謝賢明"，詳其詞，似吏民甘棠之思。第三幅云"泰山高令明永康元年十月廿一日敬來觀記之"，亦似太史公之謁闕里。《倉頡碑》額云"左馮翊東牟平陵衡君諱某"，"諱"下泐一字。又云"熹平六年五月廿八日，出奉錢二百"。夫曰"君"，則非衡君所自題，蓋亦出錢之人以補陰、側所未及。《韓勅碑》陰義亦如此，與唐、宋題名不同。故題名不必求古刻，考其紀年，兩宋爲多，即唐賢亦不過百一。蘇文忠笠屐所至，最好留題，以黨禁多鐫毀。南宋光堯後，士大夫渡江而南，臨安爲六飛所止，江、皖不啻左右輔，即閩、蜀、楚、粵之區，或請祠歸隱，或出守左遷，林壑徜徉，自題歲月。其詞皆典雅可誦，其書皆飄飄有凌雲之氣，每一展對，心開目明，如接前賢謦欬。

5.8-2　題名同，而所題之石不同。一爲舊碑之陰，後來者陰不足，則題於兩側，再不足，題於額，或額之陰，或正面提行空處，如華陰曲陽嶽廟、曲阜孔廟諸碑是矣。秦中唐碑煊赫者，如昭陵、《醴泉》、《聖教》、《圭峰》，其陰、側亦莫不有題字。顧亭林《金石文字記》云："唐人紀游題名，皆就舊碑之陰及兩旁書之，前人已題，後人即於空處插入，大小、高下，皆無定準。宋初亦然。自大中祥符以後，題名者乃別求一石刻之，字體始得舒縱，亦不與舊文相亂。然石小易於搬運，故題名愈多，而存者愈少。"一爲摩厓。負郭諸山，若蘇之虎丘、杭之三竺，荒厓絕巘，人跡不到之區。若夔巫諸峽，苺苔封蝕，樵牧摧殘，不知凡幾。且地愈僻則沈埋愈久。其出也，往往蟬聯不絕，鋒穎如新，如鴉接翼，如魚銜尾。一人所題，或不止一刻，後人所得，或轉過前人，少者十餘通，多且至百十。如蜀中新出之《石魚題名》、閩中新出之《鼓山題名》。藝風在皖中，新訪得浮山、齊山及潛山之石牛洞，自來金石家無見者。陸蔚庭前輩嘗諷余曰："子錄經幢，何不依劉燕庭《蒼玉洞》之例，取諸山題名圖而釋之？"剌促風塵，媿負良友之忠告。其一則斲石爲幢，以備後來之劖刻。西嶽、北嶽各有一幢，宋人陸續題名至數十段。襄陽峴山有一柱。又若平泉清供，艮嶽奇姿，薿兹一卷之形，鬱然千仞之勢。太華峰頂，洗餘玉女之頭；九曜坊前，削出仙人之掌。他如《聽松》、《咒水》、《試劍》、《排衙》，溯厥巑岏，不過塊然頑質，自經名賢之染翰，遂登歐、趙之堂，而與摩厓並錄。雖非浟浟大風，亦題名之附庸已。

5.8-3　題名皆在名山洞府。世有宗少文、趙明誠，山川之勝，翰墨之緣，可以兼得。余嘗謂徐霞客好游而不知網羅古刻，近時陳簠齋[①]好古而深居里門不出，此古今一大憾事。塊然空谷，悻獨無聊。五嶽起於靈臺，九州羅於斗室。壺中葳月，果成縮地之圖；壁上煙雲，如見摩厓之字。嗒然若南郭之隱几，泠然若列禦寇之御風。壯哉此游，瞬息間耳。戲作《臥游訪碑記》一篇，亟起書之，以爲寓言也可，以爲訪碑之實錄也亦可。余吳人也，自吳發軔，渡江而北。登狼山觀音巖，訪蔣之奇、趙師罜等題名，共十通，皆江陰繆筱珊前輩所訪得，前此未著於錄。以海州僻在東海之濱，迂道先游之。訪海清寺，讀《鬱林觀東巖壁記》，登釣臺石壁，以次游鷹游、白虎諸山，秉炬達龍洞，隋《王謨》、開皇三年。唐《盧紹》大中十二年。諸題名在焉。州北與山左接壤，即由郯城驅車登泰山，日觀峰絕頂有宋馬熙、熙寧八年。劉衮元祐二年《祈雪記》。諸人題字，其餘則小蓬萊、王母池、桃源峪、振衣岡、避風臺、白龍池、巢鶴巖，皆前賢題壁處。惟積薪居上，後來者往往

①　"陳簠齋"，原作"陳簠齊"。陳介祺，字壽卿，號簠齋，山東濰縣人。

剷舊題而漫刻之,摩挲太息。既下,宿於岱嶽觀,觀唐《鴛鴦碑》,自顯慶六年郭行真始,皆羽流設醮題名也。翌日,循鄒、嶧之間至曲阜,謁闕里廟堂,漢、唐諸碑,鵲立堂廡,碑之陰、側,唐、宋人題字林立。元題名世絕少,惟孔林有百餘通,平津著錄,尚不盡於此。齊景公①之游也,曰:"吾欲觀於轉附、朝儛,遵海而南,放於琅邪。"即今青、齊間海上諸山也。萊州雲峰山鄭道昭所題《青煙寺》、《白雲堂》、《朱陽②臺》,以逮《駕月栖玄》之屬,雖託之寓言,實爲題名之濫觴。登峰周覽,飄飄然有凌雲之想。益都之雲門山、臨朐之仰天山,亦皆有宋人題字,與刻經、造象雜然並列,視向所未有者補拓之。遂返歷下,先游負郭之龍洞,自郡城過長清靈巖寺,得蘇子瞻、蔡元度諸刻。李北海碑,孫淵如云已佚,問老僧,尚無恙。輦下多遼、金遺跡,展輪而北,不過十日程耳。遼、金雖與中土同文,風流文采,瞠乎在後,故畿輔題名最少。惟曲陽北嶽廟,唐自天寶以下,宋自宣和以前,舊碑之陰,累累者姓氏具在。趙州之北五里大石橋亦有宋、金、元題字十九通,命廠佑裹糧往,盡拓之。出都門,道定州,觀雪浪石,遂度井陘,入平定州。其地爲唐承天軍城,有裴晉公、韓昌黎題字,"高山仰止,景行行止",雖僅兩刻乎,與球圖並重矣。由此而渡河,敏潼關,鳳臺則有硤石山、青蓮寺,永濟則有栖巖寺,皆不當官道。關中爲漢、唐故都,其地有樓觀、雁塔、溫泉、玉華宮、草堂寺。而華陰嶽廟,尤爲題名之所萃,趙德甫《金石錄》所收即有五卷,王氏《萃編》自大中祥符三年訖建炎初,共八十六段。今雖不無剜損,然

---

① "齊景公",原誤作"齊宣王"。《孟子·梁惠王下》載:"昔者齊景公問於晏子曰:'吾欲觀於轉附、朝儛,遵海而南,放於琅邪,吾何脩而可以比於先王觀也?'"

② "朱陽",原誤作"朱明"。于書亭《雲峰 天柱諸山北朝刻石》載"朱陽之臺題字"拓片,釋其文:"中岳先生熒陽鄭道昭朱陽之臺也。"

往往新得，有爲前人所未見者。若由此出函谷，經轘轅，中州金石，皆萃於鞏、洛之交。然嵩則塔銘爲多，洛則造象爲多。惟石淙兩厓間略有宋人題識，亦如晨星之落落。不如由褒斜入蜀，天梯石棧，閣道雲連，石門、析里之間，宋時士大夫入蜀者莫不濡毫於此。惟古時棧道在高處，今遙望層巒疊嶂間，字跡皆可望不可即。今世所得見者，惟晏袤山河堰諸刻及《玉盆題名》十二段耳。皆崇寧間刻。蜀中惟成都數百里平坦，四面皆山，自劉燕庭入蜀搜訪，三巴古跡始大顯。簡州有周文王廟，資州有東、北兩巖，巴州有南、北兩龕。巴州之《佛龕記》、《楠木歌》、《西龕石壁詩》，皆乾元中嚴武所刻。余新得杜甫書嚴武詩，浣花遺跡，海內祇此一通，可以傲燕庭矣。其餘舊所錄者，若榮縣之榮梨山，蓬溪之龍多山，綿州之富樂山，劍州之鶴鳴山，彭山之象耳山，廣元之千佛厓、大雲寺，樂山之程公洞，萬縣之岑公洞。夔巫江中新出《石魚題刻》，姚彥侍方伯搜得之。藝風生長錦城，嘗云："舟行三峽中，遙望臨江石壁，參差掩映，皆古刻也。"《三巴䣝古志》所收，皆人跡易到者耳。泝江而下，漢水之北則施南有三游洞，舊未著於錄，吾友王勝之學使按部過此始披榛得之。湘水以南則有祁陽之浯溪，元次山"三吾銘"皆在於此。零陵之澹山巖，衡陽之石鼓山，江華之朝陽、陽華、華嚴、獅子諸巖及寒亭、暖谷，皆古五溪之地也，綜而計之，二百餘則。唐、宋題名之淵藪以桂林爲甲，其次即五溪矣。由湘返鄂，汎舟過赤壁，越匡廬，登當塗之蛾眉亭，觀宋、元人采石磯詩。皖南石刻，舊惟有歙之三天洞，亦僅唐《蘇道淙》一刻。此外則盱眙之第一山，米南宮與張大亨題名處，有南宮所書"第一山"三大字。今藝風又訪得貴池之齊山、桐城之浮玉山、潛山之石牛洞，先後所得踰百通，於是齊雲、黃海間，不爲寂寞矣。由蕪湖東下即入吾吳之江寧境，其附郭有鍾山三宿巖、祈澤寺。鍾山乾道乙酉《陸劍南》一刻亦藝風新得，爲前人所未錄。棲霞山在郭外，徐鼎臣篆題在焉。天開、千佛諸巖，迤邐相接，皆有宋賢留題。又東則句曲之茅山、京口之焦山，皆爲歸路所經。稍折而至陽羨山中，訪善權、張公兩洞。繼至惠山，憩聽松石，距里門不百里，北征歸矣。而後乃今將圖南。出郭即先登虎丘，尋覽厓石，宋人題字可數十通，與茅山、焦山埒，惜《賀方回》一石爲妄人鑿損。林屋一洞，在包山靈祐宮側，非渡太湖不能拓。即挂帆入浙，自弁山、顧渚以達武林，於是湖上諸山，若靈隱之飛來峰、煙霞、佛手諸巖，慈雲、大麥諸嶺，青林、石屋、水樂諸洞，所有古刻，皆入行篋。渡錢唐江而東，山陰之臥龍、青田之石門以及天台、雁宕諸勝，莫不爲笠屐所經，蒈椎所及。由浙赴粵有兩路，一自章貢之間度嶺，一由漳、泉泛海。章南惟贛州通天巖有宋題名三十三通，不如道闓。閩之鼓山、烏石山，舊時著錄不過三四通而已，今所得且過百通，王旭莊同年之所貽也。長汀之蒼玉洞，以劉燕庭輯刻本校之，無異同。遂由汀航海至潮州，先訪金山書院，峭壁如屏，俯臨韓江之畔，但皆明以後題字，而宋、元蓋尠。由是至五羊城，觀九曜石。英德之碧落洞，樂昌之泐溪巖，高要之七星巖、陽春巖，陽山之巾山大雲洞、燕喜亭，德慶之三洲巖，瓊州之東潭石巖，皆海南題名處。瓊島孤懸海外，蘇子瞻題字皆明以後重摹，或可不到。而自蒼梧達桂林。謝氏《粵西金石略》，桂林諸山居十之九。大曆《平蠻碑》最古，在鎮南峰。其餘有虞山、隱山、雉山、辰山、穿山、獨秀山、疊綵山、屏風山、清秀山、寶華山、七星山、元巖、龍隱巖、讀書巖、伏波巖、穿雲巖、彈子巖、琴潭巖、劉仙巖、曾公巖，亦名冷水巖，龍隱巖深處有迴穴，又有風洞、潛珍洞、白龍洞、華景洞、水月洞、玄風洞、棲霞洞，以上諸山，無一處無摩厓。唐、宋石刻，莫多於此。此外，如融縣之真仙巖、富川之碧雲洞、馬平之立魚石室，不啻邾、莒之視齊、晉。然余所得真仙拓本，常德唐召皆①同年所贈，多有在謝《略》之外者。過此以往，炎荒瘴屬，謫宦、流人，亦所罕至，可以倦游而返矣。海內名山，前賢遺迹，所見所聞，約略在是。其所不知，或有新出。世有振奇嗜古之君子如吾友藝風者，雖爲之執鞭，所欣慕焉。壬寅，奉使度隴，五載駪征，在邠州拓得大佛寺全分，在涇州拓得回山宮全分，此皆秦、隴之間名迹也。平涼之空同山、秦州之麥積巖、成縣之天井關，亦皆有宋人題名，但寥寥無幾耳。補記於此。

5.8-4　諸山題名，真、行爲多，分、篆爲少，而篆書較分書尤少。唐惟瞿令問，宋惟吳中復，其摩厓喜用篆字。祁陽諸刻，“三吾銘”皆篆字，此外惟大和五年《王軒》一刻。淡山巖惟《李昭輔》，崇寧甲申。《董令升》二刻。紹興乙卯。桂林全山至三百通，而篆書不過六刻，大中祥符五年《俞獻可》、天禧二年《燕肅》、元豐二年《曾布》、紹興五年《李彌大》、淳熙九年《熊飛》、嘉定六年《管定夫》。若華景洞《李師中詩》、卦德亭《陳孔碩銘》，年月、題詩或參以真書，不盡爲篆體也。吾鄉宜興善權洞有大中四年篆題一則，鍾離權在同游之末，因相傳爲雲房先生筆。棲霞有徐鼎臣兄弟小篆，此可寶矣。然二徐所題但曰“徐鉉”、“徐鍇”，姓名之外，不著一字。大都題名書法不一，或書名，或書字。以桂林石刻證之，如盧約題名三則，皆在紹聖。兩書“盧約”，其一爲“盧潛禮”，“潛禮”即“約”之字，程建題名二則，崇寧壬午、甲申。一書“子立”，“子立”即“建”之字也。推之詹儀之之爲“體仁”、方信孺之爲“孚若”，莫不皆然。再以武林諸山證之，南屏、石屋皆有魯元翰題名，而佛手巖作“魯有開”，青林、玉乳皆有晁美叔題名，而天竺山

①　“唐召皆”，原誤作“易召皆”。唐右楨，字召皆，湖南常德人。光緒十五年進士。光緒二十五年令廣西融縣。

作"晁端彥"，亦書名、書字之不同。再以石牛洞證之，"東里王弗"、"柯山徐烈"則書地，"尚書右司郎中李師中"、"朝議大夫知軍州事楊希元"則書官，"安陽韓正彥"、"延陵吳國佐"則書郡望，"河南陳紘公度"、"龍舒謝庾夢符"則書地書姓、名并書字，"南陽子清"、"青社學古"則又書字而不書名并不書姓。青林洞"殿前承旨胡"、"觀察判官劉"二通則又書官書姓而不書名，尤爲他題所僅見。再以諸刻通證之，吾吳鍾山之"叔涣、伯玉"一段，乾道乙亥。棲霞之"述夫、文倪"一段，政和丁酉。"無导、熙叟"一段，重和二年。高要七星巖之"晉卿、公佐"一段，慶曆五年。"則之、伯通、伯源"一段，無年月，考在治平間。廣州九曜石之"南容、少連、夷吾"一段，紹興。"士宏、子高"一段，丙午仲春，考在治平間。蒲州栖巖寺之"伯達、子應"一段，大觀戊子。"元伯、無外"一段，甲申寒食。皆不書姓、名而書字，則後人頗難於考證矣。又有兄弟同游，如華嶽廟之"劉士深、劉士清"、"李迪、李遄、李遥、李遠"，廣德元年，同一石。皆書姓，而棲霞之"彥淵、彥樞"，宣和二年。潛山之"晞尹、晞說、晞奭"，熙寧己酉。"道濟、思濟"，熙寧丁巳。亦不書姓，以其排行知爲名而非字。又有書別號，如棲霞之"曲轅子"、蒼玉洞之"九仙居士"、陽山大雲洞之"鳳岡漫叟"。如此之類，未可枚舉。其年月又間有但書甲子，不詳紀元。故惟題名有資於考史，而鉤稽亦頗不易。其紀游也，多以幕僚公宴，或餞別，或句當公事，如勸農、祈雪、行水之類，登高作賦，臨流歌詩，或如次山之三銘，或如柳州之八記，刻之厓壁，亦大夫九能之一。又有作擘窠大字，如"靈棗"、"浮玉"之類，皆所以紀一時鴻雪，附之題名之列，不亦可乎？

5.8-5 桂林諸山，重游續題者，至再至三，不一而足。若范文穆、管定夫、方孚若，且不止四五刻矣。茅山之曾審言、藥洲之許彥先、浯溪之柳應辰、陽山大雲洞之杜扞，亦各有數刻不等，然皆不必在一處。惟屏風山乾道丁亥《李似之題名》，後續題云"後三日再至"，又題云"明年秋七月甲子，師仲復來"，"師仲"即丁亥同游之侶。又伏波巖劉方明第二題云："翌日，改轅而北，再勒於前題之左。"以上諸刻，蟬聯而下，"前度劉郎今又來"，游蹤如見。兄弟子姪同游者，亦例得並書，或書"某某等隨侍"，或即命其子書之。如資州北巖《李善持題名》，乾道戊子。子延譽書；高要七星巖《張蕭題名》，慶曆六年。子才卿書；襄陽峴山石柱有《黃堯允等題名》，"元豐庚申胡宗回謹令男義修題"；龍隱巖章峴《登環翠閣詩》作於治平丙午，至熙寧戊申，男凝書而刻之。又有侍親以游者。潛山石牛洞《毗陵柴愿等題名》，末題"嘉定癸未侍親庭觀耕後一日"；閩鼓山有開禧改元《閩尉吳渙奉父來游題名》；枻緣在鄂，訪得《木杪仙人洞題名》，有"親年八十，步履如飛"之語，令人想見天倫之樂。又有祖父所題，子孫過此，摩挲手澤，再題其後。如寶元二年濟源。《陳述古題名》，其子知素於治平丙午續題其側；湖州墨妙亭《陳師錫玉筍題名》，下有"嘉定己巳，曾孫陳正大敬觀"題字；臨桂中隱山端平丙申《鍾春伯、范旂叟題名》，其末題云"後十六年，敬爲先清敏拂塵，男德輿"；鼓山乾道丁亥《王瞻叔題名》，後有"淳祐癸卯，曾孫亞夫來此拂石"十二字；衡州石鼓山《劉莘老題名》，熙寧五年。右方小字題云"後百八十三年，六世孫震、孫蒙恩來持庾節，拂拭舊題，不任感愴，寶祐二年秋九月旦"，凡三十三字。華嶽廟咸平三年《高紳題名》，右側題字一段有"先大□咸平"字，最後有"環慶"二字渺存其半，亦是其後人宦於環慶，過此重題。孝子慈孫，油然杯棬之思，可敬可愛。惸獨餘生，楹書無託，每一披玩，潸然流涕。

　　5.8-6　或問：北朝造象有文字斷裂僅存象主姓氏，此可謂之"題名"乎？曰：不可，仍當歸之造象。石刻中惟有兩種不得謂之非題名,而與紀游之跡迥然不同。一則官吏之題名也,一則科舉之題名也。漢碑陰、側書佐、掾^①、史姓氏,實爲"官吏"之濫觴。然私立而非官立,且其意主於頌府主,或出奉錢而已。唐西安《御史臺精舍》及《郎官石柱》,官吏題名之最古者。淮之山陽有《楚州刺史題名石柱》,自大和訖會昌。按《吳興志》有《郡守題名記》,康定元年,張方平撰,又有《烏程》、慶曆四年。《德清》自太平興國三年至康定元年。縣令兩碑,又有章衡《倅廳題名記》,皆佚。竊謂唐、宋諸州皆當如此,非沈埋未出,即斷缺不完耳。其存者,京師有金党懷英《禮部令史題名記》;浙江寧海有縣題名,宋紹定二年,吳子良撰記;海寧有州題名,元至正二十二年,徐中紀撰記;皖之寧國有元《建康道廉訪司題名記》;吾吳嘉定州有《教授題名記》,自元貞二年始,至正十年八月止;浙之歸安有《教諭題名記》,至正十五年,宇文公諒撰;錢唐縣^②智果寺有咸淳八年《同班題名碑》,未見墨拓,不知其爲何官,當是行在所内值班耳。此皆其僅存者也。進士題名,始於唐之雁塔,觀王定保、孫光憲所紀,想見曲江釋褐爲一時盛事,不知何以遂無片石。京師國學,元、明至今《進士題名碑》尚存,又有《國學貢試一作"公試"。題名》,皆至正間刻。紹興府學,孫《錄》收淳熙十六年一刻,趙《錄》收慶元二年一刻、紹定五年一刻。皖中有兩刻,一在滁州歐梅亭,紹興十八年。一在當塗學舍。寶祐甲寅,牟子才記。長安碑林一石,始僞齊阜昌元年,訖金興定二年。中山有元初一石,憲宗七年。李謙撰文,稱爲《前進士題名記》。湖南黔陽縣有《登科題名碑》,立於寶

---

① "掾",原誤作"椽"。漢代郡縣多設掾、史、書佐等職。本書多有誤"掾"爲"椽"者,當係鈔刻時因形近而致誤,以下不出校。

② "錢唐縣",原誤作"唐縣"。孫星衍《寰宇訪碑錄》卷九載:"北山智果寺《傅勉之等同班題名碑》,正書,咸淳八年六月,浙江錢塘。"

祐甲寅，余從建霞得一本，諸家所未著録也。鄉舉題名，吾吳郡學有一刻，起紹興庚申，訖寶祐戊午；山東有兩刻，皆在至正中，一毛元慶撰，許彧書，一孫壽撰，趙恒書。又若袁説友《同年酬唱詩》、在吳學。范文穆《鹿鳴燕詩》、在桂林。融縣之《貢士庫記》，亦皆考科名掌故者所宜知也。

　　5.8-7　六朝、唐時造象，其字迹奇拙、刻畫淺細者，大都出自石工。唐、宋碑年月之後，亦多有都料、句當姓名，唯題名則否。余於諸山摩厓得匠石自題者五通。一爲龍門天聖四年《丁裕題名》，其自署爲“三班借職監西京伊河□木務[①]”，則亦都料之類也；一爲唐大和八年嘉祥石龍庵《匠者施□題名》；一爲大中十年華陰嶽廟《當工匠人張□祜題名》，“施”下、“張”下皆有闕文；一爲元符三年泰山白龍池《石匠吕全等題名》；一爲金承安二年嘉祥《洪山故縣村石匠題字》。登高染翰，刊記歲月，蓋彬彬有士大夫之風矣。

　　5.8-8　唐、宋題名，不皆親爲命筆。余所見臨桂諸山摩厓，或曰“奉台旨書”，或曰“奉命書”，非其屬吏，即其子姪行也。其親筆者，往往有捧硯之人。余嘗見畫師寫“石上題詩埽緑苔”詩意，旁立一童子捧硯，其命意正合。宋華陰《高紳題名》末云：“咸平下缺。廿一日，躬翰夷直捧硯。”慶曆二年《朱顯之七星巖題名》後云：“男諷捧研，詢、詠侍立。”《王郅、陳彪、王淵啟母廟題記》後題：“政和戊戌，彪謹題，捧硯劉天錫。”中和五年《李克用題名》，有“易定節度使檢校司空王處存看題”。王惕甫云：“‘看題’，猶漢之‘察書’也。”右題名八則

---

　　①　畢沅《中州金石記》卷四“龍門佛龕題名”條有“三班借職監西京伊河竹木務”語。

5.9 一曰摩厓。今人見題名，或稱之曰"摩厓"，不知摩厓不皆題名也。即如桂林諸山，詩、賦、贊、頌姑勿論，唐、宋平蠻諸碑、韓雲卿《舜廟碑》，非巍然巨製乎？《經略趙郎中德政碑》、《曾三聘神道碑》、方公祠之《迎送神曲》，豈得謂之"題名"乎？晉、豫、齊魯間，佛經、造象亦往往刻於厓壁。張子韶書《論語・問政》章，司馬溫公書《家人卦》，吾儒亦援其例。蓋"摩厓"猶"碑"也。爲通稱，爲虛位，亦爲刻石之綱，其文字則條目也。孫《錄》"晉陽山摩厓"、趙《錄》"奇石山摩厓"，若推求其文字，亦必有著錄之名，而不當即以"摩厓"標目也。且碑之有文字始於秦、漢，而周之"吉日癸巳"即摩厓刻矣。推而上之，海東之《錦山古字》、黔南之《紅厓古字》，遠在商、周以前，亦皆摩厓也，則碑爲後起矣。山巔水涯，人跡不到，且壁立千仞，非如斷碑之可礱爲柱礎，斲爲階甃，故其傳較碑碣爲壽。惟安人或不免鑿損之，此則同爲一刼耳。右摩厓一則

5.10-1 一曰買地莂。《釋名》："莂，別也。大書中央，破別之也。"古人造冢，設爲買地之詞，刻石爲券，納之壙中。漢時或刻於甎。太倉陸蔚庭前輩藏古甎甚富，有建寧元年《馬氏兄弟買山莂》，即冢中甎也。或大字摩厓。越中有漢《大吉山地記》，建初元年造。洛中出晉《楊紹買地莂》，太康五年造。若三巴《楊量》一刻，則僞託也。唐時幽窀之文，先後出土不絶，而墓券不多見。惟大和九年《徐府君、劉夫人合祔銘》，其後載墓地步界、用錢數目及地主、保人姓名，此與東平《真清觀牒》下列買地文契同，金大安元年。轉爲真券，與漢之地莂非一例。南漢劉氏有《馬二十四娘墓券》。渭南趙乾生家藏有《朱近墓券》，作於僞齊阜昌間，至紹興元年遷葬。其文雖不雅馴，錄之頗可資談屑。《馬券》

略云："用錢玖萬玖仟玖伯玖拾玖貫玖伯玖拾玖文玖分玖毫玖厘，於地主武夷王邊買得坤向地一面。上至青天，下極黃泉，東至甲乙騏驎，南至丙丁鳳凰，西至庚辛章光，北至壬癸玉堂。"又云："買地主神仙武夷王，賣地主神仙張堅固，知見神仙李定度，證見領錢神仙東方朔，領錢神仙赤松子，量地神仙白鶴仙。書券積是東海鯉魚仙，讀券元是天上鶴。鶴上青天，魚入深泉。"末云："太上老君勑□詔書[1]，急急如律令。"上有"合同之券一道"六字，破爲半，如剖符形，右側有符籙一道。《朱券》亦云："用錢上泐。九千九百九十文。東至青龍，西至白虎，南至朱雀，北至玄武，上至蒼天，下至黃泉。保人張陸、李定度，知見人東王公、西王母，書契人石功曹，讀契人金主簿。書契人飛上天，讀契人入黃泉。急急如律令。"大致略同，但文字刻畫簡率殊甚。秦、越相去萬里，而風俗相同如此。漢時又有《潁陽井券》，其石久佚，平津所收，據仁和趙晉齋藏本。

附録錢氏《養新録》一則

　　周密《癸辛雜識》云："今人造墓必用買地券，以梓木爲之，朱書云'用錢九萬九千九百九十九文，買到某地'云云。此村巫風俗如此，殊爲可笑。及觀元遺山《續夷堅志》載曲陽燕川青陽壩有人起墓，得鐵券刻金字，云'敕葬忠臣王處存，賜錢九萬九千九百九十九貫九百九十九文'，此唐哀宗之時，然則此事由來久矣。"頃歲，山陰童二如游洛陽，得石刻一方，其文云："大男楊紹從土公買冢地一丘。東極闓澤，西極黃滕，南極山背，北極於湖。直錢四百萬，即日交畢。

---

[1]　《馬二十四娘墓券》拓片及鄧之誠《骨董瑣記全編》"南漢買地莂"條録文均作"太上老君勑青詔書"。

日月爲證，四時爲任。太康五年九月廿九日，對共破剒。民有私約如律即"律"字。令。"蓋晉時所刻。乃知人家營葬向土公買地，其説相承已久，不始於唐世。惜乎遺山、草窗兩公未得此異聞也。

5.10-2　庚子初冬，昌平避地回京，在厰肆得大中《劉氏墓券》，其文云："劉元簡於百姓喬元□[①]邊，□□□□五貫文買地壹段壹拾畝，充永業墓地。東自至，西至吳侍御墓，南自至，北自至。"又云："□□□□，當是"東至蒼龍[②]"四字。西至白□，南至朱雀，北至玄武，上至青天，□□□泉。"末又有"並舊劉氏先有居者，遠□萬里，石券分明"等語。據前四至皆實界，與今墓、宅券同，後四至已涉堪輿家説，然猶簡質近古。丙午秋，自隴旋里，又得《喬進臣買地牒》，其文云："元和九年九月廿七日，喬進臣買德"得"俗字。地一段。東至東海，西至山，南至釖各，北至長城。用錢九十九千九百九文。其錢交付訖，其地更不得忓忚。如有忓忚，打你九千，使你作奴婢。上至天，下至皇泉。保人張堅故，保人管公明，保人東方朔，見人李定度。""釖各"當爲"劍閣"之駁文。"山"、"海"、"劍閣"、"長城"，極言其寥廓無界，純爲虛搆之詞。"忓"字當是"十千"二字合體，下一字未詳。末云"喬進臣牒"，亦不作"券"、"剒"字。元和尚在大中前，其文已荒誕不經如此。觀兩刻，始知墓券之制雖濫觴於晉剒，其盛行當在唐中葉以後。右買地剒二則

5.11　一曰投龍紀。張燕昌《金石契》載《吳越王龍簡》，範

---

① 端方《匋齋藏石記》卷三十三"劉元簡買地券"條録文作"喬元静"。
② 端方《匋齋藏石記》卷三十三"劉元簡買地券"條録文作"東至青□"。

銀爲之。余曾見拓本一通，密行細字，制作甚精，四圍皆鏤蟠螭紋。蛟黿之窟，漩淵不測，非没人安從得之？其刻石之文，但有道流姓氏及設醮年月，非投之深淵者也。隋以前未聞。唐乾封間《仰天洞王知慎投龍紀》爲最古。至天授間，復有《金臺觀主馬元貞》一刻。在濟源。按其文云“大周革命，奉敕往五嶽四瀆投龍”，則當時所刻不止一石矣。今存唐刻，尚有《董靈寳》兩石。一見趙《録》，開元廿一年，在肅寧；一見孫《録》，開元廿三年，在泰安。新出者，尚有《大房山投龍璧記》，開元廿七年，張湛文。其石先爲藝風所得，今歸貴池劉聚卿。又有《趙居貞投龍璧記》，出山左，無年月，按孫《録》“《雲門山投龍詩》，天寶七載，趙居貞撰”，當爲一人一時事。自乾元訖天水之末，僅有大中祥符九年華陰《張懷彬》一刻。元時嵩高有兩刻，一大德十年《王德淵記》；一皇慶二年，吴全節書。濟源有六刻，中統五年《李□國》①、至元七年《李惟深》、十二年《袁志遠》、大德六年《李思誠》、延祐元年《周應極》、泰定元年《周天大》，並見《中州金石記》。《周應極》一刻，趙文敏書，最精。大抵皆道流之所作，其石皆在名山廣瀆。觀濟瀆諸碑，皆曰“投龍簡記”，而《張湛》、《趙居貞》兩刻，則曰“龍璧”，知古時祭告嶽、瀆，循用沈璧之儀。其刻簡有文字，自唐以後始。右投龍紀一則

5.12　一曰神位題字。趙德父《金石録》有《四皓神位神胙儿》，共四石，在漢惠帝陵旁。“東園”之“園”作“圈”，趙氏舉以證圈稱《陳留風俗傳自序》。今其石已佚，而撝叔《補訪碑録》猶據松陵楊氏孤本著録之。曲阜有《況其卿②》、《上谷府卿》兩墳壇，皆居攝二年造。牛空山《金石圖》云：“二石龕，龕楦四圍而鑿其

---

①　黄叔璥《中州金石考》卷五“懷慶府濟源縣”下載：《濟祠投龍簡靈應記》，中統五年，李忠國撰，劉鐸書。”

②　“況其卿”，原誤作“祝其卿”，據拙文《〈金石録〉“祝其卿墳壇”刻石新考》改。

中,刻之於内。《況其①》龕崇一尺,廣二尺,厚一尺。五分其龕崇,二以爲鑿崇,以其三爲兩樽之崇。十分其龕,三而殺之以爲鑿廣,鑿廣五寸五分,餘以爲樽廣。三分其樽廣,一在左,二在右,以置其鑿弦,鑿於龕上、下、中也。以其厚之弱爲之鑿深。"其制度雖不與神位同,刻石以祀之,一也。按《說文》"祐"字下云:"周禮有郊、宗、石室。一曰:大夫以石爲主。"許君《五經異義》云:"《春秋左氏傳》,衛孔悝'反祏於西圃'。祏,石主也。今山陽民俗,祭皆以石爲主。"則神位刻石,其所自來遠矣。按濟寧州有漢"朱君長"三字石刻,蜀有"上庸長"三字。竊謂古人質樸,期思之愛,但書其官職、姓名以祀之,亦"石主"之類也。端午橋制府藏一元石,其中爲"大社神位"四大字,其左小字一行云"大德五年八月初□日",此漢以後僅見者。右神位題字 ·則

5.13　一曰食堂題字。即饗堂也。古時祠墓建堂,以爲享神之所。乾嘉以前,金石家無著録。近始有永元八年一刻、永建五年一刻、建康元年《壽貴里文叔陽》一刻,皆山左新出土。"永建",濟寧,餘兩刻在魚臺。"永建"及《文叔陽》兩石有畫象,其年月、題記皆小分書,界以直格,秀逸可愛,略似漢畫象題字,其筆法與延平元年《陽三老》刻石亦同。右食堂題字一則

5.14　一曰醫方。昔賢好集方書,不徒筆諸記載,兼有刻石以傳者。余讀《焦氏筆乘》,有一方云:"豬牙皁角及生薑,西國升麻蜀地黄。木律旱蓮槐角子,細辛荷葉要相當。青鹽等分同燒煅,研細將來使最良。揩齒固牙髭鬢黑,誰知世上有仙方。"云此

---

① "況其",原誤作"祝其"。

出江少虞《類苑》"《西嶽蓮花峰斷碑》'齒藥方'①"也,今不傳。粤
西有三刻。按李元綱《厚德録》:"陳文忠公堯叟嘗爲廣西轉運
使,以其俗有疾不服藥,惟禱神,遂以《集驗方》刻石桂州驛舍,是
後始有服藥者。"又按謝氏《待訪録》引《名勝志》云:"宋范質子旻
知邕州,嘗刊《療病方書》於宣化廳壁。"此兩刻亦不傳。今所存
者,惟宣和四年晉江吕謂所刊《養氣方》,尚在劉仙巖厓壁耳。然
其事不自宋始,莫古於龍門《師道興造象方》,尚是齊武平六年
刻,列龕之四圍殆徧。其中有"徐長卿②"一味,《本草》所不載,王
述庵以爲"劉寄奴"之流,亦藥名也。唐耀州亦有一刻,無年月、
標題,與《師道興方》大同。據明馬理《千金方序》,蓋刻於孫真君
祠華表者,即其門弟子所録也。夫藥劑等分,毫釐千里,輕重之
舛,生死繫焉。板本易訛,壽之貞珉,古人具有深意。名山石室,
尚當不盡於此。右醫方一則

　　5.15　一曰書目。余好碑版之學,又好目録之學,魚與熊掌
二者兼得,惟有《西湖書院重整書目記》。此碑在杭州府學,元泰
定元年,山長陳袠記。所列書目,若經部之《春秋高氏解》《陸氏
禮象》、史部之《元輔表》、集部之《張西巖集》,世已無傳本。"總
集"有《宋文鑑》而無《元文類》。今《元文類》西湖書院本與翠巖
精舍本並重,藏書家尚有之,則此目所列猶未全耳。諸城有至正
十年《密州重脩廟學碑》,秦裕伯文,黄翔書,碑陰列書目一百一
十部。此外,隆平有程珪《書樓記》,大德八年。瓊山有乾寧《儒學
置書記》,至正十一年,羅益中文。意此兩石,或亦有書目列於碑陰,

---

① 江少虞《新雕皇朝類苑》卷四十九"療齒"條云"西嶽蓮花峰神傳齒藥方"。
② "徐長卿",原誤作"徐長生",據王昶《金石萃編》卷三十五"道興造像記"條及
朱士瑞《彊識編》卷四"徐長卿"條改。

如《密州》之例，但無拓本，未敢臆説。姑求其次。宋劉敞《先秦古器記》，嘉祐八年。吉金之目也。遼《雲居寺續祕藏石經記》，後列《首楞嚴經》等四十餘帙，每帙十卷，大部兼數帙，小部一帙三四經不等，皆以《千字文》編號，與《大藏》同，是亦藏經之目録也已。右書目一則

5.16　一曰吉語。金文之"子孫寶用"，瓦當之"延年益壽"、"宜子孫"、"有萬憙"，吉祥文字，於斯濫觴。孫、趙所録，皆古甎文。蜀中有"壽山福海"鐵器二，皆宋時造。惟石刻不多見。然如前漢《趙廿二年群臣上壽》，亦祝延之詞也。唐有李北海書"景福"二字，在高要七星巖。龍門有"福德長壽"四字，又有陳摶①書"福壽"字、趙夷夫篆書"壽禄"二大字。寶慶三年，在中江縣，摩厓。泰山、鼓山、蒼玉洞均有大"壽"字。余四十初度，孫得之孝廉以唐上元本《無量壽佛經》爲祝。余即以祝一朝士，而益以磁州之《無量壽經論》、中山之《無量壽觀經》，而題其外曰"三壽作朋"，人頗稱其善頌善禱，而不知破簏中尚有如許吉祥文字也。右吉語一則

5.17-1　一曰詛盟。莫古於秦《詛楚文》。趙德甫所録有三本："其一《祀巫咸》，御府所藏；其一《祀大沈久湫》，藏於南京蔡氏；其一《祀亞駝》，藏於洛陽劉氏。元祐間，張芸叟侍郎、黃魯直學士以今文訓釋之。"嘗從《古文苑》得其文，而原刻皆不傳。自漢以下，金文爲多，石文爲少，大抵皆與蠻夷君長申明約束之詞。馬援《銅柱銘》云："銅柱折，交趾滅。"其語似謡似讖，不全爲誓

①　"陳摶"，原誤作"陳搏"。蔣超《峨眉山志》卷二載："大峨石在神水側，有吕純陽書'大峨石'三字、陳圖南書'福壽'二字。"陳摶，字圖南。

189

體。晉天福五年，溪州刺史彭士愁納土求盟，楚王馬希範奉朝命與之盟，亦立銅柱，後鐫士愁盟狀，既云"飲血求誓"，又云"若違誓約，甘請差發大軍誅伐，上對三十三天明神，下將宣祇爲證"，旦旦之詞，可矢皦日。"宣祇"未知何義，當是溪蠻土俗語耳。石刻祇有兩碑。一爲《吐蕃會盟碑》，在前藏大招門外，一面爲唐古忒文。一爲《大理石城碑》，在南寧縣城北三里。段素順明政三年_{當宋開寶五年}。遣兵破楊干貞，與三十七部落盟，立此碑。其末二語云"上對衆聖之鑒知，下揆一德而歃血"，是亦誓詞也。唐時蜀碑誓詞輒云"犯百牛大病"，見上。蓋蠻夷之俗如此。

5.17-2　"黃河如帶，泰山若礪"，漢封策之文也。唐乾寧四年①《賜錢鏐鐵券》云："是用錫其金版，申以誓詞，長河有似帶之期，泰華有如拳之日②。"蓋即從漢策濫觴。以《周禮》證之，兩國輸平槃敦之詞也，此則驛旄之命藏於盟府者也。錢氏子孫猶世守之。右詛盟二則

5.18　一曰符籙。道家言也。衡山《岣嶁碑》，昔人謂是"五嶽真形"，此符篆之最古者。余來隴坻，按試至鞏昌府，聞郡廨有《五嶽真形圖》石刻，搨而釋之，明洪武中所刻。其下方有跋，已漫漶，云："漢武帝得之西王母，佩而藏之，魑魅不若，莫能逢旃。"每一圖下有嶽神名號及神所職掌之事。所經驛館，亦往往用以補壁。敕勒之文，唐人所刻，皆納之幽竁中，大小與墓石略同。余所藏有四本。一爲順天皇后考酆王墓中物，一出金仙公主墓，

---

　　①　"四年"，原誤作"五年"。阮元《兩浙金石志》卷三"錢武肅王鐵券"條載券文云："維乾寧四年歲次丁巳八月甲辰朔四日丁未。"

　　②　"日"，原誤作"石"，據阮元《兩浙金石志》卷三"錢武肅王鐵券"條及王昶《金石萃編》卷一百十八"賜錢鏐鐵券"條改。

皆無年月。"順天皇后"者，韋庶人也。符文在上截，共十一行，行六字，下截爲《五炁天文》。但諸刻前有題字一行，此刻直起無題字，即以諸刻證知之。其石出關中，今爲渭南趙乾生所藏。此外二刻并無題名。中一刻亦藏趙氏符文居中，八行，行皆八字，首行題"靈寶黑帝練度五仙安靈鎮神五炁天文"。其文四面環刻於邊際，小字真書，略似古鏡，但變圓爲方耳。一石涅陽制帥藏，其制略同，惟首行"帝"字上"靈寶黑"三字已蝕，不知有無異同。其文首云"東方五炁玄天承元始符命，告示北方旡極世界，土府神鄉諸靈"諸靈"二字泐，以《酆王》刻互證得之。官，今有大洞弟子"云云，其末則云"如元始明真舊典女青文"。《酆王》一刻皆同，惟改"東方五炁玄天"爲"西方七炁素天"，下"北方"亦作"西方"，此外惟"大洞弟子"改"順天皇后先考"云云，《金仙公主》同。餘略無小異。南漢《馬二十四娘墓券》，其前亦有符籙一行，首"太上治"三字及下"煞鬼"二字尚可識。蓋唐時風俗如此。又按孫氏《訪碑錄》有《祖天敕》，據嘉定錢氏本著錄，注云"政和六年九月刻，符篆不可識"。其下復錄《濟瀆廟靈符碑》，徽宗御製，亦政和六年刻。考陸劭聞《金石續編》有《濟瀆廟祖天符告》，上刻"祖天祀子治水靜穢丹命之告"篆額十二字，中刻御書符籙，下刻告文，末有"急急如律令"五字，正書，在河南濟源縣，年月皆同，即此刻也。然則《祖天敕》即在濟瀆廟，非爲二刻，孫氏誤重。陸氏於政和七年又收耀州五臺山《仙樂雲篆記》，亦徽宗御書，當亦符篆之類。博山縣鳳皇山又有《咒水符》石刻，孫氏亦錄之宋末，拓本未見，莫能詳也。右符籙一則

5.19　一曰璽押。《秦王告少林寺教》，"世民"二字爲太宗親押，此石刻有押之始。柳應辰題名浯溪者四，熙寧六年十月一

刻後有押字，摩厓徑丈，奇偉鬱蟠。華山元豐五年《趙諒題名》，其末"趙諒記"下亦有押字。資州東巖有《草堂詩》一首，無年月、姓名，後有草押，似"桂"字。博山玉皇宮有《宋四帝御押》，宣和七年刻石，附以釋文。錢唐石屋洞造象一龕，磨刻胡字於上，下有押，似出元人筆。余所知押字石刻祇此。唐、宋秘閣法帖，經進諸臣，往往皆有押字，如《樂毅論》之"權异"、"褚遂良"是矣。宋、金寺院敕牒，三省列銜之下各繫以姓，姓下書押，即古所謂"畫諾"也，然列銜不過三四人。惟唐玄宗御書《石臺孝經》，後列"晉國公林甫"等姓名，各有行押，多至四十五人，押字之多，無過此刻。較今人收元押，不信而可徵乎？但押字多一筆書，游絲屈鐵，又多石裂紋，若摹之，不易得其起訖耳。右璽押一則

5.20　一曰題榜。其極大者曰"擘窠書"。魏韋仲將懸橙題"淩雲臺"榜，比訖，鬚眉皆白，至垂以爲戒。然漢、魏刻石絕少，晉"靈崇"二字，世稱葛洪書，亦相傳云爾。雲峰山鄭道昭所題字，如"白雲堂"、"青煙寺"之類，庶幾其濫觴歟？唐顏平原、李少溫皆以此擅場。苕溪之"浮玉"字、青原之"襜闈"字、臨桂之"逍遙樓"三字，皆魯公書也。吾吳虎丘"生公講臺"四篆字及括蒼之"倪翁洞"、"黃帝祠宇"兩石，不題書人姓氏，相傳以爲陽冰筆。此體摩厓者多，勒碑者少。唐、宋以下，厓壁題名之處，一亭一石，往往錫以嘉名，而大書深刻於石。吾鄉棲霞尤多題壁大字，如"白乳泉"、"試茶亭"，周應合《建康志》已著錄，則其迹古矣。此外惟"霞城"二字署"休陽范槲書"。又如"碧鮮亭"、"迎賢石"之類，皆無題識。又有大字在上，即記游蹤其下。如蜀之"頤神洞"三大字，下爲《趙彥橚題名》；臨桂之"平亭"二大字，下爲李訦詩。諸山題名類此者，到處有之。宋時，《武溪深碑》陰有子瞻書

"九成臺"額,瓊州有"浮粟泉"、"洞酌亭",亦蘇書。嵩山有蔡元度書"達摩面壁之庵"額,米元章書有盱眙"第一山"三字,無爲州有"寶藏"、"墨池"兩石,京口鶴林山有"城市山林"四字,皆名跡。然經後人重摹者多,未必廬山真面。《金史·王競傳》:"競工大字,所書兩都宮殿題榜推爲第一。"未嘗見其真跡。元溥光和尚俗姓李,號雪庵,今嵩山《萬安寺茶榜》即其所書。錢竹汀宮詹跋云:"趙魏公書爲朝野推重。一日,中官傳太后懿旨,命魏公書興聖宮額。魏公曰:'禁扁皆李雪庵書,公宜奏聞。'遂有旨命李。亦見雪庵大字之可貴矣。"《茶榜》拓本余有之,學魯公而無生氣,蓋優孟衣冠也。余所見永嘉容城"太玉洞天"額,逼真松雪。若雪庵者,尚不逮康里子山輩,況魏公乎? 右題榜一則

5.21 一曰楹聯。寥寥罕覯,海内石刻,可以按籍而稽。《寰宇訪碑録》有寇忠愍分書"但知行好事,不用問前程"十字,據天一閣范氏孤本著録。臨桂彈子巖有晉安李滋爲鄉人林元之書"安分身无辱,知幾心自閒"一聯,篆書,其款則分書也。福州鼓山有一聯云:"爵比郭令公,歷中書二十四考;壽如廣成子,住崆峒千三百年。"杭州孤山歲寒巖亦刻之。吉祥善禱,其書法奇偉可喜。趙撝叔嘗以此聯祝潘文勤師封翁紱庭先生壽。此外,惟鼓浪嶼"浪擊龍宮鼓,風敲梵刹鐘"一聯也。泰山石經峪佛經,碑估逐字朱拓,集以爲聯。又嘗謁畿輔先哲祠,見南皮張相國以《李寶臣紀功碑》字集爲長聯。此皆可法。以之補壁,雖非石刻真聯,亦聊以解嘲耳。右楹聯一則

5.22 一曰石人題字。《水經注》載:"漢酈食其廟石人胸前有銘云'門亭長'。"今曲阜魯恭王廟亦有兩石人。一介而執殳,

193

高五尺，胸前刻曰"府門之卒"；一冕而拱手立，頷下裂紋如滴淚痕，高五尺五寸，胸前刻"漢故樂安太守鷹君亭長"十字。孫氏《訪碑錄》："中嶽廟前石人頂上亦有題字，八分書，無年月。"按《授堂金石記》："嵩高《太室闕》後，兩石人埋土中，僅露其首，視之，漢製也。疑下胸背間必有銘字，屢告當事發出，不果，此一憾也。"按漢石人題字皆在胸前，無在頂者，此兩石人如頂上果有字，授堂摩挲其首，不容不見，疑後人因授堂之言而增刻耳。魏《大基山石人題字》曰"甲申年造，乙酉年成"，審其筆勢，與大基山詩及銘告同，當亦鄭道昭筆。又嘉祥洪山石佛，其腋有唐大和七年題字。廣德州祠山廟鐵象，亦有宋紹聖間陳述古、胡庶題字。此外未聞。右石人題字一則

5.23　一曰石獅子題字。南陽縣宗資墓前石獸膊上有刻字，左曰"天禄"，右曰"辟邪"，相傳爲漢刻。此其濫觴也。東魏元象初有《王全泰造獅子記》。余嘗從閩中得唐天祐四年《王延翰鑄師子香爐題字》，其制度未詳，當是琢石爲爐如獅子形，蓋石香爐之類耳。山東藩署土地祠内有兩狻猊，甚古，上刻元貞元年贊，其書頗工，余從澄雲閣得拓本。又得元氏兩通。一題"神嵩鄉狗壁村鎮宅獅子"，泰定二年造；一題"仁德鄉□□村"，"村"上兩字泐，年月亦缺。隴上神廟門外鑄鐵獅子及鐵旛竿，其座四面，刻年月、助緣姓氏，視之，皆百年内外物，未見古刻。《寰宇訪碑錄》又收大德盂縣一石，未見。右石獅子題字一則

5.24　一曰石香爐題字。宋時香爐承以石柱，名曰"香幢"，石燈臺之類也，前於經幢詳論之。余所收惟金貞元二年《崔皋造當陽羅漢石香爐》，三面橫刻，與香幢絶不同。舊金石家於此不

甚分析，統謂之"石香爐"而已。孫氏所收，晉天福八年《李彥賓①》一刻最古，宋、金、元各有著錄，未知其爲六面、八面之柱歟？抑無柱之爐也？即爐之制，亦自不同。南昌大安寺鐵香爐，楊吳大和五年造，據其款識，重一萬二千斤，高六尺，共六層，五層皆有字，製作瑰麗，非琢石可及。吾吳圓妙觀亦有元時鐵香爐題字，如竹簋方，以視大安爐，不啻小巫之見大巫矣。右石香爐題字一則

5.25　一曰石盆題字。華山"玉女洗頭盆"無題刻。蘇子瞻《雪浪盆》在定州學舍，其銘云："盡水之變蜀兩孫，與不傳者歸九原。異哉駁石雪浪翻，石中乃有此理存。玉井芙蓉丈八盆，伏流飛空漱其根。東坡作銘豈多言，四月辛酉紹聖元。"《集》中有《引》云："予於中山後圃得黑石，白脈，如蜀孫位、孫知微所畫石間奔流，盡水之變，又得白石曲陽，爲大盆以盛之，激水其上，名其室曰'雪浪齋'云。"其盆圍徑二丈一尺四寸，其文五十六字，周圍刻之，聞定州有重摹本，以應四方之求。褒斜道中亦有玉盆，宋人題名其上，共十二段。《李彥粹》云"游石門，登玉盆"，《段雄飛》一則云"以禱雨，艤舟玉盆側"，則此盆爲象形，如石屏、石牀

---

① "李彥賓"，原誤作"李賓彥"，據阮元《山左金石志》卷十四"李彥賓石香爐記"條錄文及陸心源《唐文續拾》卷七"李彥賓"條錄文改。青州博物館編《青州博物館》"後晉天福八年石雕構件"條載："此香爐原存北關玉皇廟，直徑59釐米，高33釐米。上部周邊浮雕覆蓮圖案，中間爲一卯洞。側面刻有題記。題記正對一面爲浮雕團花圖案，其餘六面開龕造像。團花兩側各有兩尊'迦陵頻伽'奏樂，右側一尊吹豎笛，一尊持拍板；左側一尊持拍板，一尊因有殘缺，樂器不可辨。題記兩側各有一尊'舞蹈天人'，長長的冠帶飄落在兩側，廣袖揮動，翩翩起舞。題記內容爲：'隨使押李彥賓/有願造石香爐壹/者伏爲與父司徒離/自虧參勤遂啟丹□/此功德願早父子相見/事官清吉合家安樂/永無哉苦天福八年九月記'。"孫星衍《寰宇訪碑錄》卷五誤作"李賓彥石香爐記"。

之類，與《雪浪》之琢石爲盆者不同。綿州有宋嘉定中《李榮石盆題字》，盆之形製亦未詳。貴筑黃再同前董齋中有白石盆，四圍皆刻梵字，云"醮盆"也，遼、金時刻。福州有《鄭德與室林三十一娘捨蓮盆題字》，宋元豐元年刻。《曹調與室陳□娘造磁盆題字》，紀元泐，但"七年"二字可辨。余所得兩拓本，皆李木齋同年所贈。孫伯淵所收元《延祐二年甕甕》亦其類。右石盆題字一則

　　5.26　海内石刻，所見所聞，約略在是。至若漢遺土墼，宋制寨雷，山出靈文，若盧氏摩厓、洛陽"伊"字之類。天留神讖。《琴亭靈第》，即誌墓之濫觴；《角壩摩厓》，亦鑿山之遺跡。秦淮海《淄川圓研》，《墨妙亭斷碑研》、《橋亭卜卦研》統此。洪内相《高州石屏》。《貞觀屏風》、英德《南山石屏》統此。山中雅集，題字"仙留"；井上遺文，錫名"神運"。又若《落星》誌異，《測景》書祥，孔廟參前，顏祠書後，《群臣上壽》，《六祖墜腰》，《雙筒留題》，《六榕證道》。虎丘有呂升卿《劍石》字，又有胥山《劍石》；道州有元刺史《窊尊銘》，又有江上《窊尊》。或以"孔耳"而題名，或以"佛牙"而作贊。"捨宅文"、"開堂疏"，皆釋氏之緒言；《歸山操》、《還丹歌》，亦道流之祕籙。真君聖誥，出自刻經；善業法身，等於造象。諸如此類，覼縷未遑。或如枝指懸疣，無可附麗；或如零璣碎璧，難於貫穿。雖邾、莒之附庸，亦歐、趙所甄録。略舉一隅，以俟三反。若夫撰人之不同，書人之不同，行款、題識之不同，鐫勒、摹拓之不同，説其瑣事，可資客座新聞，記其精言，亦爲藏家故實。是又《禮》所云："遽數之，不能終其物。悉數之，乃留，更僕未可終也。"右石刻雜體一則

語石卷六

6.1　古碑不題撰、書人，或曰"造此碑"而已。蔡中郎自云："平生作文，惟《郭有道碑》無媿辭。"今《林宗碑》摹本尚在，未嘗署邕名也。惟《鴻都石經》確爲邕跡，然《禮記》、《公羊》諸經，後皆有"堂谿典"、"馬日碑①"諸臣名，則亦非一人手筆。《西嶽華山碑》，都玄敬據徐季海《古跡記》定爲蔡中郎書。《夏承碑》末有真書一行，云"建寧三年蔡邕伯喈書"，此後人據《汝帖》所增，諸家聚訟，但云非中郎不能作耳，亦無確證也。小歐陽《集古目》又以《華山碑》爲郭香察所書，蓋以碑末有"都水掾杜遷市石，書佐新豐②郭香察書，刻者潁川邯鄲公脩"云云，明王弇州③、屠赤水皆沿其說。洪文惠《隸釋》云："東漢循王莽之禁，人無二名，'郭香察書'者，察涖他人之書爾。"趙子函云："'市石'、'察書'爲二事，洪公言可據。"按漢碑之有書人者，惟《敦煌長史武班碑》，小歐陽

---

①　"馬日碑"，原誤作"馬匹碑"，據趙明誠《金石録》卷十六"漢石經遺字"條及王昶《金石萃編》卷十六"石經殘字"條改。

②　"新豐"，原誤作"廣豐"，據都穆《金薤琳琅》卷六"漢西嶽華山廟碑"條録文及嚴可均《全後漢文》卷一百"西嶽華山廟碑"條録文改。

③　"弇州"，原誤作"弇洲"。

以爲"嚴祺字伯魯"書。按"嚴祺"一行在末，下無"書"字，《隸釋》本有"紀伯允書此碑"六字，即在"嚴祺"一行前，翁氏《兩漢金石記》所據本，"紀伯允"三字尚未泐，則洪氏此本亦可據。《李翕西狹頌》後《天井題名》，有"從史位下辨仇靖字漢德書文"。《隸釋》所載《析里橋郙閣頌》較今本復溢出五行，第三行"從史位□□□□字漢德爲此頌"，"位"下缺四字，第四行"故吏下辨□□□子長書此頌"，"辨"下缺三字。以《天井題名》證之，"從史位"下所缺者爲"下辨仇靖"四字，前碑其所書，此碑其所撰也。顧南原云："'故吏下辨'下三字，《天下碑録》以爲仇子長名綁。"按《集古録目》："《郙閣頌》，漢仇綁隸書。"以此證之，"下辨"之下當是"仇綁字子長"耳。撰、書並列，漢隸祇此一碑。此外，石勛撰《費鳳碑》，邊韶撰《老子銘》，亦皆具書於石。若孔廟《百石卒史碑》，張稚圭據《圖記》以爲鍾太尉書，又以《黃初碑》爲陳思王辭，梁鵠書，皆得自傳聞之説。南北朝之際，署姓名者尚無幾。焦山《瘞鶴銘》託於"華陽真逸"、"上皇山樵"，究未詳撰、書姓氏。惟《蕭憺碑》題徐勉撰，貝義淵書；齊之《隴東王感孝頌》，申嗣邕文，梁恭之八分書；周之《華嶽頌》，万紐于瑾文，趙文淵書。隨之《趙芬》、《陳茂》、《賀若誼》皆豐碑，而撰、書人亦闕如。《龍藏寺碑》至精妙，但知爲張公禮撰，而書人亦未詳也。或云古人撰碑皆自書之，凡無書人名者，撰、書即出一人之手。如陶長史、寇謙之、唐初顏師古之於《等慈寺》，朱子奢之於《昭仁寺》，皆其類也。北朝造象，惟太和《孫秋生》一刻，孟廣達文，蕭顯慶書。墓誌惟齊《朱岱林》一刻，其子敬脩撰序，其姪敬範撰銘。此外署姓名者絶少。唐時墓誌，亦往往不署名，其有署者，撰人多，書人少，篆蓋、刻字愈少。會昌三年《張氏誌》，沈櫓文，安子書，宜郎篆，閏郎刻，趙撝叔以爲異，特著之。咸通四年《榮王府長史程修己墓誌》，溫憲文，子進思書，再思篆蓋。如此類，在唐石中誠不多見。宋、元以後，撰、書、篆蓋始皆大書特書於首，且繫結銜，殤誌或不如此。至今以爲通例云。右總論撰書一則

6.2-1　金石刻詞，昭示無斁。秦、漢諸碑，炳焉與《雅》、《頌》同文。《古文苑》一書，大都皆采自金石文字，即隋、唐以下，鴻文鉅製，亦往往而有。試以任昉、劉勰諸書考其流別，翰藻斐然，莫不具體。然有"紀功碑"而無"露布"，有"叡德碑"而無"符命"，有《受禪》、《尊號》而無"九錫文"，有"歌詩"、"辭賦"而無"連珠體"。率更《九歌》，僅屈、宋之一枝；鷗波《七觀》，亦枚乘之嫡裔。嵩、華諸山"設醮記"，青詞之濫觴也；唐、宋兩朝"封祀壇"，宋大中二年亦有《封祀壇頌》，王旦撰，裴瑀書。《封禪朝觀壇頌》，陳堯叟撰，尹熙古書。文園之遺稿也。隧道之碑，墓門之碣，著錄之富，可謂哀然，而哀誄之文絕少。魏孝文帝《弔比干文》，其誄詞之屬乎？顏平原《祭姪文》尚是後人追刻，臨桂有范文穆《祭新冢文》，當塗有何瑋《祭張飛卿文》，元至正十四年。此皆祭文之見於石刻者。若《廣禪侯祠祭告文》、會稽《祭南鎮文》，至和二年。如此之類，乃皆所以享神。如今祝版，元時竟謂之"祝辭"，若淮、濟諸刻是也。"神絃曲"有四刻。《羅池廟碑》，昌黎文，子瞻書，人皆寶之。此外吾鄉居其二，一在泰伯廟，宋龔頤正文，一在天妃宮，元黃向文。其一臨桂《方公祠堂迎送神曲》，嘉定八年，柯夢得之文也。"上梁文"祇有吾吳三清殿一石。嘉定十八年，龔頤正撰、書。他如"箋"、"啟"之屬頗少，說見前。"序"、"跋"之屬較多，凡碑文有後人題辭附刻於後者皆是。"設難"、"問答"，若《解嘲》、《賓戲》諸篇，則石刻中希得見之。

6.2-2　石刻詩文，有不經見之體。如"實錄"爲左、右史之

辭，非可通用。而唐之《八都壇神君實錄》、楊吳天祚二年《洪州雲蓋山龍壽院光化大師實錄碑》、宋之《重修仙鶴觀實錄》、元之《存真訾仙翁實錄碑》，皆僭用此二字。"行狀"爲上史館之辭，唐、宋以後，"神道"、"傳"、"誌"之屬無不有，惟"行狀"則若專歸於釋家。所見於著錄者，唐永昌元年《沙門釋法如禪師行狀》、宋咸平二年《傳應大法師行狀碑》、青浦王氏藏本。《方山昭化禪院政法師行狀》、金承安五年《蓋公和尚行狀銘》。趙秉文撰并書，在東昌府。余所見僧塔，有所謂"行跡記"、"狀跡記"，金正隆三年《僧善公狀跡記》。或改而爲"勤跡碑"，此皆"行狀"之變文。而名賢家狀，未見有一石傳世，此不可解者也。釋家之文，有三種多見於石刻。一爲"成道記"。唐王勃《釋迦如來成道記》，宋湖州飛英院有一本，在《浴室記》之陰。然拓本不易得，不如明董文敏所書之膾炙。《大悲成道傳》，唐聖曆中僧義常文，宋元符三年刻石，崇寧三年天竺寺僧道育重立。金有《凝真大師成道記》，大定十六年，王鎬文，季輔書，在陝西臨潼縣。一爲"開堂疏"。唐以前無有也。宋黃涪翁《黃龍晦庵和尚》一刻著錄最先，蔡元度有《請確公主淨因院疏》，兩碑皆名筆，惜未見。金長清靈巖寺《寶公開堂疏》，皇統九年。其發端云"濟南府今請靈巖禪寺寶公長老開堂演法，爲國焚修，祝延聖壽者"，下接"竊以"云云。鄠縣草堂寺《印公開堂疏》，元光二年。其發端云"京兆府謹請印公堂頭作本寺山主，住持爲國開堂，祝延聖壽者"，下接"伏以"云云。凡宋、金"開堂碑"，其文體皆如此，在石刻中自爲一例。余又悟諸家著錄有"祝聖壽疏"，其實即"開堂疏"，因無題額，節碑中"祝延聖壽"爲題耳。一爲"遺囑"。亦宗門之語錄，但出自涅槃時末命，如後周《玉兔寺禪師遺囑》、元之《龍川大師遺囑記》是也。以上諸體，皆所希見，惟石刻時時有之，此文體之異也。右碑版文體二則

6.3　古人詩集，無以"五言"、"七言"爲標題者，石刻則不然。鄭道昭《雲峰山詩》，首行題"詩一首"三字，下題"五言"兩字。余所見六朝詩刻皆如此。齊《蘭陵王碑》額之陰《經墓興感詩》，亦於題下注"五言"二字。唐以後詩雖不盡然，然如鬱林觀之三言詩，慶曆三年，祖無擇。西湖石之四言詩，開慶元年，林光世。宋游師雄、《過九成宮舊址效唐體》。金劉仲游之六言詩，開首標題，尚沿其例。如唐之《美原神泉詩》、睿宗《賜白雲先生詩》、宋之《淡山巖郭三聘詩》，亦無不如此。其餘尚未可悉數。此詩體之異也。右詩體一則

6.4　一石兩文，唐《石亭記》、《千秋亭記》，開元十九年，在四川中江縣。宋《育齋銘》、《履齋説》。武岡州新出土，淳祐九年。又如天授三年《大雲寺彌勒重閣碑》，後有《聖德芝草頌》。或一時之事，或一人之文，連類而書，未爲不可。若井陘之《鐵元始讚》與《承天軍城記》同刻一石，則如風馬牛之不相及。至兩人合撰之體，宋元豐元年《八會寺大佛石像記》題"東關劉瑋、中山李獲撰"，曲陽。紹聖二年《重修堯廟碑》，李勃、吳愿合撰，河内。未知其如何命筆，或如鄭之辭命，有草創者，即有修飾潤色者歟？古人此體甚多，然其標題皆有別。齊《朱岱林誌》，其子敬脩撰序，其姪敬範撰銘；唐《張玄弼誌》，子崬之述，李行廉銘。此墓石分撰之例也。唐《宗聖觀記》，歐陽詢撰序，陳叔達撰銘；武德九年。《許公蘇瓌神道碑》，張説撰銘，盧藏用撰序；景雲元年。《蜀國公尉遲迴廟碑》，閻伯璵撰序，顏真卿撰銘；開元二十六年。《玄元靈應頌》，戴璇撰序，劉同昇撰頌；天寶元年。《述聖頌》，達奚珣撰序，吕向撰頌。無年月，開元中立。此碑文分撰之例也。《吏部南曹石幢》，左光胤撰

序,尹匡祚撰頌;天寶元年。江陰《陳氏心經幢》,前題"僧道恒撰",後題"張晏撰",開元廿八年。當亦是一人撰序,一人撰銘。此經幢分撰之例也。《體元先生潘尊師碣》,題"雍州司功王適撰序",而無作頌之人。按《序》末云"尊師有弟子十人,潁川韓法昭等永惟靈跡,申頌玄德",則其頌當爲法昭等所撰,但不著標題耳。宋碑如此者,如《法門寺圓相觀音瑞象頌》,首題"楊傑次公秘本,熙州慧日院僧彦泯頌"。按楊傑,熙、豐間人,此碑立於政和八年,當是彦泯取傑舊作刻之,而復爲之頌。又永濟有《曇延法師傳贊》,舊題"宣和二年王干撰"。今考拓本《贊》後有干跋云"蜀郡王時雍求傳於大寶藏高僧,又屬予刊正重複,書之於石,因系之贊",則《傳》爲寶藏僧文,王干特爲之《贊》耳。此二碑者,亦謂之兩人分撰可也。又考唐《百門陂碑》,既題"辛怡諫文",又題"張元琮記",而碑又有銘而無記,或是前爲記,後爲銘,碑題以銘爲主,故怡諫列銜在前耳,此當在闕疑之列。右兩人合撰一碑一則　附一石兩文

6.5-1　造象、墓誌,陳陳相因之辭,若"四恩三有"、"同登覺岸"、"千秋萬歲"、"永閟泉臺",不啻有相傳衣鉢。隋《舍利塔銘》,岐山、大荔諸刻,其文幾不易一字,或有敕定頒行之體式,未可譏爲蹈襲。惟唐龍朔元年《雷大岑造象》,前半節鈔《聖教序》,審其筆勢,又非贗託。"惟古於辭必己出,降而不能迺剽賊",則知唐時文士已有此陋習,宜昌黎慨乎其言之。

6.5-2　荆門州玉泉寺有兩鐘,皆元時物,陽文環列,有序有銘。一爲"住山霞璧瑄公"募,題"江西大仰山禪寺住持□陵撰";一爲"鍾山廣鑄"募,題"徑山興聖萬壽禪寺住持虛谷撰"。撰人不同,而序、銘幾一字不易。兩文皆不題年月,但云"聖元更化",

計其時，相距當不甚遠，不知誰爲向秀，誰爲郭象。<small>右碑文襲舊二則</small>

6.6　碑文有通用之詞，亦有標新之詬。如魏穆子容《太公呂望表》、隋《曹子建碑》，"其詞曰"皆作"其詞粵"，以"粵"爲"曰"；齊天統三年《丈八大象訟》，碑題及後"訟曰"皆不作頌。此字體之求新也。凡碑誌之文，"葬於某鄉某原，禮也"，此通例也。惟垂拱三年《司馬寔墓誌》，"永窆於邙山之河陰鄉瀍陽里，制也"，以"制"代"禮"，字義尚近。《代國長公主碑》云"陪葬橋陵，孝也"，竇從直撰《盧公夫人崔氏墓誌》，"歲十月六日，啟府君東北九里合防以虞陵谷，順也"。曰"孝"，曰"順"，雖各從文便，要爲他碑所未有。而大中四年《翟府君夫人墓銘》又變其文曰"孝之終也"。咸通四年崔碣撰《李夫人誌》，"歸葬河南縣伊汭鄉尹樊里端公之塋，柱史後也，自周道焉"。所謂"周道"者，言乎其合祔也。《敬節法師塔銘》，"窆於神和原，律也"，則彼法之詞也。《兵曹鄭準墓誌銘》，"以其年八月廿五日權葬於義興縣洞庭鄉震澤里下朱村原，從宜也"；《王仲堪誌銘》，既曰"殯於薊東之別墅，從權也"，又曰"遷神於薊縣燕夏鄉甘棠原，禮也"；《趙郡李氏殤女墓石記》，"窆於萬年縣高平鄉西焦村之南原，從權禮也"；《西門珍墓誌銘》，"遷窆於長安縣承平鄉先修之塋，從其治命也"。曰"從宜"，曰"從權"，皆權厝之詞也。曰"從其治命"，又遷窆之詞也。《王守琦墓誌》，變其文曰"大中四年正月廿三日[1]禮葬，鄉曰崇義，村號南姚"。撰文者例有謙詞，如云"不敏"、"無文"之類。惟《陳集原龍龕道場銘》，自謙云"不斌之筆"。銘文之末，非云

---

[1]　"廿三日"，原誤作"廿二日"，據《王守琦墓誌》拓片及王言《金石萃編補略》卷二"太原縣開國男王公墓誌銘"條錄文改。

"式刊貞石",即云"爰樹豐碑","貞石"或作"貞珉",或云"琬琰",或云"翠琰",亦通例也。惟《磚塔銘》云"不刊介石,孰播徽猷",用《易》"介如石"義,《李孝同碑》作"載刊石籀",已不經見。至《蘭陵公主碑》云"式刊貞筍",王蘭泉曰"'貞筍'疑同'石筍'",然亦儗不於倫矣。此句法之求新也。開元六年《移置唐興寺碑》"載勒堅金,永傳沙界",以刻石而曰"堅金",失其義矣。右碑文求新一則

6.7　以碑版考史傳,往往牴牾,年月、官職、輿地,尤多異同。朱竹垞、錢竹汀,皆爲專門之學。然不徒證史也,即以文字論,一朝總集,莫不取材於此。歸安陸存齋觀察輯《全唐文補遺》,余見其目,亦取諸石刻爲多。近時畿輔遼、金碑先後出土,余欲輯金文以補張金吾之闕,又欲輯遼文,藝風以爲先得我心,請割愛,余曰"文章,天下之公器也",遂輟業。唐《韓集》之《五箴》、《伯夷頌》,《柳集》之《永州八記》、《羅池廟碑》,宋之永叔、子瞻、劉貢父、蔡君謨,元之姚燧、黄溍、柳貫、干文傳、朱德潤諸家,皆有碑版傳世,以校集本,亦莫不有異同。山川、橋梁、孔子之宮、二氏之居,其興造古刻,或爲圖經所不載。宋鄭虎臣《吳都文粹》以地爲斷,其所采不皆吳人之作。余欲取鄉先賢之無集傳世者,或有集而散佚者,都其文爲一編。若陸長源之《景昭法師碑》、《會善寺戒壇記》,顧少連之《少林寺廚庫記》,孫翌、顧方蕭所撰墓誌,皆先哲遺文之僅存者也。錢竹汀舉雲居寺兩詩爲《全唐詩》所未收,不知東南摹厓唐人詩刻可采者尚不少。宋、元名家如石湖、劍南、遺山諸詩,零璣碎璧,亦可補全集之遺。金石文字有裨考古如此,豈得爲玩物喪志哉?然吾人搜訪著録,究以書爲主,文爲賓。文以考異訂訛、抱殘守闕爲主,不必苟繩其字句。若明之弇山尚書輩,每得一碑,惟評騭其文之美惡,則嫌於買櫝

還珠矣。右輯錄碑文一則

6.8　撰、書、題額結銜，可以考官爵，碑陰姓氏，亦往往書官
於上，斗筲之禄，史或不言，則更可以之補闕。郡邑省并，陵谷遷
改，參互考求，瞭於目驗。關中碑誌，凡書生卒，必云"終於某縣
某坊某里之私第"，或云"葬於某縣某邨某里之原"，以證《雍録》、
《長安志》，無不脗合。推之他處，其有資於邑乘者多矣。至於訂
史，唐碑之族望及子孫名位可補《宗室》、《宰相世系表》，建碑之
年月可補"朔閏表"，生卒之年月可補"疑年録"，北朝造象寺記可
補《魏書·釋老志》，《天璽紀功》"天發神讖"之類可補"符瑞志"，
投龍、齋醮、五嶽登封可補"郊祀志"，漢之孔廟諸碑、魏之《受禪》
《尊號》、宋之道君《五禮》可補"禮志"，唐之《令長新誡》、宋之《慎
刑箴》《戒石銘》可補"刑法志"。古人詩集，凡有登覽紀游之作，
注家皆可以題名考之，郡邑流寓，亦可據爲實録。舉一反三，餉
遺靡盡。右碑版有資考訂一則

6.9　碑版有資考證，非獨補史闕也，蓋於風教亦有裨焉。
如褚河南《隨清娛誌》，自言得之夢感，其石其事，皆難徵信，固不
足論。至如《鄭遇、夫人崔氏合祔誌》，大中十二年，攝衛州司法
參軍秦貫撰。顧亭林《金石文字記》云："此即今世所傳崔鶯鶯
也，年七十六，有子六人，與鄭合葬。此銘得之魏縣土中，足辨
《會真記》之誣。而誌墓之功，於是爲不細矣。"又考《中州金石
記》："此石有二刻，一碑諱'恒'，'恒'字作'遇'，恐後人得《鄭遇
碑》改爲'鄭恒'以衒世者。二碑俱在濬縣。"又言："此銘康熙初
年崔氏見夢於臨清州守，往學宮，自穢土中出之。尤屬傳譌，不
足信也。"蓋以濬縣、魏縣已非一地，而臨清又遠在山左，夫俗語

不實,流爲丹青,附會之詞,誠所不免。然以元微之《會真記》憑虛結撰,污人閨闥,得此以雪其誣,君子成人之美,良有取焉。又如《韓昶自爲墓誌》,昶爲昌黎之子,《韓集》有《符讀書城南詩》,"符"即"昶"之小名也。《誌》云:"張籍授《詩》,年十餘歲,日通一卷,能以所聞曲問其義,籍往往不能答。"《授堂金石跋》援文公《贈張籍》詩云"試將《詩》義授,如以肉貫串",又云"召令吐所記,解摘了瑟僩",謂與隱合。"舊説謂公子不慧,如李綽《尚書故實》及韋絢①所録《劉賓客佳話》,則多忌者之誤②也",此猶不足爲昶重。至國朝雍正四年,查取文公後裔,請襲五經博士。乾隆元年,裔孫韓法祖以家藏誌石申報,遂得奏蒙聖恩俞允,尊儒崇道,千古一時。區區片石,其有功於正學者,夫豈淺哉? 右碑版有資風教一則

6.10-1　唐人應制碑文,書、撰皆稱"臣",稱"奉敕",如永興《廟堂》、顏師古《等慈寺》、朱子奢《昭仁寺》之類是也。褚河南書《聖教序》稱"臣",以太宗御製也。張燕公撰《鄎國碑》稱"臣",以玄宗御書也。唐時人主右文,燕、許皆稱大手筆。燕公撰《裴光庭碑》,明皇賜敕以褒之,即刻於碑之上方,詞臣榮遇,千載一時已。高麗碑皆稱"奉教",南詔碑皆稱"奉命",所以別於中國,示不敢僭。古時東宮官屬皆稱"應教"。然隋仁壽中所立《首山舍利塔碑》,題"司法書佐會稽賀德仁奉教撰",則"教"、"敕"二字,亦可通用。若書"奉命"者,更不一而足。余所知如唐《碧落碑》,

①　"韋絢",原誤作"韋詢"。晁公武《郡齋讀書志》卷三載:"《劉公嘉話録》一卷。右唐韋絢撰。劉公謂禹錫。絢字文明,執誼子也,咸通中節度義武。幼從學於禹錫,録其話言。"武億《金石三跋》卷四"唐韓昶墓誌銘"條誤。
②　"誤",原誤作"談",據武億《金石三跋》卷四"唐韓昶墓誌銘"條改。

題“鄭承規奉命書”，梁《重修北嶽廟碑》，題“劉端奉命撰”，宋《篆書千字文序》，題“皇甫儼奉命書”，已有三刻。若宋《大觀聖作碑》，孫氏所錄有九種，興平一刻題“通直郎書學博士臣李時雍奉敕摹寫”，則以碑爲道君御書，時雍惟摹勒上石耳。又如唐《嵩陽觀聖德感應頌》，李林甫撰文，題“臣林甫上”，不書姓，此如三省牒文，宰相以官尊不書名。《李寶臣紀功碑》，題“支度判官朝散大夫行監察御史王佑上”，即書姓矣。周大足元年《大雲寺碑》，“武盡禮”下書“勒上”，唐天寶二年《玉真公主靈壇祥應記》，“道士蔡瑋”下書“撰上”，此亦應制之詞。又如《西門珍墓誌》，題“從姪元佐上”，則對尊者而言之。唐、宋奉敕撰、書，題銜皆通行直下，“敕”字上空格。余所見惟元武當山《大五龍靈應萬壽宮碑》，“揭傒斯奉敕撰并書”、“許有壬奉敕篆”，皆提行高十餘格，與碑文平列，古人無此式。

6.10-2　碑文書、撰，有出自一人者，舊例皆曰“某某撰并書”。或曰“并書、篆”，則兼題額而言也。亦可云“并書、題額”。又有自書自刻者，如唐《福田寺三門記》，題“南嶽李少鴻書并篆兼鐫”。此常例也。若變文言“兼”，如唐《齊州神寶寺碑》，題“李寰篆兼書”；《裴道安墓誌》，題“族叔禮部員外郎胐撰兼書”；《魏邈墓誌》，題“孤子匡贊自撰兼書”；澤州《處士王斌建經幢》，題“處士趙洞微述文兼書”。若變文言“及”，如景龍元年《□部將軍功德記》[1]，題“郭謙光文及書”。又如《懷惲奉敕贈隆闡大法師碑》，次行題“懷惲及書”。此“及”字蒙上“奉敕”而言，蓋文亦爲懷惲所撰。“及書”者，猶言“并書”云爾。此變例也。右總論撰書題款二則

---

[1]　洪頤煊《平津讀碑記》卷五載：“《勿部將軍功德記》，景龍元年十月。”

6.11-1　碑版書法不同，撰、書之人，有即於文中敘述者。
漢《柳敏碑》云："建寧元年，縣長同歲犍爲屬國趙臺公，憤然念素
帛之義，爲君立碑，傳於萬基，因勒歎之。"據《隸釋》。若《萃編》所錄
者，後人重刻本也。齊《隴東王感孝頌》云："於時開府中兵參軍梁恭
之盛工篆隸，騎兵參軍申嗣邕微學摛藻，並應命旨，俱營頌畢。"
曰"盛工"，曰"微學"，屬筆者應爾。唐《黃石公碑陰記》云："殿中
侍御史高陽齊嵩聆而嘉之，故紀云。"舉此三碑爲例，所見尚不盡
於此。又如唐《吳達墓誌》，次行題"鄉貢進士寇同"，姓名之下不
著一字，此舊例之最善者。然書、撰合一人則可，否則宜有以別
之。何別乎爾？請先論撰者。古碑通稱曰"某人文"，或曰"撰"，
亦曰"撰文"，《紀信碑》，"盧藏用撰文"；《信法寺彌陀象碑》，"鄭萬英撰文"。
或曰"製"，亦曰"製文"，《邕禪師銘》，"李百藥製文"；《皇甫君碑》，"于志寧
製文"。或曰"述"，亦曰"述文"，唐開成四年《王斌建經幢》，"趙洞微述
文"；金貞元二年《趙海澄經幢》，"路伯達述文"。龍門《王師德造象》，題
"淳于敬一制文"，"製"字省"衣"作"制"，僅此一碑而已。若唐
《鄭遇、夫人崔氏合祔墓誌》，題"秦貫譔"；宋《教興頌》，題"虛儀
先生譔"；鳳翔《萬壽禪院記》，題"梁鼎譔"。則"撰"、"譔"二字，
本可通用。唐、宋碑不止於此，或從古文作"篹"。如《開業寺
碑》，題"李尚一篹"；《盧公清德頌》，題"劉穆之篹"；《景賢大師
塔》，題"羊愉篹"。亦不止此三碑也。此皆標題之通例。又如
《孟法師碑》，題"中書侍郎江陵縣開國子岑文本作文"；《蓋文達
碑》，題"尚書上柱國燕國公于志寧字處謐作此文"；《崔敦禮碑》，
題"于志寧字仲謐作文"。此皆書"作"字之例。《崔》、《蓋》兩碑，
撰人書名書字，又一例。"處謐"、"仲謐"亦不同。宋《爨龍顏碑》，
其末題曰"文，建寧爨道慶作"，同一書"作文"而倒敘之，又略變其
例。又如唐《杳冥君銘》，次行題"鳳閣舍人河東薛稷爲文"。又

見一唐墓誌，其子所撰，題曰"孤子某自爲文"。元《内供奉董公墓碑》，題曰"蕭齋公爲姪書"。此皆書"爲"字之例。至"文"之孳乳則爲"詞"，唐、宋碑甚多。以其最著者楊権之。如《奉仙觀老君象碑》，題曰"李審幾詞"；《貞一先生廟碣》，題曰"韋憑詞"；《宴濟瀆序》，題曰"達奚珣詞"；《薛剛墓誌》，題曰"冉元一詞"。至齊天統五年《棲閑寺碑象頌》，年月之後題曰"司州汲郡尚孝舉之詞也"，書法又略不同。又如澠池《鴻慶寺碑》，唐聖曆中宮若驚書，撰人一行祇泐存"千綴"二字。陸紹聞以爲"綴"是"綴文"，撰碑之署款也。余按唐《醴泉寺誌公碑》，題"綴文沙門元傘"，可證陸言之不誣。又如宋富川《列女①蔣氏冢碑》，題"元符三年王端禮編"；金《姜氏云亭房題名碑》，_{明昌四年，在泰安。}題"姜孝儀編"。唐天寶二年《崔府君獨孤夫人墓誌》，題"長子季梁修并書"。而顯慶四年《王氏龕銘》，題"第二息友方修文"，益可證"季梁"下"修"字爲"修文"之義。貞觀六年寶山《靈裕大法師行記》，題"弟子海雲集"。曰"編"，曰"修"，曰"集"，所見不過一二刻，蓋未可據爲通例矣。

6.11-2　宋淳化二年徐休復《拜文宣王廟記》，"行陳州長史彭宸書"，其前一行祇有"給事中撰"四字，但書官，不書姓名。惟其文發端大書曰"給事中徐休復承聖君之命，禱神嶽之靈"云云，與標題互見，王蘭泉以爲創見。按唐咸通二年河内《藥師象贊》，但題"維郵撰兼書"，而於文中始自述其姓名曰"奉釋教演化維郵郭崧"，其書法正同，則不自宋人始矣。又按唐《周遠志造彌阤象》，_{在龍門。}末題"上元二年十二月八日功訖詞"，_{"訖"字，陸劼聞誤釋作"記"。}"詞"上不著姓名，疑即爲周遠志文。在金石中皆爲變

---

① "列女"，原誤作"烈女"，據謝啟昆《粵西金石略》卷四"富川列女蔣氏冢碑"條改。

例。右撰人題欵二則

6.12-1　書碑之例，通稱曰"某人書"，或曰"書丹"。金碑稱"書丹"者過半。惟唐《文宣王廟新門記》，裴平所書，題曰"下丹"，宋李恂書《湖州飛英寺浴院記》，題曰"書朱"，頗疑裴、李二君其祖、父必有名"書"、名"丹"者，避家諱故云爾。宋《復唯識院記》，"琅琊□□元書朱"。唐崔鐶書《北嶽禔廟碑》，其"書"字書作"囊"，與"禔"字皆用古文。或變例以"書"字冠首。如魏《李仲璇修孔廟碑》，興和三年。題曰"任城王長儒書碑"；唐《周村十八家造象碑》，麟德元年。題曰"書人劉仙經"；《叱干公三教道場文》，題曰"書人樂安郡任惟謙"；《馮善廓浮圖銘》，題曰"書銘人佛弟子姚璟"；《楊岐山甄叔大師塔》，題曰"書碑人僧元幽"。其書法大同小異。曾見隋以前古刻有曰"某人書此碑"，蓋有所濫觴矣。惟周天和元年《礼平國等造象》，其題名之末有"書生吕稚卿"，未見有第二碑也。其餘有曰"筆"者。《彭州堋口鎮新修塔記碑陰》，"耿符撰文，治平元年。資聖院主惠雅筆"。唐開元五年《王慶墓幢》，題"沙門遜文并書聿題牓"。"聿"即古"筆"字，"題榜"者，題額也。此亦爲"筆"字之證。有曰"寫"者。北齊《雋修羅碑》下截題名，其末一人曰"雋美生寫"；唐《溫國寺進法師塔銘》，題"沙門智詳敬寫"；宋天禧四年《鳳臺鄭杲建經幢》，題"衛文進書寫"；李時雍立《大觀聖作碑》，題曰"奉敕摹寫"。此皆爲"寫"字之證。至《開福寺幢》，淳化元年。既題"董護書"，又題"李思明發心鐫寫"。此"鐫寫"猶云"鐫勒"，非書人也。有曰"録"者。開元六年《柏梯寺碑》，徐彦伯文，胡輔之録；大曆四年《趙濬沖碑》，陰題曰"王瑀録"。垂拱二年《王徵君臨終口授銘》，題"季弟紹宗甄録"，蓋其文即徵君所自撰，紹宗特受而録之，故曰"甄録"。寶曆元年《碛石寺大隨遠法師遺跡記》，薛唐夫書，又題曰"河東薛重玄刊錄"，此當是刊正其文字，非書人，亦非撰人也。又如金《重刻枋口白樂天詩》，前題"大和五年九月二十六日"，後題"大金元光元年賈獻臣重錄"；《湯陰碏公廟記》，前題"熙寧三年韓琦記并書"，後題"安陽任倫重錄"。此迺舊碑已佚，後人書而重刻之。《玉泉寺唐人詩》，宋慶曆八年，僧悟空錄，雖無"重"字，義亦如此。又如《教興頌》，虛儀先生所撰，後題"攝太常寺太祝李夢徵傳本"。夫曰"傳本"，則亦取前人本有之文傳錄之耳。又如《攝山棲霞寺碑》，聖宋沙門懷則重書，而其前仍題曰"京兆車霈書"。宋《重刻唐旌儒廟碑》，前題"都官郎中徐斑書"，後有張綽《重書記》，其末題"大中祥符三年張綽記并重書、篆額"，不沒前人之跡。凡碑之重書、重刻者，此例最善。元《壽陽北山龍王廟記》，至正甲午。前題"李道□①書丹"，後題"儒士閆庸重書"，亦晚出碑之可據者也。張田《龍隱巖詩》，治平四年六月題，後四十七年，政和甲午，孫光祖重書。或舊題未刻，或刻而剝泐，故重書之。又如《開化寶嚴閣記》，舊爲開運二年蘇曉書，後題"大元至正八年内召監察御史郭彦亨謄書"。"謄書"即"重書"之變文，二字頗新，今人謂錄本爲"謄"，蓋有所本矣。又若宋《重書龍池石塊記》，開寶六年。第二行但有"重書"二字，並無人姓名，亦不詳原撰、原書爲何人。其文中所稱"大漢通容元年②"，兩漢無"通容"年號，此直鄉里妄庸子所爲，無足置辨。又有自書自寫之例。如《河東州刺史王仁求碑》，聖曆元年。"長子王寶善自書"，凡爲祖、

---

① 胡聘之《山右石刻叢編》卷三十八"重修龍王廟碑"條載："承事郎冀寧路壽陽縣尹李道隆書丹。"

② "通容元年"，原誤作"通容二年"，據《北京圖書館藏中國歷代石刻拓本彙編》第三十七册"重書龍池石塊記"拓本改。

父書碑者視此。金華《太平寺咸通六年。經幢》，"女子和娘自寫"，
則以別於經生之筆。又有追書之例。所見惟《御史臺精舍》一
碑，其文爲崔湜撰，題曰"中書令崔湜任殿中侍御史日篹文，開元
十一年梁昇卿追書"。昇卿書碑之日，湜已由諫官登宰輔，且貶
死矣，而不廢其文，古時風俗之厚，今亡矣夫。

　　6.12-2　唐人刻經，多不署款。惟咸通十五年所刻《大般若
波羅蜜經》，題"書經楊元弘"。吳越天竺兩經幢，一題"書幢手殷
承訓"，一題"書幢記僧義月"。遼《戒壇寺石幢》，題"書幢文人三
司，書表康□"。此外書法，略如碑文。唐、梵兩體者，其例亦有
二。如唐《開元寺幢》題"沙門海覺唐、梵二體書"，金明昌三年
《板城里劉嵩幢》題"金山愚魯李伯真唐、梵書"，此一人書也。大
定八年《留犢邨寧國寺幢》，"堂姪天保書唐，沙門瓊肅書梵"，此
兩人書也。按西夏《感通塔碑》，"張政思書、篆"之前一行題曰
"書番碑旌訛典集冷□渾嵬名遇[①]"，此亦書番、漢文之一例。元
時國書碑，書蒙古文者，亦往往署名於碑陰。右書人題款二則

　　6.13　撰、書之後，碑題皆次以"篆額"，其書法亦不同。通
例曰"題額"，曰"書額"，曰"篆額"，或省"額"字曰"某人篆"。唐
《貞一先生廟碣》，題曰"薛希昌書并額"，"額"上無"題"、"篆"字，
義終不可通，頗疑上石時奪去。金《改建題名碑》，題"涇湄盧元
撰額"，"撰"字可施之於"文"，不可施之"書"、"篆"，亦於義未協。
唐《明徵君碑》，額題"王知敬篆書"，元《重修無錫州儒學記》，額
題"黃溍篆題"，亦皆非常例。右篆額題款一則

---

　　①　陸增祥《八瓊室金石補正》卷一百二十二"感通塔碑銘"條載："書番碑旌訛典
集冷批渾嵬名遇。"

6.14-1 《潛研堂金石文跋尾》曰：唐、宋碑刻，多以撰人姓名列第一行，書人次之，題額者又次之。《嵩陽觀紀聖德感應頌》，天寶三載。首題"開府儀同三司行尚書左僕射兼右相吏部尚書崇玄館大學士集賢院學士朔方節度等副大使上柱國晉國公臣林甫上，太中大夫守河南尹河南水陸運使上柱國賜紫金魚袋兼東京留守判留司尚書省事臣裴迥題額"，碑末始題"朝散大夫檢校尚書金部員外郎上柱國臣徐浩書"，與他碑式異。季海官卑，不敢與林甫、迥並列故也。

6.14-2 又北漢《天龍寺千佛樓碑》，"推誠佐命保祚功臣特進行尚書左僕射兼中書侍郎平章事上柱國隴西郡開國公食邑三千户臣李憚奉敕撰"，"翰林書令史劉守清書，翰林書令史王廷譽篆額"。憚以宰相奉敕撰文，列名碑文之前，守清、廷譽則列名於碑末年月一行之下，不稱"臣"，亦不云"奉敕"，微之也。

6.14-3 又紹興十一年《吳郡重修大成殿記》，"右宣教郎翟耆年篆額，右朝散郎提舉浙西路茶鹽公事米友仁書，左迪功郎新差充太平州州學教授鄭仲熊撰"。碑版之例，撰人題銜在前，書丹次之，篆額又次之，此碑正與相反。蓋他碑題銜在前，以右爲上，此題銜在末，以左爲上也。右撰書位次三則

6.15 今人書墓石用稱謂，或病其非古，不知唐、宋石刻時有之。舉同姓爲例。至親無文，父撰者直書曰"父"，子撰者直書曰"子"，或曰"嗣子"，或曰"孤子"。趙全泰撰其妻《武氏墓記》，寶曆元年。李郴撰其妻《宇文氏墓誌》，咸通八年。皆直書曰"夫"。兄弟亦然。亦有稍變其例者，如《李仍叔女德孫墓誌》，題曰"李仍叔女"，而其後但曰"仍叔文"，卑統於尊也。顏平原《家廟碑》稱"第七子"，《韋端玄堂誌》元和十四年。題"第四子紓文"以別之。

《黄撝公妻劉氏龕銘》，天寶十三載。題“少弟庭玲[①]文”。此以長幼
爲別也。其屬之稍疏者，如唐《李氏殤女墓石記》，貞元十七年。題
曰“從父淳書”；《翟府君夫人墓誌》；大中四年。撰文者稱“堂叔”；
闕其名。宋《韓愷墓誌》，熙寧四年。題曰“叔祖琦”。此施於幼者之
例也。大中十三年《京兆韋夫人墓誌》，書人孫綵稱“第廿叔”，則
尊屬亦可序行矣。李紳爲其兄繼撰墓誌，題曰“親弟”。而龍華
寺尼義契有經幢一、墓誌一，《幢》爲從祖弟同元文，《誌》爲從父
弟同翊文。兩石皆元和十三年。大順元年《李艤墓誌》，題曰“再房兄
德雍書”，則族屬又疏矣。此施於同輩之例也。爲諸父撰、書者，
統稱曰“姪”。開元五年《崔公夫人鄭氏墓誌》，“姪璆書”。又廿八年《鄄
城縣丞張孚誌》，“姪縡述”。魯公書《殷君夫人碣》及《干禄字碑》，皆稱“第
十三姪男”；元皇慶元年《董文直神道碑》，“第十八姪男士廉書”，本此。《邵
才墓誌》，元和十四年。題“從姪試太常寺奉禮郎飛騎尉仲方文”。
此施於尊者之例也。惟《西門珍墓誌》，元和十三年。王元佐撰文，
異姓亦稱“從姪”，其義不可曉。西門珍，宦者也。唐時宦官皆養子，或西
門其所後之姓，王其本姓。又如開元二十八年《李興造石塔記》，題曰
“從翁李季良文，從翁李璲書”。“從翁”自是同姓之長，未知其爲
從父歟？抑爲從祖父歟？異姓之例，如鄒敦頤爲董惟靖撰誌，大
中六稔。自稱曰“外兄”；鄭瀚爲杜行方撰誌，大和七年。自稱曰“姨
弟”；李西華爲張鋭填諱，自稱曰“姊夫”；李邃撰《盧約誌》大中四
年。稱“外甥”；歐陽溪書《盧士瓊誌》大和元年。稱“外孫”；《清河
郡張夫人誌》，書人署“外孫子晉”。“晉”下存一“劉”字，是其姓，名闕。
如此之類，未可枚舉。又如唐《魏國夫人劉氏誌》，侯濬川譔文而稱
曰“族生”，宋《義國夫人虞氏誌》，趙時彌填諱而稱曰“眷末”，則知
今時流俗之稱亦有所本，未可以爲不學而譏之。右撰書人稱謂一則

---

　　①　“庭玲”，原誤作“庭玲”，據《北京圖書館藏中國歷代石刻拓本彙編》第二十六
册“黄撝妻劉氏龕銘”拓本改。

6.16　有一碑而父子撰、書者。唐之《元氏石燈臺頌》，張尹撰文，男希雅書。又如宋之《江陰壽聖院莊田記》，撰文者爲孫沂，而其子茀書之；政和元年。金之《博州重修廟學記》，撰文者爲王去非，而其子庭筠書之；大定二十一年。元之《元氏重修廟學記》，撰文者李冶，而其子玩復書之。至元十九年。諸碑皆撰人在前，書人承其父下，不署姓，書曰“男”，其例當如此。然未可以概“神道碑”、“墓誌銘”。譬如唐《崔敦禮碑》，出於于燕公父子，其碑久斷裂，明趙子函所藏本，書人于立政姓名已泐，未知其書法若何。若依諸碑爲例，亦書曰“男某書”，則設使敦禮之子爲父書碑，將何以示別？可知其必不然矣。唐、宋摩厓題名、詩刻，亦往往命其子姪書之。右父子撰書一則

6.17　一石而兄弟撰、書，或兼篆、刻。如趙撝叔所記《程修己墓誌》，子進思正書，再思篆蓋，會昌三年《張氏墓誌》，安子正書，宜郎篆額，閏郎刻字，皆昆弟也。前於此者，如李氏之《三墳記》《栖先塋記》，皆嗣子季卿撰，從子陽冰書。閿鄉《臨高寺碑》，“宣義郎前行懷州獲嘉縣主簿常允之撰，舍弟承奉郎前行商州參軍□□□”。“軍”下泐三字，王蘭泉謂當是“某人篆”，允之之弟也。第三行“□弟文林郎吏部常選演之書”，以前行例之，“弟”上所泐當是“舍”字。偃師《昌黎馮王新廟碑》，十二代孫鄉貢進士玄德述，弟進士玄度篆額，弟進士玄錫書。宋《保寧寺浴室院鐘樓碑》，冉曾撰并書，弟商篆額。《王氏雙松堂記》，晁説之文，晁詠之書。《黃石山仙公觀大殿記》，范致虛文，范致君書。一門華鄂，輝映貞珉，亦謂之“棠棣碑”可也。右兄弟撰書一則

6.18-1　唐《光孝寺經幢》，僧欽造書，自署其貫曰“閩川人”。《濟瀆廟北海壇祭器碑》，題“朝散大夫行河南府濟源縣令張洗字濯纓撰”；《保唐寺燈幢贊》，題“徵事郎前試太子通事舍人飛騎尉柳澈字直方撰并書”；唐《滇陽觀東嶺洞谷銘》，題“河南元傑字長夫撰”。姓名下自署其字，唐初于燕公撰文即如此。

6.18-2　王氏《萃編》云：“金《重修濟瀆廟記》，撰文者署其號曰‘種竹老人’而不署姓名，不見他碑。”余謂南渡後，碑文書別號者多矣，然當分別觀之。題名、詩刻，如隆興元年涪溪《中興頌》之側“秋隱里叟”詩、嘉定八年臨桂華景洞“元在庵主人”《石堂歌》、淳祐二年陽山“鳳岡漫叟”題名、金華之“非丘子”、鼓山之“東冶子”。其人登臨涉筆，聊紀勝游，本無義例，則固無不可也。若豐碑貞碣，大書深刻，將以垂示於後來，似未可隱其姓氏。金、元以後，此風尤盛。然如《靈巖寺觀音聖蹟碑》，皇統七年。題“濟濱老人陳壽愷文并書”；《雲居寺都綱靈塔記》，貞元中。題“龍山逸老王章文”；《眭村廣教□院記》①，大定六年。題“玉峰野叟王靖文，九嵕散人徐頤書”。書其號，又書其名氏，則後人猶不至無可考索。余見一宋經幢，但題“河内逸人”而無姓氏。元碑，如憲宗元年《三真會仙圖銘》爲“太霞老人述”，至元六年《太上道德真經序》爲“太極左仙公撰，南岷山道人書”，至元十年孟縣《清真觀碑》爲“寧極子正書”。若此諸碑，不題姓名，讀者如墮五里霧中，莫能究其本末。梁《瘞鶴銘》，首題“華陽真逸撰，上皇山樵書”，其後又有“丹楊仙尉”、“江陰真宰”之號。後人聚訟，或以爲王逸少書，或以爲陶貞白書，或以爲顧逋翁書，至程南耕又創論爲出

---

①　張鴻傑主編《咸陽碑石》“廣教禪院牒碑”條載録文：“《咸陽縣眭村廣教禪院記》，玉峰野叟王靖撰，九嵕散人徐頤書。”

於皮襲美。若使當日署其姓名，何至千載以下蓄疑不解邪？右撰
書人稱字稱別號二則

6.19　古造象碑有"畫人"者少矣，"塑人"更少。惟唐《百門
陂碑》，陰有"丹青㸒巫尤勛、劉廷玉"。"㸒"，武後所製"人"字，
"丹青㸒"即"畫人"也。五代漢《景福寺重建思道和尚塔衆邑人
記》，有"畫人張宏信"。宋慶曆五年《法門寺重修九子母記》，"畫
人任文德"之前有"塑人王澤"。僅此數碑而已。又咸平二年《傳
應法師行狀》，後有"杜振塑真象，李楚裝"。按唐百塔寺有《楊將
軍新莊象銘》，"莊"即"裝"字之省，當爲裝飾之義。大中《藥師象
讚》，"裝畫崔元□"，亦其人也。"畫人"始於唐以後。蜀中有唐
《化城院造象記》，題"張萬餘繪"。宋天禧四年《鄭杲造經幢》有
"畫□象劉從□"，"象"上闕文當爲"佛"字。金長清靈巖寺《大士
梵相》及《觀音聖蹟碑》，皆題"洛陽雍簡畫"。皇統六年、七年。嵩山
《達摩象》，題"僧祖昭繪"。元光二年。此釋家之畫象也。唐溧水
《仙壇山銘》，"道士周道賜書畫"。聖曆三年。宋道家所刻經無不
有畫象，即無不題畫人名氏。袁正己書《摩利支天經》，"李奉珪
畫象"；《陰符經》，"翟守素畫象"。皆乾德六年。麗仁顯書《常清
靜》等經，"白廷璨續象"。太平興國五年。"續象"者，刻經在先，畫
象在後也。宋溥書《北方真武經》，"武宗孟畫象"。元符二年。又
有《孫真人祠記》，題"畫象人杜穆"。此道家之畫象也。可爲"畫
人傳"補闕。右畫人一則

6.20-1　古人書碑重鑴字，此"物勒工名"之意也。通例皆
書曰"刻字"，或曰"某人刻"，或以"鑴字"、"刊字"易之。溯其由
來，蓋與書、撰人皆託始於漢。如《西嶽華山碑》，"郭香察書"之

後有“刻者潁川邯鄲公修”，是其證也。唐、宋諸碑，猶或沿其例，書“刻者”，或曰“鐫者”，《漢中新修堰記》，“鐫者程彥忠①”。或曰“刊者”，宋紹聖《高陵重修縣學記》，“刊者安永年”；崇寧三年《五臺山靜應廟記》，“刊者劉源”。或曰“鐫人”，唐廣明二祀《上谷郡隴西公幢》，“鐫人梁清閏、劉居泰”。或曰“鐫文”，唐寧思道書《浮圖銘》，題“上柱國丁處約鐫文”。或曰“刊石人”，金《明月山大明禪院記》，“刊石人張鏞”。或曰“刻石人”，《王屋山劉若水碑銘》，“刻石人李崇絢”。皆書法之稍變者。惟魏《石門銘》，題“石師河南郡□陽縣武□仁鑿字②”；南詔《淵公塔銘》，題“金襴杜隆義雕書”；唐大曆二年《重刻扶風夫子廟記》，題“張遵刻丹”；宋嘉祐二年龍川《白雲巖陳俌題名》，題“僧應璣開石”。“刻丹”、“開石”雖常語，在石刻已不多見，“鑿字”、“雕書”，更未見有第二碑也。宋《爨龍顏碑》，後書“近碑府主簿益州杜萇子”。“近”即“匠”字，此亦刻匠，而倒其文曰“近碑”，義未詳。元大德甲辰《嘉興路儒人免役碑》，後題“嘉禾曹德新梓”。夫“梓”，木工也，棗梨可以稱“梓”，刻石曰“梓”，失其義矣。又按古碑凡書“模”、“勒”，與“鐫刻”爲二事。何以證之？如唐《懷仁聖教序》，既書“諸葛神力勒石”矣，又曰“武騎尉朱靜藏鐫字”；《紀信碑》，既書“勒碑人史𦙲勤”矣，又曰“石工張敬鐫字”；《青城山常道觀敕》，既書“觀主甘遺榮勒字”矣，又曰“晉原吳光□刻③”；宋《上清太平宮記》，既書“副宮楊志振模”矣，又曰“長安忠善居士黃德用刊”。此蓋勒字爲一人，鐫字爲一人。若鐫、勒出於一手者，如唐之《張延賞碑》，“將作官馬瞻刻字并模勒”；《梁守謙功德銘》，“天水強瓊模

---

①　“程彥忠”，原誤作“程彥思”，據王昶《金石萃編》卷一百四十九“漢中新修堰記”條改。

②　嚴可均《全後魏文》卷五十七“石門銘”條載：“石師河南郡洛陽縣武阿仁鑿字。”

③　（民國）《灌縣志》卷六載：“常道觀主甘遺榮勒字及題，晉原吳光逵刻字。”

勒并刻字";《澄城縣令鄭公碑》,"姜濬模勒并刻字";《再建圓覺
大師塔誌》,"韓師復模勒并刻"。或先書"刻"後書"勒",或先書
"勒"後書"刻"。又如宋《祭狄青文》,書"任晛摹、鐫",鄭仲賢《緱
山詩》,書"張溫其模、刻",約以兩字。郭忠恕書《陰符經》,但書
"安祚勒字"而無刻工名。此即爲祚所刻,宋初刻字人皆安姓可
證。言"勒",可以賅刻也。蓋古人刻碑,或書丹於石,或別書丹
而雙鉤其文以上石。"模勒"即"鉤勒",今人以"勒字"爲"刻字",
失之矣。又《吏部南曹石幢》,後題"彭城劉承恩專心句摩"。以
"摩"爲"模",惟此碑。又考《劉若水碑銘》,"刻石人李崇絢"之前
有"檢校覆鐫字劉玄覺"。此蓋刻石之後恐有脱誤,古人之審慎
不苟如此。所見亦惟此一碑。

6.20-2　唐、宋以下石刻,勒碑、刻字,往往列名不一人。有
三人者,如《鎮州龍興寺大悲象閣銘》"李思順、李嶼、李繼元鐫
字"是也。有四人者,如《石保吉碑》"翟□鈞、鄒從善、王德用、翟
文會鐫字"是也。或並列,或直書而下,其例不一。《昇仙太子
碑》陰,薛稷、鍾紹京書,而薛稷又爲"敕檢校勒碑使",鍾紹京又
"奉敕勒御書",又有"宣議郎直司禮寺思李元□勒御書",既有
"麟臺楷書令史思□伯□刻字"矣,在中截。下截左偏又有"直營繕
監直司韓神感刻御字"、"洛州永昌縣思朱羅門刻御字",又有"采
石官洛州來庭縣尉思□晙"。采石之人列名在前,亦可證王惕甫
"古人重選石"之説。又《潭州鐵幢》,"真言"之後既有"沙門道㯋
鐫經",年月之下又有"李昇鐫字"。先後分題,不似他碑但言"某
某等刻字",無從識別。

6.20-3　北海書碑多自鐫。《蒼潤軒帖跋》云:"凡'黃仙
鶴'、'伏靈芝'、'元省己'之類,皆託名也。"魯公書亦然,故顏碑
皆無刻字人。惟千福寺《多寶塔碑》爲史華刻。按《大智禪師

碑》，史子華刻，《玄元靈應頌》，題"河南史榮刻"，頗疑"榮"字"子華"，或以字行，去"子"字作"史華"。如宋"安文晟"刻碑，亦作"安晟"，正其例也。前人鐫碑，必求能手。褚書多出萬文韶，信本於隨時書《姚辯誌》已爲文韶刻，則擅名兩朝久矣。柳書皆邵建初刻。元趙文敏書，惟茅紹之刻者能得其筆意。碑之工拙，繫於刻手，其重如此。萬文韶同時有萬寶哲，曾刻《杜君綽碑》。建初有弟曰"建和"，往往碑末同署名，蓋以篆刻世其家者。宋安民不肯刻《黨人碑》，士大夫稱之。今安民所刻碑存於世者，尚有元祐五年《渾忠武公祠堂記》《京兆府學新移石經記》、治平二年《鄠縣利師塔記》，共三刻，皆在關中。余按北宋一朝碑版，安氏刻者爲多，其最先者爲安弘、安仁祚，自建隆訖徽、欽之際，蓋百餘年，而其澤未艾也。《考工》㲃、桌以官命氏，安氏有焉。今試即所知者，舉證如右。

　　《西安重修文宣王廟記》建隆三年，安仁祚刻字。

　　《開元寺行廊功德碑》建隆四年，都料安弘、姪仁祚刻字。

　　郭忠恕《三體陰符經》乾德四年，安祚勒字。"安祚"當即"仁祚"。

　　郭忠恕《説文偏旁字源并序》武威郡安懷玉句當建立。此石無刻字人，疑即安懷玉所刻。

　　皇甫儼《篆書千字文》乾德五年，武威郡安仁裕刻字。

　　袁正己書《摩利支天經》武威安仁祚刻字。

　　　　《陰符經》同上。

　　張仲荀抄《高僧傳序》安文璨鐫。

　　夢英《十八體篆》前攝鎮國軍節度巡官安文璨刊。

　　《贈夢英詩》武威安文璨、弟文晟刊字。按"璨"、"瓚"同字，因"瓚"字石刻多書作"璨"，故著錄家又誤而爲"瓚"。

《廣慈禪院修瑞象記》雍熙二年，武威郡安文瓊并弟文璨鐫字。

《昭應院文宣王廟碑》咸平二年，武威安璨刻字。

《鳳翔府萬壽禪院記》景德二年，安璨鐫字。

《永興軍文宣王廟大門記》大中祥符二年，安文瓊刻字。

《栖先塋記》後有大中祥符三年題字，云"吳興姚宗尊率好古者同出刊刻之貲，下缺。威安璨重開"。"威"上當脱"武"字，"武威"，安氏郡望也。王蘭泉以"威"字爲姓，屬下安璨讀，誤矣。

《沙門静己書偈碑》大中祥符三年，安文晟刊。

《藍田縣文宣王廟記》大中祥符四年，安璨刊字。

《保寧寺鐘樓碑》天禧二年，刻字安文晟。

《教興頌》天禧三年，安粲刻字。按"粲"即"璨"之省文。

《逍遥栖禪寺水磨記》天聖八年，武威安晟刊石。

《文安公牡丹詩》天聖九年，安文晟刻字。

《永興軍[①]中書劄子》景祐二年，安亮刊。

《保寧寺牒》慶曆三年，安文晟刻字，安元吉立石。

《臥龍寺唵字贊》熙寧十年，安民師刊。

《海公壽塔記》元豐元年，安民師刊。

《游師雄墓誌》京兆安民、安敏、姚文、安延年模刻。

《高陵重修縣學記》紹聖元年，刊者安永年。

《凝真大師成道記碑陰題名》元符庚辰，安延年刻。

6.20-4　古人能書類能刻，不盡出於匠氏，緇黄亦多能奏刀。如宋《温泉雙卓莢行》，元豐五年。道士梁宗道刊；《涇陽重修孔子廟記》，元祐四年。雲臺觀賜紫道士董宗卿刊。釋子能刻者尤

---

①　"永興軍"，原誤作"中興軍"，據王昶《金石萃編》卷一百三十二"永興軍中書劄子"條改。

多，略舉兩碑爲例。如唐之《憫忠寺重藏舍利記》景福元年。爲僧守因鐫；宋之《李太尉祠堂記》皇祐元年。爲僧普臻刊。刻工又多策名仕版。如邵建和刻《符璘碑》，署銜爲"中書省□□□官昭武校尉守京兆周城府折衝上柱國"，"官"上當闕"鐫玉册"三字；《裴耀卿碑》，姜濟模、刻，署"將仕郎守恒王府參軍"；《王璈造浮圖銘》，上柱國丁處約鐫文；《懷仁集聖教序》，武騎尉朱靜藏鐫字；《少林寺同光塔銘》，延州金明府別將屈集臣鐫；南漢《新開宴石山記》，鐫者李道員，署銜爲"製置務客司軍將"；宋福州《重修忠懿王廟碑》，開寶九年。鐫字人闕，其署銜爲"討擊使"。然"柱國"爲勳級，"武騎尉"等皆武職。至《蕪湖縣新學記》，翰林張士亨模、刊，則文學侍從之臣亦爲之。又有官、私之別。唐時中書省置玉册官，宋有御書院，皆專司鐫勒之事。邵建初所刻《圭峰碑》及《杜順和尚行記》、《劉遵禮墓誌》，其署銜皆爲"鐫玉册官"。或無"鐫"字。《牛頭寺經幢》亦題"中書省鐫玉册"，自"官"字以下皆闕，姓氏未詳。《重修法門寺塔廟記》題"玉册官孫福鐫字"。兩刻一乾符，一天祐，皆在邵建初後矣。宋《北嶽醮告文》，題"御書院祗候臣王守清鐫"；而《增修中嶽廟碑》，乾興元年。刻字沈政等署銜又作"祗應"。《中嶽醮告文》，題"中書省玉册官御書院祗候臣沈慶臣、晉文寶鐫"；《中嶽中天崇聖帝廟碑》，大中祥符七年。題"中書省玉册官文林郎守高州司馬御書院祗候臣王欽刻字"。據此則中書省、御書院兩署可以兼官。王欽以"玉册官"出爲"高州司馬"，仍帶"御書院祗候"，故猶奉敕刊碑。安文璨嘗攝鎮國軍節度巡官，見所刻夢英《十八體篆》，然則宋時刻工亦有出身，且"玉册"、"祗候"兩官皆有升途可轉，非必以篆刻終其官也。又如《梁守謙功德銘》，強瓊鐫勒，而《琅邪王夫人墓幢》云"夫人爲玉册官內供奉強瓊之妻"，是內侍亦得爲"玉册官"矣。《韓國華神道碑》，嘉祐八年。題“中書省玉册官王克明、蹇億刊”，而億刊《晝錦堂記》，但曰“潯陽蹇億刊字”，不署銜，蓋一則奉敕，一則私家所刻耳。《謝天書述功德銘》，大中祥符元年。但書“御書院奉敕摹勒刻石”，無人姓名，此官刊之又一例。又考唐時官刊之碑，亦有付將作監者，如《興福寺殘碑》即世所稱“半截碑”。題“文林郎直將作監徐思忠等刻”是也。遼《暘臺山清水院藏經記》，題“通天門外供御石匠曹辯鐫”，亦工之在官者。私家之碑，或稱“都料”，或稱“石工”、“石作”，蓋石匠亦間能刊字。宋、遼、金石幢及里社神廟之碑皆出此輩，有雅、鄭之别矣。金《重刻鄭康成碑》，題“濰陽劉元紀仙本店于全刊”，刻字之有店始此。

6.20-5　古今人不相及，豈獨書法爲然哉？即刻工亦不同。唐初名家遺墨，使今之良工上石，雖歐、虞精詣，確爲真跡，視《廟堂》、《化度》諸碑，亦必相徑庭，則時爲之也。余嘗見趙文敏《仇公墓誌》及《膽巴禪師碑》真跡，滃鬱奮張，筆墨皆有生氣。石印本不得其用墨，猶得其用筆，至摹本，則每下愈況矣。《書畫跋跋》述宦秦者言：“唐碑石皆如玉，其字皆直刻入，深一二寸，如今刻牙小印，不似今碑但斜掠也。《多寶塔》等碑所以經久不模糊。”右刻字五則

6.21　書碑、篆額、鐫字出於一手者，惟咸通壬午《雩都縣福田寺三門記》，楊知新述，李少鴻書并篆兼鐫，此外未見他刻。海寧安國寺有咸通六年經幢，周瑛刻字并書而並無篆額；北海《李元秀碑》，逸人太原郭卓然模勒并題額；咸通十五年《大般若波羅蜜經》，王居安鐫字并篆額，而書經人爲楊元弘。皆祇兼兩事。唐碑自書自刻者多矣，顔魯公、李北海皆如此。元至正十六年《曲陽禱雨靈應記》，王鑒書、鐫。右一人兼書篆鐫一則

6.22　撰、書、鐫、勒，各題姓氏，造碑之匠，亦間得附名簡末。通稱曰"石匠"，曰"石工"，亦稱"都料匠"。惟唐《叱干公三教道場文》，後有"都料丈六彌勒佛匠雍慈敏"，其書法稍別。有稱"石師"者，如漢之《白石神君碑》"石師王明"、魏《石門銘》"石師武□仁"是也。淡山巖熙寧七年《楊巨卿題名》，末有"梓作石永洪"。唐《戒珠寺經幢》，有"郢人應成"與"鍊客程曇"並列。"鍊客"，猶言方士，"郢人"，用《莊子》"運斤成風"事。吳《天發神讖碑》，有"巧工九江朱□"。同爲石匠之嘉稱。遼《憫忠寺舍利石函》，後有"閣殿砌匠作頭蔡惟亨"，又有"故蓋閣都作頭康日永"，其姪敏爲"蓋殿寶塔都作頭"。觀此，知今人稱工師爲"作頭"，遼時已然矣。王惕甫《碑版廣例》曰："漢碑不列書、撰人姓名，而'市石'、'募石'、'石師'、'石工'必謹書之。《樊敏碑》，建安十年造，石工劉盛，息懆書。書人居石工之下。"金《重修漢太史公墓記》，大定己亥。"石匠"之外有"甎匠"。按《陝西通志》："墓在韓城縣芝川鎮，邑令翟世祺築高臺①，砌以甎石，層級而上。"此所以有"甎匠"，非他碑所得例也。少林寺唐《同光禪師塔銘》，有"造塔博士宋玉②"；後唐《行鈞塔銘》，有"造塔博士郝温"。此"博士"非官名，亦當時稱匠石之詞。右石工一則

6.23　二氏之碑，往往有施石姓氏。《圭峰禪師碑》，王元宥施碑石，題名在年月之前。經幢則有施幢人。宋《文安公牡丹

---

① "高"下原脫"臺"字。(雍正)《陝西通志》卷七十一"漢太史公司馬遷墓"云："邑令翟世祺築高臺，砌以磚石，層級而上，勢入雲表。"
② "宋玉"，原誤作"宋王"，據《同光禪師塔銘》拓片及武億《授堂金石文字續跋》卷四"同光禪師塔銘"條改。

詩》,後題"香城院主賜紫某僧出石","出石"即"施石"之變文。
五臺《孫真人祠記》,有"施碑座人宋九齡"。_{右施石一則}

6.24　漢時上方銅器,有"監"有"省",余所見石刻,亦多有
"管句"、"句當"姓氏。唐《裴光庭碑》,末行有"奉敕檢校樹碑
使";《庾公德政碑》,第二跋後有"管句造碑佐史耿□□"。此不
獨聱書、監刻爲然也。_{金《濟瀆靈應記》,有"監刻碑人州吏趙源"。}蓋古
人樹碑必先選石,《華山碑》"杜遷市石"與"郭香察書"並列,固
矣。《泰山都尉孔宙碑》,末云"陟名山,采嘉石"。洪氏《隸釋》載
《武梁祠堂碑》,云"孝子仲章、季章、季立,孝孫子僑,竭家所有,
選擇名石,南山之陽,擢取妙好,色無斑黃"。飾工庀材,鄭重如
此。余奉命度隴,道出西安,詣郡學碑林,見唐初刻石如《廟堂》、
《聖教》諸碑,皆黝然作淡碧色,光如點漆,可鑑毫髮,扣之清越作
磬聲,真良材也。吳越間古碑絕少,唐以後碑雖有存者,亦多淺
蝕。若無屋覆,露處田野,其久也,馴至漫漶無一字。燕趙間遼、
金幢多黃沙石,坳突不平,搨出之後,疵痏徧體。石質尤脆者,歷
年稍久,字面一層劃然蛇蛻,拂而去之,片片落如拉朽。如此等
石,其壽不及百年,不如不刻。古人書碑,遇石泐則避之,然唐中
葉以前無是也。余所藏光啟二年《封崇寺幢》,避泐紋,繞刻至一
二十字。此皆選石不精之弊也。不獨碑石,即摩厓亦有之。同
一題名,或存或佚,或波磔如新,或瘢胕莫辨,則以石質有美惡。
絕壁顯露、雨淋日炙之處,與深藏洞壑者亦不同。_{右選石一則}

6.25　桂未谷曰:《札樸》卷六。古碑皆先立而後書。李綽《尚
書故實》:"東晉謝太傅墓碑樹貞石,初無文字。"《水經注》:"沂水
南有孔子舊廟,漢、魏以來列七碑,二碑無字。"或疑碑立則下段

225

逼地，人不能書。若陷地數尺，人在陷中乃可書。又疑自左書
起。然《乙瑛》、《曹全》，皆首行字大，當自右起。或又疑橫排。
按漢碑"年"、"命"二字，垂腳長過二三字，此非橫排所能預計也。
河南於土中得曹魏《王基碑》，僅刻中段，上、下丹文隱隱，此則未
立先刻者。《授堂金石跋》曰："《王基碑》出土，僅刻其半。土人傳云下截朱字
隱然，惜無人辨識，付之鑴工，遽磨拭以没。今存者，凡得三百七十字。"右古碑
先立後書一則

6.26　漢《武氏石闕銘》，"使石工孟孚季弟卯造此闕"，即敘
於碑文之中。大約漢碑多書"造"字，如《孔宙碑》書"延熹七年□
月戊□造"，《西狹頌》書"建寧四年六月十三日壬申造"，此其證
矣。《耿勳碑》書"西部道橋掾①下辨李禈造"，"造"字上書官，書
地，書姓名。而唐《高乾式造象》書曰"造碑人檀如洛"，此書姓名
之又一例。自魏以下，或書"建"，或書"立"。《于府君義橋石象碑》書
"建"，《嵩陽寺碑》書"立"。有重其文曰"建造"者，如魏《太公呂望表》
是也。"武定八年四月庚辰朔十二日辛卯建造"。曰"建立"者，如齊《宋
買造象》是也。"天統三年歲次丁亥四月辛丑八日戊申建立"。或於"造"
上增字，如隋《楊遵義造象》開皇六年。書曰"洞玄弟子王忻敬造"，
唐《淤泥寺心經》書曰"宮官張功謹敬德監造"，遼《行滿寺尼惠照
建幢記》太康元年。書曰"石匠邵文景成造"。後人各隨文便，並無
義例。唐人或變文言"樹"，如歐陽公《房彦謙碑》書"貞觀五年三
月二日樹"，《馮本紀孝碑》書作"尌"，《崇聖寺丁思禮心經》書作
"豎"。"尌"爲"樹"之省文，"豎"又"樹"之俗字。山陰有《十哲

---

①　"道"，原誤作"通"，據洪适《隸續》卷十一"武都太守耿勳碑"條及毛遠明《漢
魏六朝碑刻校注》第一冊"耿勳碑"條改。王昶《金石萃編》卷十五"武都太守耿勳碑"
條誤"道"爲"通"。

讚》，"唐元和十年十二月三日孟簡置"，書"置"字者，惟此一碑。碑末又有書"訖"例，始於魏《始平公造象》，題曰"太和廿二年九月十四日訖"。然書法亦不盡同。武定二年《李洪演造象》書曰"造訖"，景明二年《鄭長猷等造象》書曰"誠訖"，《賈思伯碑》、《雋修羅碑》皆書曰"訖功"，《洛州鄉城老人造象》又倒其文曰"功訖"。唐《淮南公杜君墓誌》儀鳳二年。又於"功訖"上增"雕瑩"二字，龍門《周遠志造彌陀象》上元二年。又於"功訖"下增"詞"字，此"訖"字，《續萃編》誤釋作"記"。已爲駢枝。魏《凝禪寺三級浮圖頌》，末題曰"造刊俱訖耳"，愈不詞。《張猛龍碑》，末題"義主某某，造頌四年，正光三年正月廿三日訖"。《金石後錄》曰："造頌四年之後始立此碑。"此又立碑之變例。《興聖寺經幢》又改"訖"爲"畢"，書曰"天寶五載九月畢功"，龍門《漁陽郡君王氏龕銘》亦倒其文曰"功畢"，唐《孫文才造象銘》書"了畢"。其餘或書"立石"，或書"上石"，此通例也。若并著建碑之地，如蘇唐卿篆書《醉翁亭記》，"嘉祐七年上石於費之縣齋"，晁迥《慎刑箴》，"天聖六年立於永興軍"，《釋迦成道記》，"元豐五年立石於湖州飛英寺浴院"，此順敘之法也。米元章"第一山"字，後題"終南山古樓觀道祖說經臺立"，此倒敘之法也。又有"同立石"之例，如唐《沁河枋口記》，先書"元和六年冬十月刻"，下有濟源令、丞、簿、尉姓名。如此者不止一碑。惟五臺山《孫真人祠記》，宋元豐四年万俟祐立石。四子完、寧、宊、實同立石，至金大定九年，万俟善深并弟衍重建，善深男端并彥同捨己財立石。兩次建碑皆出於万俟氏，又皆有同立石人，其書法爲最詳矣。古碑或仆而復立，或燬而重鑴，如唐之孫師範《孔宣公廟碑》、魯公《八關齋記》《李元靖先生碑》，皆有跋敘其建刻始末。其餘但省文，於年月下書"再建"、王彥超刻虞永興碑。"重修"、唐賈竦《謁華嶽廟詩》，"姪男瑊大和六年重修"。"重立石"李北海《東林寺

227

碑》、《通微道訣碑》，皆書“重立石”。等字。惟陽羨《周孝侯廟碑》，末題“元和六年守義興縣令陳從諫重樹”，此碑書法爲稍變。余所藏唐幢，宋、元、明屢仆屢建，往往大書不一書，皆題記於空處。又有移建之例，如魏《嵩陽寺碑》，唐麟德元年從嵩陽觀移來會善寺立，宋蔣之奇《武溪深詩》，元祐癸酉自延祥禪院移立武溪亭，此遷地而建之説也。又有追建之例，如唐有《追樹琅邪十八代祖王公碑》，韋縱書。《宋廣平碑》，大曆七年孫儼追建，此閲時而建之説也。以上諸例，皆起自唐以後。漢人簡質，但題年月，或云“某人造”而已。右建造樹立一則

6.27 碑版書歲、時、月、日，或繫以甲子，月必謹朔，此通例也。甲子上例有“歲在”字，言太歲所在也。然齊《姜纂造象》，“天統元年太歲乙酉”，唐《潘尊師碣》，“聖曆二年太歲己亥”，皆書“太歲”。而《沙門軌禪師造象》，“太歲在甲午”，書“太歲”矣，仍書“在”字。其書法不同如此。其他先後詳略，參差百出。余所見紀年異文，如《韓勑碑》，“惟永壽二年青龍在涒歎霜月之靈皇極之日”。按《釋天》：“歲在申曰‘涒灘’。”《養新録》曰：“‘霜月’者，相月也。”《釋天》：“七月爲相。”此以《釋天》歲陰紀年，以月名紀月也。隋《澧水石橋前碑》，“以開皇十一年龍集於淵獻，月躔於降婁”。紀年同，而紀月則以“十二次”。《後碑》，“歲次鶉□”。王蘭泉曰：“南方朱鳥七宿曰‘鶉首’、‘鶉火’、‘鶉尾’，此當是‘鶉火’。《禮・月令》疏，‘午爲鶉火’。”齊《郭顯邕造經頌》，“天統元年歲次大梁”。隋《李慧熾造象》，“開皇十一年陬訾之次”。此以歲星之“十二次”紀年也。唐《寶室寺鐘銘》，“貞觀三年攝提在歲蕤賓御律”。《大忍寺門樓碑》陰，“困敦歲太簇月”。此以“十二律”紀月也。梁昇卿《伯夷叔齊碑》，“開元十三年惟一月既

望"。《麗庽溫碑》陰,"上獲寶符,建元之十有四歲冬孟月哉生魄"。此以月之弦望紀日也。而芮城《龍泉記》,"元和戊子歲月在高蘽十八日",其義未詳。《史惟則經幢》,"長慶甲辰歲十月龔落十二葉"。蔚州《石佛寺經幢》,"大安七年五月龔生七葉"。此以"龔莢"紀日也。《玄元靈應頌》,"天寶元年七月中元"。《慶唐觀金籙齋頌》,"天寶二載十月下元"。此釋家"三元"之説,唐以後始有之。宋人題名,多以二十四氣紀時,如驚蟄、清明、夏、冬二至之類,寒食、端午、重陽,亦屢見於石刻。蜀中《楊百藥題名》書"禁煙日",即寒食也。又有節字之例,如《鳳岡漫叟題名》書"淳祐寅八"。考淳祐二年爲壬寅,"寅八"者,當是壬寅八月也。周孝侯廟趙孟頫書"雲龍風虎"四大字,題"淳祐甲龍"。"甲龍"當是甲辰,或"辰"字避家諱而易之也。《華嶽廟杜錫、杜梅題名》,"建四三月廿三日"。以杜錫尚有大曆一通,知"建四"爲建中四年。祁陽浯溪《張知復詩》,題"淳亥嘉平六日"。淳熙六年爲己亥,淳祐十一年爲辛亥,後人[1]惡從而知之?《昇仙太子碑》陰,"大唐神龍二年歲次景午水捌月壬申金朔式拾柒日戊戌木"。《景龍觀鐘銘》,"景雲二年太歲辛亥金九月癸酉金朔一十五日丁亥土鑄成"。王蘭泉曰:"'納音',辛亥釵釧金,癸酉劍鋒金,丁亥屋上土。"以"納音"入石,蓋用術家之説。唐《施燈功德經幢》,"乾元二年歲次豕亥月建兔卯",又繫以十二生肖。至元碑,遂書"鼠兒年"、"牛兒年"以代甲子。諸如此類,更僕難詳。余別爲《碑版歲時月日例》一書以釋之,爲發其凡於此。右歲時月日例一則

---

① "人",原誤作"入",據上海圖書館藏《語石》修改稿本改。

6.28　打本姓名刊石者,《漢倉頡碑》,宋人題字之後有"萬年朱吉打碑記",唐重刊《八關齋記》,後有"曹州□□縣主簿□師□傅打石本"十四字,宋《教興頌》,後有"攝太常寺太祝李夢徵傳本"十一字。余所見僅此三通而已。至元和八年《那羅延經幢》,後云"弟子那羅延建《尊勝碑》,打本散施",打本之人即爲建幢之人,又一例。又按《金薤琳瑯》載永興《廟堂碑》唐拓本,後有"朝議郎行左豹衞長史直鳳閣鍾紹京奉相王教搨碑額"。《虛舟題跋》引此,"搨"下有"勒"字,當是摸搨上石,故下即云"雍州萬年縣光宅鐫字",非打本也。又按唐玄宗《石臺孝經》,後李齊古《表》云:"臣謹打本,分爲上、下卷,於光順門奉獻以聞。"《木澗魏夫人祠碑》,後宋人題"太平興國八年三月奉敕打造碑文"。此皆石刻打本之證。

右打本一則

語石卷七

7.1　隋以前碑版，有書人名可考者，南朝以陶貞白爲第一，貝義淵次之。北朝以鄭道昭爲第一，趙文淵次之。其餘南之徐勉，北之蕭顯慶、王長儒、穆洛、梁恭之，皆入能品。鄭道昭《雲峰山上、下碑》及《論經詩》諸刻，上承分、篆，化北方之喬野，如篳路藍縷，進於文明。其筆力之健，可以剚犀兕，搏龍蛇，而游刃於虛，全以神運。唐初歐、虞、褚、薛諸家，皆在籠罩之内。不獨北朝書第一，自有真書以來，一人而已。舉世噭名，稱右軍爲"書聖"，其實右軍書碑無可見，僅執《蘭亭》之一波一磔，盰衡贊歎，非真知書者也。余謂鄭道昭，書中之聖也。陶貞白，書中之仙也。焦山《瘞鶴銘》，如天際真人，蟬蜕氛滓，句曲《館壇碑》，如仙童樂靜，不見可欲，皆不食人間煙火者也。貝義淵，學仙而未能蛻羽者也，然亦沖和有道氣矣。其所書祇存《蕭憺》一碑。趙文淵有《華嶽廟》一碑，《北史》稱其"有鍾、王之則"。竇臮《述書賦》云："文淵、孝逸，獨慕前蹤。至師子敬，如欲登龍。有宋、齊之面貌，無孔、薄之心胸。"今觀其書，雖險勁，未脱北書獰惡之習，視鄭道昭父子，譬之聖門，尚不在游、夏之列。右總論南北朝書人一則

231

7.2　唐初之歐、虞、褚、薛，各擅勝場，難可軒輊。王知敬雖未能方駕，然其所書《衛景武公碑》及《金剛經》，皆爲世所膾炙。開、天以後，李北海、顏平原、徐季海父子、柳誠懸昆季，宋之蘇、黄、米、蔡，元之趙文敏，皆書林中百世師也。古之論書者，見知見仁，各明一義。今之學書者，是則是傚，各專一家，豐干饒舌，徒爲駢拇指而已。不知有唐一代書學如日中天，宋時士大夫亦多能染翰，入龍宫而求寶藏，驪龍頷下之珠固爲至寶，不得謂珊瑚、木難即"匪我思存"也。翁覃溪先生嘗選唐碑得三十四種，又續選得十六種，共合五十種。覃溪宗門老宿，自是正法眼藏，惟不喜北書，又惑於王侍書之説，以山陰爲海若，所選諸碑，一歸之二王法乳，是其蔽也。余頗有志書學，欲仿其例，先爲《南北朝碑選》，晉、宋真書惟"兩爨"，齊、陳無一刻，取拓跋、宇文、高三朝及蕭梁碑之精者，爲第一選。隋碑上承六代，下啓三唐，唐初諸家精詣，皆所自出。都玄敬謂"隋碑難得，嗜好垂三十年，僅得四碑"，而其中《皇甫君》一碑尚是唐刻。趙子函[①]得《常醜奴誌》、《陳叔毅孔子廟碑》，自喜後來居上。今先後出土，余所藏即不下數十通，皆前人所未見，擬簡其上駟，爲第二選。以次及唐碑，即以覃溪爲藍本而略增損之，爲第三選。宋碑則博觀而慎擇之，百取其一，爲第四選。遼、金並起朔方，而遼碑最少，其書苦無士氣，金則党懷英、王庭筠之流，南方之學者，未能或之先也，次其碑爲第五選以殿焉。元碑雖有佳者，不能出文敏之範圍，等之自檜以下。人海浮沈，未遑卒業。輮舉大凡，以當噭矢。右總論唐書人一則

---

①　"趙子函"，原誤作"郭子函"。

7.3　褚河南書負盛名，其學出於史陵，見竇臮《述書賦》，而世鮮知之矣。顏魯公之父名“惟貞”，嘗從舅氏殷仲容授筆法，以草、隸擅名。今所傳《蕭思亮墓誌》，惟貞文，而無書人名，楷法秀逸，疑即惟貞所書。此魯公書學所由來也。右褚顏書所自出一則

7.4　薛純陁天挺偉表，如太華三峰，壁立千仞，又如神龍攫拏，東見一鱗，西見一爪。《砥柱銘》有三門之險，久沒驚濤駭浪中，不可拓。《辨法師碑》亦不傳世。所見者惟分書《祭比干文》，又爲元人重刻，神氣全失。客曰：然則子何從知之？余曰：董逌、歐、趙諸家議論具在，取而繹之，思之思之，鬼神通之，純陁之書，不啻憲憲然在吾目中也。董氏《廣川書跋》曰：“《砥柱銘》因山鑱鑿，就其窪平，不成行序。唐刻石之文，此其最大者也。”又曰：“其字磊落如山石自開，隱鱗而出，可以見方丈之勢。柳誠懸愛其書，恐失其次第，別書於石，後世得純陁書皆碎雜叢疊，必按此序之。”歐陽公跋《辨法師碑》曰：“其遒勁精悍，不減吾家蘭臺，世無知者。余家集録，可謂博矣。所得純陁書，祇此而已。”唐初書家，無不從分隸出，泰岱、鄒嶧摩厓，純陁之所自出也。宜其橫絕一時，當時如虞伯施、褚登善，皆避席讓之。右薛純陁一則

7.5　趙模，虞之宗子也。殷令名，歐之雁行也。魏栖梧，褚之虎賁也。趙之視虞，結搆、氣韻，升堂窺奧，而醇古之氣則稍漓矣，此所以未達一間也。殷令名爲仲容之父，瓊琚玉佩，和鸞中節，但有規矩，而無翕闢操縱之妙。魏栖梧用筆過縱，英華盡洩，視《聖教序》或庶幾，去《三龕》遠矣，去《孟法師》更遠矣。三家書碑今存者，趙模有《高士廉塋兆記》，殷令名有《益州刺史裴鏡民碑》，魏栖梧《善才寺碑》已佚，臨川李氏有拓本。右趙模　殷令名魏栖梧一則

7.6　于立政、高正臣,亦皆褚之流亞也。立政,燕公于志寧之子。燕公陪葬獻陵①,《神道碑》即其所書也。小楷遒媚,其結體似虞,其運筆似褚,合觀亦頗似王知敬《衛景武公碑》。其所書尚有《崔敦禮》、《令狐德棻》兩碑。《崔碑》久佚,惟滂喜齋潘氏藏舊拓孤本。《令狐德棻碑》亦剝泐,僅存數百字而已。高正臣風骨凝重,精光内含,是善學褚者,其書品在《張琮》、《樊興》兩碑之上。今所存昭陵有《杜君綽碑》,吾鄉棲霞山有《明徵君碑》。王蘭泉云:"《唐書·宰相世系表》,正臣官襄州刺史。張懷瓘《書斷》云:'正臣,廣平人,官至衛尉少卿。習右軍法,玄宗甚愛其書。自任潤州、湖州,筋骨漸備,任申、邵等州,體法又變。'"右于立政　高正臣一則

7.7　竇懷哲《蘭陵公主碑》,筆法在歐、虞之間,亦唐碑之至佳者。其結體綿密而氣則疏,其運筆嚴重而神不滯。歐公《化度寺銘》,天然妍秀,不假修飾,此碑則稍露矜持之態耳。然視徐嶠之父子,已有仙凡之別,況竇臮以下乎?惜所傳僅此一碑。趙明誠《金石録》有《竇德玄碑》,子懷節書,當是其兄弟行,今亦佚矣。右竇懷哲一則

7.8　暢整書名不甚著,今所存亦祇《清河公主》一碑。然其書勁拔,如張千鈞之弩,彀滿而後發,上之雖未能抗薛純陁,下之可平視薛曜。據趙明誠所録,尚有《滁州刺史劉公碑》,今不傳矣。《鄭惠王石塔記》,咸亨四年,在長子縣。但云"釋洪滿建",無書人名。按昭陵《乙速孤神慶碑》即釋洪滿書,是亦緇流之能書者。然《乙速碑》娟秀似于立政,《石塔記》昂藏露骨,捫之字外有棱,

----

①　"獻陵",原誤作"乾陵"。《語石》卷一"唐十四則"之十二載"獻陵八碑"有《燕公于志寧碑》。

234

與《清河碑》錙銖不爽，可決知其爲暢整書也。<small>右暢整一則</small>

7.9　《李孝同碑》，今書人名已泐，尋德甫所記，則諸葛思楨書也。仙風道骨，不食人間煙火。思楨所書尚有《瑤臺寺碑》，亦見《金石錄》。按昭陵《張阿難碑》，瑤臺寺主僧普昌書，酷似虞永興，爲唐僧工書者第一。建寺之碑不自下筆，而以屬思楨，則其工書可知矣。惜《唐書》無傳，據《李孝同碑》題銜，但知爲許州臨隸縣令。<small>右諸葛思楨一則</small>

7.10　"來護兒兒把筆，虞世南男帶刀"，言永興之不能有其子也。蘭臺之於率更，可謂能世其家學矣。然《道因法師碑》，戈戟森森，鋒穎四出，六朝醇古之氣，澆漓盡矣。蓋能得《皇甫碑》之險峻，而無《化度》之淳蓄，非善學率更者也。余謂小歐但傳其父分隸法，試取《房彦謙》、《宗聖觀》兩碑證之，《道因》之一波一磔，肖乎惟肖，惜無分書碑以證之。<small>右歐陽通一則</small>

7.11　褚、薛並稱，薛稷，非薛曜也。稷書惟存《昇仙太子碑》陰數十字。《信行禪師碑》，惟道州何氏有孤本，即王孟津所題者也。吳荷屋稱其用筆之妙，雖青瑣瑤臺合意之作亦不是過。若《香山洞涅槃經》，雖相傳爲稷書，要無碻證。薛曜書尚有《封祀壇銘》及石淙《夏》、《秋》兩序，其書尚不逮暢整，媿難兄矣。觀《石淙序》，其轉折之處運筆太重，如黛榦霜皮，礧砢多節，又如側出之水，竹箭奔騰，至千里一曲之處，忽搏而過顙，不免捉衿肘見矣。余謂必欲學曜書，尚不如《封祀壇銘》，不失河南《三龕》矩矱。<small>右薛稷　薛曜一則</small>

7.12　沮渠智烈,西涼蒙遜之裔也。趙德甫所收,登封有《少姨》、《啟母》二廟碑,濟源有《奉仙觀老君石象碑》。今惟存《奉仙》一刻,清和條昶,比之琴德愔愔。昭陵《尉遲》、《阿史那》兩碑,偉麗極矣,亦如七寶莊嚴,光華奪目,而風格稍靡矣。《白鶴觀碑》有其遒峌,無其神韻。歐、虞諸碑,漸歸澌滅,褚登善、王知敬,亦非得精拓不可學。惟此碑完好不損,規矩方員之至,臨池種子,舍此其誰。右沮渠智烈一則

7.13　《王徵君臨終口授銘》,季弟紹宗甄録。竇臮《述書賦》云:"王祕監濩落風規,雄壯氣力,播清譽而祖述,屢見賞於有識①,如曲圃鴻飛,芳園桂植。"注云:"王紹宗,琅邪人,官至祕書少監。"張懷瓘《書斷》云:"紹宗,字承烈,父修禮,越王友道雲孫也。清鑒遠識,才高書古。""徵君"者,紹宗之兄玄宗也。錢竹汀先生云:"《唐書·儒學傳》:'玄宗隱嵩山,號太和先生,傳黃老術。'紹宗長於書,當時以虞伯施比之。今觀此碑,楷法圓勁,而鋒穎不露,泂得永興三昧。"余謂不獨紹宗能書,即玄宗所書《華陽觀王先生碑》,軒軒霞舉,軼氛壒而上征,亦書中逸品也。海內祇一本,舊爲孫退谷、曹倦圃所藏,遞歸吾吳南有堂繆氏、藝海樓顧氏,最後歸槃溪管泂美丈,又自李香嚴廉訪歸費屺懷。垂拱以後、開元以前書家,沮渠、二王,鼎足而三矣。右王玄宗紹宗一則

---

①　"有識",原誤作"有德",據竇臮《述書賦》卷下改。畢沅《中州金石記》卷二"王徵君臨終口授銘"條引文誤"有識"爲"有德",王昶《金石萃編》卷六十"王徵君臨終口授銘"條沿誤。

7.14　裴漼、宋儋，皆開元時能書者。裴書遜於竇懷哲，宋書優於徐季海。裴有《少林寺碑》，尚完好。宋有《道安禪師碑》，亦在少林寺，前明萬曆間雷轟爲兩截，下截已漫漶無字。貴陽陳松珊前輩從廠肆得一本，尚是未裂以前拓，多至數百字，精采奕奕，如霜隼秋高，搏扶搖而下擊。《金石錄補》：“儋，字藏諸，廣平人，高尚不仕。呂總稱其書如‘暮春花發，夏柳枝低’，蓋倣鍾繇而側戾放縱者。開元末，舉場中多師之。”黃伯思亦病其側戾失天趣。余謂儋書純用側筆，誠非正宗，然筆法的真從《根法師碑》出。徐季海書肉餘於骨，儋書骨餘於肉，二者不可得兼，寧舍彼而取此也。趙明誠所收，尚有《珪禪師碑》，開元二十三年。裴漼書尚有《上黨宮述聖頌》，開元十一年。今皆不傳矣。漼，炎之子，封正平縣子，《新》、《舊》史皆有傳。王山史稱漼書“得褚河南之勁俊，而無宵暎春林之致”，不知河南書筆筆淩空，所謂導之則泉流，頓之則山立。漼書轉折處雖着力，譬如解牛，刀稍頓矣，非褚公之苗裔也。右裴漼　宋儋一則

7.15　鍾紹京與薛少保齊名，開元初書家第一。宋時尚存《靜法師方墳碑》、長安元年。《襄州徧學寺碑》、開元二年。《楊曆碑》、開元十九年。《愛州刺史徐元貴碑》、《阿彌陁佛讚》，皆開元二十年。見趙德甫《金石錄》，今漸滅盡矣。前明收藏家即未聞著錄，則亡來已久，自來書家之不幸，未有如紹京者也。蓋南渡後講學家高自標置，以書爲游藝，必以人重，故顏魯公書傳世最多，柳誠懸亦以“心正則筆正”一語爲世所稱道，而咸知愛護之，殆以紹京附麗椒房、父事閹豎而鄙之歟？惟《昇仙太子碑》陰尚與薛少保各存遺跡數十字，不啻虬鱗片甲、丹鳳一毛。右鍾紹京一則

7.16　唐太宗喜右軍書，然《懷仁》、《大雅》皆集字，《隆闡法師碑》亦衹具優孟衣冠而已，蓋此體不宜於碑版。惟開元中蕭誠書碑，純用鐵門限家法。東武趙氏所録尚有六碑，開元二十年《南嶽真君碑》、二十七年《李適之清德頌》、二十九年《裴大智碑》、天寶三載《襄陽令庫狄履温頌》，又《襄州牧獨孤册遺愛頌》，亦天寶中立。今惟存《玉真公主靈壇祥應記》，在濟源縣。天寶二載。石本亦不易得，蔚若前輩贈余一舊拓，望之神光離合，如傾城獨立，胡然而天，胡然而帝，其風格遒上，雖彈丸脱手，絶無謰𡣳氣，書品超出懷悰之上。開元以後學王書者，當推誠爲第一，嵩室僧勤行次之。勤行所書《靈運禪師功德銘》，得王之骨，誠得其神，固宜尚之。誠官至司勳員外郎，見《新書·宰相世系表》。《玉真碑》，《中州金石記》著録誤爲道士元丹丘書，不知丹丘乃建碑人，非書碑人也。孫氏《訪碑録》沿其誤，吳荷屋又分爲兩碑，皆舛。右蕭誠一則

7.17　吕向，《文選注》“五臣”之一也，《唐書》有傳。昔人稱其草、隸峻巧，又能一筆環寫百字，號“連綿書”。見《石墨鐫華》。趙氏録《述聖頌》及《法現禪師碑》，天寶元年。今惟《述聖頌》存耳。其書從褚河南出而神味不足，尚未能到《樊興碑》，段清雲①《寶居士神道》庶幾伯仲之間。按《唐書·趙冬曦傳》：“冬曦與秘書少監賀知章、校書郎孫季良、大理評事咸廙業入集賢院修撰。是時，翰林供奉吕向爲校理。踰年，並爲直學士。”趙明誠《金石録》收趙冬曦碑最多，與鍾紹京、蕭誠埒，可知爲當時書手。今賀知章書尚存《龍瑞宮記》。孫季良即孫翌，以字行，所撰有《高延

---

①　“段清雲”，原誤作“段青雲”，據顧炎武《金石文字記》卷四“寶居士神道碑”條及葉昌熾《緣督廬日記》“乙酉四月初三日”條改。

福》《郭思訓》兩誌，無書人，蓋撰、書一手也。咸廙碑無"業"字，與史異。撰《華嶽精享昭應碑》，劉升分書。亦尚存。惟冬曦所書無片石，亦可謂不幸矣。右呂向一則

7.18 張長史以草書稱聖，而真書特少。所傳惟《郎官石柱記》，真本亦不可得見，見《戲鴻堂》本，如見虎賁耳。右張旭一則

7.19 巴州嚴武摩厓共五通。《九日南山詩》，杜甫書也，筆法雖清雋，而不免寒瘦，有"飯顆山頭"氣象。此刻或是宋時好事者依託。《救苦觀音讚》，韓濟文，其書亦稍弱。其餘三刻，一爲《佛龕記》，一爲《龍日寺西龕石壁詩》，一爲《廣福寺楠木歌》，皆不署書人，雄偉俊邁，非幕府所能代作也。杜子美嘗戲武云"嚴挺之迺有此兒"，其氣概不群可想。今觀其書，真氣鬱蟠，如龍象蹴踏，全以神運，每一披覽，如見曹孟德橫槊臨江、石季龍長嘯上東門時，視《鄭文公碑》僅隔一間，視王遠《石門銘》，則幾幾並轡而馳矣。有唐三百年書法，空前絕後，自成一家，殆由天授，非人力也。右嚴武一則

7.20 張少悌書《李光弼神道碑》，又書《馬璘碑》，兩人皆靈武勛臣，其書爲時所重如此。今《璘碑》已亡，《臨淮碑》亦泐。趙明誠又錄其《王四娘塔銘》一通，亦未見傳本。惟西安崇聖寺有少悌書《尊勝幢》，八面，一字不損。行書流媚，清勁有法，可比褚河南《枯樹賦》、《哀册文》。右張少悌一則

7.21 竇臮《述書賦》有販書人田穎，其書明以前無著錄。乾隆中，新出《劉元尚》、《張希古》兩誌，皆天寶中刻。皆署曰"雁門

田穎書"。又有《張元忠妻令狐氏墓誌》,無書人。《古誌石華》云:"驗其筆跡,與《張希古誌》絕似,亦田穎書也。元忠食邑雁門,希古食邑馬邑,皆在今山西大同府,穎籍其地,故爲書誌。二張,蓋族①也。"按《述書賦》注云:"穎,長安人。""二張"、《令狐》三誌,皆出關中。古人名氏之上皆署郡望,如蘇子瞻爲眉山人而自署輒曰"趙郡"是也。穎雖自署曰"雁門",未必家於大同。竇臮頗不滿其書,至詆之曰"志凡識滯"。三誌拓本,余先後收得之,觀其使筆,誠不能雅馴,然尚高蘇靈芝一等,譬如風檣直駛,至波心激湍處尚能絕流徑渡。又如策駿馬騁交衢,罄控縱送,如組如舞,亦不至有銜橛之變。市流得此,足千古矣。右田穎一則

7.22　李北海碑版照四裔,自云"學我者死"。然陳懷志《北嶽府君碑》、陸長源《靈泉寺玄林禪師碑》、李紳《龍宮寺碑》,即皆得其一體。《靈泉》、《龍宮》兩碑無書人。考長源所撰,《景昭法師碑》,竇臮書也。《會善寺戒壇記》,陸郢書也。惟《靈泉寺》書人獨缺,殆即出於撰人矣。華岳廟、七星巖皆有李紳題名,以筆迹參校,與《龍宮寺碑》亦合。陳碑遒健得其骨,陸碑排奡得其貌。李紳如香象渡河,金翅擘海,兼得其神與氣,其最優乎。此三碑異流同源,皆爲北海之津逮。《靈泉》其門庭也,《北岳》則登其堂,若能探《龍宮》之寶藏,則幾幾入其室。《靈巖》、《麓山》、《端溪》諸碑,一以貫之矣。翁覃溪《唐碑選》但收陳懷志一刻,猶非會通之學。右陳懷志　陸長源　李紳一則

7.23　顏魯公同時,得筆法者有二家,曰韋縱,曰胡証。《金

---

① "族"下原脫"人"字,據黃本驥《古誌石華》卷十二"張元忠妻令狐氏"條補。

石録》縱書有二，一爲《鹽池靈慶公神祠碑》，一爲《同州刺史崔淙遺愛碑》，胡証碑多至七通，貞元二年《夏縣令韋公遺愛頌》，十二年《忠武公將佐略》，十七年《石井欄後記》，元和七年《烏承玭碑》，八年《尚書省石幢記》、《田弘正家廟碑》，長慶三年《少府監胡珦碑》。皆八分書也。今惟存《鹽池碑》，其餘皆不傳於世。而縱所書別有《追樹晉司空王公碑》，証別有《狄梁公祠記》，皆趙德甫所未收。《狄祠記》正書尤難得。韋縱書用撥鐙法，蛟螭鬱律，得魯公之筋骨。証書則渾雄之中不露圭角，幾幾青出於藍矣。証，字啓中，河東人，兩《唐書》皆有傳。縱雖無傳，尋《宰相世系表》，出鼓城房官，至左金吾衛兵曹參軍，《鹽池碑》署“將仕郎前試大理評事”，其所歷官也。前於証有胡需然，善分、行書，趙氏亦著録數碑，今皆佚。考《石墨鐫華》云：“開元、天寶間，與蘇靈芝齊名。”則其書可知矣。_{右韋縱　胡証一則}

7.24　竇臮作《述書賦》至七千餘言，其於書學，可謂“三折肱”矣。惜《唐書》無傳，但知其字曰“靈長”。其所書《景昭法師碑》，陸長源文，舉其官曰“浙江東西節度支度判官檢校尚書兵部郎中兼侍御史”，而始末則無考矣。書法謹嚴，神觀藴藉，對之躁釋矜平。《蒼潤軒帖跋》稱其書“在唐人中別有風韻”，比之《瘞鶴銘》。余謂臮書誠於道門爲近，然《鶴銘》如飛仙劍俠，神妙不可思議，若臮則趨向雖高，未登絶頂，蓋天資限之耳，故靜若處女，猶未能動如脱兔。_{右竇臮一則}

7.25　王縉書在唐賢中，靡然降格矣，然尚高吴通微、蘇靈芝一等。今以其所書《王忠嗣碑》證之同時石刻，蓋在荀望、侯冕之間。荀望《永泰寺碑》，雖華腴害骨，而神韻不匱，侯冕《王履清

碑》，則三分乳、七分水矣。宋初院體，若孫崇望、裴麗澤輩，無不
自緒出。蓋其書豐贍華美，可爲太平潤色。然無可訾，亦無可
譽，特書中之鄉愿耳。又如石中之砆碔，雖溫潤無瑕，終不能名
之爲玉也。右王緒一則

　　7.26　常山有《李寶臣》二碑。其一裂其半，書人缺；其一穹
窿高峙，字徑二寸，王士則所書也。士則爲武俊之子，其先契丹
奴皆部落人。武俊出燕驕將，安史遺孽，而其子洒工於染翰，不
可謂非犁牛騂角。然書筆縱橫跳盪，"使筆如劍劍氣出"，猶有健
兒身手。其魄力雄，故媚而不失之纖，其氣機橫，故熟而不流於
滑。趙德甫又錄其《尊勝石幢銘》，天寶八年。今未見。右王士則
一則

　　7.27　鄭雲逵，兩《唐書》有傳，歷官右金吾衛大將軍，改京
兆尹。今考《李廣業碑》，其署銜爲"行尚書刑部侍郎原武縣開國
男"，則史所未詳也。《李碑》撰、書姓名已闕，以次行爲袁滋篆
額，題銜文中有"雲逵"云云，故知撰、書皆出雲逵手。其所書尚
有《鄭叔敖德政碑》，參校書體，亦脗合。但《鄭碑》漫漶，《李碑》
上截尚完好。沈雄激宕，趙子函稱"是徐浩敵手"，余謂直在徐浩
之上、李邕之下。右鄭雲逵一則

　　7.28　覃溪極稱陳諫《南海神廟碑》，列之《唐碑選》。余得
一舊拓本，審之，未能副其實。覃溪非瞀於鑒別者，此碑但有間
架，精氣索然，頗疑爲後人摹刻，覃溪所見，或其真本耳。《萃編》著
錄亦據一裝本。嘉、道時，海舶未通，此碑遠在南海之濱，拓本不易得。諫，《新
唐書》附《王伓傳》，自河中少尹貶台州司馬，終循州刺史。《南海

廟碑》即書於貶循州時也。《金石録》此碑之後即次以《昭義節度使辛秘碑》，亦諫書，今佚。右陳諫一則

7.29　大曆以後，張從申書名藉甚，每書碑，李陽冰多為篆額，時人稱為"二絕"。趙明誠録其碑不下十通，今惟《吳季子廟碑》存耳。白下有《福興寺碑》，見於《復齋碑録》，而趙未收。余兼得兩碑拓本。《福興寺碑》雖泐損，而氣勢旁礴，如渴驥奔泉，怒猊抉石，李北海後，一人而已。歐陽公顧獨不喜其書，但收《玄靜先生》一碑，猶曰"以名取之"，《龍興寺慎律師碑》，但取李少溫碑額而棄從申書不録，拒之可謂嚴矣。竊所未喻，豈宋中葉唐初精碑尚多存者，"觀於海者難為水"歟？抑昌歜、羊棗，嗜好有不同歟？右張從申一則

7.30　竇易直相穆、敬兩朝，趙明誠所録，有《烏重嗣》、《竇叔向》兩碑。今惟《叔向碑》尚在偃師學，僅半截。其字體本纖瘦，加以剝損，望之如遠樹籠煙，名花隔霧，綽約之態如見。其題銜稱"第十一姪尚書右司員外郎"，則書此碑尚未入相，非以其名位為重也。覃溪選晚唐碑極嚴，此碑獨登上選。又跋《竇鞏殘刻》謂鞏書"兼有歐、虞、褚、薛之長"。按鞏即叔向之少子，群之弟，其所書有《心經》及《幡竿石銘》，見《寶刻類編》。群有《宿惠山寺詩》。蓋竇氏一門群從皆工書。同時鄭餘慶亦良相，所書有《武就》、《賈耽》、《孔述睿》諸碑，今無一存者，可慨也。右竇易直一則　附竇鞏　鄭餘慶

7.31　張誼，不知何許人也。《姜嫄、公劉新廟碑》自署曰"節度巡官試大理評事"。又書《汾陽家廟碑》、《樗里子墓碣》，見

《金石録》。顏平原亦有《郭氏家廟碑》，今尚存。以汾陽之勳烈、魯公之大節，而誼鼎足其間，其書爲世重可知。余甫得《姜嫄廟碑》，愛其婉麗，摩挲不忍釋。及對臨一本，始知其佳處正在一覽中，若咀嚼之，則無餘味矣。唐初書家，一波一磔，各有典型，殘膏賸馥，研之愈出，此其所以不可及也。右張誼一則

7.32　劉夢得、柳子厚皆工書，爲詩名所掩耳。柳碑無一存。萍鄉楊岐山有《乘廣法師碑》，劉賓客書也，頗不易得。余初從廠肆得一舊拓本，後文道希復貽一新拓，氈蠟極精。其書氣清而味腴，態婉而體勁，筆法頗似《竇叔向碑》而縝密過之。《金石録》所收，有《何文悊碑》、《令狐公先廟碑》、《丞相崔群碑》、《宣州觀察使王質碑》，共四刻。至《山南西道驛路記》及《崔邠碑》，皆劉文而柳誠懸書之，並不傳矣。右柳宗元　劉禹錫一則

7.33　沈傳師碑見於宋賢著録者多矣。《羅池廟》、《黃陵廟》兩碑，尤膾炙人口，然皆不傳。惟《羅池碑》尚有孤本，自何公邁、馮已蒼、葉林宗遞傳至何道州。余未得見，僅以諸家跋語微之。王孟津稱其“合永興、率更、柳誠懸爲一家”，覃溪亦云“貞元末書派以歐合柳者有之，以虞合柳者罕矣”，可以略得其梗概。右沈傳師一則

7.34　趙德甫録裴休兩碑，《韋翃誌》已佚，《圭峰和尚碑》尚存。其書遒緊而無蘊藉，學之易滋流弊。細參之，其運筆之操縱、結體之疏密，與誠懸昕合無間。《大達法師》，裴撰文而柳書之，此碑則柳題額而裴書之，兩碑微言奧義，非精於梵乘者不能作，其文固宜出於一手。竊訝裴之書又何以神似柳，既而豁然悟

曰："此碑亦裴撰而柳書，特書丹時並題裴欶耳。"此言雖柵，自謂
不爲古人所欺。右裴休一則

7.35　范的，剡越間隱士也。書筆遒媚，蕭誠以後，學王書
者第一。其書見於《寶刻類編》者，有《天童寺碣》、長慶三年。《天
童寺大白禪師塔碑》、元和乙未。《阿育王寺常住田碑》，皆在明州，
《龍泉寺常住田碑》、《右軍祠堂記》、《贊功德記》，無年月。皆在越
州。今惟《阿育王寺碑》存耳。舊碑徐嶠之書，寇盜隳壞，明州刺
史于季友邀的重書，後有季友《記》述書碑事及與范的詩各一律。
世之耳食者輒以趙州原碑不傳爲憾，余謂范之視徐，非買王得
羊，直是積薪居上。徐書《姚懿碑》尚存，雖嫵媚有俗韻，見此碑，
正當如尹、邢之相避。唐季諸碑，沈傳師不敢知，此外能與競妍
者，吾見亦罕。右范的一則

7.36　鄔彤、奚虛己、胡季良，皆唐末經生也。今吳越間經
幢，猶多奚、胡兩生筆，而彤則無片石矣。胡書如王謝少年，衣冠
沓拖。奚書驚鴻綽約，如飛燕掌上，隨風欲去。唐賢中此體絕
少，惟《陸先妃碑》似之。然《陸碑》閒靜有林下風，奚不免婢學夫
人矣。此初、晚唐之別也。余所見吳越間唐幢，美不勝收。其至
精者，海虞破山寺兩刻，一爲金貞書，一爲陸展書。禾之《精嚴寺
幢》，朱及書也。泖之《寶雲寺幢》，蕭宏書也。金華之《金錢寺
幢》，于知仁書也。無錫之《惠山寺幢》，李端符書也。其書皆脫
胎山陰。朱及、于知仁，尤跌宕可喜。顧名字黳如，爲表而出之。
右鄔彤　奚虛己　胡季良一則　附陸展　金貞等

7.37　書學至唐極盛，工書而湮沒不稱者，尚不知凡幾，況

煊赫到今，其必無濫竽可知矣。然有三人焉，循名核實，不無遺
憾。一爲王行滿，一爲吳通微，一爲蘇靈芝。王書如病痿痺，麻
木不仁。吳書輕纖，靡若無骨。蘇書圓熟，如脂如韋。《宣和書譜》
云：“靈芝嘗爲易州刺史郭明肅書《候臺記》，中州難得，契丹以墨本詣権場，易絹
十端，方與一本。”蓋開寶間書名極盛，故爲時所重如此。余謂宋初孫崇望、尹熙
古之流競尚院體，武功正其鼻祖，所以風行。若其時中原書學正盛，如靈芝者，
何足數邪？其爲俗書，則一也。潘文勤喜教人學蘇靈芝《鐵象頌》，
以矯寒瘦之病，然往往成墨豬。靈芝碑以《夢真容》爲第一，惟此
尚可學。右王行滿　吳通微　蘇靈芝一則

7.38　唐承漢、魏之後，分書宏偉，猶有古法。國初歐、虞、
褚、薛諸家，惟信本兼工此體。今所傳有《宗聖觀》、《房彥謙》兩
碑。殷仲容號專家。垂拱以後，賈膺福、盧藏用、郭謙光、田義
晊，接踵而起。田書《乙速孤行儼碑》，平津誤作“白義晊”。新出
《陝州孔子廟碑》，“田義晊撰”四字甚清朗，始正其譌。明皇酷嗜
八分，海内書家，翕然化之。“尚書韓擇木，騎曹蔡有鄰”，杜子美
所稱也。蔡書傳世尚多，韓惟存《華嶽文》一刻。然大曆、貞元
間，韓秀實之《薛嵩碑》、《舜廟碑》，桂林《平蠻頌》、《鮮于氏里門
記》，韓秀弼之《李元諒林功昭德頌》，皆豐碑無恙。墓誌分書者
尤難得。《肅國夫人李氏誌》，大曆十三年，韓秀弼書，出土如新。
韓氏一家之學，尚未墜地。此外，如裴抗、戴伋、張廷珪、梁昇卿、
史惟則，皆開、天時能品也。王瑒、歸登、裴平，大曆後嗣音也。
唐季漸成弩末，歐、趙所録，以蓋巨源爲最多，而今無一刻，豈書
格遞降，其精氣不足以常留邪？有唐三百年分書之冠，余得兩碑
焉。一爲成都《王襲綱鐵幢》，無書人。一爲崔逸《鬱林觀東巖壁
記》。格高氣古，足以陵轢諸家，而其名顧不著，此可爲古人扼腕

太息也。<small>右唐人分書名家一則</small>

7.39　篆書世稱李陽冰，無異詞。不知唐時工大、小篆者尚有三家。一爲尹元凱，有《美原神泉詩碑》；一爲袁滋，有《軒轅鑄鼎原銘》；一爲瞿令問，道州元刺史摩厓多其所書也。鄭承規《絳州碧落碑》，錢竹汀極稱之。不食馬肝，未爲不知味也。<small>右唐人篆書名家一則</small>

7.40　余録唐碑既畢，喟然歎曰："歐陽公《集古録》，至張師丘、繆師愈輩，輒歎其書極工，而世不知其姓名者多矣。"歲月飆流，又將千載，張師丘、繆師愈，余以歐陽公言知之，余之所見，後人又豈能盡知邪？自海道既通，閱萬里如堂涂，荒徼絶漠，厜㕒靡所不到。余搜訪二十年，視歐、趙三倍過之，不爲不多。然造象、題名、刻經多而豐碑少，書名卓卓者尤少。綜計有碑可證者，僅得數十人，人不過一二石。而此幸存者，又多蝕損，或重開，<small>如《廟堂》、《祭比干文》之類。</small>或孤本，<small>如王玄宗、沈傳師之類。</small>閱世既久，有不銷磨殆盡者乎？然則余輯録之勤，即欲竊比歐、趙，亦終等於杞、宋之無徵，而況其未必能也。噫嘻！<small>右唐人工書者多湮没不傳一則</small>

7.41　周道賜《仙壇山銘》，永興之化身也。釋敬信《金剛經》，率更之勁敵也。《梁師暕志》，摩褚登善之壘；《智城山碑》，登薛少保之堂。宣州《陶大舉碑》、潤州《魏法師碑》，歐而兼虞者也。《開業寺碑》、《平百濟碑》，褚而兼歐者也。開業寺又有《釋孝信舍利函銘》，<small>開耀元年。</small>以爲虞，亦似歐，以爲歐，又似褚，奄有衆長，不可思議。此皆無上上品，徐、李、顔、柳尚拜下風，況餘子

乎？嗚呼，觀止矣，蔑以加已！自鄶以下，無譏焉爾。右唐碑上品一則

　　7.42　歐陽公曰：“五代之際有楊少師，建隆以後稱李西臺，書名皆一時之絶。”然西臺無片石存，楊少師世所傳《韭花帖》外，僅有清泰二年《華嶽廟題名》，亦未見。余所收五季碑版，惟江南李氏、徐鼎臣、楚金、韓熙載。嶺南劉氏，乳源雲門山《匡直》《匡聖》兩碑。尚有佳筆。中原板蕩，文物彫喪盡矣。然巖穴之間，巾褐之士，亦容有身沈而名不顯者。嘗得晉天福八年《兜率上生經幢》，但知爲孟賓□、“賓”下一字泐。于知遠同造，而書人名則已闕矣。仙風道骨，复出塵表。《許長史①舊館壇碑》，其祖禰也。率更《小字千文》，其伯仲也。然《館壇碑》已亡，藝海樓重開本優孟衣冠，索然無生氣。惟此幢簡而文，温而理，淡而彌旨，朱弦疏越②，一唱三歎，有遺音矣。如問道於信本《千文》，再以此碑爲津逮，其於通明也，如行百里者得九十，相去不遠矣。余於五季得此一碑，始知“貞下起元”之説爲不虛也。又慨然於士之負異能而遭亂世者，鴻飛冥冥，其湮没尤可惜也。右總論五季書人一則

　　7.43　宋初承五季之後，書學凋敝極矣。袁正己、趙安仁皆能書，得信本之皮膚，如欒欒棘人，雞斯柴瘠，又如赳赳武夫，撫劍疾視。今人學歐書，以重開《皇甫碑》爲圭臬，終必到此境界。其餘若孫崇望、張仁愿、白崇矩、司徒儼、邢守元、尹熙古，上者可幾王縉，其下皆蘇靈芝、吳通微之流亞。嵩、恒《醮告文》兩刻，已爲鐵中錚錚、庸中佼佼。按《宋史・禮志》：“太祖命李昉、盧多

---

　　①　“許長史”，原誤作“陶長史”。
　　②　“朱弦疏越”，原誤作“疏弦朱越”。《禮記・樂記》：“《清廟》之瑟，朱弦而疏越，壹倡而三歎，有遺音者矣。”

遜、王祐、扈蒙分撰嶽、瀆祠及歷代帝王碑，遣翰林待詔孫崇望等書於石。"今陝、豫間商、周、漢、唐諸帝王廟豐碑尚無恙，且未蝕損，而其書則皆當時所謂"院體"也。天之於美才，摧折之，沮抑之，而庸庸者多得享其天年，類如此矣。右總論宋初書人一則

7.44　宋《淳化帖》爲《潭》、《絳》諸帖之祖，出於王侍書。其書法在當時自負重名，然未見碑刻。惟鄂縣草堂寺有題名一通，在《定慧禪師碑》陰。嵩山會善寺有開寶五年《重修佛殿碑》，題"翰林學士朝請大夫尚書兵部郎中知制誥柱國賜紫金魚袋王著撰"。錢竹汀云："宋初有兩王著。一爲單州單父人，字成象，官翰林學士；一爲京兆渭南人，字知微，官翰林侍書。此碑撰文之王著，非太宗時模勒《閣帖》者也。"右王著一則

7.45　書之有"院體"，猶詩之有"西崑體"也。宋初六十餘年，自楊、錢出而無詩，自孫崇望輩出而無書。至天聖間始有楊虛己，雖未奏廓清之績，亦漸歸於雅正矣。虛己自言學右軍，今觀其書，清遒圓整，視蕭誠、范的雖不逮，視張誼已突過前賢。其書皆在濟源縣。余收得《賀蘭栖真勅》、《延慶禪院新修舍利塔記》，皆入能品。尚有《陳省華善政碑》，未見。右楊虛己一則

7.46　元祐諸臣，皆有石刻傳世，並以人重。惟歐陽公《瀧岡阡表》，清圓秀勁，不必依顏、柳門庭，而氣格未嘗不古。公集書至千卷，蓋寢饋於古碑者深矣。所見多，故發筆自不凡。余於元祐諸賢獨取公一家，而於紹述諸奸中取蔡元長兄弟，皆以其書，不論其人也。右歐陽文忠一則

7.47　石曼卿書，臨桂有摩厓詩刻，軒軒霞舉，自是君身有仙骨，但未見豐碑耳。自題曰"葆光子"，其別號也。秦淮海有《淄石研記》、《顏文忠公新廟記》，筆法精熟，頗似歐陽永叔，尤以《鄭羲碑》後題字爲最佳。今所傳《秦郵帖》，皆後人轉展鉤摹，不僅下真跡一等矣。王晉卿以畫稱，坡公爲賦《煙江疊嶂圖詩》，其書則世未知也。余收得元祐八年《辨證大師塔銘》，撰、書皆出晉卿手，腕力遒勁，出入於徐季海、張從申兩家，亦爲能品。此三人者，皆蘇門之客也。尹公之他，取友必端。觀此，知與坡公游者，必無俗士。右石曼卿　秦少游　王晉卿一則

7.48　宋人書學蘇者多，學黃者少，惟紹聖間呂升卿與山谷書如塤箎之相應。吾鄉虎丘試劍石有升卿題三字，已爲妄人鑿損矣。曩在張生叔鵬處見舊拓本，如天際真人，星冠羽衣，佩長劍之陸離，又如散花天女，齲齒微笑，逸宕極矣。太原《晉祠銘》、曲阜孔廟張廷珪碑側及越中臥龍山石壁，皆有其題字。試以涪翁《七佛偈》、《梨花詩》諸刻證之，當信余言之不誣。右呂升卿一則

7.49　薛紹彭，字道祖，號翠微居士，與米南宮齊名，米詩所謂"世言米薛或薛米，猶言弟兄與兄弟"是也。虞道園評書謂"坡、谷出而魏、晉之法盡，米元章、薛紹彭方知古法"。今樓觀、草堂寺、華嶽廟皆有其遺跡，清遒可愛。其書祧唐禰晉，雖非碑版正宗，自是逸品。南宮與紹彭投贈詩最多，皆論書之作，有云："老來詩興獨未忘，頗得薛老同徜徉。"又一首云："歐怪褚妍不自持，猶能半蹈古人規。公權醜怪惡札祖，從茲古法蕩無遺。張顛與柳頗同罪，鼓吹俗子起亂離。懷素猶獠小解事，僅趨平淡如盲

醫。可憐智永研空臼,□本一步呈千嗤①。已矣此生爲此困,有
口能談手不隨。誰云心存乃筆到,天公自是秘精微。二王之外
有高古,有志欲購亡高資。殷勤分貽薛紹彭,散金購取重跋題。"
嗚呼,知二王之外有書,斯可與論書矣。右薛紹彭一則

7.50　劉次莊書《仁壽縣君蘇氏誌》,王同老書《仇公著墓
誌》,皆學蘇者也,但不逮參寥耳。余曾見《曹繭墓誌》,孤本也,
忘其書人,遒逸豐美,視蘇長公幾有出藍之譽。估值未諧,爲蒯
禮卿前輩所得,怊悵至今,猶縈夢寐。右劉次莊　王同老一則

7.51-1　世稱"米蔡",謂君謨也。然君謨名位、行輩,均不
當在米下。其所書碑,亦惟《劉奕墓誌》風格遒上,尚有唐賢遺
矩。若《洛陽橋》、《晝錦堂》諸記,皆俗書也。不如以蔡元長配
之。元長,書之狷者也。元度,書之狂者也。余所見元長書,以
《□道士墓碑》爲第一,《趙懿簡碑》次之。空山鼓琴,沈思獨往,
劉彥和標舉"隱秀"二字爲文章宗旨,以之品元長書適合,亦即劉
子所謂"客氣既盡,妙氣來宅"。元度行、草書,皆稱能品。《楞嚴
經偈》,源出於孫過庭,而其流則爲范文穆。《重書孝女曹娥碑》,
"使筆如劍劍氣出"。支道林養馬,曰"貧道愛其神駿耳",如卞
書,可謂神駿極矣。潘文勤師,人謂其學蘇靈芝則怒,謂其學二
蔡則大喜。余謂元長書可比唐《魏法師碑》,元度書則在薛曜、暢
整之間,此但論其神氣骨脈,不論其體。蘇子瞻詩云:"前身相馬
九方皋,意足不求顏色似。"論書者不當如此邪?先師之墓有宿
草矣,惜不能起九京而質之。《乾陵無字碑》有宣和五年宋京詩一首,"弟

---

①　米芾《寶晉英光集》卷三《寄薛紹彭》作"去本一步呈千嗤"。

卞從行"，是北宋末有二"京卞"也。

7.51-2　蔡元度又有《充龍圖閣待制新知洪州軍州事熊公神道碑》，建於紹聖三年，孫、趙兩家均未著錄，惟滂喜齋有藏本。熊公名本，字伯通，鄱陽人，《宋史》有傳。撰文者，鄧潤甫也。字大於錢，結體在真、行之間，筆勢飛動，妙極妍華，而絶無姚佚之態，與元長《趙懿簡碑》可謂難兄難弟。但《趙碑》磨滅已過半，此碑惟下截斷裂，每行所損不及四五字，其餘一波一磔，芒刃不頓，尚似新發於硎。潘文勤師題其後云："元度未老而死，此其盛年書也。故首尾精神完密，如一筆書。"文勤自書《馬貞女碑》即師其筆法，而參以盱江《孝女碣》，是真能學蔡者，非欺人語也。計出土當不久，而世之知者絶少，雖以筱珊訪求之勤、藏弆之富，而《藝風堂金石目》亦竟闕如，可知其難得矣。右蔡京　蔡卞二則

7.52　薛昂、李邦彥，皆學道君書，衰世君臣，可謂魚水之契。李特優孟衣冠耳。昂所書《辟雍詔後序》，直如矢，勁如鐵，望之如枯藤冒樹，夭矯攫拏，亦如游絲裊空，絪縕直上，蓋酷摹瘦金書筆法，亦頗似隋《常醜奴墓誌》。右薛昂　李邦彥一則

7.53　趙德甫輯録金石多至二千卷，倍於永叔矣，顧其書未能異人。今岱頂及臨朐之沂山皆有其題名，余訪求二十年始得之。其同游者，一爲王賾公，今岱宗拓本王賾公名已泐，據《訪碑録》。一爲盧格之。豈非其所染翰邪？其父挺之有《韓宗道墓誌》，在許州。惜未得易安居士書耳。右趙明誠一則

7.54　坡、谷之後，不聞善書，惟米家父子能世其書學。吾吳郡庠有小米所書《大成殿記》，紹興十一年。逍逸之氣稍遜矣，而

結搆綿密，丰神麗都，尚有寶晉家風。語曰"大匠能與人規矩"，虎子之得於趨庭者，其規矩也。至於神明變化、不言之妙，則得之於心，應之於手，而非口之所能傳矣。右米友仁一則

7.55　南渡之後，士大夫山水留題，都無俗韻，然不過藉以游藝，皆非專門之學。具區林屋洞天靈祐宮側，石壁谽谺，中開一線，壁間鐫李彌大《道隱園記》，嶔崎頓挫，筆力直破餘地。中州暴方子官甪頭巡檢，拓一本見貽，裝池成册。與沂州《普照寺碑》可稱"南北雙絕"。右李彌大一則

7.56　范至能、陸務觀書名皆爲詩所掩。放翁爲方孚若書"詩境"二字，一刻於韶州，再刻於臨桂之虞巖。焦山、鍾山皆有其摩厓。惟金華《智者廣福禪寺碑》未見。先隴在石湖之濱，每春秋上冢，放舟文穆祠畔，見孝廟所賜"石湖"二大字尚在厓壁。《四時田園雜興》，在祠堂壁間，草書龍蛇飛舞，孫過庭、蔡元度不得專美於前，余由是知公善草書。洎入都，從廠肆得《水月洞銘》，玉潤珠輝，方流圓折，清而腴，麗而雅，由是知公善真書，且能爲擘窠大字。後王萉卿農部以桂林諸山石刻見貽，復得公所書《碧虛銘》、《壺天觀銘》、《祭新冢文》、《鹿鳴燕詩》、《屏風山棲霞洞題名》，大小真、行，皆臻能品，余由是知公書爲南渡後第一。摩厓、碑版，大書深刻，無踰公者。松陵有《三高祠記》，近在江鄉百里間，而失之眉睫。買山有日，終當策杖垂虹，臥索靖碑下耳。
右范文穆　陸劍南一則

7.57　余所見朱文公墨迹及叢帖本多矣，大抵皆潑墨淋漓，縱橫逸宕。説者謂其學魏武帝，狂草直似祝希哲，此至可笑者

也。文公碑傳世尚多。吾鄉至邇者，虞山有《丹陽公祠堂記》。又收得《黄中美①神道碑》、《劉待制神道碑》。閩中尤多其遺跡，《鼓山題名》有數刻，皆清遒婉約，曼麗寡儔，曷嘗有劍拔弩張之態哉？其行書頗似永叔《瀧岡阡表》，蓋師其人并私淑其書耳。兩宋講學家，如胡邦衡、張子韶，東南皆有其碑刻，書法亦不惡。楚之道州、粵之連州，皆有周茂叔題名。余獨取朱子一家，亦以其書，非以其爲大賢也。右朱文公一則

7.58　張即之，書中之畸士也。好用側筆，望之如矮松偃蓋，婆娑可愛，其運筆以收爲縱，又如長房縮地，咫尺有千里之勢。小字如《金剛經》，在焦山。大字如《息心銘》，四明有《賀祕監逸老堂記》，皆非惡書也。右張即之一則

7.59　李曾伯《紀功碑》，在襄陽，字大徑尺，筆筆中鋒，衡平竪直，如背嵬軍之不可撼，擘窠書第一。宋人摩厓，如趙公碩《中興聖德頌》、康肅《藏真巖銘》，皆不在魯公《中興頌》下。張本中《石壁聖傳頌》，參以宕逸之筆，兼有《瘞鶴銘》風韻，更上一層矣。世之學書者，但知有《洛陽橋記》，可爲一唱。即論魯公書，《離堆記》亦優於《中興頌》、《八關齋記》，而世不知。右李曾伯一則

7.60　宋人書之至精者，余所收以山陰《大悲成道傳》爲第一，惜書人已缺。嵩山有參寥所書《三十六峰賦》，學蘇得其神髓。融縣有易祓②所書《真仙巖賦》，在虞、褚之間。吾邑有孫燭湖

---

①　“黄中美”，原誤作“黄士美”，據《黄中美神道碑》拓片及朱熹《晦庵集》卷八十九《朝議大夫致仕贈光禄大夫黄公神道碑》一文改。

②　“易祓”，原誤作“易祓”，據鮑剛《〈語石〉補校五則》改。

書《主簿廳記》，錢竹汀極賞之。皆一時之選也。《大悲傳》，湖州飛英寺亦有一本，在《浴院記》之陰，不如越中本遠甚。右宋人書精品一則

7.61　遼、金並起朔方，而遼碑絕無佳刻。沂州《普照寺碑》，金源第一，其次莫如党懷英。党碑分書第一，篆書次之，真、行又次之。其遺迹多在山左。京都有《禮部令史題名記》，行書，局促如轅下駒，未爲上駟。真書有王琯、任詢兩家。王琯最爲傑出，其所書《奇石山摩厓》，蒼蒼莽莽，"一洗萬古凡馬空"，閱之令人神王。任詢有《大天宮寺記》，又書《壯義王完顏公碑》、《奉國上將軍郭建碑》，在當時亦推爲大手筆。《完顏碑》遠在寧古塔，無從物色。去年昌平避地歸，在荒攤拾得《天宮寺記》，突兀奇偉，壁立千仞，亦頗似柳誠懸，然以視《奇石山》，則未可言恥居王後矣。余又收得《定林通法師塔碑》，亦琯書。得此兩石，金源一代琳瑯，拔其尤矣。行書有王庭筠、楊廷秀兩家。楊碑多在澤州青蓮寺，視許安仁爲勝，而不逮王庭筠。庭筠爲王去非之子。余初見《博州重修廟學記》，父撰而子書之，雖倩盼多姿，亦不無鉛華修飾。及見涿州《蜀先主廟碑》，始知其爲國色也。蓋亦北方之范的矣。右總論遼金書人一則

7.62　元碑不出趙文敏範圍，以鮮于伯機①負精鑒。今蕭山學有《大成殿記》，趙書其前而伯機②記其陰，世稱"雙璧"，尚不免相形見絀，況周馳、劉賡、張仲壽輩，更非其敵矣。無已，至正中

---

① "伯機"，原誤作"伯璣"。鮮于樞，字伯機。
② "伯機"，原誤作"伯璣"。

有兩人焉。一爲王元恭，所書《岳林寺幻住經堂記》，格高氣古，沈着雄駿，筆力可上接隋、唐。一爲宋仲温克，真書得篆、籀之妙，人謂其學鍾太傅，其實從皇象出也。余得其《急就章》摹本及《七姬權厝志》，歎爲得未曾有。此二家自闢蹊徑，不寄趙承旨籬下，足推後勁。右總論元書人一則

語石卷八

8.1-1　余之論書也，但以其書而已，未嘗以人爲區別。顧自帝王、將相、名臣、碩儒，以逮方外、閨秀，不必以書名而其書足以傳者多矣。《潭》、《絳》諸帖所收歷代帝王書，皆所謂"麒麟楦"耳。隋以前宸翰無可見。唐太宗好二王書，至欲以《禊帖》爲殉。其書《晉祠銘》、《屏風碑》，高宗之《萬年宮銘》、《紀聖頌》、《叡德碑》、《英公李勣碑》，皆行書婉妙，家法相承，宛然羲、獻。中宗、睿宗，但有正書，而不善行、草。中宗有《乾陵述聖紀》，僅存半截，又有《賜盧正道勅》。睿宗在潛邸即工書，嘗爲永興《廟堂碑》題額，《昇仙太子碑》陰與二薛、鍾紹京並列，周《順陵殘碑》亦其遺迹。兩朝書皆鯨鏗春麗，《尉遲敬德》、《阿史郍忠》、《契苾明》諸碑，悉在籠罩之內。明皇幾餘游藝，專精八分，《泰》、《華》兩銘，海涵地負。開、天朝臣，若盧藏用、梁昇卿、史惟則，皆遜其氣魄，非天縱其孰能之？此外，分書有《石臺孝經》、《王同皎碑》、《郇國》《涼國》兩公主碑，行書有《金仙公主碑》、裴耀卿撰《忠獻公碑》，此兩碑余得一舊拓，係國初大名成氏藏本，精采奕奕，視近拓殊勝。而尤以《青城山勅》爲至精，龍跳虎臥，望之如有卿雲輪囷覆其上。嵩山《會善寺沙門乘如表》，後有代宗手勅云："戒分律儀，釋門弘

257

範。用申奬導，俾廣勝因。允在嚴持，煩於申謝。"共二十四字，無一筆蝕者。元和以後，唐德衰矣，亦即無奎章耀世，豈天家弓冶，亦隨國祚爲消長邪？

8.1-2　唐玄宗御書《裴光庭碑》，《集古目》著錄云："唐中書令集賢院學士張九齡奉敕撰，侍中裴耀卿題'御書'字，諫議大夫褚廷誨摹勒。"考今拓本，"裴耀卿"姓名已佚，後有"奉敕檢校摹勒使褚廷誨"一行，"褚"字亦泐，又有"奉敕檢校樹碑使銀青光禄大夫使持節解州諸軍事解州刺史"一行，下姓名泐。王蘭泉云："凡御書碑，宜皆有此敕使二人，又皆別有題御書字之人。他碑皆不詳，獨此碑有之。"余按所見唐碑，惟武后《昇仙太子碑》有"敕檢校勒碑使"一行，又有"薛稷題'御製'及建辰"字。高宗書《李勣碑》、《孝敬皇帝叡德紀》，玄宗書《鄎國》、《涼國》二主碑，皆無敕使題字，則唐時御書碑，並不以此爲通例也。

8.1-3　宋藝祖起自行間，以馬上得天下，未遑文事。太宗繼體，靈臺亦未偃伯。至真宗大中祥符初，始登岱勒崇，彬彬盛矣。今岱頂有《謝天書述二聖功德頌》、《青帝廣生帝君贊》，皆真宗御書也。曲阜有《文宣》、《文憲》二聖贊，洛陽有《龍門銘》，鄭州有《靈顯王廟贊》，滎陽有《汾陰二聖配享碑》，皆未見。惟從李子丹前輩處得《先天太后贊》，在鹿邑縣。端莊流麗，如旭日初升，六合清晏，上之可比《夢真容》，亦頗似趙文敏《許熙載》、《張留孫》兩碑。仁宗好爲飛白書，嘗以賜群臣，今杭州府學猶有其遺迹，偃師有《賜陳繹飛白書碑記》。道君雖青衣受辱，藝事之精，冠絕今古。其書出於古銅甬書，而參以褚登善、薛少保，瘦硬通神，有如切玉，世所稱"瘦金書"也。其《賜辟雍詔》及《大觀聖作碑》、《政和五禮記》、《八行八刑碑》，當時頒行天下，徧立學宮。今南北不過十餘碑，毀於元、明之際者，殆不少矣。《五禮記》尤精而罕,余曾見大名一刻,以其殘闕索值奢,姑舍之,後知其碑本斷裂,悔已無及。吾鄉崇真宫有《賜道士劉既濟、項舉之手翰》,兵燹後,石尚存。

8.1-4 南渡駐蹕臨安,高、孝、理廟三朝,御筆昭垂,湖山輝映。高宗《禮部韻略》,舊在湖州墨妙亭,孫氏據天一閣范氏藏本著録。《耤田詔》在金華。《御書七經》及《孔門七十二弟子贊》、理宗書《聖賢十三贊》,皆在杭州府學,今石已殘闕。孝宗有《徑山興聖禪寺額》。吾鄉有賜"石湖"二大字,在楞伽山畔。又靈巖山麓《韓蘄王碑》,其額云"中興佐命定國元勳之碑",下題"選德殿書"四小字。"選德殿"者,孝宗建以爲射殿。理宗有《賜杜範勑》、崑山《清真觀放生池勑》。又有《重陽庵真武象贊》,與高宗《賜劉能真詩》並在吴山道院中。高宗當戎馬奔亡之暇,留意六經,理宗表章正學,皆爲右文之主。其書法雖工秀,而無囊括八紘之氣象,識者知南風之不競矣。

8.1-5 唐太宗御書《晉祠銘》,碑陰右方,長孫無忌等七人題名於上,皆當時奉勑列名者,其餘皆宋人續刻。又有洪武二年行省參知政事楊憲題一通,而絶無唐人題字。亭林《金石文字記》曰:"以御書之碑,不敢擅刻也。"魏泰《東軒筆録》曰:"吕升卿游泰山,題名於真宗御製《封禪碑》之陰,搨本傳於四方。後二年,升卿判國子監。會蔡承禧爲御史,言其題名事,以爲大不恭,宋人避"敬"字,即"大不敬"也。遂罷判監。"按《紀功》、《叡德》諸碑陰亦無唐人題字,皆以此。此亦唐、宋題碑之故實,不可不知也。右唐宋宸翰五則

8.2-1 相王旦在潛邸,即爲永興《廟堂碑》題額,又嘗書武士彠夫婦碑,見《金石録》。然唐時宗藩,能書者絶少。紀王慎

《無量壽佛經》、《鄭惠王石塔記》，但爲造碑之人，未必其所書也。惟衢州有《信安郡王禕石橋詩》，其外孫韋光輔刻之。朱竹垞據《新唐書·表》，"太宗第一子吳王恪，恪第三子琨，琨子禕，由嗣江王改封信安郡王"，即其人也。又《興聖寺尼法澄塔銘》，宗正卿嗣彭王志暕撰并書，《光禄卿王訓墓誌》，嗣澤王潓文并書。此外，隴西一族，以石刻證《宗室世系表》，可考者寥寥無幾。宋初有趙安仁書《金剛經》及《十善業道經①要略》。趙元考、趙令時、趙德甫，皆精於鑑別，富於收藏。齊魯之間，有令時、泰山。德甫仰天山、沂山。摩厓題刻。南渡雖衰，椒聊繁衍，宗子之秀者，登科釋褐，不異士流，故類皆工於操翰。上溯熙寧，下訖德祐，撰、書姓名之見於石刻者，實繁有徒矣。其名下一字多隱僻，今依上一字行序類而録之。先太祖子燕王德昭、秦王德芳之後，次太宗九子之後，次魏王廷美八房之後，共八十六人。題名之牽連而及者，猶不盡與焉。

> 趙令緋紹聖三年《振衣岡題名》，在泰安。
>
> 趙子直淳熙十年題名。
>
> 趙子蕭端平丙申《棲霞題名》。
>
> 趙伯起熙寧五年《李忠信墓表》篆額。
>
> 趙伯衛紹興二十九年題名，在錢唐。
>
> 趙伯津淳熙三年蕭德藻《重修英烈廟記》，趙伯津書，宜興。
>
> 趙伯晟淳熙庚子《棲霞題名》，又詩一首，上元。
>
> 趙伯礽淳熙十五年《七星巖題名》，高要。
>
> 趙師俠淳熙戊申《陽華巖題名》、《寒亭題名》，江華。
>
> 趙師撫慶元戊午臨桂《江西諸公題名》。師撫，字聖從。
>
> 趙師耕淳祐丁未《鼓山題名》，閩縣。
>
> 趙希實慶元乙卯《包山暘谷洞題名》，吳縣。

---

① "十善業道經"，原誤作"十道業善"，據畢沅《中州金石記》卷四"十善業道經要略"條及孫星衍《寰宇訪碑録》卷六"十善業道經要略"條改。

趙希蓬

趙希樴_{嘉定六年西湖山《修威惠廟記》，趙希樴文，海陽。}

趙希濬_{嘉定十六年《北巖題名》，資州。}

趙希譙_{嘉熙三年《鼓山題名》，閩縣。}

趙希袞_{嘉熙三年《惠山題名》，無錫。又淳祐丁未《鼓山題名》。又端平改元《石牛洞題名》。又《續金石萃編》錄嘉熙己亥歲題名一則，"攜家過此，與譁侍行"上五字泐其三，僅辨"泓"字、"希"字，當是"止泓趙希袞"也。"止泓"其號。陸釋"袞"作"袞"，"譁"作"譁"，子與諫、與譁。}

趙希墅_{淳祐己酉《鍾山題名》，江寧。}

趙希囿_{淳祐壬子《雉山題名》，臨桂。}

趙與懃_{嘉定癸未《建康府教授西廳記》篆額，江寧。}

趙與蕙_{嘉熙四年《祭楊慈湖先生記》，吳縣。}

趙與諫_{紹定癸巳《浮山題名》，貴池。}

趙與鑄_{淳祐甲辰趙與鑄、與鐕《鼓山題名》。}

趙與鐕

趙與澇_{淳祐己酉《鼓山題名》，閩縣。}

趙與必_{淳祐改元題名，陽山。}

趙與噟_{淳祐戊申《青林洞題名》，錢唐。字致道。}

趙與訔_{潘凱《重修至德廟記》，淳祐十二年，與訔書，吳縣。淳祐戊申《青林洞題名》，錢唐。字仲甫。}

趙與譚_{《重建巾山翠微閣記》，寶祐元年，與譚文，徐士襃書，天台。}

趙與橆_{景定壬戌《浯溪詩》，祁陽。}

趙與袖_{咸淳五年《淡山巖題名》，零陵。}

趙與檳_{寶祐六年《鼓山題名》，閩縣。}

趙與華_{趙撝叔藏趙與華《義國夫人虞氏墓誌》，年月缺，會稽。}

趙孟溓_{周孝侯廟"雲龍風虎"四大字，淳祐甲龍，宜興。以上爲太祖之後。}

趙仲樾_{政和四年《雲峰山題名》，掖縣。}

趙仲承_{紹興乙亥《鼓山題名》，閩縣。}

趙仲湜_{建炎四年《西禪寺題名》。}

趙仲義_{嘉泰癸亥《淡山巖題名》，男師曹、師屬侍，零陵。按《宋史·}宗室世系表》，太宗之後"仲"下一字爲"士"。若"師"字，乃是太祖之後，在"伯"字下。恐有誤釋。

趙士驕_{宣和乙亥《棲霞天開巖題名》，上元。}

趙不鈞_{宣和元年《敕賜神居洞崇道廟額碑記》，臨汾。}

趙不朋_{宣和三年《宗室不朋母姜悟通瘞石》。}

趙不㳚_{淳熙九年《宗室不㳚墓誌》，楊興宗文并書。}

趙不憙_{《中興聖德頌》撰文。}

趙不揉_{慶元乙卯《澹山巖題名》。字從朴。}

趙善期_{淳熙六年《和嚴武古柟詩》，又題名，巴州。}

趙善擇_{淳熙十五年《七星巖題名》，高要。}

趙善恭_{開禧改元《彈子巖題名》，又丙寅《疊彩山①題名》，臨桂。}

趙善欽_{慶元戊午臨桂《江西諸公題名》。善欽，字欽之。}

趙善謚_{嘉定四年《浯溪題名》，祁陽。}

趙善淇_{嘉定甲戌《龍隱巖題名》，臨桂。}

趙善姬_{嘉定十五年《靈隱青林洞題名》，錢唐。同游趙䤦夫子美，亦}宗室也。

趙善㳷_{淳祐十二年《岑公洞題名》，萬縣。}

趙汝忱_{慶元乙卯《淡山巖題名》。字德恂。}

趙汝驊_{嘉定丁丑《石牛洞題名》，潛山。}

趙汝襄_{嘉定戊寅《七星巖題名》，弟汝附、子崇燁侍，高要。}

趙汝訦_{端平丙申《鼓山題名》，次男崇璪侍，閩縣。}

---

① "疊彩山"，原誤作"疊翠山"，據鮑剛《〈語石〉補校五則》改。

趙汝陛_{無年月《禹陵窆石題名》，會稽。}

趙汝□_{咸淳二年《玲瓏山邑令趙汝□題名》，下一字泐，臨安。}

趙崇憲_{嘉定乙亥《浯溪題名》，祁陽。}

趙崇雋

趙崇修_{嘉定十七年《趙崇雋壙志》，弟崇修文并書，吳縣。}

趙崇模_{寶慶丙戌《浯溪題名》，祁陽。}

趙崇齊_{紹定三年《石門題名》，襄城。}

趙崇楓_{淳祐辛丑《羅愚呂公巖題名》。}

趙崇燉_{咸淳二年林應炎《嘉定縣學重修大成殿記》，嘉定。}

趙崇垓_{端平二年《七星巖題名》，字德暢，子必鋅侍，高要。}

趙崇尹_{無年月《浯溪題名》，祁陽。}

趙必愿_{紹定元年《浯溪題名》，祁陽。嘉定十五年《青林洞題名》，錢唐。}

趙必澫_{咸淳壬申《寒亭題名》，江華。以上爲太宗之後。}

趙公碩_{乾道七年《中興聖德頌》，四川。}

趙公茂_{慶元二年《石門題名》，襄城。}

趙彥价_{隆興二年《南劍州魯國諸圖記》，南平。}

趙彥膚_{乾道七年《頤神洞題名》，四川。}

趙彥權_{紹熙五年《包山暘谷洞題名》，吳縣。}

趙彥綝_{慶元戊午臨桂《江西諸公題名》。彥綝，字仲止。}

趙彥櫹_{嘉泰甲子《蒼玉洞題名》，長汀。}

趙彥襡_{嘉泰甲子《浯溪題名》，祁陽。按兩人同時，下一字一從}
"衣"，一從"木"，或是形近誤釋，疑一人也。

趙彥呐_{寶慶丙戌《石門題名》，襄城。}

趙彥湄_{淳祐乙巳《鼓山題名》，閩縣。}

趙彥侁_{紹興丙子《淡山巖附逢澤、程遨題名》。字安行。}

趙彥嶓_{端平乙未《七星巖題名》，字源叔，子潱夫侍。}

趙彥悈端平三年魏了翁《重建華亭縣學記》，華亭。

趙訥夫見上《趙善郂題名》。

趙時彌《義國夫人虞氏墓誌》填諱。

趙時僑紹興二年《建康府嘉惠廟牒》，後有寶慶改元趙時僑記。

趙時頌淳祐辛丑《羅愚呂公巖題名》。以上爲魏王廷美之後。

又案：長汀蒼玉洞有紹興三年重摹泰山大"壽"字，有"文安趙□□"、"浚儀趙□□"二跋。潛山石牛洞有慶元丙辰《趙□道題名》，"道"上一字亦泐。皆宗子也。至趙文敏入元，書法遂爲一代冠。《義國夫人虞氏志》後題"孤哀子趙孟窯泣血謹誌"，蓋與子昂同爲藝祖之後。

8.2-2　《七星巖趙善擇題名》首云："淳熙十五年上元前五日，玉牒善擇、智老、伯礽、景茂、趙庚、□□下尚有徐世亮等十人，不悉著。聯轡來游。"錢竹汀曰："宋時宗室署名，往往稱'玉牒'而不繫姓。'趙庚'書姓者，非宗室，故殊之也。"按宋國姓亦或冠以"宗室"二字，如"不朋"、"不泠"是也。右宗子二則

8.3-1　唐、宋名臣碑版，撰人多而書人少。唐之褚登善、顏平原、柳誠懸，其書與大節同炳千古，偉矣。此外，惟趙德甫《金石錄》收李文饒書頗多，其石盡亡，《昇仙太子碑》陰有《狄梁公題名》，井陘承天軍城有《裴晉公題名》，祇寥寥數十字。宋元祐諸賢，以韓魏公爲最富。南渡中興名臣，以張魏公爲最富。韓有慶曆八年《閱古堂記》、皇祐三年《衆春國記》、嘉祐七年《韓愷墓誌》、熙寧三年《嵇公廟碑》，又若《畫鶻行》、《觀魚軒詩》、《休逸臺詩》，皆無年月。其書規橅顏魯公而無其筋骨，世以大賢之迹，頗重之。張有《永州新學門銘》、陽山之《列秀亭》《燕喜亭題名》，書法爲中興諸賢之冠。其餘，溫公長於分隸，今杭州南屏山、融縣

真仙巖，皆有其石經摩厓。范雍兩謁華嶽，皆有題記。吾鄉范文正公義宅尚存《伯夷頌》、《道服贊》兩刻，爲公手筆。其子純仁，歷城龍洞、石淙南厓，皆有題名一通，元豐四年。余度隴至慶陽，得《郡廨屋梁題字》。文潞公有《少林寺詩》。嘉祐五年。富鄭公有《龍潭寺詩》。皇祐五年。蘇魏公，錢唐有題名二段，一在龍泓，熙寧五年。一在飛來峰。熙寧九年。呂正愍大防。兄弟有《倉頡廟題名》，即在漢碑額之陰。嘉祐四年。南渡以後，李忠定、趙忠定，亦間有石刻著錄。六和塔《四十二章經》，虞允文書其一，與湯思退、葉義問薰蕕並處。瓊之海門港"蓮花峰"三大字，文山相國所書也。《詩》曰："雖無老成人，尚有典型。"此其爲典型也遠矣，豈僅論書云爾哉？

8.3-2　高要七星巖有《包孝肅題名》，潘文勤師嘗裝池懸之座右，蓋以自況也。其書清勁有法。"秀幹終成棟，精鋼不作鉤"，此二語公以自道，公書亦不媿斯言。近皖之齊山新出至和丙申題名一通，惜文勤師之不及見也。右名臣二則

8.4　伊川以讀史爲玩物喪志，矧夫游藝？金石刻畫，吾知其敬謝不敏矣。橫渠有石刻《孝經》，亦未見。惟周茂叔山水登眺，雅好留題，湘、粵諸山，皆有遺迹。余先後尊藏得四通，其書亦規模平原，頗似文潞公、韓魏公。程門四先生，孫氏《訪碑錄》惟據天一閣藏本收游定夫詩一首，注云"草書"，未有年月，恐是後賢以墨迹上石，非當時所刻也。南渡有道學之禁，然坡公墨刻，以遭黨禁，鑱毀過半。而朱文公所書碑皆無恙，則視元祐諸賢爲幸矣。胡邦衡，湘中有《亦樂堂銘》。張子韶，甬上有《妙喜泉銘》。紹興廿七年。南軒石刻，多在臨桂，《論語·問政》章摩厓之外，曾公巖及水月、韶音兩洞，皆有題名。其書亦清矯拔俗，與

考亭異曲同工。蓋魏公本長於碑版，家學箕裘，淵源有自。胡敬軒，程氏之學也，有《齊山題名》。楊慈湖，陸氏之學也，有《泰伯廟詩》。余曾見王文成《摩厓紀功碑》，筆力橫絶，駕宋諸儒而上之。右名儒一則

8.5　唐詩人兼工書法者，以劉禹錫爲第一。李、杜並稱，李有《安期生詩》、《隱静寺詩》，而子美無片刻。今年夏，從故家得巴州石拓，有嚴武《東巖詩》，杜拾遺所書也，爲之一喜。韓、柳並稱，趙德甫收柳碑頗多，駸駸與夢得並駕，而昌黎無片刻。世所傳《白鸚鵡賦》，拳曲擁腫，直是明人筆耳。碑估李雲從往山西拓碑，道出井陘，訪得韓吏部題壁，與裴晉公一刻同時同地，又爲之一喜。"杜詩韓筆愁來讀，似倩麻姑癢處搔"，此二刻亦正搔著癢處。然初、盛、中、晚，如沈、宋，如王、孟，如韋、白，如溫、李，竟無從訪求隻字。《唐摭言》紀："大順中，司空圖以一絶題《裴晉公題名》之後，曰：'嶽前大隊①赴淮西，從此中原息戰聲。石闕莫教苔蘚上，分明認取晉公題。'"蘭泉收殘石，但存首二句，"赴淮西"作"討淮西"。表聖以詩名，而書則罕見，此十四字爲可寶也。宋初，蘇子美五言清雋如韋左司，讀其詩，可以想見其書。陝之華嶽、浙之南屏及泰安《种放詩碑》，皆有其題字。余搜訪古刻，泰、華及西湖拓本亦均得之，而滄浪筆迹，皆適在遺珠之列，殆有天焉。靖康以前，詩以坡、谷爲大家，而其書亦爲大家。建炎以後，詩以范、陸爲傑出，而其書亦皆傑出。試取南渡諸碑閲之，放翁"詩境"二字，八十以後所書也，而筆力遒健尚如此，舍文穆，誰與

---

①　"大隊"，原誤作"大象"，據王定保《唐摭言》卷三"慈恩寺題名游賞賦詠雜紀"條改。

競爽邪？楊誠齋,惟旴眙第一山有題名一段。元詩人亦多工書。遺山能古文、篆、籀,《虛靖真人贊》,劉京叔等各體書,即有其大篆在內。《訪碑錄》又有《五峰山崔先生象贊》,亦元好問等各體書,皆無年月,_{疑一刻而重出。}其餘若虞道園、《真定路宣聖廟碑》,至順三年,八分書。《姚天福碑》《樂實碑》,皆正書。揭曼碩、元統二年《敕賜孔廟田宅記》、後至元三年《李氏先塋碑》、五年《龍虎山長生庫記》、至正五年《代祀北嶽記》、二十一年《育王寺東嶼海和尚塔銘》。薩雁門、錢唐《紫陽勝境詩》。楊鐵厓,《陳所學壙志》。並有著錄。右詩人一則

8.6　歐陽公《集古錄》收武人書,惟高駢《磻溪廟記》。平津著錄,仰天洞有《劉仁願題名》,龍門山有《薛仁貴造象》,皆東征高麗時良將也。曲陽北嶽廟有安禄山、李克用兩刻,雖一薫一猶,皆爲朔方驍帥。桂林龍隱巖有宋《平蠻三將題名》。"三將"者,其實有四將。第一將狄武襄也,孫沔、石全彬合爲第二將,余靖爲第三將。皇祐五年平儂智高而作也。_{孫《錄》又有《平儂智高將佐題名記》,一刻而重出。}浯溪亦有武襄摩厓題字,史稱其通《左氏春秋》,亦祭遵、羊祜之流矣。靈隱有《韓蘄王題名》,當是湖上騎驢時刻。湯陰及西湖岳廟武穆諸碑,皆後人重摹,未必盡爲真迹。漢中有吳玠詩石刻,亦晚出。余收得明鄭芝龍書,在七星巖,又收得嘉慶間《羅提督思舉題名》,書雖不工,取之,蓋以愧夫能挽五石弓而不識一丁者。"戰功高後數文章",磨盾英風,颯爽如見。右武人一則

8.7-1　孔雀有文章,巨奸大憝,遺迹偶留,後人往往磨而去之,竊謂所見之未廣也。昭陵諸碑,李義府撰者三,《豆盧寬碑》、《張允碑》、《蘭陵長公主碑》。許敬宗撰者四,《高士廉塋兆記》、《衛景武公碑》、

《尉遲敬德碑》、《馬周碑》。而皆非其書丹。然高宗製《萬年宮銘》，"奉勑中書門下及見從文武三品以上并學士並聽自書官、名於碑陰"。今考碑陰，有"金紫光禄大夫行衛尉卿上柱國高陽縣開國男臣許敬宗"、"中書舍人兼修國史弘文館學士臣李義府"。此兩行題字，非其真迹而何？金輪時武三思、《封祀壇銘》。張易之，《秋日石淙序》。天寶中李林甫，《嵩陽觀聖德感應頌》。亦皆撰而不書。盧杞爲其父奕書墓銘，青浦王氏舊有孤本，此真天下之怪物。趙德甫收奇章書頗多，惜盡佚。宋初，王欽若有《高里山禪社首壇頌》、《蓬萊觀陶真人靈驗記》，皆無書人。廣元千佛厓有咸平四年題名一通，則不得謂非其手迹矣。零陵華嚴巖有《丁晉公題名》及詩一首，前題"癸酉仲夏"，乃明道二年自厓州貶所徙雷州，又徙道州時作也。其後即次以邢和叔恕一首。長清之靈巖寺、上元之祈澤寺，皆有荆公詩刻，筆迹如斜風細雨，古人評驚良不誣。其子雱無隻字。而蔡魯公之子絛有《道士李勝之詩》石刻，在登封。《章子厚題名》，在草堂寺。治平元年。《吕惠卿題詩》，在曲陽興安王廟，元豐八年。又有《惠明寺舍利塔記》，其書視二蔡降一等。宣和君臣雖亡國，其文翰皆可取。劉豫有《登蘇門山詩》，宣和四年。高俅有《題少林寺壁》，政和八年。李邦彦有《奉刻御書記》、《三洞記》，又有《陁羅尼》石幢一，運筆皆有法度，非惡書也。杭州府學《光堯石經》，《論語》、《左傳》之末，皆有"紹興癸亥歲九月甲子尚書左僕射同中書門下平章事兼樞密使魏國公秦檜"題記，後人磨去其姓名，然書固未損也。朱竹垞云："秦檜《記》爲明吳訥椎碎。"《碧溪文集》辨之云："今兩碑之跋儼然，蓋訥所椎碎者乃《宣聖及弟子贊》之跋，非石經也。"又李龍眠畫《宣聖及七十二弟子象贊》，後有吳訥《跋》："述檜之言曰：'今縉紳之習，或未純乎儒術，顧馳狙詐權謀之說，以僥倖於功利。'其意蓋爲當時言恢復者發也。朱子謂其倡邪説以誤國，挾虜勢以要君，其罪上通於天。因命磨去其文，庶使邪詖之説、姦穢之名不得厠於聖賢圖象之後。"然論者又以南宋之積弱，而背城借一，不度德，不量力，恐厓山之禍，無待於德祐也。姑存其説，以俟後人之論定。黄潛善、汪伯彥之流，均無片刻流傳。惟六和塔《四十二章經》，湯思退、葉義問各寫一章，均其真迹。後人僅磨去思退名氏，而不知義問亦其流也。陳自強，秦之門客也。龍華寺題名林立，慶元一通，嘉泰一通，開禧二通。賈秋壑筆墨尤精妙。《家廟記》，景定三年刻於葛嶺，摩厓分書。龍泓洞、石屋洞、三生石各有題名一段，隸、楷皆臻絶妙。想見半閒堂中湖山勝概，或廖瑩中董爲之耳。"龍泓洞"三字，王庭書，亦其門客也。赫赫師尹，大冠如箕，不免"弄麞"、"伏獵"之誚，視之得無顔甲。

8.7-2　邢和叔、張天覺、曾子宣，皆以熱中比匪，雖蒙惡名，要非檮杌、窮奇無從湔洗，況翰墨之妙不減蘇、黄諸公乎？零陵之朝陽、華嚴兩巖，皆有邢恕題名。朝陽巖一通，與河東安惇處厚同游。安惇，《宋史》亦列《奸臣傳》。張天覺有《李長者龕①記》、政和戊戌。《林廬山聖燈記》，元祐五年。草書精妙，非許安仁可及。曾子宣爲子固之弟，文章、名位，輝映一時，宦轍所至，到處留題。余收得其題名最多，益都之雲門山、太原之晉祠、方山之李長者舊居、廣南之九曜石、廣西之臨桂諸山，摩厓纍纍，風流好事，可見一斑。《宋史》入之《奸臣傳》，未敢以爲定論也，故别論列之。此非余一人之私言也，竹汀先生之説也。

8.7-3　危太朴，世以長樂老比之。然趙承旨，宋之宗室，猶忝顔北庭，則亦何責乎爾？其書酷摹率更而風骨殊乏，但布置停匀，琢磨光澤，頗似《潤德泉銘》，此亦見書道之關乎氣節也。孫伯淵所録，有《九老仙都宫碑》、至正三年。《孫孤雲先生碑》、八年。

---

①　"龕"，原誤作"庵"，據陸耀遹《金石續編》卷十七"昭化寺李長者龕記"條及胡聘之《山右石刻叢編》卷十七"長者龕記"條改。

《浦陽五賢贊》、十二年。《蒲城王氏先塋碑》、十五年。《育王寺光公塔銘》、二十年。《靜江路新城記》、二十一年。《崇國寺隆安選公傳戒碑》。二十四年。右奸臣三則

8.8-1　趙高《爰歷》、史游《急就》，黃門之通字學，漢已然矣。唐《梁守謙功德銘》，神策軍副使右監門衛將軍楊承和文并書。錢曉徵先生云："承和，一閹人耳，安能工於書法？殆當時文士游中官之門者爲之。"余謂不然。錢東潤《新集金剛經跋》云："唐弘農楊穎取《金剛經》六譯排纂删綴，奉宣上進。大和四年八月，刻石上都興唐寺，八分書。"楊穎即承和，以字行，是承和不止此一碑，安見其不能書邪？《梁守謙銘》，後題"天水強瓊摹勒"。按瓊亦中官，有爲其妻琅邪王氏造墓銘幢尚存，自署"玉册官"，則并能鐫刻矣。南漢新出《都嶠山造象》，亦有中官書者，其字迹皆可觀，竹汀特不及見耳。

8.8-2　曩時流覽金石書，憶高力士有摩厓題榜三字，何年何月，不能詳矣。宋武林青林洞有太平興國三年《內供奉郝濬題名》、咸平式褉《內殿崇班琅邪守俊題記》。華嶽題名，王蘭泉所錄，大中祥符中有《內侍高班張懷則》二通、《內侍省殿頭李懷□》一通、《入內供奉張懷彬》一通，同游者"入內高班孫可久"、"入內高品李懷凝"。末有"孫題"二字，孫可久之筆也。又《內侍殿頭鄧保》一通，則送真宗御書碑石赴西嶽時所記。又乾興元年《宣差入內內侍省高品段徵明》一通、嘉祐四年《張恭禮》一通、治平二年闕名一通、《中侍郝隨子》一通，無年月。共九通。泰山白龍池有治平四年《內供奉官李舜舉》一通。曲陽北嶽廟有大中祥符二年《內侍直班李□□》一通，"李"下泐二字，是亦寺人孟子之流也。但年月不無泐失，或是後人賤其爲刑餘而磨去之。右奄人二則

8.9 余從《墨池堂帖》見衛夫人飛白書"西方之人兮"五字，世謂之"插花舞女"，此骨董羹耳。女子書丹，當以武曌《昇仙太子碑》爲首，書體從章草出，世莫能知矣。其次《女冠王貞淑銘》，撰、書者朱瑤，其女弟子也。瞿木夫考爲唐興元二年刻。又其次歐陽公《集古錄》收房璘妻高氏兩碑。一爲《安公美政記》，已佚；一爲《石壁寺鐵彌勒象頌》，燬於火，元至順間重刻。金華孝順鎮太平寺有女子和娘書幢，失其姓。鳳臺硤石山有天祐十一年《楊夫人摩厓詩》，自題"弘農郡君"，李嗣昭之妻也。《鳳臺縣志》云："楊氏善蓄財，助嗣昭軍用。子繼韜叛，齎銀數十萬釋其罪。後與子繼忠家首陽，餘貲猶巨萬。晉高祖起義，貸其殖以賂契丹，復以繼忠爲刺史。嗣昭三世賴之，真奇婦人也。"宋簡州《藏真厓銘》，政和三年，康肅書，酈適文，女季循篆額。牖下季女能爲擘窠書，尤奇絕。金"穭芳亭"三字，在鉅野縣。據《縣志》云："'穭芳'二字，妓女謝天香書，王維翰續書'亭'字，如出一手，遂爲夫婦。"此亦玉臺之佳話已。管仲姬書《觀世音菩薩傳略》，在白門地藏庵。大德十年。客歲貽書藝風求拓本，云庚申之劫盪爲灰煙，爲之怊悵不已。此與李清照無片石同一恨事。右婦人一則

8.10-1 自智永傳山陰家法，書苑一鐙，亦如火傳之不絕。懷仁、大雅，雖云"集字"，實與懷惲《隆闡法師碑》同爲邯鄲之步耳。嵩高三刻，勤行之《靈運禪師銘》、溫古之《景賢大師塔》不失晉賢矩矱，是其上也，靈迅之《同光大師塔銘》亦無愧後勁。此如祇園衣鉢，一脈相傳。若《汶江縣侯張阿難碑》，普昌所書也，頗似虞永興。《右虞侯副率乙速孤神慶碑》，行滿所書也，頗似薛少保。此在碑版爲正格，所詣出懷仁諸僧之上。契元之學顏，无

可、建初之學柳，皆晚出，雖筆力嶄然，而神韻則稍匱矣。又若唐懷素之狂草、宋夢英之古籀，別爲一派。宋初惟曇潛，學蘇長公能亂眞。即參寥，有《三十六峰賦》。金之沙門洪道、元之李雪庵，皆有書名，亦從顏、柳出。其書如先雙鉤而廓填之，索索無生氣，使生大曆以後，尚不中爲契元、无可輿作奴。

8.10-2　今年春，從廠肆得開元《王慶墓幢》，沙門遄文并八分書，古籀題榜。後檢《本願寺三門碑》，北崇福寺沙門遄文。趙德甫《金石錄》：“《北嶽恒山碑》，開元二十一年，釋遄詞。”“《長豐縣興城碑》，開元二十三年，沙門遄文，八分書。”則知此僧頗有書名，其遺迹皆在西北。《金石錄》長慶間收僧雲皋書碑三通，今無一存，而遄書猶留兩刻，不可謂非幸矣。右緇流二則

8.11　道流之書，以周道賜《仙壇山銘》爲第一，自唐以下，無與抗手。《岱嶽觀齋醮記》，自葉法善、馬元貞、麻慈力以下踰三十通，同刻一面，世所稱“鴛鴦碑”也。書法皆工秀，兼有褚、薛之勝，但未必盡爲道流筆。按馬元貞題名有四通，一在登封，一在濟源，一在曲阜《史晨碑》後。余惟濟源一刻未得見，其餘兩刻與《岱嶽齋醮記》筆法同，是其能書爲可信。《潘尊師碣》，司馬承禎八分書，亦唐之方士也。排奡略得《夏承碑》筆法，在唐隸中不多得，篆額尤奇偉。元初樓觀諸碑，強半出道流之手，如李道謙、朱象先，皆不止一碑。孫德或書碑尤多，筆法遒媚，然不出趙文敏範圍。金、元間，若譚處端、馬丹陽、王重陽之流，詩詞皆神仙丹訣，本不必以書重。然余所得馬丹陽詩碑，草書龍吟虎嘯，如緤馬登閬風之巓，萬象皆在其下。右羽冠一則

8.12　世豈有神仙哉？而顧傳其書。括蒼有“靈崇”二字，

相傳以爲葛仙翁書也。陽羨山中善權洞有《雲房先生題名》。臨潼有"雲房"二字，金承安中松霖茂之記。邢臺有《鍾離權詩》，宋皇祐四年刻，元至正八年重刻。其後洞賓、宋紹聖五年《回回翁會真宮詩》、元後至元四年《純陽帝君書跡》。希夷，"福壽"二大字。亦皆有傳刻。推而上之，漢即有《仙集留題》。余謂此亦鄭道昭《駕月栖玄》、《青煙》、《白雲》之類，久之失其名氏，遂相傳以爲仙蹟耳。若元之丘長春，石刻著録頗多，在今時詫爲神仙，在當時不過與王重陽、馬丹陽之流同爲修真之羽士耳，無足奇也。然歐陽公《集古録》不棄"謝仙火"三字，附之卷末，且云何仙姑能識之。又録《永泰縣無名篆》云："世俗多以爲仙篆，如以手指畫泥而成文，隨圓石之形環布之，如車輪循環，莫知其首尾。今人有以道家言譯之者，曰'勤道守三一，中有不死術'，亦莫知其是非也。"此雖近於《齊諧》、《支諾皋》，亦藏家所不廢，未可以六合之外存而不論也。右仙蹟一則

8.13　異域碑文，自日本、朝鮮同洲之國，以至歐、非兩洲，皆自其國中來。若中國石刻而異域之人書之，惟房山雷音洞石經有高麗僧達牧書。長清《靈巖寺讓公禪師碑》，據《寰宇訪碑録》，但云"至正元年，日本國僧印元撰，行書"。余得一精拓，詳釋之，其首題"日本國山陰道但州正法禪寺住持沙門邵元撰并書"，"邵"字左旁雖微泐，尚可辨。即以《訪碑録》證之，後至元五年有《貢副寺長生供記》，比丘邵元撰，正書。又《新撰玉佛殿記》，沙門邵元撰，書者智昇也。至正元年又有《少林寺息庵禪師碑》，亦邵元撰，疑皆即一人。以島國比丘而金石文字流傳於中土者有四刻，扶桑朝旭，此其瞳曨之兆已。吾鄉胥門外有荒丘，土人呼之曰"王墳"。余童時偕馮小尹茂才訪之，見臥碑在草萊

中，剔蘚讀之，迺是日本國使臣歿而旅殯於此，撰、書皆其國人也。當時惜未記其年月、姓氏。_{右外國人書一則}

8.14-1　余訪求鄉先哲遺書，零編斷簡，不惜重值購之。金石文字，流傳益尠。唐之孫翌、歸登、陸長源，皆吾吳人也。宋之范文正父子、忠宣公。范文穆兄弟、_{石湖之兄字至先，包山有題名一通。}蘇舜卿、程師孟、_{《九曜石題名》兩通。}朱長文、_{《潛山石牛洞題名》。}龔頤正、_{《玄妙觀三清殿上梁文》、《府學同年酬唱詩》。}楊備、_{《七星巖題名》。}黃由、盱眙_{《第一山題名》、《吳學義廩規約》。}周南，貴池_{《齊山題名》。}元之錢良佑，至順三年_{《賢首寺田記》。}干文傳，至順四年_{《新修平江路學記》，至正七年《天寶山太平興龍禪寺碑》。}皆有遺迹可考。余又收得唐《楊君趙夫人墓誌》，吳郡顧方肅文。龍隱下巖有《長洲陳信伯題名》，《泰伯廟迎享送神詞》亦信伯所書。使非自題郡邑，且不知其爲吳士矣。又如宋人題名中，北嶽有"侍其瓘"，_{元祐庚午。}襄城玉盆有"閭丘資深"，_{慶元二年。}貴池齊山有"閭丘彥和"。_{宣和壬寅。}"侍其"、"閭丘"，皆吾吳複姓，在宋爲望族，今尚有侍其巷、閭丘坊。此三人者，無他事實可考，藉片石以傳耳。若此者蓋不知凡幾。

8.14-2　碑與帖，兩事也。然如揚之《秦郵帖》、皖之《姑孰帖》，裒其鄉先哲之遺迹以付貞珉，"維桑與梓，必恭敬止"，其用心甚善。吾吳文物清嘉，自宋范文穆、元宋仲溫，皆以書翰擅場。明賢如王文恪、吳文定以逮都玄敬、張青父、文、祝諸公，真迹流傳，故家世族，猶有什襲而藏者。若取而彙刻之，亦可援《姑孰》、《秦郵》爲例。_{右鄉先哲書二則}

8.15　集字始於懷仁，唐以前未聞也。集右軍書者多矣，惟《聖教序》，鉤心鬬角，天衣無縫，大雅以下，瞠乎其弗及也。趙德甫所收《建福寺三門碑》，盧藏用集，《懷素律師碑》，僧行敦集。
《梁思楚碑》兩收，一開元十年，衛秀集，一上元元年，梁思楚集，
撰文者皆郭翥也。夫豈有梁碑即梁集之理，後一碑始重出耳。
此三碑皆不傳。《六譯金剛經》，大和六年，唐玄度集，其拓本錢
牧齋尚見之，蓋即楊穎刊定之本也。禾中亦有集王一本，書法頗
隱秀，似《聖教》，題云“懷仁”，則嫁名以取重耳。洛陽之白馬寺
僧懷義《集王心經》亦此類，而筆法遠不如。余所收大雅“半截
碑”之外，唐有《田尊師碑》、大曆六年，田名德集。《周孝侯碑》，元和六
年。宋有《絳州修夫子廟碑》、咸平二年。《忻州建東嶽廟碑》、大中祥
符九年，王鼎文兼集。《解州鹽池新堰箴》、天聖十年，此與《絳州碑》皆逸民
趺趺望集。《龍泉普濟禪院碑》、大中祥符三年，僧善傽習。“習”與“集”不
同，或習其書，非集字也。《玉兔寺淨居詩》。慈雲寺沙門靜萬集。趙撝叔
所收，有明道二年《慈雲寺碑》，拓本未見。高麗爲唐太宗征服，
畏其神，服其教，文字亦罔不率俾。太宗喜右軍書，海東金石集
王者亦有三刻。一爲《沙林寺弘覺國師碑》，沙門靈澈集，一爲
《獼角寺普賢國師碑》，其正面閔漬文，其陰爲釋山立文，皆集王
書也。尤奇者，晉天福五年《興法寺忠湛塔》，在朝鮮原州道，崔
光胤集唐太宗書。此從右軍書而推類及之，亦可謂慕尚之至矣。
右集王一則

8.16　宋任諒《于真庵記》，集諸家書，見《關中金石記》。夫
以虞合歐，以歐合褚，精神面目，迥然各別，安能合吳越爲一家？
若以顏、柳配之，則更如鑿枘之不相入。然作俑不自諒始也。考
趙明誠《金石錄》：“唐景龍二年《太子中舍人楊承源碑》，王獻忠
撰，集王羲之、歐陽詢、褚遂良等真、行書。”既非一人，又非一體，
則知鍥舟求劍，古人不免。且計其時，褚公歿尚未久，何至重其

書若此，意者亦五季後人所偽託邪？<small>右集諸家書一則</small>

8.17　集歐書者，宋政和三年《上清宮牒》，下方有蔡仍記，集字者湯純仁也。元至正十年《長洲縣重修學宮記》，楊維楨文，集字者危太朴也。隋《番州弘教寺舍利塔》，題"歐陽詢書"，以拓本校之，迺好事者取《醴泉》、《皇甫》諸碑聯綴而成，亦集本耳。集顔書者，宋有寶祐元年《勝因院記》，元有至元四年《默庵記》。集柳，惟金《沂州普照寺》一碑，遒健青出於藍，爲集書第一。褚書，元以前無集本。余收得《峨眉山普賢金殿碑》，明萬曆癸卯九月吳士端集，行書娟妙，極似《枯樹賦》、《哀册文》。<small>右集歐　集褚　集顔　集柳一則</small>

8.18-1　唐《昇仙太子碑》陰，從臣各自題名其上，遂開分書之體。宋人分書佛經有三。一爲《觀世音普門品經》，熙寧間曾公亮等書，今尚在虎丘雲巖寺；一爲《四十二章經》，在杭州六和塔，四十二人，人書一章，始於沈該，終於洪邁，其中有湯思退、葉義問、虞允文、洪遵、沈樞諸人，字體真、行，行書四章，餘正書。大小、疏密不等，人亦薰蕕雜處；塔中又有《金剛經》，僧智曇刻，亦群賢分書之。元初《贈默庵詩》，劉從政、胡紹開、魏初、吳衍皆行書，惟樂用之草書。《虛靖真人象》，孫士元畫，贊爲三體書，元遺山之籀、劉京叔之篆、杜仁傑之分書也。孫氏《訪碑録》又有《五峰山崔先生象贊》，注云"元好問等各體書"，疑即此碑而重出。

8.18-2　唐人唱和詩碑，《栖賢寺詩》，武后御製一首，姚崇、韋元旦各一首，書者韓懷信也。其餘《美原神泉詩》，<small>共六首</small>。尹元凱篆，宋初朝賢《贈夢英詩》，三十二人。僧正蒙書之，吾吳郡學《同年酬唱詩》，<small>袁說友以下十二人</small>。龔頤正書之，未有各自分書者。惟

《寰宇訪碑録》載《种明逸會真宮詩跋》，共二石，胡宗回以下二十餘人，各體書。余收得《种明逸詩》，譚述序爲一石，其餘題跋一人一拓，亦無二十餘人之多。未見原石，莫能明也。右各人分書二則

8.19　一碑而兩人書者，或各書一面，或別出一文。唐《代國公主碑》，自《金石録》以下皆云"鄭萬鈞行書"。余收得一舊拓精本，詳閱之，後有一行云"□□以下，弟涓書，□□以下，男聰書"。"萬鈞"即代國之駙馬，特撰文者耳。於是德甫至今千年長夜豁然復旦，爲之大快。唐總章三年《金剛經、出家功德經》石刻，後有一行云"自《般若》第二面第二行已下王德政 **㪅** 手寫"，則《般若》第二面第一行以上又一人書也。朝鮮有《寶林寺普照禪師碑》，唐中和四年立，金薳書，自七行以下，金彦卿書，此亦一碑而兩人書者。恐海內更無第四刻矣。右一碑兩人書一則

8.20-1　一碑而各體書者，唐《陽華巖銘》，永泰二年。瞿令問大、小篆、八分三體。宋初，郭忠恕有《三體陰符》。江淹《擬休上人詩》，夢英十八體篆，其注則分書也。長安《重書夫子廟堂碑》，唐程浩文，夢英作後序，正書之，而其後有篆字一行云"大宋太平興國五年歲次庚辰三月二十一日建"。余所見唐、宋碑誌文字，真書、篆題年月者間有之，非即此一碑也。唐景龍元年《□部將軍功德記》，首行"郭謙光文及書"六字篆書，而碑文則分書也。天寶三載《嵩陽觀紀聖德感應頌》，碑文八分書，獨年月作小篆。天寶三載《王屋山劉若水碑銘》，行書，惟碑末"檢校覆鐫字姪劉

玄覺”九字分書。永泰元年《怡亭銘》，前序“怡亭①，裴鷗卜而亭之，李陽冰名而篆之，蕭虹美而銘之，曰”二十二字篆書，下銘詞、年月皆李莒分書。長慶元年裴穎《華嶽廟修中門題名》，年月正書，而“廟令張從本題”六字籀文。《本願寺銅鐘碑》陰，真書，惟前二行八分書。中和二年《鄭惟幾幢》，《啟請銘》八分書，咒真書。宋天聖二年《張大沖幢》，《陀羅尼》分書，《心經》篆書。元《劉仙翁冠劍虛室題字》，劉大彬篆書，而左、右題款二行皆真書。此各隨命筆之便，無義例。

8.20-2　余藏一石幢，宋乾德五年丁卯李仁□建，前《尊勝陀羅尼》，後《大悲心陀羅尼》，通體皆真書。而第七面《大悲心咒》之末“南無阿喇耶”五字，“喇耶”忽篆書作“𤜼𤜼”，甚清朗。自來石刻，無可舉例。“喇”字後出，不合六書，好奇之過，更難爲典要矣。右各體書二則

8.21-1　籀書唯存《石鼓》。秦篆祇《琅邪》片石、《泰山》十字。漢碑分書十之九，篆書十之一。所見唯居攝墳壇兩刻及元氏《三公山碑》、嵩山開母廟兩闕爲篆文，《延光殘碑》及《裴岑》、《劉平國》，雖隸書而兼有篆法。三國惟孫吳之《國山碑》、《天發神讖碑》，然篆法奇詭，或云華覈，或云皇象，要無確證。南北朝無一篆刻。唐有李陽冰、瞿令問、袁滋三家。“三浯”，瞿、袁書其二，“浯溪”爲季康書，其名不甚著。此外惟絳州之《碧落碑》、《美原神泉詩碑》。五代之季，惟南唐徐鼎臣兄弟工小篆。偃師有《鄭仲賢詩》一首，亦南唐人也。吳越王《開慈雲嶺記》在武林，篆

---

① 　“怡亭”二字原脱，據吳玉搢《金石存》卷四“唐怡亭銘”條及楊守敬《湖北金石志》卷五“怡亭銘”條補。

法頗精妙，不減大、小徐。宋初，僧夢英、郭忠恕皆以分、篆稱，然多不合六書。竊謂宋篆當以王壽卿書《穆氏先塋表》爲第一，莫大於蘇唐卿"竹鶴"二字，莫小於汪藻《太學上舍題名跋》。世謂之"永州學記"，非也。唐卿又有《東海鬱林觀三言詩》，慶曆三年。歐公《醉翁亭記》。嘉祐七年。其餘唐英有《教興頌》，天禧三年。上官伾有涇州《回山王母宮頌》，天聖三年。黃載有《首陽山二賢祠文》，慶曆四年。李寂有《韓愈五箴》，嘉祐八年。陳孔碩有《重刊昌黎孔子廟碑》、嘉定七年。《卦德亭銘》，嘉定甲戌。屈指不及十碑。金之党承旨，元之趙文敏、元遺山，亦皆能分、篆，而文敏篆書不多見。高翿之篆書《道德經》、分書《徂徠山光化寺碑》《五峰山崔先生傳碑》，筆法與夢英略同，去斯、冰遠矣。

8.21-2　後人之作籀文者，余惟見魏《三體石經》拓本一紙，據云中州新出土，亦未能定其真贋。此外，唐瞿令問《陽華巖銘》三體書，宋夢英《十八體篆》，元元遺山《五峰崔先生象贊》各體篆，皆有籀書一體。細如蠆尾，銳如懸鍼，與《石鼓》不類，與古金文亦不類，與郭忠恕、呂大防、薛尚功所摹彝器文則仿佛似之。宋《龍泓洞潛說友題名》亦作大篆，較遺山似勝。右篆籀二則

8.22　吾郡陸貫夫先生名紹曾，布衣，工分隸。嘗輯《飛白錄》，舉蕭子雲以下書評帖跋、稗史遺聞，多所摻采，而於石刻尚闕如。余屢欲取篋中所藏補之。大都此體但宜於題榜，無專書一碑者。唐太宗父子、宋仁宗皆擅場。太宗《晉祠銘》，以飛白題年月於碑首。《泛水紀功頌》、登封《昇仙太子碑》及《孝敬皇帝叡德紀》，皆高宗御書飛白題額。仁和縣學有宋仁宗御書"天下昇平四民清"飛白七字。嘉祐八年有賜陳繹飛白書大"帝"字，吳充作文以記之。歐陽公亦有《仁宗皇帝飛白御書記》。宋人題石，亦間有

用此體者。泰山《种放詩刻》，王洙、蔡襄皆以飛白跋其後。君謨第一題仍行書，僅後“襄復觀”三字耳。長清有元豐三年王臨書“靈巖道境”四字，金華有“冰壺洞”三字，嶧縣有“玉虛洞”三字。華山題名，余見有“蔡挺”二字，無年月、題識，僅以飛白書姓名而已。右飛白一則

8.23-1　漢之分書，猶唐之真書也。“不廢江河萬古流”，唐一代豐碑，分書亦不少。開元以後，“尚書韓擇木，騎曹蔡有鄰”，尤推巨擘。五季雲擾，稍稍衰矣。然宋初僧雲勝《重譯聖教序》、沃州僧嗣端《藍田文宣王廟記》，以方外擅場。石門晏袤兩刻，《鄐君修道碑釋文》、《山河堰落成記》。尤不失漢法。此外，朝士如司馬温公、王源叔。《范文正神道碑》。以分書名家者雖少，而蜀碑著録頗富。張晦《李洵直夫婦真贊》、王克貞《雙筍石銘》皆小品，紹興《福昌院勸農記》、淳熙綿州《集古堂記》、夾江縣《酒官碑》、乾道簡州《也足軒記》、彭縣《大晟樂記》皆無書人，題名如資州《清涼泉趙季友》、《北巖張能應》、彭山《石申光》、廣元《雷峰寺李叔永》之類，詩刻如鄧椿《閬中大佛寺詩》、鄧樫《大足石門洞詩》之類，見《三巴羣古志》。余所見以巴州《楊百藥摩厓》爲最精。題名三通，《游仙觀玉皇殿碑》一通。曩見歸安楊庸齋太守書，喜其秀逸，及見巴州石刻，面目、精神畢肖，始知君家果自有種也，其源出於《韓勑碑》。

8.23-2　“大、小二篆生八分”，分書生隸，今之所謂“楷書”，古人謂之“隸書”也。兩晉六朝，由分變隸之時。北之《郛休》，南之《谷朗》，波磔遒斂，已駸駸入隸室。北朝碑正書者，無不兼帶分書筆法，蓋變之未盡耳。孫氏著録，往往誤隸爲分，如泰山石經峪、徂徠山、水牛山諸摩厓佛經，鄒縣《韋子深》、《李巨教》諸題字，《隴東王感孝頌》、《高潤平等寺碑》，孫氏皆注云“八分書”，其實皆當時之正書也。磁州《晉昌公唐邕寫經記》，武平三年。筆勢

與水牛山正同,趙撝叔《續訪碑録》注云"正書",得之矣。孫氏即有《唐邕分書題名》一通,雖未見,可灼知其誤。所不可解者,高齊、宇文周不少分書碑,拓跋一代,惟天平二年《中嶽嵩陽寺碑》確爲八分,孫氏所録魏碑八分書者,如《弔比干文》,亦正書也,《周惠達碑》未見,肥城孝堂山諸無年月題名,未必爲魏刻。其餘未見有他刻。齊碑以鄭述祖雲峰山諸刻及乾明《孔子廟碑》爲正軌。其次《西門豹祠碑》、《青州刺史臨淮王象碑》、周之趙文淵《華嶽頌》,皆稱名筆。然字體踳駮,不合六書。隋碑如孟弼、青州《舍利塔下銘》。仲思那、《造橋碑》。寇文約、完縣《文宣王廟碑》。《行唐邑龕普門品經》、《崇因寺造彌勒大象》,步伐整齊,容止都雅,變北朝喬野之習,開唐人偉麗之風,分書變態,至是極矣。勢之所趨,有莫知其然者。

8.23-3　吾吴郡學有昌黎《符讀書城南詩碑》,共四石,華亭縣學有《中庸格言》,皆朱協極八分書也。與向子廓書濂溪《拙賦》筆勢正同,輪郭肉好,天骨開張,蓋出於《石臺孝經》,雖寖失古法,猶有垂紳正笏氣象。若宋之吴中復,華嶽廟、慈恩寺有分書題名,西安有《燕佳亭詩》。元之虞集、蕭𣂏,學漢隸而刻鵠不成反類鶩者,不如此二家猶不失唐人矩度也。此體稍宜于題榜。司馬温公有"公生明思無邪"分書六大字,在吾吴郡學,體勢亦如此。然其末流爲鄭谷口,又降而爲錢履園,則墮惡趣矣。右分隸三則

8.24-1　江左六朝多行、草,然但見於法帖。唐以下碑行書者甚多,草書者絶少,永興《汝南公主墓誌》、魯公《坐位稿》《祭姪文》,皆帖類。惟金輪《昇仙太子廟》一碑耳。高宗《英公李勣碑》、《大雲寺彌勒重閣碑》,亦行書而兼草者也。此外,宋有蔣暉《無上宫主詩》、張天覺《林慮山聖燈記》,金有許安仁鳳臺青蓮寺諸刻。千餘年來,寥寥可數,蓋此體本不宜於碑版也。章草莫先於《急就

篇》，而後無繼者，亦惟《昇仙太子碑》稍近之。

8.24-2　草書不宜於碑版，故懷素竟無片刻。《藏真》《自敘記》當入法帖類。張長史以草書稱聖，其書《郎官石柱記》，不能不以真書。宋范文穆《田園雜興詩》，瀏離頓挫，極馳騁之能事，而《壺天》《水月》諸銘，束帶矜莊，絕不作渾脫舞，可知遷地勿良已。惟張天覺、許安仁始好以草書書碑，然究非正軌。題榜有王臨摹郭忠恕“神在”二字，歷城，元豐三年。樊世卿題“紫微山”三字。海寧，治平元年。刻經蔡卞《楞嚴經偈》。及諸山題名亦間有之。右行草二則

8.25　歷代國書，有契丹、西夏、女真、蒙古，又有畏吾兒、唐古忒。番禺凌譽釗《蠡勺編》。述《寄傲軒三筆》之言曰：“遼太祖用漢人增損隸書之半凡三千餘言，爲契丹字。夏蕃書，元昊自製，命野利仁榮演釋，分十二卷，形勢方整，類八分。女真有小字、大字二種，大字古紳製，小字未詳誰作。元蒙古新字僅千餘，世祖命西僧八思巴製，大要以諧聲爲宗。”按俞理初《佉路瑟叱書論》“契丹亦有大、小字”，與凌説不同。又云：“元昊本佉路而造畏吾字。蒙古初用畏吾字，謂之‘衛兀’。”據此則西夏書與畏兀爲一種，未知孰是。今以歷代國書碑證之，契丹書最少。潘文勤師曾得一雙鉤本，筆畫繁重，如以漢文兩三字合成一字。余亦響搨得一通，置篋中，無能讀者。西夏書惟武威有《感通塔碑》，天祐民安五年立，碑陰釋文則張政思書也。張掖有乾祐六年《黑河建橋祭神敕》。女真書有《皇弟都統經略郎君行記》，天會十二年刻於《乾陵無字碑》，祥符有《宴臺國書碑》。元時聖旨碑，大都上層刻蒙古文，下層漢字，其書蟠屈如繆篆，因方爲圭，鋒棱峭勁。至元三十一年《崇奉孔子詔》、大德十一年《加封孔子制》，頒行天下，

通立碑於學宮。今雖彈丸小邑，尚有元時聖旨碑一二通。官吏題銜，有"蒙古字教授"、"學錄"等官，皆漢人爲之。余收得新樂縣一通，蒙古文，後題"教諭周之綱譯"。可見當時漢人多能通國書。唐古忒，當即今之託忒書，亦曰"託特"，與梵書同流異源。俞理初曰："梵爲刹利佛書，佉羅瑟叱爲婆羅門佛書，本不相同，久之遂合爲一。佉路派別爲託特，乾隆四十六年設託特學，其字由託忒譯蒙古，由蒙古譯清書。"則當與蒙古文爲近。今惟有《吐蕃會盟碑》一石。畏吾兒，省文亦曰"畏兀"，亦曰"衛兀"，即"回鶻"之轉音也。其字無單行之碑，惟祥符大相國寺有《至元三年聖旨碑》，以蒙古、畏兀、漢字三體書之。《居庸關佛經》，蒙古、畏兀、女真、梵、漢五體，今尚在關溝，一字未損，顧亭林《昌平山水記》詳載之。<small>右契丹　西夏　女真　蒙古　畏吾兒　唐古忒文一則</small>

8.26-1　戊子冬入都，館黃再同編修邸，見白石醮盆，四圍皆刻梵字，無釋文，不能讀。宋熙寧十年、<small>咸寧。</small>金正大元年，<small>登封。</small>皆有梵文"唵"字。武林湖上諸山，元人摩厓刻梵字最多。孫淵如惟錄至元二十五年飛來峰《僧錄液沙里》一通。余訪得靈隱一通，"唵麻祢巴嗺銘吽"七字，龍泓洞二通，一橫刊"一切如來頂髻中出大白傘蓋佛母"十四字，一下有雙鉤正書"金□勇識"四字，是否釋文未詳，皆無年月。此外惟遼、金幢有之。唐幢梵字尚少，惟長安開元寺有一石，唐、梵二體，皆沙門海覺書，筆法精整，非遼、金人所及。兩宋惟宣和間涿、<small>范陽縣□祿鄉□石里。</small>易二州<small>大興寺</small>各有一幢，正在收復燕雲之日，蓋猶沿遼餘俗耳。

8.26-2　遼、金梵字幢，大都題字、年月真書而咒梵書，亦有梵文一行，真書釋文一行，書唐一人，書梵一人。金泰和元年《謙公法師靈塔記》，一面有《佛母準提咒》，圍刻如鏡銘。秦佩鶴閣學得一準提鏡，四圍刻梵咒，其文正同。蔚州臨湖寺有一幢，共四面，每面上列大圓圍一，中藏小圓圍七，各有梵文一字。元梵字幢亦不多，所見惟至元二十五年《觀公禪師塔》有梵咒。右唐梵二則

8.27　昔人論書，大則"徑丈一字"，小則"方寸千言"。余所見擘窠書，以鼓山朱文公"壽"字爲最鉅，其次則淡山柳應辰押、朱熹"窪尊"兩大字，皆摩厓也。若勒於碑者，吾鄉有釋子英所書"釋迦文佛"四大字，在虎丘《普門品經》之陰，一石一字，郡學有蘇唐卿"竹鶴"兩篆字，亦奇偉可喜。小字以《臥龍寺經幢》女弟子陳氏造。爲冠，蠅頭清朗，布置停勻，如棘刺之猴，神乎技矣。此外，小字《麻姑仙壇記》，疑爲縮臨之本，《吳越王銀簡》，範金而非刻石。《李寶臣》、《王審知》諸碑，視小則有餘，視大則不足。右大小字一則

8.28　梁開平二年《崇福侯廟記》，吳越王錢鏐撰，字大徑寸，中列敕文六行，字大徑二寸許。晉天福八年《吳越文穆王神道碑》，首行"大晉故天下兵馬都元帥守尚書"十三字，字大徑三寸餘，較於正文幾大三倍。此式惟吳越兩碑有之。錢竹汀說。按吳越經幢，凡"天下兵馬都元帥"、"吳越王"題銜，其字皆較經文特大。右一碑字體大小不同一則

8.29-1　顧亭林《金石文字記》曰："後魏孝文帝《弔比干文》，字多別構，如'茷'爲'薉'，'蔽'爲'蘻'，'菊'爲'蘜'，不可勝紀。"《顏氏家訓》言："晉、宋以來多能書者，楷正可觀，不無俗字，非爲大損。至梁大同之末，訛替滋生。北朝喪亂之餘，書迹鄙陋，加以專輒造字，猥拙甚於江南。乃以'百念'爲'憂'，'言反'

爲'變','不用'爲'罷','追來'爲'歸',如此非一,偏滿經傳。"今觀此碑,則知別體之興,自是當時風氣,而孝文之世即已如此,不待喪亂之餘也。江式《書表》云:"皇魏承百王之季,世易風移,文字改變,篆形錯謬,隸體失真。俗學鄙習,復加虛巧,談辯之士,又以意說炫惑於時,難以釐改。"《後周書・趙文深傳》:"太祖以隸書紕繆,命文深與黎景熙、沈遐等依《說文》及《字林》刊定六體,成一萬餘言,行於世。"蓋文字之不同而人心之好異,莫甚於魏、齊、周、隋之世。別體之字,莫多於此碑,雜體之書,莫甚於《李仲璇》。又考《魏書》:"道武帝天興四年十二月,集博士儒生比眾經文字,義類相從,凡四萬餘字,號曰'眾文經'。""太武帝始光二年三月初,造新字千餘,頒之遠近,以爲楷式。"天興之所集者,經傳之所有也。始光之所造者,時俗之所行而"眾文經"之所不及收者也。《說文》所無、後人續添之字,大都出此。

8.29-2　碑文別體,北朝作俑,亭林之論詳矣。階州邢佺山太守宰長興時,曾輯《金石文字辨異》十二卷,刺取碑文異字,上溯漢、魏,下迄唐、宋,統以平水韻,乾嘉以前出土石刻采擷無遺,顧世尟傳本。聞趙撝叔亦欲取家藏碑版撰爲此編,其稿未出。吾友王綬卿同年亦枌舉條例,後見邢氏書而止。地不愛寶,古碑日出,邢氏所未見者,又不下數百通。竊擬正其脫誤,補其缺遺,精力銷亡,歲不我與,則亦徒託諸空言而已。

8.29-3　碑版別字,六朝爲甚。豈惟是哉?自唐以下,一代之碑,皆有一代風行之別體,大抵書碑者不能不取勢,左之右之,惟變所適,積久遂成風尚。唐碑之別字不盡同於宋,宋碑之別字亦不盡同於遼、金、元。余在北方,見門帖"延禧"、"迎祥"等字,"延"皆寫作"延","迎"皆寫作"迊",後觀唐、宋碑率如此,迺知里巷相承之字亦有自來,流俗所謂"帖體"是矣。右別體三則

8.30-1　《金石文字記》又曰：“唐《岱嶽觀題名》，凡數字作‘壹’、‘貳’、‘叄’、‘肆’、‘捌’、‘玖’等字，皆武后所改。其聖曆年一通有云‘設金籙寶齋河圖大醮柒⊘’。‘柒’，古‘七’字，《太玄經‧玄攡①》曰‘運諸柒政’、《玄捝》曰‘捝擬之二柒’②、《方言》曰‘吳有柒娥之臺’、《王莽候鉦銘》‘候鉦重五十柒斤’是也。後人不知，妄於左旁添鑿三點。《舊唐書‧睿宗紀》先天二年三月癸巳詔：‘制、敕、表、狀、書、奏、牋、牒年月等，作一十、二十、三十、四十字。’是知前此皆借‘壹’、‘貳’等字矣。”又引程大昌《演繁露》曰：“古書‘一’爲‘弌’，‘二’爲‘弍’，‘三’爲‘弎’，蓋以‘弋’爲母，而‘一’、‘二’、‘三’隨數附合以成其字。特不知單書一畫爲‘一’、二畫三畫爲‘二’爲‘三’起自何時。今官府文書記數，皆取同聲而點畫多者改用之。於是‘壹’、‘貳’、‘叄’、‘肆’之類，本皆非數字，貴點畫多，不可改換爲姦③爾，本無義理。若‘十’之用‘拾’，‘八’之用‘捌’，‘九’之用‘玖’，尤爲不倫。亦有似可相通者。《易》之‘參天兩地’，《左傳》‘自參以上，則往稱地，來稱會’，是嘗以‘參’爲‘三’矣。《考工記》“鍭矢參分，弗矢參分”，《莊子》“參月而後能外天下”，《史記‧滑稽傳》“飲可八斗而醉二參”，並以“參”爲“三”。‘顔子不貳過’，‘士有貳宗’，‘國不堪貳’，則‘二’之爲‘貳’，尚或可以傅會矣。在顔師古時，《江充傳》固已訛‘犬臺’爲‘大壹’，又《薛宣傳》本曰‘壹笑爲樂’，而俗本改‘壹笑’爲‘壺矢’，此時‘一’已爲‘壹’矣。若元本不用‘壹’字，則‘一’字本止一畫，何緣轉易爲

---

①　“攡”，原誤作“欐”，據《太玄經》卷七“玄攡第九”改。

②　“曰”上、“擬”上兩“捝”字，原誤作“梲”，據《太玄經》卷九“玄捝第十三”改。

③　“姦”，原誤作“舛”，據程大昌《演繁録》卷三“十數改用多畫字”條改。顧炎武《金石文字記》卷三“岱岳觀造像記”條引文不誤。

‘壺’也？又今《漢書》凡‘一’字皆以‘壹’代，《詩》“壹醉日富”、“壹者之來”，《大學》“壹是皆以脩身爲本”，《周禮·典命》“其士壹命”，《公羊》襄二十九年傳“許夷狄者，不壹而足”。① 則‘一’變爲‘壹’已在師古之前。”又引洪容齋《隨筆》曰：“古書及漢人用字，如‘一’之與‘壹’，‘二’之與‘貳’，‘三’之與‘參’，其義皆同。《鳲鳩序》‘刺不壹也’，又云‘用心之不一也’，而正文‘其儀一也’；《表記》‘節以壹惠’，注‘言聲譽雖有衆多者，節以其行一大善者爲謚耳’；漢《華山碑》‘五載壹巡狩’；《祠孔廟碑》‘恢崇壹變’；《祝睦碑》‘非禮壹不得犯’，而《後碑》云‘非禮之常，一不得當’。則‘一’與‘壹’通用也。《孟子》‘市價不貳’，趙岐注云‘無二價者也’。本文用大‘貳’字，注用小‘二’字，則‘二’與‘貳’通用也。《易·繫辭》‘參天兩地’，釋文云‘參，七南反，又如字，音三’；《周禮》‘設其參’，注謂‘卿三人’。則‘三’與‘參’通用也。”

8.30-2 《潛研堂金石文跋尾》曰：“《巖山紀功碑》，文‘柒月己酉朔’。《北史·齊·上黨王渙傳》：‘初，術士言亡高者黑衣。文宣問左右曰：何物最黑？對曰：莫過漆。帝以渙第七爲當之。’此碑亦借‘柒’爲‘七’。《考工記》、《史記·貨殖傳》‘柒’字皆無‘水’旁，惟‘漆沮’之‘漆’乃从‘水’。然經典多通用。張參《五經文字》計字數，皆用‘壹’、‘貳’、‘叁’、‘肆’等字，而‘七’作‘漆’。今世俗通用‘柒’，即‘漆’之草書。”又：“《龍藏寺碑》，文稱‘勸獎州內士庶壹萬人等’，又稱‘九重壹柱之殿’，皆以‘壹’代‘一’字。按《禮記》‘節以壹惠’，鄭注‘壹讀爲一’，《正義》云：‘經文爲大壹之字，鄭讀爲小一，取一箇善名爲謚耳。’讀此碑知‘壹’之代

① 此段小字原誤作大字，據顧炎武《金石文字記》卷三“岱岳觀造像記”條改。顧氏所引出《演繁露》卷三“十數改用多畫字”條，該條無小字一段，可知小字例證乃顧氏所列，不宜與程氏言混雜。

'一'，隋時已然。故唐初撰《正義》者，有'大壹'、'小一'之語耳。"又："《章仇氏造象碑》，左旁有章仇昕娘名字，瞿中溶謂'昕'即'五'字。《敬史君碑》'尤圓鸞施田仟拾畝'，借'仟拾'爲'五十'。'昕'、'仟'同音，亦可借用。"

8.30-3　據程、洪兩家之言，"壹"、"貳"、"叁"、"肆"等字，不始於武后時。即武后時石刻所見，惟《王仁求碑》，"聖曆元年舌匝拾柒日葬，其秊拾匝拾㇏立"，莫高窟《李氏舊龕碑》，"聖曆元年歲次戊□伍匝庚申朔拾肆㇏□酉敬造"，《昇仙太子碑》，"神龍貳年歲次景午水捌月壬申金朔貳拾柒日戊戌木相王旦奉制刊碑，刻石爲記"，其餘不盡用大寫字。後乎此者，有《寧國寺經幢》，"咸通拾壹年拾月貳拾捌日立"，商河縣有《清河郡張氏建上生兜率經幢》，後題"顯德貳年歲次乙卯拾月乙丑朔捌日壬申"，皆用大寫字。《馮善廓浮圖銘》，"大周萬歲通天二年肆月拾肆日"，《青城山常道觀敕》，"開元十二年閏拾貳月十壹日"，惟月、日用大寫。沈興宗《開元寺貞和上塔銘》，"開元貳拾陸年七月十五日"，《高忠和經幢》，"元和拾壹年五月十七日"，又惟紀年用大寫。宋《慶唐宮延生觀勅碑》，首追敘"大唐貞觀拾柒年正月十五日"，《開元寺釋迦院經幢》，"淳化肆年歲次癸巳八月丙辰朔十八日"，《淡山巖持正題名》，"治平貳年九月十四日"，並同。《華嶽王宥題名》，"上元元年冬十有式月十壹日"，惟"壹"、"貳"用大寫，而"十"字則否。《青城山》"十壹"之"十"亦不作"拾"。蓋古人於此，並無義例。右數目大寫字三則

語石卷九

9.1　長興雕造經典始用黑字，以便模印。若唐以前石刻，惟碑額兼用陽文。北朝造象有二通，一爲魏《始平公造象》，朱義章書，一爲齊武平九年《馬天祥造象》，皆陽文也。趙撝叔藏咸通十一年《廿八人造象甎》，慈恩寺所出《善業墡》，亦均陽文，棋子方格，與《始平公》同。臨朐仰天山造象，新出陽文四通，皆金正隆二年刻，孫、趙所未收也。浙江六和塔《蔣舒行捨財修塔記》，亦正書陽文。金文有成都《開元鐵幢》。鐘銘則陽文多而陰文少矣。碑額又有中間陽文，四圍界以一線，深陷如溝，拓之内黑而外白，蓋石質脆勁，陽文凸起，易於駁裂，所以護之也。右陽文一則

9.2　反文，惟蕭梁《吳平忠侯神道闕》。近又新出一殘闕，僅存"故散"二字，銀鉤鐵畫，望之如以鐙攝影，墨彩騰奮，若以薄紙濃墨拓之，幾不能辨其正背，吾友會稽陶心簣同年摹之極肖。此外尚有宋熙寧八年《君山鐵鍋》及唐開元《心經銅範》、蜀刻《韓文書範》，亦皆用反文。金華非丘子"雙龍洞"三字，中間"龍"字反書。此在古人必自爲一體，而今失其傳矣。右反文一則

9.3　余又藏回文兩石，一爲《馬廿四娘墓券》，一爲《朱近墓券》。其文一行順下，一行逆上，循環相間，非顛倒讀之不能得其文義。尤奇者，《馬券》爲南漢劉氏刻，《朱券》爲劉豫時刻，同出僞朝，一在關中，一在嶺表，不謀而合。歐陽公《集古録》收“謝仙火”三字摩厓，倒書，世間亦無別刻。倒文、反文、回文，碑中三體，可爲好奇者助談柄。右回文一則

9.4　余曩以《愍忠寺寶塔頌》付潢匠裝池，工既蕆，披閲之，首尾倒置，不復成文，蓋其碑左行而裱工不知也。由此，凡以拓本付裝，必先自檢點。諸山摩厓題名、詩刻，往往自左而右，蜀碑尤甚。一部《三巴睂古志》，如《千佛厓》、《化城院》諸刻，左行者居半，經幢亦有《劉恭》一刻，蓋其風氣然也。蕭梁諸闕，如《太祖文皇帝建陵神道》及《蕭宏》、《蕭績》、《蕭正》、《蕭映》，凡兩闕東西相對者，皆一闕右行，一闕左行。墓誌左行者，有後漢乾祐二年《思道和尚塔銘》。經幢左行者，尚有寶曆二年廣州光孝寺一刻。猶憶爲鄭盦師校勘沈小宛《范石湖詩注》，原稿書於集之上方，因左邊紙窄，即移而向右書之，一書生傳録，仍從右起，遂致字字顛倒。然則於裱工又何責焉？錢竹汀云：“褚遂良書《聖教序》自右而左，《記》自左而右。古人不拘恒式如此，故筆法能極其工也。”右左行一則

9.5-1　今人刻法帖皆用橫石，廣倍于脩約半，謂之“詩條石”。若碑版之文，則皆直書而下。惟漢、魏碑陰及北朝諸造象題名皆橫列，自二、三層逾十餘層不等。宋《黨人碑》本題名之類。唐《岱嶽觀齋醮題名》及宋《賀蘭栖真詩》、曇潛《三十六峰賦》、范石湖《田園雜興詩》、元李道宗書《樓觀説經臺記》皆橫列，然以一石爲起訖。惟《崌山羊公祠詩幢》、長沙《開福寺經幢》，皆

合各面統爲起訖。《峴山幢》第一面係慶曆牒文，下七面每面分六列，自第二面第一列橫行至第八面第一列，又從第二面第二列起，如此循環遞轉，迄於第八面第五列止，旁行斜上，略如史表之例。《開福寺幢》亦略同，但止有四面耳。此外，峴山尚有題名一幢，華陰、曲陽嶽廟亦各有一幢，亦多橫列，但書、刻非一人，非一時，大小、疏密、先後，參差不等。《潛研堂金石文跋尾》曰："北海《婆羅樹碑》久亡，明隆慶壬申沔陽陳文燭得舊搨裝界本，用橫石刻之，故行款皆失其舊。唐人碑惟國子學《九經》橫刻，取其便於諷誦，此外無橫刻也。"

9.5-2　唐縣《稽古寺經幢》、趙州《南關經幢》，拓本皆二十四紙，此蓋八面三層，一層別爲一石，與橫列者不同。

9.5-3　元時詔旨碑亦往往三層橫列，一層蒙文，一層漢字，一層刻碑時題記。寺院賜田地牒亦然，牒在上，記在中，界畝四至在下。右橫列三則

9.6　古鏡銘團欒如月，金石文字亦有三通。一爲東坡《雪浪石銘》，一爲大定十七年《三清觀鼓銘》，拓本皆空其中，裝池家以《景龍觀鐘》或《寶室寺鐘》安其內，方珪圓璧，位置天然。東坡《訪象老題名》與《雪浪盆》同在定州，約方徑尺餘，亦可共裝一幀。一爲宋宣和三年《宗室不朋母姜悟通瘞石》，亦圜刻，外圍"唵摩尼噠哩吽嚩吒"八字。右團欒環刻一則

9.7　碑誌譌字、脫文，亦有塗乙。《萃編》："《橋亭記》，文中'人獲壹錢'脫'人'字，旁注，又'鄉老'重書'老'字，古人書碑不拘。"又按《高湛墓銘》，末四句"崑山墜玉，桂樹摧枝，悲哉永慕，痛哭離長"，"離長"當作"長離"，與上"枝"字韻，刻石時未改正。《虢國公楊花臺銘》，"布衣脫粟，有丞相之風"，落"相"字，旁注。《李光進碑》，"旬有八日"，"八日"上衍"者"字，旁用點抹去之。此亦古人不拘處。遇石泐，文每空格以避之。曾見一經幢空至十餘

字。錢竹汀《跋齊州神寶寺碑》云："古人書丹於石,遇石缺陷處則空而不書。此碑及景龍《道德經》皆然。"墓石或限於邊幅,銘詞之尾,往往擠寫,或改而爲雙行,甚有奪去一二句者。此亦操觚之率爾,未可以古人而恕之也。又有行中闕字,即補於當行之下。如廖州《智城山碑》,第九行下補"棄代"二字,初未詳其義,尋繹碑文,始知此行"懸瓢荷篠之士離群棄代","棄代"二字適當石泐,緯繡不明,此二字爲補闕也。第十一行"氤氳吐元氣之精"及"堅之又堅","吐"字、下"堅"字皆微泐,亦於行下補刊"吐"、"堅"二字。尚有四五行補一字類此。其筆法與全碑一律,決非後添。此亦他碑所未見也。碑銘、誌銘分章,"其一"、"其二"等字或雙行,或旁寫。碑首"并序"字旁寫者多,亦有空格直下者。梵咒反切、合音及分句字,皆直行夾注。《萃編》:"《杜順和尚行記》書'擲於急流中而復見','見'字旁注'胡甸反'。又《孔紓墓誌銘》,'出將'旁注'去聲'。""宋《王公儀碑》,'臣'字俱小字旁注,姗見於此。"唐《開成石經》無注,《蜀石經》即兼刻注,惜其石已亡。《唐玄宗注道德經》,易州、邢臺兩石幢注皆小字,約四字當正文一字。顏元孫《干禄字書》、郭忠恕《説文偏旁字源》、唐《郎官石柱》、《楚州刺史石柱》題名之下到官年月,其小字略同。此可爲石刻注書之式。釋氏塔銘、寺記或附宗派圖,第一代字特大,以次人遞增,字遞密,亦遞小,此可爲譜系挂線之式。若告身、勅牒,"勅"字固特大,第一行亦大字密排,形闊而扁,有如今之訃聞。三省題銜,至末一字,姓必平列,其上以字之多寡爲大小、疏密。令史及郡邑官屬題名,皆姓大而名小。此又古人公牘之體式也。右碑文脱譌　塗乙　旁注一則
附夾注　挂線　擠寫

9.8-1　唐碑遇擡頭之處,或提行,或空格。空格以一二字

爲率，間亦增至六七字。大約真書空少，行書空多，畫界者空少，直行者空多。顧亭林《金石文字記》："唐碑遇帝號必空三字。裴潅《少林寺碑》所紀宇文周事，'明皇帝'，'皇'上空三字，'隋高祖'，'祖'上空三字，而前有'周武帝'卻不空，蓋緇流不通古今之所爲也。吳山史《金石存》曰："《華嶽精享昭應碑》，如'皇帝'、'天子'等字，或空四字、五字，或空六字、十字不一，惟'我皇'及'帝'字平格，前'天子'字空六字，銘文'明明天子'句又平格，皆不知其義。"如"我朝"、"我皇"、"我公"、"我君"之類，輒以"我"字提行，"奉爲考妣"之類，輒以"爲"字提行，蓋當時風尚相沿如此。藩鎮頌德之碑，國號、朝廷、"詔"、"旨"等字，或僅僅空格，而於"某公"、"某官"則巍然提寫。《憫忠寺重藏舍利記》，於"大唐"、"文宗"、"武皇"、"宣宗"及"上"，皆空二格。其云"旌麾清河公"者，張仲武也，亦空二格書之。獨於"隴西令公"跳行，以履加冠。蓋外重內輕，掾屬皆其私人，但知有節度使而不知有天子，固已久矣。

9.8-2 　刻經、造象，遇"佛"字及"世尊"字提行惟謹，而語涉朝廷者或不然，此亦佞佛之心過於尊君矣。又佛經中凡"爾時"字多空格，此與"我"字提行同一不可解也。王氏《萃編》云："隋《鄧州舍利塔下銘》，'皇帝'字空一格，而'舍利'字亦空一格，與皇帝並尊，蓋敬禮之至矣。"

9.8-3 　隋《東阿王碑》，"父操，魏太祖武皇帝"，"昆丕，魏高祖文皇帝"，又稱"齊孝昭皇帝"，"皇"上皆空一字。前代帝王本不必空格，迺不於"魏"、"齊"下空格而施於"皇"字之上。至"皇建元年"係年號，更不應空格，"皇"上亦空一字。宋《嵩山會善寺重修佛殿碑》，開寶五年。中有隋"開皇"紀年，亦誤於"皇"上空二格。蓋書碑者不通文義，但知"皇"字之尊，而不知所以尊之也。關中新出龍朔二年《張周醜等造象記》，"上爲皇帝陛下"，以"皇"

字接"上爲"字寫,而以"帝"字提行擡寫,亦所僅見。_{右擡頭三則}

9.9　唐以前碑至精者,無不畫方罫,端正條直,有如棋枰然。亦有磨損者,有駁裂者,裂處雖裂,完處仍完,若磨損之極,不惟平漫,甚至無一絲痕迹。《醴泉》、《聖教》諸碑,其初何嘗無方格,今則字畫之外但有空地,此無他,椎拓過多,匪朝伊夕,泰山之雷穿石,單極之緪斷斡,漸靡使之然也。行書大小、疏密,各隨筆勢,固不宜於畫格,亦間有用通行直格者,但長而細則易裂,且不無撓曲,亦其勢然也。碑陰及經幢、造象題名分列者,或以橫線隔之。經幢上、下,多以橫線爲界,或單線,或雙線,有疊至數重者,亦有用闌干紋者。《稽古寺經幢》,供養姓名以字之大小、多寡各畫一方罫,如九宮然,極精謹。碑額亦多用方格,但陽文凸起者多,碑文之線如絲,額線如繩,或如筯。惟摩厓用界線者絶少。伊闕佛龕及益都、臨朐諸山造象,間於龕下方寸之地礛石光瑩,使如鏡面,而後界畫之,但亦小字多而大字少,蓋山石犖确,本不易於奏刀耳。_{右棋子方格一則}

9.10　六朝、唐人造象、墓誌,有空格待填之例。如武定六年《偃師縣石象碑文》,首題"邑主"之下、"敬造"之上,文中"故佛弟子邑主"之下,皆空八格。《中州金石記》曰:"此非殘缺,當時待填姓氏耳。"又兗州府武平三年《一百人造靈塔記》,"今邑義主"下亦空三格。此造象空格之例也。隋《太僕卿元公誌》,"君諱　字　智",其夫人《姬氏墓誌》,"夫人姓姬","諱"下、"字"下空一格,"姬"下空兩格。兩誌"葬於大興縣　　鄉　　里",地名皆空二格。唐儀鳳二年《淮南公杜君墓誌》,"君諱"下空一格即接"字"字,"字"下又空十二格。光宅元年《宋夫人王氏墓誌》,

"夫人諱某字某","諱"、"字"下皆空一格。大中元年《馮廣清①墓誌》,"曾門皇諱某字某,祖門皇諱某字某","諱"、"字"下亦空格,留名、字待補。貞元十六年《清河郡張氏夫人墓誌》,"貞元十六年葬於"之下空格,留地名待補。又《張頡墓誌》,"貞元十　年　月　日奉靈櫬祔於","年""月""日"上②、"祔於"下皆空格,留卜葬之時、地待補。此墓誌空格之例也。右空格待填一則

9.11-1　王氏《萃編》曰:古者臨文不諱。漢法,"邦"字曰"國","盈"字曰"滿","恒"字曰"常","啟"字曰"開","徹"字曰"通",皆臣下所避以相代也。《説文》遇諱字直書"上諱",而本字不書。今漢碑中有《開母廟石闕銘》,因避景帝諱改"啟"爲"開",漢諱之見於碑文者衹此。魏、晉而下,至於北朝,所錄諸碑字多別體,不能勘定其何者爲避諱字。隋《曹子建碑》書"黃中"爲"黃內",避隋諱。如"戊"、"戌"字缺筆作"伐"、"伐",其體至唐、宋間用之。遼《涿州石幢》"戌"尚作"伐",當由別體流傳,後人好奇,相沿用之。故避諱至唐、宋碑文始確有可按。唐列祖諱,在諸碑中惟《開成石經》爲最備。凡經中"虎"字,皆缺末筆作"虍","嫭"、"號"、"虢"、"饕"、"滹"、"箎"、"褫"皆同,避太祖諱。"淵"字皆缺筆作"渊","嫣"字亦作"嬊",避高祖諱。"世"字皆缺筆作"丗","泄"作"洩","継"作"緤","棄"作"弃","勣"作"勣","葉"作"茶","渫"、"揲"、"鞢"、"諜"、"埰"、"倲"皆改從"云","民"字缺筆作"𡉠","岷"作"屺","岷"作"岻","湣"、"昏"、"緡"、"瘖"、"碈"、"睯"、"愍"、"蝱"皆改從"氏",避太宗諱。"亨"字皆作"享",避肅宗諱。"豫"

---

① "馮廣清",原誤作"馮光清",據周紹良《唐代墓誌彙編》"長樂馮公墓誌"條錄文改。
② "上",原誤作"下",據文意改。

字皆缺筆作"豫",避代宗諱。"适"字皆缺筆作"□①",避德宗諱。"誦"字皆缺筆作"誦",避順宗諱。"純"字皆缺筆作"純","肫"作"肺",避憲宗諱。"恒"字皆缺筆作"恒",避穆宗諱。"湛"字皆缺筆作"湛","甚"作"甚","椹"作"椹",避敬宗諱。乃若高宗諱治,中宗諱顯,睿宗諱旦,玄宗諱隆基,文宗諱涵,皆不缺筆者。天子事七廟,自肅至敬七宗,而高祖、太宗刱業之君不祧,玄宗以上則祧廟也,故不諱。文宗,今上也,生則不諱。"成"、"城"皆缺末筆作"成"、"城",《穀梁》襄、昭、定、哀四公卷及《士昏禮》皆然,此爲朱梁補刻避諱。

9.11-2　又曰:宋避諱之見於《史・禮志》者,"建隆元年,改天下郡縣犯御名、廟諱者。紹興二年,禮官言,今定淵聖御名,若姓氏之類,去'木'爲'亘'。其見經傳,以'威武'爲義者,讀曰'威',以'回旋'爲義者,讀曰'旋',以'植立'爲義者,讀曰'植',本字即不改易。紹興末,祧翼祖,禮官請依禮不諱,詔臣庶命名仍避祧廟正諱",此避諱之見於史者祇此。考宋一代帝諱,太祖諱匡胤。上四世,僖祖諱朓,順祖諱珽,翼祖諱敬,宣祖諱弘殷。太宗初名匡義,改賜光義,即位二年改炅。真宗諱恒,仁宗諱禎,英宗諱曙,神宗諱頊,哲宗諱煦,徽宗諱佶,欽宗諱桓,高宗諱構,孝宗諱眘,寧宗諱擴,理宗諱昀,度宗諱禥。諸諱之見於宋人墨迹、宋刻書籍、碑文法帖者,唯"匡"、"胤"、"敬"、"弘"、"殷"、"恒"、"禎"、"曙"、"桓"、"構"、"眘"等字最爲顯著。近世有宋蹟、宋槧流傳,往往以此數字有無缺筆定其真贋。當時避諱之法不一,本字缺筆或改用他字固無論已,至於偏旁、嫌名,無不缺畫。如因"敬"字連及"竟"、"境"、"鏡"等字,或改用"恭"字,"弘"之作

---

① "□",中華書局《景刊唐開成石經》作"适"。

"弧"、"弘","殷"之作"殻"、"斻",或改用"商"字。又如因"禎"字連及"貞"、"楨"、"徵",因"曙"字連及"署"、"樹"、"豎",因"構"字連及"句"、"購"、"搆",因"眘"字連及"慎"、"真",或改用"謹"字。經籍所見,不一而足,碑文卻無多字。

9.11-3　案碑文避諱,以余所見,若唐碑改"丙"爲"景",改"虎"爲"武",或缺筆作"虍",改"淵"爲"泉",或缺筆作"渁",改"世"爲"代",或缺筆作"卋",或作"云",改"民"爲"人",或缺筆作"𡰥","治"缺筆作"治","旦"缺筆作"旦","基"缺筆作"基","亨"作"亨",如此之類,指不勝屈。王氏所舉,挂漏孔多,實亦舉之不勝舉也。其有拈出而爲他碑所僅見者。如《等慈寺碑》,稱"王世充"爲"王充";永徽四年《紀功碑》,凡書"王世充"俱作"王充";《興福寺殘碑》,文內"神龍三年"下有"唐元年",應是"唐隆元年",避玄宗諱去"隆"字。此以省字爲諱也。《李英公碑》"虎嘯龍騰",改"虎"爲"贙",顧亭林曰"贙,《廣韻》'獸名,出西海'",今倒一"虎"而又缺一筆以避太祖諱,令人不識矣。蘇文舉《開業寺碑》亦用此體。梁昇卿《御史臺精舍碑》作"贙",一"武"一"虎",更奇。晉《周孝侯碑》,唐人所書,文內"虎"字兩見,一改作"獸"。此猶之《嵩高靈勝詩》稱"白虎通"爲"白武通"、《吳達墓誌》"白虎"作"白武",皆避太祖諱。《乙速孤行儼碑》,稱"顯慶"爲"明慶",避中宗諱。此以改字爲諱也。宋碑避諱字,王氏僅舉慶曆二年《襄城縣文宣王廟記》,"誌諸溫珉",云即"貞珉",避仁宗嫌名。按"溫"、"珉"二字義亦相屬,不必爲嫌諱而改,且宋碑之缺筆多矣,改字亦多矣,僅以此一碑附會,不其疏歟?

9.11-4　《萃編》曰:梁開平二年《鎮東軍牆隍廟記》書"城"作"牆","戊"作"武"。《金石文字記》云:"按《舊唐書·哀帝紀》,天祐二年七月,敕全忠鑄河中、晉、絳諸縣印,縣名內有'城'字並落下，如密、鄭、絳、蒲例，單名爲文。九月，勅‘武成王廟’宜改爲‘武明王’。十月，勅改‘成德軍’曰‘武順’，管内‘稿城縣’曰‘稿平’，‘信都’曰‘堯都’，‘欒城’曰‘欒氏’，‘阜城’曰‘漢阜’，‘臨城’曰‘房子’。避全忠祖、父名也，蓋全忠祖信、父誠。又按《五代史》，‘滑州’，唐故曰‘義成軍’，以避梁王父諱，改曰‘武順’。又《册府元龜》，開平五年五月甲午，改‘城門郎’爲‘門局郎’。曾子固《跋韓公井記》，襄州南楚故城有昭王井。‘故城’，今謂之‘故牆’，即鄢也，由梁太祖父名‘誠’避之。然則‘城’者，‘誠’之嫌名也。《册府元龜》言帝曾祖諱茂琳，開平元年六月癸卯，司天監請改‘戊’字爲‘武’。然則‘戊’者，‘茂’之嫌名也。《容齋續筆》謂‘戊’類‘成’字改之，非。”

9.11-5　又曰：遼《慈悲庵大德幢記》，壽隆五年，碑書“壽隆”作“壽昌”，避道宗諱。《靈巖寺記》稱琛公之傳爲“臨際裔”，“臨際”即“臨濟”。《齊乘》載：“濟陽，大定六年避金主允濟諱，改曰‘清陽’。允濟遇弑，復舊。”此碑刻於明昌七年，宜遵大定制爲衛紹王諱也。右避諱五則

9.12　錢氏《養新録》曰：“《彭王傅徐浩碑》，浩次子峴所書，碑末有‘表姪河南府參軍張平叔題諱’十二字。‘題諱’，即今人所云‘填諱’也。元刻《麻衣子神宇銘》，孛术魯翀撰，其子孛术魯遠書，南陽貢士李珩填諱，正用徐峴之例。”余謂唐碑尚有大曆九年《張鋭墓誌》，錢庭篠文，父張峆書，姊夫李西華題諱，父爲子諱，其義未聞。宋石有《黄州判官從政魏玠壙誌》，嘉定癸未明年之三月，男汝礪文，後亦有填諱姓名；寳祐元年《帶御器械張塤壙刻》，後題“子萊孫等識，劉仰祖填諱”；《義國夫人虞氏誌》，德祐乙亥，孤哀子趙孟窠泣血謹誌，眷末趙時彌填諱。《張塤》一刻，孫

氏著録,《魏誌》出吳中,今歸貴池劉聚卿,《虞誌》近出會稽,皆竹汀所未見。右填諱一則

9.13　碑版述世系,上行者曰"高祖",曰"曾祖",或不稱"祖"而稱"皇父",下行者曰"玄孫",曰"曾孫",此通例也。漢《尹宙碑》云"君東平相之玄,會稽太守之曾",稱"玄"稱"曾"而去"孫"字。顏魯公《錢唐縣丞殷君夫人碑》,本其例曰"君北齊黃門侍郎之推府君之玄,皇朝秦王記室思魯府君之曾",夫人係魯公之姑,婦人而稱"君"。又開成四年《大遍覺法師玄奘塔銘》,稱"曾祖"爲"曾父"。皆爲刱例,潘昂霄、王止仲所未言也。王氏《萃編》云:"《裴光庭碑》稱'曾王父'爲'大王父'。《惠源和上神空誌》稱'曾祖'爲'曾門大父'。《段行琛碑》稱'高祖'曰'高門','曾祖'曰'曾門'。"《馮廣清[1]墓誌》稱"曾祖"曰"曾門","祖"曰"祖門",並罕見。右高曾書法一則

9.14　項子京得名畫,自書價值於幀尾,遍加藏印。余有句云:"十斛明珠聘麗人,爲防奔月替文身。"古刻之遭黥者,其剝膚愈酷。新出隋《蘇孝慈誌》,一達官跋其上,惡札也,黃子壽師在關中,磨而去之,今尚有斧鑿痕,碑估以此定拓本之先後。魏《高植墓誌》,左空處後人題"龍飛鳳舞"四字。南山一唐幢,爲明人李得淵題字其上,極鄙拙。又見一《金剛經幢》,經文之末鑴一"陽"字。又一殘幢,有"泰山石敢當"五字。此皆所謂"毀瓦畫墁"也。棲霞《明徵君碑》尚未損,而滿石皆有小圓圈,縱橫歷落,如以筆管印成者。又見一魏造象,原刻本淺細,後人又從而劖刪之,望之如叢蘭修竹,枝葉紛披,而所存殘字,益在有無間矣。右妄

---

①　"馮廣清",原誤作"馮光清"。

人題字一則

9.15　唐張嘉貞《北嶽恒山祠碑》，年月之後有一行云"年號尚書名位太中大夫行定州別駕上騎都尉盧國公李克嗣題"，王蘭泉曰"此書碑之變例也"，余謂此即填諱之濫觴。碑末題字變例，唐石多矣。如李北海《麓山寺碑》，末一行云"英英披霧，其德允爍，卓立雋才，標舉明略"，此與《曹娥碑》"黃絹幼婦"正同，但非廈語耳。《華嶽精享昭應碑》，左方有盧做八分書題"蓮華巍巍，竹箭喧豗，浩浩古今，憧憧往來"十六字。《景昭法師碑》，銘詞之後另一行云"太平觀道士徐元沼、道士許長久，徐則內行克修，外通儒學，許則宿推公幹，虔奉真宗"，共三十三字。元傑《滇陽果業寺開東嶺洞谷銘》，年月之後有一行，首僅存一"寺"字，下存"石鼓在焉"四字，中間泐失。《興福寺殘碑》，後題"菩提象一鋪，居士張愛造"。此皆與碑文不屬。《王履清碑》，末有"太原"二字，別爲一行，自是郡望，以示別於琅邪，然他碑未嘗有書郡望於後者，亦變例也。至《楊大眼造象》，末"刊名記功，示之云爾"之下空一格，單書一"武"字，《都邑師道興造象》，末句"同昇彼岸"之下空五格，正書一"文"字，筆勢皆與全碑同，確爲當時所刻，義不可曉。又《白石神君碑》，後有"燕元璽三年正月十日，主簿程疵家門傳白石將軍教，吾祠今日爲火所燒"，共二十九字，妖妄不經，刊諸貞石，何以示訓？魏《于府君義橋石象碑》，首有"北魏武定七年古碑"八字，銘末年月前有"民望王進防□都督王續爲亡父開佛光明主"十八字，皆後人所刻，非原文。右碑末題字變例一則

9.16　前人名跡，固以摹搨過多致損，然受病亦有不同。歐、褚諸碑，瘦硬通神，愈拓愈細。今《醴泉碑》僅存一絲，若斷若

續，再久之則無字矣。此一病也。顏、柳諸碑，拓工先礱之使平，又從而刀挖之，愈挖愈肥，亦愈清朗，久之，浮面一層盡揭，而字遂漸移向下，遂至惡俗之態不可嚮邇。《圭峰禪師碑》，前三十年拓本尚清勁有力，今則精神、面目迥非本來。此又一病也。魯公《東方朔畫贊》，余曾見一南宋拓，虬筋槃結，波磔飛動，與今顏書絶異。以明拓本校之，字固未損也，而蒼秀之氣不逮矣。以新拓本校之，字仍未損也，而癡肥之狀難堪矣。同此一碑，并未重刻，先後工拙，霄壤懸絶。使三本并陳于几，謂即從一碑出，其誰信之？《家廟》、《玄祕》諸碑，皆可類推。友人自關中來者，爲言碑林中搨石聲當當，晝夜不絶，碑安得不亡？貞石雖堅，其如此拓者何也？右碑石拓損受病不同一則

9.17　拓本雖以先後爲別，然後拓之精本，竟有勝於舊拓者。嵩山《太室石闕》，王虛舟所見新拓本校程孟陽舊拓本轉多字。余所得昭陵諸碑，皆道光間拓也。《陸先妃》、《清河公主》兩碑，視《萃編》所收約多數十字，《張允》、《杜君綽》兩碑，則溢出二三百字。蓋西北高原積土成皁，碑之下半截或淪陷入土，拓工第就顯露者拓之，輒云"下截無字"，而不知其文固無恙也，百年後復出矣。或藤葛糾纏，或苔蘚斑駁，又或塵堁叢積，拓工未經洗濯草草摹搨，安有佳本？若爲之刮垢磨光，則精神頓出矣。國學《石鼓文》，近時洗拓本視國初拓轉多字，此其明驗也。碑之蝕損如人之受病，其所因各不同。若斷裂者，如人手足殘廢，一肢雖缺，全體不害，殘圭斷璧，彌可寶貴。若野燒熏炙，風雨摧剥，字形雖具，光鋩挫損，望之如迷三里霧，然匡廬佳處，或轉在微茫煙樹之中。宋拓《化度寺銘》，剥落極矣，而殊耐人尋味，不如今之翻刻雖清朗而一覽無餘也。其餘有漸搨而損者，其初僅字口平

漫，鋒穎剗敝，朝漸夕摩，馴至無字，甚至其形已蛻，而映日視之，
遺魄猶若輕煙一縷，蕩漾可見，若今之《醴泉銘》及《房梁公碑》殘
字是已。有猛擊而損者，字之四圍空地皆不損，惟每字陷一坎
窞，模糊不辨，望之如一行白鷺，又如成團白胡蝶，此則雖凝神審
諦，無一筆可見、一字能釋，雖有碑，如無碑矣。非於石刻有深讎
怨毒，何至於此？若今昭陵之《牛秀》、《德陽公》諸碑是已。右近拓
勝舊拓一則

9.18-1　藏書有五厄，古碑之厄有七，而兵燹不與焉。韓退
之詩云"雨淋日炙野火燎"，又云"牧童敲火牛礪角"，亦不與焉。
高岸爲谷，深谷爲陵，地震崩摧，河流漂溺。漢《華山碑》、唐《順陵碑》，
皆爲地震崩裂。《熹平石經》，周大象中自洛竊載還鄴，船壞没溺。祇園片石，
誤椎《化度》之碑；范諤《化度寺銘跋》："高王父諱雍，使闕右，歷南山佛寺，見
斷石砌下，視之，迺此碑，稱歎以爲至寶。寺僧誤以爲石中有寶，破石求之，不
得，棄之寺後。"砥柱洪濤，久没純陁之碣。謂薛純陁《砥柱銘》。此一厄
也。匠石磨礱，耕犁發掘，或斷爲柱礎，北海《李秀碑》爲一教官斷爲柱
礎六，四礎爲王損仲攜至汴，兩礎猶在都中。《漢石經》，隋開皇六年載入長安，
置於祕書内省，營造司亦用爲柱礎。或支作竈陘，郃陽《魏十三字殘碑》，康
强跋云："是夏陽人家支竈物也。"或爲耕場之礓磈，齊魯間經幢，農民皆斷爲礓
磈。或爲廢寺之甂甊。元許有壬《興元閣記》，見《圭塘小稿》。今殘碑百餘
字尚在和林，寺僧毀爲香案。通衢如砥，填江左之貞珉；相傳六朝刻石，明
太祖時皆用以甃治街道。今金陵聚寶門内石道坦平如砥，云背面皆有字也。架
水爲梁，支《漢經》之殘字。《廣川書跋》："《熹平石經》，周大象後破爲橋
基。"荒墳蔓草，偏臥蟠螭，廢壘長楊，聊資列雉。吾鄉王廢基防營牆
基，纍纍皆舊碑也。此二厄也。唐、宋題名，摩崖漫刻，後來居上，有
如積薪。唐賢名迹，宋人從而磨刻之，宋賢名迹，明人迺更加甚

焉。賀方回之題字，惆悵武丘；虎丘《賀方回題名》，庚申前尚完好，今爲苕上一傖父鑿損。史延福之刻經，模糊伊闕。龍門如意元年《史延福刻陁羅尼經》，明提學趙岩刻"伊闕"兩大字於上。邠原攬古，空譚大佛因緣；邠州大佛寺，吳愙齋中丞爲學使時列炬訪之，觀壁間題名累累，有唐刻一通，爲宋人冪刻其上。岱頂勒崇，莫問從臣姓氏。唐玄宗《泰山銘》，後附刻從臣姓氏，皆爲後游者刻損。莫不屋中架屋，牀上安牀。此三厄也。武人、俗吏，目不識丁，句工選材，艱於伐石。或去前賢之姓字而改竄己名，余所藏宋、元幢，其字跡有絕類唐人者，蓋皆屬吏媚其府主作功德，俗僧爲取舊幢，磨去年月、姓名而改刻之。或磨背面之文章而更刊他作。唐《華嶽精享昭應碑》即刊於天和碑之陰。《授堂金石跋》曰："《水經注》：'樊城西南有曹仁《記水碑》，杜元凱重刻其後，書伐吳之事。'古人簡便不重煩如此。又《渭水》內載'漢文帝廟一碑，建安中立，漢鎮遠將軍段煨文，給事黃門侍郎張昶書，魏文帝又刻其碑陰二十餘字'，又在杜征南之前。"然碑陰本無字則可，若如顏魯公《廟碑》有《碑陰記》，或有故吏題名，亦從而磨刻之，則前賢名迹已失其半矣。甚或盡鏟舊文，別鐫新製，改爲改作，漸滅無遺。如《唐書‧姜行本傳》："高昌之役，磨去漢《班超紀功碑》，更刊《頌》，陳國威靈。"即貞觀十四年《姜行本碑》是也。陸務觀《老學庵筆記》云："北都有《魏博節度使田緒遺愛碑》，張弘靖書，《何進滔德政碑》，柳公權書，皆石刻之傑也。政和中，梁左丞子美爲尹，皆毀之，以其石刻新頒《五禮新儀》。"趙德甫跋《何進滔碑》亦云："政和中，大名尹建言磨去舊文，別刻新制，好古者爲之歎惜。"孫淵如述何夢華之言云："金承安三年，牛頭祖書《唐相魏文貞廟記》，亦磨去唐碑重刻，碑首猶存'唐'字。"唐《深州刺史墓誌》蓋，明人刻作《金牛禪師塔碑》跋。元時學宮所刻至元、大德聖旨碑，大半磨治舊石而更刻之。此四厄也。裴、李爭功，熙、豐鉤黨。李義山云："長繩百尺拽碑倒，麤沙大石相磨治。"蘇子由云："北客若來休問訊，西湖雖好莫題詩。"韓、蘇之文，毀於謠諑。又若閏朝僭號，諱於納土之餘；吳越錢氏諸碑有建元者，宋初納土後皆毀去，所毀經幢尤多。叛鎮紀年，削自收京以後。《憫忠寺寶塔頌》，史思明紀年皆磨去，重刊唐號。或碎裂全文，或削除違字，後賢考訂，聚訟轉滋。

此五厄也。津要訪求，友朋持贈，輜車往返，以代苞苴。官符視若催科，匠役疲於奔命。一紙之費，可以傾家；千里之遙，不殊轉餉。里有名迹，重爲閭閻之累，拔本塞原，除之務盡。今昭陵諸碑，無一瓦全，關隴、鞏洛之交，往往談虎色變。此六厄也。夫石刻者，所以留一方之掌故，非鎮庫之奇珍。海内藏家，敝帚自享，宦游所至，不吝兼金。或裝廉吏之舟，亦入估人之橐。奪人所好，遷地弗良，轉展貿遷，必至失所。此關中毛茂才所以有勿徙石刻之記，而言者諄諄，聽者充耳。《化度寺碑》，宋范氏書樓本已先作俑。畢秋颿中丞自關中攜四唐石歸，置之靈巖山館，庚申之劫，與平泉花石同付劫灰。此七厄也。有此七厄，其幸存天壤者皆碩果矣，可不寶諸？

9.18-2　漢、唐以來石刻有"王"字者，其碑幸存，亦多鑱毀，此金海陵之虐政也。顧亭林《金石文字記》云："裴漼《少林寺碑》，内'王'字俱鑱去。按《金史》，海陵正隆二年二月，'改定親王以下封爵等第，追取存亡告身、公私文書，但有王爵字者，皆立限毀抹，碑誌並發而毀之'。此碑'王宮'、'王言'、'夏王'、'育王①'等字，亦從而鑱去。完顏之不通文義，而肆爲無道，可勝歎哉。"此又碑之一小厄也。貞石之壽，遇傖父而不永，猶可言也。惟有明一代，如前所紀提學趙岩者，儼然學者師。蘇許公《朝覲壇頌》，梁昇卿八分書，在玄宗《紀泰山銘》之側。朱竹垞云："明有俗吏，以'忠孝廉節'四大字鑱其上，頌文毀去者半。"以弇州尚書之言證之，所謂俗吏，迺閩人林焯也。又北海《麓山寺碑》，陰刻官屬銜名，每列姓名下各繫以贊。武虛谷云："爲妄庸人題字

_____

①　"育王"，原誤作"有王"，據顧炎武《金石文字記》卷三"少林寺碑"條及王昶《金石萃編》卷七十七"少林寺碑"條録文改。

交午橫貫，以致損蝕，不可次第。”其大書橫勒者，則前明提學郭登庸也。宋真宗《登泰山謝天書述功德銘》，明鄆人俗吏汪坦大書題名於上，每行毀三四十字不等。古刻遭此厄者非一，操刃者大抵皆科目中人，空腹高心，以衛道自命，遇二氏之碑輒毀之。此又碑之一小厄也。《新唐書·武宗本紀》：“會昌五年八月壬午，大毀佛寺，復僧尼爲民。”王圻《續通考》：“上惡僧尼耗蠹，敕上都、東都各留二寺，天下節鎮各留一寺，凡天下所毀寺四千六百餘區。”其時官吏奉行，至於碑、幢、銘、贊之類，無不鑿毀，或坎地而瘞之。其見於石刻者，如魯公《八關齋報德記》，後有宋州刺史崔倬書石幢事云：“會昌中，詔大除佛寺，凡鎔塑象刻，堂閣室宇，焚滅銷破，一無遺餘，分遣御史覆視之。此州開元寺有顏魯公《八關齋會鐫記》大幢，刺史、邑宰以不可折，遂鏨鑿缺口以仆之。”又大中八年牟瑞《方山證明功德記》：“會昌五年，毀去額寺五千餘所，蘭若三萬餘所，麗名僧尼廿六萬七千餘人，所奉驅除，略無孑遺。”又《大雲寺殘幢》，後有題記云：“此幢五年□月奉敕毀寺，其幢隨□□□①，至大中四年庚午，溧水尉劉皋等同再建立。”蓋驅除未幾，至大中初而尋復矣。然元魏以後造象所毀當已不少，經幢尤多殃及。余所藏唐幢，往往有大中重建題字，五代、宋初，尚有發地得之而再立者，皆因會昌之劫也。此又碑之一小厄也。右碑厄二則

9.19　唐人刻經及誌墓之文，不盡有撰、書人。《蕭勝墓誌》，題爲“褚遂良書”，邢臺《無量壽佛經》，上元元年，紀王造。題爲“歐陽詢書”，皆後添蛇足，藉歐、褚兩公名爲重耳。龍門《奉先寺

---

① 陸心源《唐文拾遺》卷三十“余球”條作“至五年八月奉敕毀寺，其幢隨例亦毀”。

盧舍郍象龕記》，後有“進士都仲容記”六字，筆法凡近，當是明人添刻，平津《訪碑録》誤爲撰人。“都”字不甚晰，或是“郍”字。又臆釋爲“殷仲容”，則誤之誤矣。殷仲容，唐初人，此則開元十年造，遠不相及。右添刻撰書人一則

語石卷十

10.1-1　古碑一刻再刻,如唐之《聖教序》有五本。據《古石琅玕》所記:"一爲懷仁集右軍書,一爲王行滿正書。褚登善書有三刻。一《序》、《記》分刻二碑,龕置慈恩寺塔下,世所稱'雁塔本'也。一《序》、《記》并爲一碑,即刻於同州倅廳者。《蒼潤軒帖跋》有褚公行書《聖教序》,刻於咸亨三年,儲藏家罕著於録。宋端拱元年沙門雲勝分書《新譯聖教序》尚不在内也。"《竹雲題跋》云:"褚《聖教序》,行書一,楷書二。行書爲宋道君瘦金書之祖,今已亡。"又按《觀妙齋金石略》云:"余於同州、雁塔二刻之外又得一本,年月同雁塔本,而字法不同,碑已有斷蝕處,不知在何所,諸評論者皆不之及焉。然則褚公《聖教序》實有四本。"《夢真容碑》,一在易州龍興寺,一在終南樓觀。《觀妙齋金石略》"《夢真容碑》,又得白鶴觀一碑,先是党光所書,漢乾祐三年楊致柔奉命重書",此本從未見著録。宋之《黨人碑》,五嶺以西即有兩刻。元之《張留孫碑》,京師一刻,貴溪一刻。此金石家所共知也。吾吴郡學有淳祐元年張安國書《疏廣傳》及《唐盧坦對杜黄裳語》,藝風拓寄當塗石刻,亦有此兩本。後五年,陳塏刻蔡襄書《韓魏公祠堂記》,安陽一本,元豐七年刻於《晝錦堂記》之陰,當塗亦有一本,年月皆同,惟缺撰、書人名耳。天聖二年涇州《回山王母宫頌》,凡兩本,一爲南嶽宣義大師夢英行書,一爲上官佖篆書,其文無一字異也。元祐元年《惠因院賢首教藏記》,在西湖集慶寺,紹興府學亦有一本，撰、書、年月皆同，惟額一篆書，一眞書。此外，《表忠觀碑》，東坡有大、小二本。《醉翁亭記》，東坡有眞、草二本，蘇唐卿有篆書一本。坡翁草書本世不經見，篆本則更難得矣。韓昌黎《伯夷頌》，范文正公書之，金皇統九年楊漢卿又書之，題曰"重書伯夷頌"。長安有安宜之《重書阿房宮賦》，元祐八年。曰"重書"，亦必有原書一石。余曾見米南宮行書一本，安、米同時，宜之當別有所承。此與舊碑已燬而後人重書者如蔡元度重書《曹娥碑》。略異也。又如陽冰《城隍廟記》，原刻在縉雲，程浩《夫子廟碑》，原刻在三原，他郡邑廟及學宮亦間有借刻者，大都明人不學者爲之耳。

10.1-2　《李藥師上西嶽文》，不知其所自來，當是好事者爲之耳。然摹本頗多，世所通行者，惟長安一本，明人摹刻。余所見有潞城一本，宋崇寧三年楊大中刊。藤縣有一本，宋紹興丙寅知軍州事施某重刊。明人叢帖中亦往往摹刻之，此眞以康瓠爲寶也。

10.1-3　宋眞宗《登泰山謝天書述二聖功德銘》，今所傳拓本，其碑在泰安府城南門外，五石合成，高九尺，額高二尺八寸。聶劍光言："此碑有二。一勒山下，即城南之碑也。一勒山上，在唐摩厓碑之東，字徑二寸。明嘉靖間，俗吏鄞人汪坦，又汝南人翟濤，題名鑱蓋於上，每行毀三四十字不等，額十三字尚完好。後人第知有城南之石，不復知岱頂之尚有摩厓一刻也。"右古碑一刻再刻三則

10.2　《醴泉》、《皇甫》諸碑，摹本充斥，家刻、坊刻，無一足觀。然前人名跡已損，後人得初拓精摹，不見中郎，猶見虎賁，未

爲無益。虞伯施《夫子廟堂碑》，唐時已泐，黃魯直所謂"孔廟虞
書貞觀刻，千兩黃金邮購得①"。宋時即有兩翻本，肥本在长安，
瘦本在城武，互有得失。臨川李氏有唐拓殘本，以肥、瘦兩本較
之，天壤懸絕，始知原本不可及。詳見翁學士《廟堂碑跋》。歐書《化
度》、《醴泉》，皆有宋翻宋拓本，覃溪見《化度》最多，范氏書樓本
皆祇四百餘字，其多至八百餘字者，皆非原刻。《溫虞公碑》，亦
祇存四百餘字，宋拓八百餘字，多不過千字。覃溪嘗自至昭陵碑
下精拓得一本，云可辨者有二千餘字，其實筆畫皆損，不過匡廓
尚存，約略以文義聯屬之耳。今陝西有裝刻本，多至二千餘字，
蓋即以新拓精本仿其結搆用筆，非真有多字祖本，其面目雖是，
其精神則非，譬之優孟衣冠耳。《醴泉》，惟錫山秦氏本能亂真，
今亦僅存殘石，人重之與舊拓原刻等。余曾見南宋榷場本，雖宋
翻，遠不逮秦刻。《皇甫碑》有"三監"二字者尚可觀，若得線斷
本，則更爲至寶矣。然三監本拓之先後亦不同，拓最早者僅降線
斷本一等。碑估之作偽者往往以摹本"三監"二字裝入無逸本，
鑒別稍疏，即爲所罔。褚書，惟《孟法師碑》有翻本，《枯樹賦》、《哀册
文》皆帖類。所見以嶺南葉氏本爲最勝，今宋拓孤本亦在臨川李
氏，翻本大都皆從玆出。《聖教》，未見重摹本，而《懷仁聖教》化
身最多，亦最不易辨，孟津王覺斯及西安荀氏兩摹本皆能亂真。
北海之《秦望山法華寺碑》、《娑羅樹碑》，皆石亡補刻。顏書《八
關齋記》，亦宋時燬而重刻。《中興頌》，蜀中有三本，《干祿字書》
有一本，皆宋時摹刻。《宋廣平碑》，在沙河宋氏家祠，後裔恐其
剝損，不輕椎拓。碑估以拓之難也，別刻一本以應四方之求，然

---

① "虞書"，原誤作"虞碑"，"購得"，原誤作"易得"，據卞永譽《式古堂書畫彙考》
卷七"虞伯施《東觀帖》"條及翁方綱《復初齋文集》卷二十二"跋廟堂碑唐本"條改。

視原本遠遜。《磚塔銘》摹本最多，王蘭泉云："長洲鄭廷晹嶼谷、吳縣錢湘思贊兩本最善。鄭娟秀，錢瘦勁。原刻破裂，則此二本皆可寶也。"宋蘇文忠書因黨禁磨損重刻者過半。此外，如漢之《桐柏廟碑》、《郭有道碑》，魏之《弔比干文》，唐之曲江張氏兩碑，皆經後人重刻。孫吳《天發神讖碑》，舊斷爲三，在江寧府學尊經閣下，庚申之劫，燬於兵燹。吾吳帖估張某精於摹勒，以木柹翻紙爲質仿刻一本，鑒古家皆爲所衒。然碑文可以亂真，其後元祐胡宗師、崇寧石豫兩跋，行書神氣全非，並多誤舛，不難一覽了然，人自不察耳。此碑篆體奇古，郭胤伯詆爲"牛鬼蛇神"，雖非知言，然亦可見"畫鬼神易，畫狗馬難"也。六朝、唐誌之佳者，其石或亡佚，碑估得舊拓，往往摹刻以充孤本，如《崔敬邕》、《張黑女》之類，皆有贋鼎，好古而鑒別不精者，其慎旃。右摹本一則

10.3　舊碑摹本，已如犁軒之善眩，更有憑空結撰者。如世傳《涼州刺史郭雲誌》、《女子蘇玉華墓誌》、《黃葉和尚墓誌》，皆題爲"歐陽詢書"，無其人，無其事，謬種流傳，稍有識者能辨之。李邕之《戒壇銘》，雖有所本，亦是重起爐竈，與原碑渺不相涉。因焦山有《瘞鶴銘》，遂有《瘞馬銘》、《瘞琴銘》。《琴銘》小楷妍媚，世頗好之，余知爲吾吳顧南雅先生作。《馬銘》字亦不惡，其石出於關中。安陽有漢殘碑五種。齊魯之間，斷碑一角，時時出土，文多者不過數十字，無人名、地名、年號可證，益復不可究詰。人言《熹平殘碑》即不可信。若《朱博頌》，確知爲諸城尹祝年明經所造。《李昭養①》、《奮破張郃銘》，亦皆後人所偽託。造象北

---

① "養"字疑爲衍文。孫星衍《寰宇訪碑録》卷一載："《李昭碑》，篆書。元初五年三月。疑是僞作。江蘇陽湖趙氏拓本。"

朝多，南朝少。今蜀中新出梁造象數十通，似刻於甎，多"天監"、
"大同"年號，皆贋造也。大抵贋造者墓誌、造象居多，不能爲豐
碑，其文或有所本，其字雖有工拙，古今氣息，總可摩挲得之。趙
撝叔以《寧贊碑》爲依託，王可莊太守疑《蘇孝慈誌》爲李仲約侍
郎書，則皆賢者之過矣。右贋本一則

10.4　柳公綽《諸葛祠堂記》、陳諫《南海神廟碑》，皆唐人名
跡，覃溪列入《碑選》。余先後得舊拓本，再三審諦，雖非重刻，然
風度端凝矣，而間有齊氣，骨格遒美矣，而不無弱筆，蓄疑久之。
後得《武侯碑》陰明蜀府承奉滕嵩題字，有"補還其舊，庶毀璧復
完，而覽者無闕"云云。武虛谷跋云："碑在前明補刻，今所見者
已非舊觀。"始恍然悟兩碑之字不盡爲原刻，覃溪所見當是明以
前本，故服膺如此。《諸葛碑》銘詞"乃詔相國"，"詔"下重一"詔"
字，"志願未果"，誤書"日日未果"，旁注"志願"二字，王蘭泉謂是
前明補刻時滋譌。此外，張嘉貞《北嶽恒山祠碑》，後有宋人內供
奉官王潭題字云："宣和庚子，賫御香來謝，因讀唐丞相張公所述
碑，數字剝落，迺將完本以碑間所有字補足之。"此亦補刻之一
證。但祇數字，且唐、宋刻手不甚相遠，故尚不覺其懸絶耳。魯
公《八關齋記》，《中州金石記》以爲重刻，世無異議。然考《記》後
大中五年宋州刺史崔倬書顏魯公石幢事有云"三面僅存，委埋於
土"，又云"惜其埋没，遂命攻治，雖真贋懸越，貂狗相續，且復瞻
仰魯公遺文，昭示於後"，玩其詞意，是原刻尚存三面，倬所補刻
者五面耳。《寶刻類編》先題"顏真卿撰并書"，後題"大中五年崔
倬補書"，良得其實。蓋舊碑再立重刻者多，補刻者少，余所見唐
碑經後人補刻，惟此四石而已。右補刻一則

10.5　世有古碑已佚，忽然復出，碑估挾以居奇，無足奇也。北海《靈巖寺碑》，平津《訪碑錄》注云"已佚"。光緒初元，市上忽有新拓本，頗得善價，不知此碑仍在長清本寺，但久不拓耳。魏之《高翻碑》、唐之《焦兟碑》，趙明誠皆著錄，自元以後無見者。據《金石錄》，"《焦兟碑》，貞元十八年，從弟郁文，朱獻任[1]行書"。近數年，《高翻碑》與《高盆生》、《高盛》兩碑同出於磁州，《焦兟碑》出於中州，此蓋淪入土中，高岸爲谷，耕犁發掘得之。《高長恭碑》，趙撝叔所收僅有半截，今全碑俱出，碑兩面皆有字，額之陰又有《安德王經墓興感詩》，此蓋下半截舊陷於土，今始昇而出之，初未嘗渤損也。昭陵之《張允》、《杜君綽》諸碑，舊拓字少，新拓字多，其事正同。栖巖寺韋元晨[2]《六絶文》并韓懷信詩，皆在《首山舍利塔碑》之陰，趙明誠亦著錄，從來拓《舍利碑》者不拓陰，世遂以爲佚矣。其實一字未損，并未沈埋土中，裹氈而往者，自熟視無覩耳。湖州墨妙亭有宋人書"玉笥"兩篆字，並題名數通，同刻一石，亡友陸存齋丈輯《吳興金石記》，列之佚目。余從廠肆得拓本，紙墨尚不甚古，決非舊拓，此當是湖之舊守攜以壓廉石歸裝耳。以此推之，歐、趙、洪所錄諸碑，今雖淪没，安知吾生不再見之？吾生即河清難俟，安知後人之不復見？其可以爲已佚而不復訪求邪？
右古碑已佚復出一則

10.6-1　碑以舊拓爲重，歐、虞、褚、顏，一字增損，價踰千百。碑估相傳衣鉢，如《聖教》雁塔、同州兩本，皆以"治"字避高

---

[1]　"朱獻任"，原誤作"朱獻貞"，據趙明誠《金石錄》卷九"第一千六百五十六唐焦兟碑"條改。

[2]　"韋元晨"，原誤作"韋晨"，據胡聘之《山右石刻叢編》卷五"栖巖寺詩碣并記"條改。

宗諱開口者爲舊拓。《懷仁聖教》舊拓，以"高陽縣開國男"一行未泐者爲別，又以"佛道崇虛""崇"字"山"頭中間一直斷續爲摹本之證。《皇甫碑》以無逸本爲稍舊，三監本爲更舊。然同一三監本相去先後亦在百年上下，至線斷本，則非宋拓不可矣。《醴泉銘》以有"雲霞蔽虧"字爲勝。《衛景武公碑》以有"黿鼉"字爲勝。北海《李思訓碑》，張叔未云："有'并序'二字及'竇氏夫人'四字者爲宋本。"余得一本，碑末"楚厚追刻"四字尚未泐，則更在前矣。此皆言唐碑耳。漢碑如《韓勑》、《史晨》，亦皆有泐字，據爲先後之別。其實紙色、墨色，精神氣韻，所見既多，自可望而知之。尋行數墨，猶非神於鑒別者。今世拓本，元、明已難能可貴，若得宋拓，歎觀止矣。唐拓則天壤間惟有臨川李氏《廟堂》一本，其中亦羼入宋刻，非完本也。余在京師見李子嘉太守<small>太守寓米市胡同，嘗從丁叔衡前輩登其堂，觀所藏名蹟。聞曾爲中州一郡守忤上官，投劾歸。童顏鶴髮，健步如飛，今之畸人也。</small>所藏褚書《房梁公碑》，踰一千字，的真唐搨，可與《廟堂》競爽。海內恐無第三本。余去年自隴上歸，得北海《李秀碑》，世所稱"北雲麾"也。此碑在前明已斷爲六柱礎，朱椒堂侍郎得一本，以爲宋拓，重開一石，置之都門法源寺。以校余所得全拓，不差一字，泐紋亦處處脗合，始知重摹本刻手頗不惡，然祇能得其結搆，其神韻終不能到。余謂此石舊在良鄉，當宋之日，燕雲十六州先入於遼，後歸於金。此拓如在北宋則爲遼拓，即在南宋亦爲金拓。藏書家有金刻《尚書正義》、《證類本草》，金石家未嘗聞有金拓，有之，自余此碑始。世有真賞，當不以爲敝帚自珍耳。

10.6-2　收藏家重舊拓，惟在烜赫巨碑，而不知小唐墓誌尤可貴。蓋《醴泉》、《聖教》諸碑，原石具在，即非宋拓，歐、褚面目，略可髣髴。至墓誌，宋、元出土者，十亡八九，即乾嘉以前出土

者,亦十僅存二三,幸而僅存者,日見其少。唐以前《崔敬邕》、
《常醜奴》諸石,存於世者殆無幾。即唐以後如元之《開趙》、《張
伯顏》,藝風所藏一本之外,不聞更有第二本。范氏書樓《化度》
原石傳留至今,千金不易,即其龜鑒。幸得舊拓,可不寶諸? 右碑
重舊拓二則

10.7　原石已亡,海內又無第二本,是謂"孤本"。較之歐、
虞宋拓,尤可矜貴。漢碑如《婁壽》、《夏承》兩刻,舊爲何義門所
藏。《婁壽》今歸虞山相國。《夏承》藏藝海樓顧氏,潘文勤師奉
諱歸里,以千金得之。文勤藏漢石最富,小蓬萊閣五碑亦歸插
架。一爲《成陽靈臺碑》,《元丕》二,《朱龜》三,《小黃門譙敏》四,
《圉令趙君》五。又得梁《永陽昭王蕭敷》及其妻《敬太妃墓誌》,
皆人間絕無之本。青浦王蘭泉侍郎藏"四楊碑",《楊統》、《楊著》、《楊
震》、《楊□》。烏程嚴鐵橋曾見"三費碑",舊在墨妙亭。皆僅存碩果,
今不知尚在天壤否?"四楊碑",余曾得上海徐紫珊雙鉤本,天津
樊文卿所藏也。《酸棗令劉熊碑》與唐《茅山王先生碑》皆歸毗陵
費屺懷同年。《王碑》自何公邁、馮已蒼、葉林宗轉歸於鮮溪管
氏,屺懷又得之中江李氏。《漢石經殘字》有兩本,皆有覃溪跋,
先後歸沈韻初孝廉,今以重值售於楚北萬觀察航。魏《崔敬邕墓
誌》,聞在陽羨任筱沅中丞處。宋《開趙埋銘》、元《張伯顏壙誌》,
亦自韻初没後轉歸繆筱珊。隋丁道護《啟法寺碑》、唐魏栖梧《善
才寺碑》,皆在臨川李氏。薛舍人《信行禪師碑》、沈傳師《羅池廟
碑》,皆在道州何氏。此皆海內烜赫名跡,藏弆源流,昭然在人耳
目。此外,若泰山秦碑、華山漢碑、隋之《常醜奴墓誌》、唐之魯公
大字《麻姑仙壇記》,所見尚不止一本。《麻姑仙壇記》,亡友姚鳳
生明經藏殘拓三四葉,精采煜然,吾邑彭氏、道州何氏所藏兩足

本,拓手皆在其後。鳳生墓有宿草,兩子皆不能肯構,今不知所歸矣。張長史《郎官石柱記》,明王元美所藏,董思翁據以刻入《鴻堂帖》者,亦爲六丁收去。其餘見於諸家序跋者尚不少,以非所見聞,不備録。右孤本一則

10.8　模勒古碑,古有響搨之法,今人輒喜用雙鉤。歸安吳氏,《化度》、《温虞恭公》皆有雙鉤本。激素飛清閣雙鉤舊帖多至數十種。吾友費屺懷同年嘗謂余云"重刻石本滯於迹象,不如雙鉤本之傳神",洵爲知言,然亦視其工拙何如耳。小玲瓏館馬氏重刻《五經文字》、《九經字樣》,氣動墨中,精光四射,視西安原本,幾幾青出於藍。劉燕庭《金石苑》縮豐碑於尺幅,大小真、行,各極其態,皆黑文也。試以初印精本《隸釋》黑文。與新刊《隸篇》雙鉤白文。校之,黑文何嘗不勝白文?惟作僞者以雙鉤本墨填四圍空處,中留白文,以充古拓,此則惡俗不可耐爾。右雙鉤本一則
附木本　廓填本

10.9　賈秋壑《玉枕蘭亭》爲縮臨之濫觴。牛空山《金石圖》,每一石皆摹其形製,縮臨數十字,以留原碑面目。金匱錢梅溪有漢碑縮臨本,頗爲世重,字小如豆,鬚眉畢現。然梅溪隸法從唐碑出,豐贍有餘,遒古不足,與《石門》、《夏承》諸碑尤鑿枘,仍是我行我法耳。吾鄉顧耕石學士傳停雲書派,工於小楷。余曾見其縮臨虞《廟堂碑》,精謹絕倫,無一筆不神似。然古人所謂"方寸千言",亦非無施不可。篆籀之繁重,隸草之飛動,地小即不足以回旋。若魏之趙文淵,唐之薛純陁,宋之蔡元度、黃魯直,奇峰突起,大波瀚淪,累黍之地,安能全神湧現?惟近時歐洲電光攝影之法,可大可小,雖剥泐皴染、筆墨所不到之處,亦無不傳

神阿堵,此爲古人續命第一妙方。垂燼之鐙,火傳不絕,真翰墨林中無量功德也。右縮臨本一則　附攝影本　石印本

10.10-1　殘縑零璧,徑寸皆珍。舊拓剪裱之本,漿性脫落,最易散佚,即整拓本,或煙熏,或霉溼,或爲蠹蝕,皆能損字,故舊拓有殘本,有足本。《磚塔銘》出土時即斷裂,其後石愈損,字亦遞少。然與其得摹刻足本,不如得原石殘本。《化度》、《醴泉》諸舊拓,往往以數殘本合爲一本,紙色、墨色皆不同,此亦如書之有百衲本也。又有以贋本攙入原本者,不可不辨。

10.10-2　古碑出土,或斷裂失去一角,其後復訪得之,又或陰、側之字以洗剔而始顯,故有先拓本字轉少,後拓本字轉多。甫出土時,碑估或故留陰、側不拓,迨售之既罄,足本再出,則收藏家不能不又購之,以此牟利。《聞喜縣令蘇君德政碑》,下截中間行短,左右數行溢出數十字,爲碑趺所掩,余得第二本始見之。《高長恭碑》,其初僅半截,其後全碑出,而文字仍不完。久之,碑陰出,其文與正面相接,始知此碑兩面刻,年月皆在碑陰。最後,額之陰又出,始見《安德王經墓興感詩》,而購者已至再至三。每出一次必居奇,此黎丘之常技也。右殘本　足本二則

10.11-1　有同一碑同時拓本而精粗迥別,此拓手不同也。陝、豫間廟碑、墓碣,皆在曠野之中,苔蘚斑駁,風高日熏,又以粗紙、煙煤,拓聲當當,日可數十通,安有佳本?若先洗剔瑩潔,用上料硾宣紙,再以綿包熨貼使平,輕椎緩敲,苟有字畫可辨,雖極淺細處,亦必隨其凹凸而輕取之,自然鉤魂攝魄,全神都見。苟非此碑先經磨治挖損,傳之百餘年後,其聲價必高於舊拓,但非粗工所能知耳。余嘗得無極漢碑精拓本,以國初拓較之,竟無以

遠過，以此知拓手之不可不慎擇。嘉慶間，畢秋帆中丞在陝時，有碑估車姓最擅場，牛空山《金石圖》有車永昭，當即此。至今車拓本世猶重之。《竹雲題跋》"同州《聖教》"云："余得萬曆間舊本，模糊不可耐。及在京師，汪退谷以新搨一本遺余，氈蠟既佳，字尤清楚，勝舊搨十倍。問之，退谷云'曾至同州親爲洗刷，亭以覆之'，乃知唐碑苟得好事者精意氈蠟，皆可十倍舊拓。惟恨陝人以惡煙麁紙率略搨賣，以爲衣食資，則全汨本來耳。"汪郎亭師作貳成均，精拓《石鼓》，亦爲世重。恩施樊山方伯詩云："東吳太史長國學，周宣十鼓生廉角。平中得凹缺者完，坐令阮薛輸汪拓。"即詠此事。

10.11-2　麁紙煙煤拓本，最不耐觀，每一翻帑，十指盡黑，煤氣上熏鼻觀，令人噦惡。大抵佳拓本有二。一爲烏金拓，用白宣紙醮濃墨拓之，再研使光，其黑如漆，光可鑑人。一爲蟬衣拓，用至薄之紙以淡墨輕拓，望之如淡雲籠月，精神氣韻，皆在有無之間。凡古碑之剝泐過甚者，此拓最宜。如用螺紋箋，則更上一等矣。濰縣陳簠齋前輩拓法爲古今第一，家藏石刻，皆以拓尊彝之法拓之。定造宣紙，堅薄無比，不用椎拓，但以綿包輕按，曲折坳垤，無微不到，墨淡而有神，非惟不失古人筆意，并不損石。齊魯之間皆傳其法，余一見即能辨之。右精拓二則

10.12　吾吳老書估侯念椿已作古矣。見書籍裝訂，即知其從何地來。拓本亦然，收之既久，見之既多，何省拓本，不難一望而知。陝中尋常拓本皆用麁紙，色黃而厚，精者香墨連史紙。郭宗昌《金石史》稱"所見《懷仁聖教序》是武關構皮紙，堅柔相得，虛和受墨，簾紋如纖，隃糜如漆，歲久入理"，此陝拓之至精者。汴紙最惡，質性鬆脆易爛，又攙以石灰，經十餘年，即片片作胡蝶飛，即用紙託，亦不耐重揭，故龍門、嵩高諸拓本，舊拓流傳者頗少。北方燕趙之間，工亦

不良，精者用連史紙，麄者用毛頭紙，即翩窗紙。石質麄惡，遼、金碑紋理尤駁，往往滿紙如釵股，如屋漏痕。齊魯之間，今多用陳簠齋法，拓手爲海內之冠，然燕、秦碑估往拓，或攜紙墨自隨，亦不盡如土著之精。吳越、兩楚以逮五嶺以西，皆不用黃紙，惟墨之濃淡、拓之輕重微不同，石質受墨亦有深淺之別，惟望氣可以知之，不可以言傳也。閩、廣喜用白宣紙，堅厚瑩潔，黝然純黑而無光，墨包當是用粗布，故時有木理紋。蜀石多摩厓、造象，或髹以丹漆，故拓本往往有斑點，或皴作淡黃色，字口時有鱗缺痕，山左之千佛厓及益都諸山造象亦如此。滇碑用白紙，大理拓本亦間用東洋皮紙，極堅韌，但拓手不精耳，“兩爨碑”精本尤不易得。朝鮮碑皆用其本國繭紙，滑如鏡面，柔韌而有絲紋。惟惜墨如金，淡拓多，濃拓少，或僅於字之四圍著墨，無字處即如白地光明錦。石質既堅，紙又受椎，或墨所不到之處，其筆畫窠臼深陷可辨。朱拓皆以土硃，佳者用銀硃和雞子白調拓，最易生蠹，不可與墨拓共置一處，必致滋蔓難圖。間有藍色、綠色拓者，其弊與朱拓同。右觀紙墨知何省拓本一則

10.13-1　張彥遠言裝池書畫之法甚詳，《法書要錄》《圖畫見聞誌》。惜不言褙帖。今人藏帖皆用剪裱，豐碑直行，分條合縫，聯綴無痕，世謂之“蓑衣裱”。四圍鑲邊多用白紙，或黑，或紫，或藍，亦間用虎皮箋，或用五色檳榔箋，或用古藏經箋。背後襯紙，最上用東洋皮紙，其次用粉連史，劣者用麄黃紙。然漿性漓則易脫，且生蟲蟻，不能經久。或僅墊薄紙一層，每一葉接縫處以紙黏合，循環舒卷，謂之“巾摺裱”。書條橫幅，或古碑之逐層橫列者，即可整裱，不分條，不割字，接縫處亦不用鑲邊，此較能耐久，且不損字。小造象及彝器拓本宜用“挖嵌裱”，大者一葉一通，小

者多至三四通，空地可寫釋文，或隨意題識。字之極大者用推篷式，或一葉一字，或一葉二字。擘窠書及石刻圖畫不能翦裱者，可用方勝摺疊之法。諸山題名及唐墓誌，或以數十通合裝一册，亦可隨其大小、長短而摺疊之。又有用裝訂書籍之法，線穿成册，工值既省，且便臨池。然中間褙字之處必隆然凸起，亦需用挖嵌法，背後再墊紙一層，庶幾妥帖平頗。古人得佳碑喜整裝，既免脫落，且不失原碑尺寸，誠爲善法，然非鋪案掛壁無從展閱。余謂收藏碑版須有兩本，以正本整裝，留原石制度，以副本翦裱，明窗靜几，取便摩挲。整裝之法亦有二。金題玉躞，所費不貲。或僅用皮紙一層託之，不加桿軸，摺疊平勻，外貼藏經紙籤，寫碑目及年月、書、撰人姓氏，以一二十通爲一集，或加夾板，或青布函，凡收藏稍富者，此法最宜。拓手之精者固不易，裝池更不易。凡碑文左行者，粗工不省，往往仍從右起，行字顛倒，不復成文。《醴泉》、《皇甫》諸碑，尚有舊本可爲依據。稀見之碑，分條、割字，偶失原序，前後即致舛午。剝泐之處，或僅存半字，或微露殘筆，輒割棄如敝屣。分書、行草，波磔飛動，或致跳行，或越方格之外，亦多割損，如伐遠揚。故余每裝一碑，雖豐碑僅存數十字，其無字處，亦諄諄戒其留空，提行、空格，必依原式。凡字口陷内皺痕，不可過求熨貼，若舒之使太平，曳之使太直，古人筆意必盡失，如墨豬矣。此皆非俗工所能知也。

10.13-2　嵩高三闕及《天發神讖碑》殘本，廣尋而修尺，收藏家皆裝爲手卷，既便展閱，又可跋尾。竊謂如蔡元度之《楞嚴經偈》、石湖之《田園雜興》，亦可仿此法。《蘭亭》得數十本，亦可合裝一長卷。經幢或六面，或八面，可裝屏幅，然面面分拓不如以巨紙圍而拓之，蓋分條易於散失。《陁羅尼》經、咒同爲一本，又或脩短、廣狹相等，真、行同體，以數本共置一處，必致斷鶴續鳧,將冠配屨,即果爲一本,先後次序,亦易倒舛。余藏幢付裝,第一幅首必簽題幢目、年月、書、撰姓氏,以下標識"一"、"二"、"三"、"四"字,如此庶一目瞭然。或更製香本爲篋,分上、下兩層,每層四軸,以抽屜隔之,鐫字於門,以銅爲鍵。余所藏六百通,裝價倍蓰於拓價。手無斧柯,龜山奈何!

10.13-3　帖面用香柟木可以辟蠹,南方頗宜。若北方,風日高燥,即易龜坼,或竟裂爲兩片。紫檀太重,銀杏宜選薄而潔者,磨治光瑩,亦可用。因陋就簡,或用紙面,然摩擦易損,亦易沾寒具之油。古錦雅而豔,爲裝池第一,其次用緙絲面,又其次新錦仿古之佳者,亦頗不惡。近人用印花洋布,則不如青布之樸素渾堅矣。又有用木板,四圍起線,中微陷,實以錦,此亦徒取飾觀耳。題籤以藏經紙爲第一,白綾次之,泥金牋雖華爛,久之金屑脱落,字畫亦損,轉致黯淡無色。

10.13-4　樊問青彬,析津藏家也,鮑子年、趙撝叔皆與之投贈,身後碑版散落人間。余收得二十餘通,皆用廢紙自褙,塵肆册籍、官府文牘,無不有之。其褙法極粗惡,或以數小紙裝成一巨幅,橫斜交午,厚薄不勻,如三家邨課蒙塾本。碑紙有蝕損處,即以字紙補之,鴉蚓模糊,膠飴黏結,皺紋如縠,裂紋如筋,凡經其手裝者,無可重揭。字有斷泐,尤喜以筆描畫,爲蛇添足,墨瀋旁流,淋漓滿紙,直是古碑一劫。聞樊君毫而好學,頗能鑒古,析及秋毫,其弊至於如此。

10.13-5　張彥遠論裝背畫軸:"煮餬必去筋,稀緩得所,攪之不停,自然調熟。入少細研薰陸香末,永去蟲而牢固。"又云:"勿以熟紙,背必皺起,宜用白滑漫薄大幅生紙,紙縫相當則强急,卷舒有損,要令參差其縫,氣力均平。"又云:"宜造一大平案,漆板朱界,制其曲直。"今裝池家即如此。此法可推之褙帖。余曩見明初文淵閣書籍，外裝錦函，皆"卍"字挖嵌式，五百餘年，毫無損脫，亦無蠹蝕。此其煮飌必有奇祕之法，惜不得其傳耳。_{右裝池五則}

10.14　讀碑鋪几平視，不如懸之壁間能得其氣脈神理。於是臨池家製爲帖架，對面傳神，如鐙取影。然影摹不如對臨，又不如先閲其結搆用筆，掩卷而後書之，所謂"背臨"也。_{右帖架一則}

10.15　甚矣，陰陽鬼神之説之中於人心也。定興《標義鄉石柱頌》，自唐以來無著録者。前十餘年，碑估李雲從始訪得之，一字不損，新出於硎。土人以此石爲一方之鎮，風水攸關，封禁甚嚴。其後潘文勤師兼管順天府尹，始檄下邑宰拓之。至今傳本，稀如星鳳。長安《暉福寺碑》，土人云"碑有神，能爲祟，非昏夜不能潛拓"，碑估恐其聲之聞也，不敢用椎，咄嗟氍蠟，安有精本？余官京師十年，屢欲拓戒壇寺兩遼幢，碑估述寺僧之言云"拓此幢，寺中必有僧示寂"，竟失之眉睫。趙撝叔云："海寧《扶風馬夫人墓誌》，唐咸通四年，李直文并書。其墓在安國寺址，出土時，鬼爲厲，懼而埋之。"此真所謂"妖由人興"也，而古刻遂因此不傳矣。_{右封禁碑文一則}

10.16　酈道元《水經注》録漢碑，所以博異聞，證古跡，非著録也。著録之書傳於世者，自宋人始。洪、婁以隸爲經，以碑爲注腳，當入小學類。歐、趙有録有目，皆爲私家之籍。陳思則網羅無外，所録不必其所藏。約而言之，厥例有六。一曰存目。王象之《輿地碑目》詳於南，略於北，于奕正《天下碑目》更非善本，然篳鏴藍縷，禮重先河。近人如陽湖孫氏、會稽趙氏之《訪碑録》

搜輯最廣，然亦不無誤舛。私家之目，余所見惟天一閣范氏、刻於《書目》之後。竹崦盦趙氏。江陰繆藝風前輩《雲自在盦碑目》，分省分郡分縣，網羅宏富，冠絕古今。其次則太倉八瓊室陸氏，星農先生父子兩世訪求，亦多前賢所未見。一曰錄文。如陶南村《古刻叢鈔》、都南濠《金薤琳瑯》是也。涇縣趙紹祖但錄皖中古刻，意在桑梓文獻，別爲一體。至仁和魏稼孫《績語堂碑錄》，闕文泐字，空格跳行，皆以原碑爲準，鉤心鬭角，毫髮無遺，付梓時手自繕校，易簀之辰，尚未卒業，禮堂定本，付之後賢。余先後得百餘通，歎爲精絕，得未曾有，一生愛好自天然，遂有河清之歎。一曰跋尾。如朱樂圃之《墨池編》、盛時泰之《玄牘記》是也。然皆評騭書品，第其高下，拓本先後，析及毫芒，猶爲賞鑒家而非考據家。國朝亭林顧氏《金石文字記》，始以碑文證明經史之學。竹垞、竹汀，博聞宏覽，窮源溯流，上自經史，下逮説部、文集，輿地、姓氏，莫不釐訂異同，釋疑匡謬。孫淵如、嚴鐵橋，繼起益精，世始不敢薄金石爲小道。翁覃溪、劉燕庭、張叔未，皆以書學名家，故其緒論詳於古今書派，而亦不廢考訂，言皆有本，不爲鑿空之談。一曰分代。求之曩昔，此體未聞。始於翁氏《兩漢金石記》、嘉應吳氏《南漢金石志》。近諸城尹祝年明經輯《漢石存》。亡友福山王文敏公嘗欲輯《六朝金石記》，尚未草刱。隋碑上承六代，下啟三唐，爲古今書學之樞紐。余嘗欲輯《隋石記》，專論書派。吳越、南唐，亦可仿吳氏之例，補霸朝掌故。悠焉忽焉，老將至而耄及，悔何追矣。一曰分人。惟有宋《寶刻類編》一書，然其所分名臣、處士，考之史傳，不盡可徵，體例踳駁，難可依據，故後賢編輯，無依爲程式者。一曰分地。以一省爲斷者，畢氏則有《關中金石》、《中州金石》，阮氏則有《山左金石》、《兩浙金石》。粵東有翁、阮兩家，粵西有謝氏一略。劉燕庭《長安獲石編》、《三巴耆古志》亦依此例，而有圖有釋，摹印極精。朱排山《雍州金石記》已等柁堁，阮小芸《滇南金石故》限於荒裔。陽湖孫氏《京畿金石考》、歸安姚氏《中州金石目》，皆有目無録。《山右》、鄉寧楊氏。《湖北》皆新出，附麗省志，可分可合。皖中但有《金石詩》，一碑一絶，如新出齊山、浮山、石牛洞諸刻，皆尚未收。此外諸省，作者闕如，以俟來哲。以一府爲斷者，江寧嚴氏、會稽杜氏搜録在先，《常山》至精，沈西雍。《濟南》斯下，浙之《天台》、《永嘉》、《括蒼》、《吳興》，皆有定本。吾吳瞿莨生有編目，韓履卿有録文，皆未付梓，收藏家尚有傳録之本。以一邑爲斷者，秦之《武功》、段嘉謨。齊之《益都》、段松苓①。汴之《安陽》《偃師》，武億。最爲膾炙。山左諸邑，不乏操觚，燕、王侣樵茂才有《滄州金石志》。秦之間，間有好事。茫茫天壤，如斯而已。此外，有專考一隅者，如林同人之《昭陵》、葉井叔之《嵩室》、張秋水之《墨妙亭》、劉燕庭之《蒼玉洞》，余欲爲《伊闕石刻考》，以附諸君之後，有志未逮。有專考一碑者，如翁覃溪之《瘞鶴銘》、吳兔牀之《國山碑》，皆顓門之絶學，著録之附庸。海外金石，則朝鮮某氏有《羅麗琳琅》，劉燕庭本之爲《海東金石苑》，近傅楙元觀察輯《日本金石志》，李仲約侍郎又有《和林金石詩》。王蘭泉《金石萃編》以大理諸碑附於卷末，雖篇帙寥寥，亦可與之並駕。歐陽公《集古録》，其子叔弼始別爲《目》十卷，趙明誠《金石録》，其《目》二十卷亦別行，譬之《春秋》三傳，雖附經而行，要之經自經，傳自傳。至《萃編》之例，以時代爲次，先録碑文，次附諸家跋尾，次列己説，譬之唐人義疏，經與傳合，注與疏合，雖異古本，實便學者，在金石著録家，可謂集其大成矣。

---

① "段松苓"，原誤作"段赤苓"。段松苓，字赤亭，山東益都人，撰《益都金石記》四卷。

又若元潘昂霄輯《金石例》，王止仲繼之，《墓銘舉例》。黄梨洲又繼之，《金石例補》。其後劉楚楨、郭頻伽等後先趾美，共有九家。雅雨堂盧氏刻《金石三例》，近滬上書肆又彙刻爲《九例》。然其宗旨惟在義例書法，不關著録，兹姑從略。右著録一則

10.17　前人彝器著録，必圖其形製，如《宣和博古圖》是也。以此例求之石刻，惟牛空山《金石圖》，每一碑節臨數十字，摹其款式，詳其尺寸，皆褚千峰爲之奏刀。此外，惟劉燕庭《三巴㝱古志》、《長安獲古編》，亦先畫圖而後釋文，間加考跋，鳳舞螭蟠，惟妙惟肖。然其界畫之工、刻鏤之細、摹印之精，斷非俗工所能從事，必如歐陽公所云“好而有力”，又需之以歲月，始可聿觀厥成。燕庭惟《三巴》一集及身付梓，《長安獲古編》雖梓而未及印行，故傳本絶少。其在浙藩，卒以風雅獲譴，此亦好古之鑒已。右金石圖一則

10.18　校書如几塵、落葉，愈埽愈紛，釋碑之難，又視校書爲倍蓰。墨本模糊，裂紋蝕字，豐碑巨幅，必卷舒而閲之，非如書册，可以按葉摩挲。老眼昏燈，愈難諦審。故前人所釋之本，往往同一石刻，彼此舛馳。漢《中部督郵郭尚題名》，即世所謂“竹葉碑”也，牛空山、翁覃溪、海寧陳上舍以綱三家釋文即不同，竹汀又刊正焉。試以新拓本校陶南邨、都玄敬及《萃編》所録異同，即不可僂指。碑額篆文，或不合於六書之法，或漫漶不可釋。《沁州刺史馮公碑》，明以前金石家多誤釋爲“池州”，至竹汀始改正。又碑題結銜，大書特書，多詳具官階、封邑，寺觀廨宇之碑，或冠以郡邑，或兼書修造姓氏，篆額與第一行題字或不符，著録者各隨舉碑字以標目。如《邕禪師塔銘》，省文亦可稱《化度寺

碑》、《虞恭公温公碑》，省文亦可稱《温彥博碑》。苟非親見墨本，
轉展稗販，最易歧出，故孫淵如《訪碑録》有一重再重者。重刻之
本，既列於唐，又列於宋，其至新拓本年月既泐，而舊拓本尚存
者，既據舊拓按年月編入，又據新拓本附之"無年月"類。余校出
重碑即有百餘通。趙撝叔書亦未免。如搜輯墨本，盡取舊金石
書校之，以碑文爲經，而以各家釋文、標目誤舛異同之處分注於
下，如校勘、注疏之例，嚴氏《唐石經校文》，當不能專美於前。右
校釋碑文一則

10.19　古碑中裂，或碎爲三四片，以大鐵緪束之，或龕置壁
中，尚不至漫無收拾。《化度》原石已亡，翠溪以翦裱殘宋拓三四
本鉤心鬬角，繪爲《范氏書樓殘石圖》，竟得宋時原第，可謂良工
心苦。余曾得呂大防《長安志圖》殘石，石蒼舒書，僅存七片，首
尾殘缺，潛心鉤索，迄未得其原次，乃知古人精詣爲不可及。西
安藩廨窀下出殘石十六片，大者如研，小者如拳，紫鳳天吴，顛倒
裋褐，皆分書，有"熙寧"年號，雖知爲宋刻，無從屬讀。余竭十餘
日心目之力，尺接寸附，亦竟得原碑位置，始知爲宋吴中復《重建
燕佳亭詩》，前有"熙寧七年"字，後有"仲夏十五日男立禮"字，裝
爲一幅，首尾祇缺十餘字。此可爲補緝殘碑之法。右殘石位置一則

10.20　孫莘老守湖州，建墨妙亭以藏古刻，如漢之"三費
碑"皆在焉，今其石泰半亡矣。烏程張秋水輯《墨妙亭碑考》，分
別存佚，采摭甚詳。關中有宋趙抃《重置饒益寺石刻記》，文云：
"自唐、宋以來，名臣、賢士，往還稅駕，或題名於壁，或留詩於碑。
寺遭兵火，焚毀殆盡。暇日，命僮僕搜抉於荆榛瓦礫之間，皆斷
折訛缺，讀之令人悲悁。即其稍完者，萃而置於藏春軒壁。"蜀綿

州有宋淳熙十二年《集古堂記》，其文云：“舉近郊石刻列植，秦、漢、隋、唐，其碑凡十，壁立森拱，然其所謂《蔣公琰碑》及《孫德碣》，已淪於灌莽矣。”此兩公者，皆師莘老之用心，護惜古人之意，可師可敬。西安府學碑林及洛陽之存古閣，其裒集古刻之法並同。或久埋於敲火礪角之餘，或新出夫隧道重泉之底，庋藏於此，以蔽風日，孑遺賴以不亡，法至良也。碑林剏始，不知何年，後人不加修葺，蕪穢不治，幾難厠足。畢秋颿尚書撫陝，始繕完堂廡，周圍繚以欄楯，又爲門以司啟閉。壬寅四月，余被命度隴，道出西安，駐節往游，徘徊不忍去。嘉祥紫雲山武梁祠堂漢刻，亦賴孫伯淵之力得庇一廛。好古之士，宜知所取法焉。右護惜古碑一則

10.21　《東觀餘論》載：“張燾龍圖家有《漢石經》十版，其聟家有五六版。”《解春雨集》言：“宋慶曆初，范雍使關右，歷南山佛寺，見《化度寺碑》，已斷爲三矣。以數十縑易之，置里第賜書閣下。”此爲藏石之濫觴。畢秋颿在關中得四唐石，見前。置之靈巖山館。孫淵如得北朝造象，置之家祠一樹園。近時藏石家，余所知者，隋《太僕元公》及《夫人姬氏》兩誌，在陽湖陸氏，庚申兵燹，兩石皆裂失其半。閩縣陳氏、揚州張氏、南海李氏，皆有藏石。陳、李亦得之秦中，張氏唐墓誌《董惟靖》諸石即廣陵出土。長安趙乾生、濰縣陳壽卿所藏最富，陳多造象，趙多墓石。曾從陸蔚庭前輩處見陳氏拓本全分，共百餘通。趙氏七十餘通，余陸續得之。去年又得兩全分，以隋刻《寶梁經》及唐《高延福墓誌》爲最精。六飛西幸，朝貴扈蹕至秦者，徵求拓本，迫於催科，趙君盡貨其石，聞半歸倫貝子，半歸端午橋制府。午帥藏石本爲海內之冠，豐碑如晉《郭休》、魏《蔡儁》，皆以牛車輂至都門，數十人昇之，道路動色，其京邸几案、廊廡皆古碑也。余先得其拓本已百

數十通，聞入秦益肆搜訪，繼長增高，衙齋充牣，廉石歸裝，不患無壓舟之物矣。潘文勤師及貴筑黃子壽師、福山王廉生祭酒、德化李木齋京卿、同郡吳愙齋中丞，皆有此癖，余皆得見之。木齋所藏多小品，且多殘缺。潘文勤師所藏，以《崔文修誌》爲第一。貴筑師所藏，以隋《吳嚴》、《李則》兩誌爲第一。愙齋①所藏，以《文安縣主墓誌》爲第一，《賈文度》次之。廉生精於鑒別，自蜀中攜歸梁造象，尤爲希有之品，亦多殘裂，斷頭折足，排列牆隅。乙亥、丙戌間，病不斟，家人以其不祥且褻佛，諷其棄之，笑不應，後病亦尋愈。然敝帚自享，不輕拓，余僅得其造象數通及晉兩墓表。一乾符經幢尚完好，每見必索之，竟未得。此外，如江陰繆藝風、番禺梁杭叔、南陵徐積餘，抱殘守缺，亦間得一二通。積餘藏隋《張通妻陶貴墓石》及唐《戚高誌》，甚秘之，然《陶貴》非原石。余惟得江陰唐經幢一通，藝風見之，以爲桑梓文獻，屢以爲請，慨然讓之。今橐中僅存青城山唐刻經殘石數片而已。右藏石一則

10.22　野寺尋碑，荒厓捫壁，既覩名跡，又踐勝遊，此宗少文、趙德甫所不能兼得也。前人往往繪圖記事，以留鴻爪。余所見有兩家。一爲沈西雝《河朔訪碑圖》，即編輯《常山貞石志》時所作也。共十二幅，舊在江建霞處。建霞弱冠好弄，千金輒散，早已流落人間。一爲黃小松《嵩洛訪碑圖》，共二十四幅。小松本工山水，親爲點染，超入神品。初見於廠西含英閣，虞山翁叔平師論值未諧，適奉命主順天試，忽促入闈，遂歸武進費屺懷同年。壬寅度隴，及門秦介侯大令爲余言《嵩洛訪碑圖》尚在川沙沈氏，屺懷所得，其臨本也。此兩圖皆至寶也。每圖各有子目，惜未能記之。右訪碑圖一則

---

① "愙齋"，原作"愙齊"。吳大澂，字清卿，號愙齋，江蘇吳縣人。

10.23　書估如宋睦親坊陳氏、金平水劉氏，皆千古矣。即石工安民，亦與《黨人碑》不朽。惟碑估傳者絶少。畢秋帆撫陝時，有郃陽車某以精拓擅場，至今關中猶重車拓本。趙撝叔《補寰宇訪碑録》，搜訪石本，皆得之江陰拓工方可中。撝叔之識可中也，因山陰布衣沈霞西，猶牛空山之於褚千峰也。千峰與聶劒光雖文士，亦以氊椎鐫刻餬口四方。余在京十年，識冀州李雲從，其人少不羈，喜聲色，所得打碑錢，皆以付夜合資。黃子壽師輯《畿輔通志》，繆筱珊前輩脩《順天府志》，所得打本，皆出其手。荒巖斷碉，古刹幽宮，裹糧遐訪，無所不至。夜無投宿處，拾土塊爲枕，饑寒風雪，甘之如飴，亦一奇人也。郃陽碑估多黨姓，前十年，廠肆有老黨者，亦陝産，其肆中時有異本。余及見時已老矣，沈子培比部嘗稱之。筱珊在南中，得江寧聶某，善搜訪，耐勞苦，不減李雲從。余所得江上、皖南諸碑，皆其所拓。戲呼爲"南聶北李"云。右碑估一則

10.24　文人題品，土俗通稱。古跡流傳，等洞簫之有諡；嘉名肇錫，益敝帚之可珍。有如碑之裂而存半截者多矣，惟唐《興福寺殘碑》世皆稱爲"半截碑"。碑之環而刻四面者多矣，惟顏魯公《家廟碑》世皆稱爲"四面碑"。皇象《天發神讖碑》，在晉時即折爲三段，見《丹陽記》、《金陵續志》、《新志》。世呼之爲"三段碑"。或呼經幢爲"八楞碑"。此類尚多，摭而録之，可資談助。

竹葉碑　漢殘碑陰也。牛空山《金石圖》云："曲阜顏樂清懋倫得之，藏其家。碑兩面，隱隱有竹葉紋，或謂'竹葉碑'云。"《金石萃編》："此碑陽今皆爲竹葉文所掩，無一字可辨，陳氏以綱定爲魯國長官德政碑，其論最核。"

三絶碑　《漢隸字源》:"《受禪表》,魏黃初元年立,在潁昌府臨潁縣魏文帝廟。《劉禹錫嘉話》:'王朗文,梁鵠書,鍾繇鐫字,謂之三絶。'"《潛研堂金石文跋尾》:"金《博州廟學記》,大定二十一年。東昌人謂之'三絶碑'。'三絶'者,王去非文,王庭筠書,党懷英篆額也。"

魚子碑　隋《栖巖道場舍利塔碑》,石質斑駁,細點墳起,打本如顆顆丹砂,又如"大珠小珠落玉盤",雖精拓不能泯其迹,世謂之"魚子碑"。

鴛鴦碑　顧亭林《金石文字記》:"泰山之東南麓王母池有唐岱嶽觀,土人稱爲'老君堂'。其前有碑二,高八尺許,上施石蓋,合而束之。其字每面作四五層,每層文一首或二首,皆唐時建醮造象之記。"《金石萃編》云:"此碑今俗稱'鴛鴦碑',二石合爲一,兩面兩側,共刻三十二段。"

碧落碑　汪由敦《松泉文集》:"董逌《廣川書跋》云:'段成式謂碑有碧落字,故名。李肇謂碑在碧落觀。'然考之《國史補》,則肇正謂碑有'碧落'字耳。李漢又謂碑終於'碧落'字,董逌駁其非。今以篆文驗之,僅有'棲真碧落'一語,既非全文結束,亦非文中要語。考古人詩文字迹,舉一行首標目者有之,無以末字者。歐陽公《集古錄》謂'龍興宮有碧落尊象,篆文刻其背'。宋潛溪亦云'韓王元嘉子訓等爲其妣房氏造碧落天尊於龍興宮'。考其記,知爲碧落觀。今以篆文驗之,但云'立大道天尊,建侍真象',無所謂'碧落天尊',疑《廣川》所云碑在碧落觀,而龍興舊爲碧落者,爲得其實。此'碧落'之所由名也。"《潛研堂金石跋尾》云:"右《李訓等造大道天尊象記》,世所稱'碧落碑'也。篆書奇古,有鄭承規釋文。"余按此碑當如潛研所題"李訓等造大道天尊象記"

爲正，而"碧落碑"，其後起之名也。

追魂碑　《處州府志》："松陽葉法善以道術遭遇玄宗。時李邕爲處州刺史，以詞翰名世，法善求邕與其祖有道先生國重作碑，文成，請并書，弗許。一夕，夢法善請曰：'向辱雄文，光賁泉壤，敢再求書。'邕喜而爲書。未竟，鐘鳴夢覺，至'丁'字下數點而止。法善刻畢，持墨本往謝，邕曰：'始以爲夢，乃真邪？'世傳此碑爲'追魂碑'。"《金石萃編》："《書譜》引《法帖神品目》云：'追魂碑，李邕書，在松陽永寧觀。'"

透影碑　《中州金石記》："《重修古定晉禪院千佛邑碑》，天成四年九月，釋道清撰，俗名'透影碑'。"

風動碑　《隱綠軒題識》："鎮州察院前庭有風動古碑，乃《李寶臣功德頌》，永泰間立，王士則書。"

雷合碑　《寰宇訪碑録》："《茅山乾元觀碑》，陳彇撰，蔡仍行書，政和五年，俗呼爲'雷合碑'。"

無字碑　《金石萃編》："乾陵，唐高宗陵也，在乾州，東至太宗昭陵六十里。有于闐國所進'無字碑'，高三十餘尺，螭首龜趺巋然，表裏無一字。今題名有十三段，崇寧、政和、宣和年者九，金正大元年一，興定五年二，丁亥清明日一。"

泰陰碑　《潛研堂金石文跋尾》："《登泰山謝天書述二聖功德銘》，宋大中祥符元年上石，在泰安府城南門外，北向。明巡按吳從憲篆刻其陰曰'泰陰碑'，俗謂之'陰字碑'。"王蘭泉曰："北向屬泰山之陰，故題'泰陰碑'三字，以訛傳訛，遂謂之'陰字碑'矣。"

囷碑　《雲麓漫鈔》："吳《禪國山碑》，土人目爲'囷碑'，以其石圓八出，如米廩云。"吳騫《國山碑考》云："碑形微圜而橢。"又云："碑首上鋭而微窪，石色紺碧。"

按右所錄碑名,循名核實,各以義起,未爲虛附。若夫流俗滋訛,方言虛造,郢書燕說,非可理測,訪碑者若非親見其文字,僅憑耳食,未有不徑庭者。如關中《大中二年經幢》,于惟則所造,王鉉書,土人通呼爲"顏石柱"。問以《于惟則經幢》,不知也。問以王鉉,愈不知也。余來隴坂,關外僚吏皆言敦煌學宮有《索靖碑》,及拓而釋之,一面爲《索公碑》,一面爲《楊公碑》,皆唐中葉後刻,索公特靖之後人耳。買王得羊,固自可喜,然問以楊、索二公碑,不知也。《李翕西狹頌》在成縣,此碑後爲《五瑞圖》,内有"甘露"、"黃龍"字。官斯土者,書帕餽遺,即題爲"黃龍碑"。若問以《西狹頌》、《五瑞圖》,亦不知也。諸如此類,非沿其土俗所呼之名以求之不可得,《公羊》所謂"名從主人"也。右碑俗名一則[1]

10.25-1　余所論皆石刻,不錄金文。然唐鐘銘,如《景龍觀》、《寶室寺》之類,下逮五季、宋、遼、金、元,余所收即有三十餘通,其字皆隸、楷,無篆、籀,與三代尊彝固有間矣。唐大中之國清寺磬,台州。金大定之三清觀鼓,長安。五溪銅柱,潭州鐵塔,成都鐵幢,吳越之銀簡、鐵券、金塗塔,南漢之鐵塔,南唐之鐵香爐,蜀之"壽山福海"鐵器,皆金文也。其尤難得者,荆門武當山玉泉寺有大業鐵鑊,別有一元鑊。湖南君山有熙寧八年鐵鍋,淳祐五年有鐵梢,又有咸淳六年崇勝寺雲版、乾道三年南華寺方響,亦冶鐵而成。《訪碑錄》以非石刻,皆不收。然文體、書法,實與石刻無所區別。譬之"螟蛉有子,式穀似之",若置之古金文中,雖雲初百世,轉歎音容之不屬矣。

---

[1]　"一則",原誤作"二則"。"碑俗名"實爲一則,"敘目"亦列"碑俗名一則"。

10.25-2　余奉使西征，渡河登隴，所見古鐘，皆沈埋於野田蔓艸中，殆未可僂指計。諦視其文，大約皆前明刻。輶軒所經，拓得三刻。其一最古，在甘州山丹縣城內雷壇寺，陽文，在鐘腹，無年月。其文云“沙州都督索允奉爲法界衆生及七代先亡敬造神鐘一口”，共二十三字，筆勢雄偉，唐初刻也。一在鞏昌府城內中間鼓樓上，周刻“皇帝聖壽萬歲，重臣千秋，法輪常轉，國泰民安”十八大字，下題“大宋丙戌歲崇寧正月”，皆陽文。題名陰、陽文不等，有“六宅使權發遣通遠軍事劉戒”、“朝散郎通判通遠軍事孫俁”，又有“住持壽聖院僧體原”等。一在蘭州城內，即使廨之左普照寺，俗名“大佛寺”，金泰和二年歲次壬戌五月甲辰朔二十三日丙寅鑄。中有“敦武校尉商酒都監女奚列都兒”、“進義副尉商酒同監薛庭秀”及“普濟院會首講經論沙門海珍”等題名，後有銘云“刱之者誰，海量珍公，銘之者誰，鶴髮崆峒”，皆陽文。至訪得而未拓者，平涼府城內關帝廟有宋天聖七年鐘，四面刻天尊象，制作奇古，會寧縣城內亦有宋鐘一，涇州之回山宮、平涼崆峒山之寶乘寺，皆有金大安鐘。按平、涇、會寧四鐘，第二次行部皆拓得。又拓得慶陽鐘兩通。以上除寶乘寺，皆在使節所經官道旁。窮鄉古刹，若有好事者訪之，震旦鐘聲，隴上嚌呹遠矣。右隋唐以下金文二則

10.26　木刻之文有二。一爲《王大王庵池記》，唐天祐中刻，在閩縣。黛榦霜皮，歷千餘年未遭斧斤之劫。一爲都門民舍有古藤一株，夭矯拏空，上有元大德間題字，見戴菔塘《藤陰雜記》。其餘滇南有吳道子《大樹觀音象》，隴西慶陽郡廨有范純仁《屋梁題字》。右木刻一則

10.27 瓷刻之文有三。一爲《曹調造磁盆題字》,僅有"七年"二字,紀年已泐。一爲《鄭德與室林三十一娘捨東嶽廟蓮盆題字》,元豐元年正月。兩器皆在福建省垣。一爲元延祐二年《瓷甕題字》,在淄川縣高氏。造象有銅有石,其曰"白玉造象"者,但石之似玉者耳。惟善業塸造象出於埏埴,唐時江以南墓誌有刻於甎者,此類皆當作石刻觀。右瓷刻一則

附　録

　　本次點校對章鈺、歐陽輔、韓鋭、王其禕四家的校勘成果多有借鑒，現擇其精要臚列如下。各條内容依次爲本書相關條目編號、原刻本卷頁行、摘句、各家校語。

　　1.2　卷一第 2 頁第 1 行：申徒馴《重摹會稽碑跋》。○歐陽輔校："申屠馴"誤作"申徒馴"。

　　1.2　卷一第 2 頁第 6 行：歐公云"二十七字"。○歐陽輔校："一"誤作"七"。○韓鋭校："七"當作"一"，《汝帖》存十四字，加已損之七字，正二十一字也。

　　1.8-2　卷一第 6 頁第 5 行：方士初纔奏改代爲萬年。○王其禕校："初"，《魏書·崔浩傳》作"祁"。

　　1.11-3　卷一第 9 頁第 22 行：開元以來溯八分。○韓鋭校："溯"字《杜集》作"數"。

　　1.11-7　卷一第 12 頁第 16 行：貞觀二載。○王其禕校："二"，碑文作"三"，見《金石萃編》卷八十九《中岳永泰寺碑》。

　　1.11-9　卷一第 14 頁第 5 行：附以郭子函、王蘭泉所紀。○歐陽輔校："趙"字誤作"郭"。○韓鋭校：證以以下二段所引文，

334

知此"郭子函"應作"趙子函",即明人趙崡,《石墨鐫華》的作者。

　　1.11-12　卷一第 18 頁第 14 行:《兗州都督于志微碑》。○歐陽輔校:"知"字誤作"志"。○王其禕校:"志",應作"知",見《金石萃編》卷七十一《于知微碑》及新、舊《唐書》。

　　1.11-14　卷一第 19 頁第 10 行至第 11 行:世以和少師爲碩果,今惟見《韭花帖》。其《華嶽題名》,余所收二百餘通而無凝筆。○歐陽輔校:"楊"字誤作"和","凝"下當加"式"字,楊名凝式,和則名凝也。○韓鋭校:從所舉作品《韭花帖》及下文"無凝筆"來看,此人非"和少師",而應作"楊少師",即楊凝式。凝式,字景度,陝西華陰人,歷仕梁、唐、晉、漢、周五代,累官至太子太保,人稱楊少師。有和凝者字成績,汶陽須昌人,後梁進士,仕晉、漢,官至左僕射太子太傅,封魯國公,然不聞其善書,恐葉氏記憶偶誤也。

　　1.14　卷一第 21 頁第 6 行:《靈景□慶讚齋記》。○韓鋭校:《靈景寺慶讚齋記》,亦稱《闔會弟子慶讚齋記》。

　　1.16　卷一第 22 頁第 15 行至第 16 行:《後舜井記》。○韓鋭校:按《東湖叢記》,此"後"字作"浚"。

　　1.17　卷一第 23 頁第 13 行:南唐李氏自泰交改元後。○韓鋭校:"泰交"應作"交泰",葉氏下文云交泰祇一年,即此交泰。○王其禕校:"泰交",應作"交泰",爲五代南唐李璟年號。

　　1.18-3　卷一第 25 頁第 2 行:行書若《義鶻行》。○韓鋭校:"《義鶻行》"應作"《畫鶻行》",此爲韓琦所書之杜甫詩,乃其後人摹刻於廣西融縣真仙巖者,摩崖大字徑十厘米,見《八瓊室金石補正》卷八十一。

　　1.20　卷一第 26 頁第 11 行至第 12 行:每折地方百里。○韓鋭校:檢《金石萃編》卷一百五十九《禹蹟圖》後所引《關中金石記》跋文，知原文即如此。此圖後之《華夷圖》後王昶自跋作"界方格，每方折地百里"，始知此句之義指圖上一格爲宋里一百，而一方格爲平方里一萬也。《關中金石記》誤倒。

2.2　卷二第1頁第18行：初平《校官》一刻。○韓鋭校：刻於光和四年十月，非初平刻。○王其禕校："初平"，碑文作"光和"，見《金石萃編》卷十七《校官碑》。

2.5-1　卷二第4頁第9行至第10行：北至深、定。○韓鋭校：清代順天府轄區比今北京市範圍大，但如從其中心北京城着眼，則"北至深、定"之"北"字作"南"字較確切。

2.11-2　卷二第19頁第5行：《新修試院記》。○歐陽輔校："使"字誤作"試"。○韓鋭校：《新修試院記》，按應作《使院新修石幢記》，亦爲八棱石柱，元和六年立，見《金石萃編》卷一百○七。

2.12-2　卷二第20頁第21行：《武穆排衙石詩刻》。○韓鋭校：按"武肅"爲錢鏐之謚號，作"武穆"則爲岳飛矣。今訂正。

2.13-2　卷二第22頁第16行：貴池劉堅卿。○韓鋭校："堅"字不識，或即"聚"字。劉世珩，字聚卿，號葱石，安徽貴池人。

2.14-1　卷二第23頁第7行：《廣乘禪師塔銘》。○歐陽輔校："乘廣禪師"誤作"廣乘"。○韓鋭校：全稱《唐故袁州萍鄉縣楊歧山禪師廣公碑文》，惟碑文明云"禪師諱乘廣"，至其稱"廣公"，錢大昕跋此碑云："廣公者，乘廣也。古人稱僧曰某公，皆以名下一字。"故作"廣乘"誤。

2.14-1　卷二第23頁第10行：《福田寺山門記》。歐陽輔校："三"字誤作"山"。○韓鋭校：按廟宇之門皆三洞，稱"三門"，音訛作"山門"，後世遂皆呼爲山門。

2.15-3　卷二第 25 頁第 1 行:惟邵武《黄仲美神道碑》耳。○歐陽輔校:"中"字誤作"仲"。

2.17-1　卷二第 26 頁第 22 行:大中十三年《盧則誌》。○章鈺校:("盧"下)脱"公"字。

2.17-3　卷二第 28 頁第 7 行:寶祐十一年《潼川王次疇題名》。○韓鋭校:"寶祐十一年"恐有誤,按寶祐爲南宋理宗年號,祇六年。

2.24　卷二第 37 頁第 10 行:唐文皇《泰山銘》。○韓鋭校:按唐人稱太宗曰文皇,稱玄宗曰明皇。

2.25　卷二第 37 頁第 21 行:北海在萊州。○韓鋭校:按此"北"字應作"東"。唐代自天寶中加封四海、四瀆之後,山東的萊州一直是祭祀東海之地,而北海以地處遼遠,祇於每年立冬日與濟水同祭於濟瀆廟。

3.2-1　卷三第 1 頁第 16 行:今佛寺揭大石鑄文。○韓鋭校:"鑄"字,《四庫全書》本《筆記》作"鏤",石非可鑄文者,《四庫》本是,當從。

3.3-2　卷三第 3 頁第 18 行至第 19 行:宋潼州府學《鄉賢堂記》。○韓鋭校:按此"潼州"應作"潼川",即今四川省三臺縣。《八瓊室金石補正》據《三巴香古志》收潼川府學碑刻三通而不及此碑,俟再查。

3.3-2　卷三第 4 頁第 4 行《文廟新門記》篆額六寸。○韓鋭校:"篆額六寸",《金石萃編》作"篆額六字",是。○王其褘校:"寸",應作"字",見《金石萃編》卷九十九《文宣王廟新門記》。

3.4-1　卷三第 8 頁第 10 行至第 11 行:皇祐三年《復唯識院廨記》。○王其褘校:"院廨",應作"廨院",見西安碑林藏《復唯識廨院記碑》。

3.4-2　卷三第 9 頁第 6 行:曹翰《顔魯公新廟碑》。○韓鋭校:撰文者曹輔,其名葉氏作"翰",誤。

3.4-5　卷三第 11 頁第 13 行至第 14 行:天保三年歲次壬申四月八日建,都維那伏波將軍防城司馬穆洛書。○韓鋭校:《金石續編》卷二著録,"穆洛"作"程洛",葉氏所録二句,《續編》收入時顛倒。

3.4-5　卷三第 11 頁第 21 行:神龍三年刻石。○韓鋭校:唯"神龍三年",《金石萃編》作"神龍貳季(二年)",是。

3.5-2　卷三第 12 頁第 22 行至第 13 頁第 1 行:此由碑陰之軼之也。○章鈺校:"之"當爲"而"之誤。○歐陽輔校:"而"字誤作"之"。

3.14-4　卷三第 32 頁第 7 行:《提據常平司公據》。○章鈺校:"提據"應是"提舉"。○韓鋭校:按書中標題"提舉"之"舉"誤作"據",當係誤刻。

3.19-1　卷三第 36 頁第 22 行:金天德三年《山陽界至圖記》。○韓鋭校:《山左金石志》作《靈巖山場界至圖刻》,是,"陽"字誤。

4.2-1　卷四第 2 頁第 13 行:北朝以《刁魏公》爲第一。○王其禕校:"魏",應作"惠",見《金石萃編》卷二十八《刁遵墓誌》。

4.2-1　卷四第 2 頁第 19 行至第 20 行:飄然如"曹帶當風,吳衣出水"。○韓鋭校:見宋郭若虛《圖畫見聞志》,"吳帶當風,曹衣出水"。

4.2-5　卷四第 6 頁第 15 行:《李黼光》。○章鈺校:"黼"疑"輔"之誤。

4.2-9　卷四第 10 頁第 9 行:《曹琮誌》。○韓鋭校:此誌應作《功曹李琮墓誌》,北齊武平五年刻,見陸增祥《八瓊室金石補正》卷二十二。

4.2-12　卷四第 13 頁第 1 行至第 2 行:大唐故下邦郡林氏夫人墓誌。○韓鋭校:按"下邦郡"之"邦"字,王昶、陸增祥著録皆作"下邳郡",是。

4.2-14　卷四第 15 頁第 4 行:"《孟友直女十四娘》"。○韓鋭校:見《金石萃編》卷七十,題《唐將作監主簿孟友直女墓誌》,開元三年四月九日葬,惟其名誌文作"十一娘",非"十四娘"。

4.2-15　卷四第 15 頁第 13 行至第 14 行:上距建中二年實一千三百年。○韓鋭校:"建中"乃唐德宗年號,二年辛酉,當公元七八一年,下距道光三年實一〇四二年。

4.4　卷四第 19 頁第 21 行:魏太和十二年《暉法寺三級浮圖》。○歐陽輔校:"福"字誤作"法"。

4.6-3　卷四第 37 頁第 2 行:句容之崇聖寺有《金剛經》。○韓鋭校:據《江蘇金石志》卷十,此經在句容之崇明寺,紹聖元年七月刻,非崇聖寺,葉氏下文言《賢劫千佛名經》在句容崇明寺則不誤。

4.6-7　卷四第 41 頁第 9 行至第 10 行:《太上天尊説生天道德經》。○王其禕校:"道德",應作"得道",見西安碑林藏《太上天尊説生天得道經碑》。

5.1-7　卷五第 8 頁第 8 行至第 9 行:河南密縣有《索長宮畫象并創塑部從記》。○韓鋭校:河南密縣塑象記見《中州金石記》卷四,云宋景祐二年三月。"索長宮"作"索長官","并"字下奪一"廟"字。

5.4-1　卷五第 18 頁第 8 行至第 9 行:薰修十乘,迴向一善。○韓鋭校:"薰修十乘,迴向一善",《前碑》作"薰修十善,迴向一乘",見《萃編》卷四十。

5.8-3　卷五第 25 頁第 15 行:齊宣王之游也。○韓鋭校:此"齊宣王"係"齊景公"之誤。《孟子·梁惠王下》載:"昔者齊景公問於晏子曰:'吾欲觀於轉附、朝儛,遵海而南,放於琅邪,吾何脩而可以比於先王觀也?'"

5.8-3　卷五第 28 頁第 22 行至第 29 頁第 1 行:常德易召皆同年所贈。○韓鋭校:"易"字當作"唐",本書卷二即作"唐召皆"。

5.8-6　卷五第 32 頁第 19 行:唐縣智果寺。○韓鋭校:《寰宇訪碑録》有《北山智果寺傅勉之等同班題名碑》,云咸淳八年六月,浙江錢塘。葉氏既書"塘"爲"唐",又脱去"錢"字,其地遂入河北矣。

5.14　卷五第 39 頁第 16 行:其中有"徐長生"一味。○韓鋭校:據《萃編》,"生"字當作"卿"。

5.24　卷五第 46 頁第 16 行至第 17 行:孫氏所收晉天福八年《李賓彦》一刻最古。○韓鋭校:見《寰宇訪碑録》卷五。《山左金石志》卷十四作《李彦賓》。

6.1　卷六第 1 頁第 5 行至第 6 行:馬匹碑。○王其禕校:"匹",應作"日",見《三國志·馬日磾傳》。

6.1　卷六第 1 頁第 10 行:書佐廣豐郭香察書。○歐陽輔校:"新"字誤作"廣"字。

6.9　卷六第 10 頁第 14 行至第 15 行:韋詢所録《劉賓客佳話》。○歐陽輔校:"絢"字誤作"詢"。

6.11-1　卷六第 13 頁第 16 行:富川《烈女蔣氏冢碑》。○韓鋭校:《粤西金石略》卷四著録,"烈女"作"列女"。

6.12-2　卷六第 16 頁第 21 行至第 22 行:書番碑旌訛典集冷□渾嵬名遇。○王其禕校:"□",應作"批",見陸增祥《八瓊室金石補正》卷一百二十二《感通塔碑銘》。

　　6.20-1　卷六第 22 頁第 16 行:鐫者程彦思。○韓鋭校:"程彦思",《萃編》卷一四九作"程彦忠"。

　　7.6　卷七第 3 頁第 21 行至第 22 行:燕公陪葬乾陵。○韓鋭校:于志寧係陪葬高祖獻陵,非高宗乾陵。○王其禕校:"乾",應作"獻"。

　　7.17　卷七第 8 頁第 13 行:段青雲《寶居士神道》。○韓鋭校:按"段青雲",《萃編》卷八十七作"段清雲"。○王其禕校:"青",碑文作"清",見《金石萃編》卷八十七《寶居士碑》。

　　7.42　卷七第 18 頁第 12 行:疏弦朱越。○韓鋭校:應作"朱弦疏越"。《禮記·樂記》作"朱弦疏越"。

　　7.49　卷七第 21 頁第 3 行:□本一步呈千噠。○韓鋭校:此方圍,《四庫》本《寶晋英光集》作"去"。

　　7.62　卷七第 25 頁第 22 行:以鮮于伯璣負精鑒。○韓鋭校:鮮于樞,字伯機,"璣"字誤。

　　8.5　卷八第 11 頁第 9 行:嶽前大象赴淮西。○韓鋭校:畢沅跋云:"《唐摭言》云:'裴晋公赴敵淮西,題名嶽廟之闕門。大順中,户部侍郎司空圖以一絶紀之,曰:嶽前大隊赴淮西,從此中原息戰鼙。石闕莫教苔蘚上,分明認取晋公題。'"今葉氏引作"嶽前大象","象"字於此無義,恐誤。

　　8.7-2　卷八第 14 頁第 11 行:張天覺有《李長者庵記》。○韓鋭校:"庵",或作"龕",見《山右石刻叢編》卷十七。

　　8.30-1　卷八第 32 頁第 15 行至第 16 行:不可改换爲舛爾。○韓鋭校:"舛"字《萃編》所引作"姦"。

　　9.10　卷九第 7 頁第 5 行:大中元年《馮光清墓誌》。○韓鋭校:魏錫曾《績語堂碑録》丁作《馮廣清》,未見録文。

三印、四印後記

  《語石》整理本出版以後，浙江古籍出版社錢之江老師、山東大學《文史哲》編輯部孫齊老師、上海大學文學院楊曦老師、山東大學儒學高等研究院陳偉博士、浙江大學王征博士先後提出了寶貴的修改意見，重印予以吸收，謹此併致謝忱！

圖書在版編目(CIP)數據

語石 /（清）葉昌熾撰；姚文昌點校．—杭州：
浙江大學出版社，2018.9（2025.7 重印）
（夜航小書）
ISBN 978-7-308-18198-3

Ⅰ.①語… Ⅱ.①葉…②姚… Ⅲ.①石刻—研究—
中國—古代 Ⅳ.①K877.404

中國版本圖書館 CIP 數據核字(2018)第 096328 號

語　石

（清）葉昌熾　撰　　　姚文昌　　點校

叢書策劃	宋旭華　王榮鑫
責任編輯	王榮鑫
責任校對	宋旭華
封面設計	城色設計
出版發行	浙江大學出版社
	（杭州市天目山路 148 號　郵政編碼 310007）
	（網址：http://www.zjupress.com）
排　　版	浙江時代出版服務有限公司
印　　刷	浙江省郵電印刷股份有限公司
開　　本	880mm×1230mm　1/32
印　　張	11.5
字　　數	298 千
版 印 次	2018 年 9 月第 1 版　2025 年 7 月第 6 次印刷
書　　號	ISBN 978-7-308-18198-3
定　　價	74.00 元